3판

동화구연론의 이해와 실제

– 동화구연을 활용한 아동문학 –

권효순 · 이민옥 · 박금희 · 문수정 · 백미애

창지사

추천의 글

김순녀(색동회 13대 이사장)

옛사람들은 의사소통을 하는데 그림, 매듭, 조개띠 등 구체적인 물건을 쓰다가 문자언어를 만들어 냈습니다. 사람들은 시간과 공간의 테두리 안에서 매우 제한된 체험을 할 수밖에 없으며 이 한계를 뛰어넘기 위해 문자언어를 남기고, 기록된 언어를 접하며 더 바람직한 모습으로 슬기롭게 삶을 이끌어 갑니다.

또한 말은 언어 공동체가 함께 하는 약속이며 보이지 않는 생각과 느낌을 소리로 드러내는 상징체계이기 때문에 상상력을 불러일으킵니다.

색동회는 오랫동안 연구와 교육, 자격 연수 등을 통해 동화구연을 보급해 왔습니다.

엄마는 아이가 첫 번째로 만나는 선생님입니다. 이에 색동회는 엄마가 동화구연에 대한 기본 이해와 애정을 가지고 동화를 들려주도록 1976년 '제1회 전국 어머니 동화구연대회'를 개최하였습니다. 이후 매년 전국 어머니 동화구연대회를 열고 있으며 벌써 50년 가까이 되었습니다. 현재 색동회는 전국 15개 지부 및 지회를 결성하여 적극적인 동화구연 활동을 펼침으로써 대한민국은 동화 천국이 되었습니다.

이야기의 재미나 공감의 폭은 구연자가 살아 움직이는 말을 얼마나 실감 나게 구연하는지에 따라 달라지기 때문에 구연자는 끊임없이 연습하고 노력해야 합니다. 소리내기, 감정 드러내기, 끊어 말하기, 몸짓과 손짓, 눈짓, 표정, 자세, 이야기 주고받기 등에 대한 연구를 통해 동화구연도 많이 변화되었습니다.

언어는 생득적(生得的)이 아니라 학습(學習)되는 것으로 부모, 형제, 자매, 또래 친구와의 교류를 통해 계속해서 발달하는 것입니다. 동화구연은 의미전달이 잘 되게 하며 감동을 주고 스스로 문제해결이 되도록 함으로써 언어발달에 도움을 줍니다.

나아가 공감적 전달로 자신의 내면을 만날 수 있게 되기 때문에 ADHD, 주의력 결핍, 과잉행동장애, 틱장애, 학습장애, 집중력 저하, 충동성 등을 치료하는데 동화구연이 활용됩니다.

이번 색동회에서 집필한 '동화구연론의 이해와 실제'는 2014년에 처음 출간된 이후 증보판에 이어 3판으로 개정 출간하게 되었습니다.

그동안 '동화구연론의 이해와 실제'는 전국의 대학에서 교재로 사용되어 왔습니다. 이번 제3판은 더 쉽게 이해하고 익힐 수 있도록 실연 실기론까지 충분한 예화를 제시하였습니다.

그동안 30~40년간 강의를 해 오신 선생님들 다섯 분이 공동집필하여 이론과 실제에서 충분한 지도서와 자습서가 될 것으로 믿어 뿌듯한 마음으로 추천드립니다.

집필해 주신 선생님들께, 또한 출판해 주신 도서출판 창지사에 감사를 드립니다.

2023년 비오는 여름.

이사장 김순녀

추천의 글

김규수(원광대학교 명예교수)

소파의 어린이 사랑 실천 운동과 동화는 떼려야 뗄 수 없는 관계이다. 소파의 저작물 중 직접 썼거나 번역해서 펴낸 책에는 동화의 비중이 높을뿐더러, 생전에 소파는 어린이에게 동화를 들려주어야 한다고 강조하였다. 그뿐만 아니라 소파의 동화구연 능력은 천부적인 소질을 타고나서 '동화선생'이라는 별명을 얻기도 하였다. 당시 소파 동화구연의 청중이었던 조풍연의 회고에 의하면, 지방순회 강연 때는 감시하던 일본 순사들이 눈물을 흘릴 정도였다고 한다.

소파의 어린이 사랑과 정신을 이어온 색동회가 동화 사랑을 실천하고 있는 것은 누가 보아도 자연스럽고 당연하다고 하겠다. 동화와 동화구연을 보다 널리 보급하기 위해 동화구연을 아동문학적으로 접근한 책이 나와 반갑기 그지없다. 색동회를 대표하는 동화구연 전문가들이 펴낸 책이어서 동화와 동화구연에 관심을 가진 사람들에게 필독서라고 생각한다. 내용도 충실하고 구연기법에 대한 소개를 쉽게 서술하고 있어 독자에게 유익하리라고 본다.

아는 바와 같이 우리말은 의태어와 의성어가 발달되어 있어 이를 구연에 잘 활용하면 이야기 상황이 눈에 보이고 주인공이 가까이 있는 것처럼 착각할 정도로 그림이 그려지기 때문에 스토리텔링에 구연기법을 사용하는 것이 매우 필요하다고 본다. 또한 동화구연은 우리말을 더욱 아름답고 명확하게 사용하는 방법을 알게 해 주기 때문에 우리말 교육에 꼭 필요한 과정이라고 생각한다. 발음과 소리의 간격 등이 정확해서 듣는 사람을 편안하게 한다. 나아가 동화구연은 감정이입을 통해 이야기를 듣는 사람을 감동시키고 이야기에 몰입하게 함으로써 효과적인 의사소통 능력을 길러주는 데 효과가 있다.

본서가 동화구연을 널리 보급하고 동화구연가 양성에 크게 기여할 수 있기를 기대하며 추천한다.

2023년 여름,

김규수

머리말

> "동화는 어린이와 어른 사이의 언어적 · 정신적 장벽을 극복하는 가장 좋은 도구이다."

독일의 아동 심리학자 게를린데 오르트너(Gerlined Ortner)의 말이다.

우리나라 어린이 문화 운동의 선구자인 소파 방정환 선생은 "어린이를 가까이하여 자주 이야기해 주시오."라고 하며 일제 강점기 암흑시기에 어린이 사랑을 펼쳤으며, 넬슨 만델라도 "아이들은 이야기를 먹고 자란다."고 하였다.

동화를 들려주는 일은 어린이들에게 문학적이고 예술적 기준을 만족시키며, 언어발달은 물론, 상상력과 창의력, 도덕성 발달을 촉진시키고 어린이들의 꿈과 희망을 키워 주는 일이다. 더욱 동화를 실감 나게 들려주는 동화구연은 문학 작품을 쉽게 이해하며 이야기를 들려주는 양육자와 교사, 듣는 어린이와의 공감대를 형성하여 교사와 어린이가 서로 상호작용하는 활동이라 할 수 있다.

이 책은 아동문학의 한 장르인 동화구연의 이해와 실제 편으로, 본 저자들이 현장에서의 오랜 기간 동화구연 지도의 경험과 연구를 바탕으로 내놓게 되었다.

재미있게 이야기를 들려주고 싶은 유아교육 및 어르신 인지발달 치료를 위한 기관, 어린 자녀를 둔 부모님, 동화구연지도사 자격증을 준비하는 선생님들에게 큰 도움이 되길 바라며, 특히, 유 · 아동 관련 전공자들에게도 유용하게 참고 되길 바란다.

이 책은 동화구연을 바르고 재미있고 실감 나게 표현하기 위한 발음 · 발성 부분과 좋은 동화를 선택하여 문장동화를 구연동화로 바꾸는 각색 부분, 동화구연의 기법 및 구연술 부분, 실연실기 부분으로 구성되어 있으며, 연습을 위한 장르별, 테마별 많은 구연동화를 제시하고 있다.

우선, 동화구연 교재인데 '왜 이렇게 호흡 · 발성 · 발음 부분이 다뤄질까?' 하는 의문을 가질 수도 있을 것이다. 동화구연은 곧 '말하기'이다. 말하기란, 화자가 좋은 소리와 정확한 발음으로 청자에게 내용을 전달할 수 있어야 한다. 그런데 아무리 좋은 내용이라 할지라도 발음의 부정확성으로 내용이 전달되지 못한다면 이처럼 아쉬운 일이 또 있을까?

동화구연 학습자들은 동화구연 기법이나 동화구연술 등은 습득한 대로 활용하지만 가장 기본적인 발음은 잘못된 언어 습관으로 인해 잘못 발음하고 있으며, 발성 또한 약해서 언어 전달이 어렵다는 점을 간과할 수 없다.

동화구연은 아동문학 작품을 목소리 연기를 통해 재미있고 감동적으로 전달하는 예술이다. 그러므로 동화구연을 하려면 좋은 동화의 선택과 더불어 문장동화를 말하기 위주의 구연동화 대본으로 바꾸는 각색은 필수이다. 본 교재는 동화의 선택과 동화가 가진 기본적 주제를 살리며 구연을 입체적으로 표현할 수 있도록 각색의 기본 요소와 요령을 자세히 설명해 놓았다.

예문을 통해 기승전결에 따른 내용 구성과 동화 길이 및 대상에 맞게 각색을 할 수 있게 하였으며, 1차 각색과 2차 각색의 표현을 통해 누구나 쉽게 입체적 구연동화로 각색할 수 있도록 하였다.

다음으로, 동화구연의 기법에서는 띄어 말하기, 음색 · 감정 · 표정을 누구라도 쉽게 표현해 낼 수 있도록 하였다. 구연에서 포즈(Pause)의 비중은 매우 크다. 띄어 말하기의 원칙과 예문을 통해 동화의 전개에 맞도록 적절하게 띌 수 있도록 하였으며, 음색 표현에서는 해설과 대화로 단계적 난이도에 따라 구연의 표현이 점차적으로 쉽고 자연스러우며 조화로울 수 있도록 하였다.

동화를 구연함에 있어 동작언어도 빼놓을 수 없는 요소 중의 하나다. 구연이라는 한계점에서 몸짓언어의 목적과 종류 및 시선의 중요성에 대해서도 언급되었다. 더불어 동작 사용의 실제를 머리, 몸통, 팔, 표정 등 포괄적으로 다루어 놓았다.

동화를 구연하기 위한 요소로는 언어적 요소, 준언어적 요소, 비언어적 요소가 필요하다. 구연, 즉 이야기를 들려주기 위해서는 우선 동화가 필요한데 여기에서 동화는 언어적 요소로서 아직 음성화되지 않은, 즉 글의 상태인 것이다. 이때, 준언어적 요소인 어조, 어감, 억양, 속도, 고저 등과 비언어적 요소인 몸짓, 손짓, 동작, 표정, 눈 맞춤, 옷차림 등은 훌륭한 보조수단이 된다. 언어적 요소, 준언어적 요소, 비언어적 요소 중 무엇 하나 중요하지 않은 것이 없다.

또한 실연실기 강의록은 동화구연의 초보자라 하더라도 이해하기 쉬운 설명으로 연습을 통해 자연스럽게 따라 하며 체화되도록 구성해 놓았다.

본 교재가 유아교육기관을 비롯한 이야기를 들려주는 다양한 기관 및 가정에서 도움이 되길 바란다.

그동안 많은 후원을 해 주신 색동회 이사장님 및 회원 여러분께 감사를 드리며, 동화구연을 통해 어린이들이 꿈과 희망을 키워 갈 수 있도록 본 교재의 출판을 위해 애써 주신 창지사 사장님과 편집부 및 임원 여러분들께 깊은 감사의 인사를 드린다.

2023년 8월

색동회 창립 100주년을 기념하며 저자 일동

목차

P • A • R • T III 동화구연 전문가 되기

PART 1

아동문학

Chapter 1

아동문학의 이해

1. 아동문학의 개념

아동문학의 사전적 정의는 '작가가 어린이를 대상으로 그들의 교육과 정서 함양을 위해 창작한 문학으로, 동요, 동시, 동화, 아동극 따위를 말하는 것'(표준국어대사전)으로, 일반 문학과는 다르게 교육성이라는 특징을 가진다. 그러나 어린이에게 교훈을 주어야 한다는 생각이 지나쳐 문학성보다는 교육 효과만을 중시하는 교훈주의는 경계해야 한다. 훌륭한 아동문학은 발달과정 중의 어린이들에게 문학적 경험을 통해 문학의 내면적 가치를 익히게 함으로써 건전하고 전인적인 발달을 돕고 삶을 이해하고 즐기며 더욱 풍요로운 삶을 살게 한다.

그동안 아동문학의 개념은 아동문학의 정의를 비롯하여 장르와 독자의 범위 등이 뚜렷하게 정리되지 못하고 사람마다 조금씩 다르게 다양한 정의를 내렸다. 이재철(1978)은 '아동문학이란 작가가 아동이나 동심을 가진 아동다운 성인에게 읽히기 위해 쓴 모든 저작으로 문학의 본질에 바탕을 두면서 어린이를 위해, 어린이가 함께 갖는, 어린이가 골라 읽어 온 또는 골라 읽어 갈 특수 문학으로서, 동요, 동시, 동화, 아동소설, 아동극 등의 장르의 총칭', 이상현(1987)은 '동심의 세계를 조명하거나 묘파하는 문학'이라고 하였다. 또한 석용원(1982)은 '작가가 아동이나 동심의 고향으로 돌아가고 싶어 하는 어른에게 읽힐 것을 목적으로 창조한 시, 동화, 소설, 희곡 등의 총칭'이라고 정의한 바 있는데, 이를 통해 그러므로 아동문학의 독자를 아동뿐만이 아니라 동심을 가진 성인까지 포함시키고 있음을 알 수 있다.

아동문학은 아동과 문학의 합성어로, 성인문학 또는 일반 문학과는 구별되는 어린이를 위한 특수한 문학에 본질을 둔 문학이다. 따라서 어린이를 위한 언어를 바탕으로 한 일반 문학의 시, 소설, 희곡의 모든 장르를 포함하는 것으로, 그 대상은 아동뿐만 아니라 동심을 가진 성인까지를 포함하는 개념이다. 나아가 광의의 아동문학은 창작 작품은 물론, 전래되어 온 이야기의 재화, 번역된 작품, 그리고 개작된 작품까지 모두 포함한다. 또한 아동을 대상으로 한 문학은 물론, 아동의 삶을 풍요롭게 하는 가치를 지닌 모든 문헌을 아동문학이라고 할 수 있다.

2. 아동문학의 흐름

아동문학은 근대 이후에 생겨난 비교적 최근의 개념이라고 할 수 있다. 18세기 이전까지만 해도 구전으로 전해 온 옛날이야기들이었던 것이 18세기 후반부터 독자적 형태의 모습으로 등장하였다.

근대 이전에는 어린이를 단순히 성인의 축소판으로 생각하는 경향이 널리 퍼져 있었으므로 어린이만의 독특한 요구와 이해 수준에 맞는 문학이 필요하다고 생각하지 않았다. 중세에는 아동에 대한 특별한 관념이 없었으며 아동의 특성이나 가치에 대해 인정하지 않았다. 16, 17세기에 들어 산업혁명과 르네상스를 겪으면서 근대적인 아동문학이 탄생하게 되었다. 또한 인쇄술 발명 이전에는 책을 만드는 데 시간과 경비가 많이 들어서 교육적 목적 이외에는 책을 만들 여유가 없었다. 책을 읽는 일은 귀족이나 성직자의 특권이었으며 아동을 위한 책은 존재하지도 않았고 심지어 활자가 발명되어 대량으로 책을 만들어 낼 수 있게 된 때에도 아동을 위한 책은 만들어지지 않았다. 이후 아동에 대한 인식의 변화, 관점의 변화가 이루어지고 나서야 아동을 대상으로 하는 아동문학이 탄생하게 된 것이다.

최초의 인쇄된 아동문학 작품 가운데 하나는 교육자인 1658년 코메니우스가 만든 아동용 교재인 『세계도회(Orbis Sensualium Pictus)』이다. 이 책은 최초의 아동용 그림책으로, '어린이는 어른의 축소판이 아니기 때문에 어린이에게 맞는 어린이의 책을 읽어야 한다.'는 새로운 시각이 구체적으로 나타나 있는 학습용 교재이다. 150가지의 신학, 철학 등의 주제를 그림으로 풀어 설명함으로써 즐겁게 배울 수 있도록 만들어졌다. 1697년에는 프랑스의 학술원 회원인 샤를 페로(Charles Perrault)가 자신의 아이들을 위해 오랫동안 구전되어 내려온 옛날이야기를 재화하여 『옛날이야기 또는 동화(Histoires oū contes du temps passé, avec les moralités)』를 출판하였다. 아동문학을 어떻게 정의하느냐에 따라 최초의 아동문학 작품이 달라질 수 있는데, 아동만을 위해 만들어진 모든 문헌을 아동문학이라고 본다면 『세계도회』가 최초의 아동문학이 될 것이며, 아동을 대상으로 한 문학성이 있는 작품만을 아동문학이라고 본다면 샤를 페로의 『옛날이야기 또는 동화』를 최초의 아동문학, 샤를 페로를 최초의 아동문학 작가라고 볼 수 있을 것이다.

디포(Daniel Defoe)의 『로빈슨 크루소』(1719)는 성인을 위해 집필된 책이었고, 스위프트의 『걸리버 여행기』(1726)는 당시 영국의 정치적 상황을 풍자하고자 출판되었다. 그러나 작가의 의도와 다르게 아동들이 즐겨 읽는 작품이 되었다. 르네상스 시대에는 합리적 이성과 과학을 신봉하는 시대였기 때문에 아동의 교육적 계몽이 아동문학의 목적이었다. 따라서 그 내용은 교육적이기는 하나 문학성이 없는 것이 대부분이었다. 대표적인 예로 프랑스의 보몽 부인을 들 수 있다. 그녀는 1757년 어린이들의 잡지를 간행하였고 그 외에도 지식 전수, 예절, 성서 가르치기 등의 교육적 목적을 위한 책을 출판하였다. 보몽 부인은 아동들이 좋아하는 옛날이야기를 토대로 한 『미녀와 야수』를 집필하기도 하였다.

1750년경 영국에서는 '어린이 도서관'이라는 서점이 등장하였다. 이 서점의 주인은 존 뉴베리로, 아동을 위한 최초의 서점이라는 의의를 가지며 미국 도서관협회에서는 〈뉴베리상〉을 제정하여 해마다 가장 우수한 아동문학 작품을 선정하여 수여하고 있다. 뉴베리는 『플루타크 영웅전』, 『마더 구스(Mother Goose)』, 『구두 두 켤레 이야기』 등의 아동도서를 출판하였다.

19세기는 낭만주의 문학의 영향으로 아동문학이 크게 확장된 시기이다. 낭만주의는 이전까지의 계몽주의와 고전주의에 반발하여 논리적 법칙이 아닌 감각과 직관에 의해 감성을 중요시하고 일상의 경험과 상상력을 예술의 가치로 인식하였다. 아동문학의 고전 가운데 하나인 『마더 구스』는 최초의 영어판이 1791년에 출판되어 현재까지도 지속적인 인기를 누리고 있는 자장가집이다. 이처럼 아동문학의 출발은 늦은 감이 있지만 19세기에 특히 영국과 미국에서 꽃을 피우며 모든 연령의 어린이를 위한 예술문학 장르로 발전하였다.

이 시기, 독일의 그림형제와 덴마크의 안데르센의 영향으로 아동문학은 큰 발전을 이루었다. 특히 옛날이야기 수집가이며 재화가인 안데르센은 자신만의 풍부한 상상력을 통하여 긍정적 인간관과 간결한 언어 선택, 함축적 용어 선택 등으로 전해 오는 구전 이야기를 새로운 이야기로 만들어 내며 높은 예술작품으로 승화시켰다. 안데르센에 의해 창작된 150여 편의 동화 중 『인어공주』, 『미운 오리 새끼』, 『벌거숭이 임금님』, 『눈의 여왕』 등은 지금도 많은 아동들에게 사랑받는 작품들이다. 독일의 그림형제는 역사가, 철학가로, 많은 전설과 민화를 수집하고 재구성하였다. 그림형제에 의해 재구성된 독일의 민담 또한 지금까지도 전해 오고 있는데, 대표적인 것으로는 『백설공주』, 『헨젤과 그레텔』, 『브레멘의 음악대』, 『잠자는 숲속의 공주』, 『라푼젤』 등이 있다. 그 외에 19세기의 유명한 아동문학 작품으로는 루이스 캐럴의 『이상한 나라의 앨리스(Alice's Adventures in Wonderland)』(1865), 키플링의 『정글북(Jungle Book)』(1894), 로버트 루이스 스티븐슨의 『보물섬(Theasure Island)』(1883), 마크 트웨인의 『허클베리 핀의 모험(The Adventures of Huckleberry Finn)』(1884) 등이 있다.

20세기 초, 몽고메리 부인의 『빨강 머리 앤(Anne of Green Gables)』(1908)은 아동성장소설이며, 배리의 『피터팬(Peter Pan)』(1904, 1906, 1911), 바움의 『오즈의 마법사(The Wonderful Wizard of Oz)』(1900), E. B. 화이트의 『샬럿의 거미줄(Carlotte's Web)』(1952)은 환상동화로 뛰어난 작품으로 평가되고 있다.

20세기에는 많은 어린이 독자가 생기고 값싸게 책을 생산할 수 있게 되고, 도서관의 확대 등이 한데 어우러져 어린이와 어른들이 아동문학에 대한 정보를 좀 더 쉽게 접근할 수 있게 되었다. 또한 뉴베리상(1922), 칼데콧상(1938)이 제정되어 아동문학이 전 세계적으로 빠르게 성장하게 되었다.

우리나라 아동문학의 발전 흐름은 연구자에 따라 다르게 구분되고 있으나 육당 최남선이 창간한 잡지 「소년」이 한국아동문학의 시발점이라는 견해를 주로 지지한다. 1894년 개화기 이전에는 전래 이야기들이 주를 이루었으며, 그 기원을 〈단군신화〉, 〈구지가〉, 〈서동요〉 등에서 찾을 수 있다.

개화기에 들어와서는 외국 작품을 번역하거나 번안한 작품들이 나오면서 현대문학을 생성하는 계기가 되었는데, 그 예로는 『천로역정』, 『이솝우화』 등이 있다. 이광수는 1913년 『엉클 톰즈 캐빈』을 번역 · 출간하였다. 그 후, 소파 방정환(1899~1931)에 의해 아동문학은 더욱 성장하게 되는데, 『안데르센 동화』, 『그림동화』, 『아라비안 나이트』 중에서 몇 작품을 번안하여 최초의 세계 명작 동화집인 『사랑의 선물』을 출간하였다.

방정환의 『사랑의 선물』 서문에는 어린이에 대한 사랑이 잘 드러나 있다.

> "학대받고 짓밟히고 차고 어두운 속에서 우리처럼 또 자라는 어린 영을 위하여 그윽히 동정하고 아끼는 사랑의 첫 선물로 나는 이 책을 짜었습니다."

1923년에는 마해송의 『바위나리와 아기별』이 「새별」지에 최초의 창작동화로 게재되었고, 윤극영과 고한승이 주관하여 동화극과 동화구연대회 및 어린이 문화운동을 활발히 펼쳤다.

아동문학은 6 · 25전쟁으로 침체기를 맞았으나 1960년대 이후에는 동인 중심 문학단체가 결성되고 문학상이 제정되는 등 아동문학의 질적인 발전을 꾀하였다.

1980년대 이후에는 외국의 유명한 칼데콧상이나 그린웨이상을 수상한 좋은 그림책과 우리나라 작가가 창작한 훌륭한 그림책들이 많이 출판되면서 어린이의 행복한 삶을 위한 다양한 주제와 소재로 된 문학 작품들을 접하게 되었다.

✎ 〈바위나리와 아기별〉(대한민국 최초 창작동화(1923년)

마해송

남쪽 나라 따뜻한 나라, 사람 사는 동네도 없고, 사람이나 짐승이 지나간 자취도 없는 바닷가에 다만 끝없이 넓고 넓은 모래벌판이 펼쳐져 있었습니다.
바닷가의 산이라고는 없는 벌판이라, 나무도 없고, 나무가 없으니 노래를 부르는 새조차 한 마리 없고 풀 한 잎도 없었습니다.
희고 흰 모래벌판과 푸르고 푸른 바닷물만이 한끝까지 펼쳐지고 있었습니다.
가끔가다 바람이 '쏴' 하고 불어와서 지나가는 소리와 바닷물이 '철싹찰싹' 하고 깃을 치는 소리밖에는 아무 소리도 들려오지 않았습니다.
그런데 이렇게 쓸쓸하고 고요한 바닷가에, 이상하고 놀라운 일이 일어났습니다. 밀물에 밀려서 바닷가에 놓여진 주먹만 한 감장돌 하나를 의지하고 조그만, 그렇지만 어여쁘고 깨끗한, 풀 한 잎이 뾰족이 솟아 나왔습니다.
그 풀이 점점 자라, 두 잎이 되고 세 잎이 되더니, 가지가 뻗고 가지에는 곱고 고운 빨강 꽃이 한 송이 피어났습니다.
또 파랑 꽃도 한 송이 피어났습니다.
그다음은 노랑 꽃, 또 그다음에는 흰 꽃, 해서 나중에는 아주 함빡 오색이 영롱하게 여러 가지 꽃이 피어났습니다.
파란 바다와 흰 모래벌판 사이에 오뚝하게 피어 선 이 오색 꽃은 참으로 무엇하고도 비길 수 없는 아름다운 '바위나리'라는 꽃이었습니다.

세상이 제일가는
어여쁜 꽃은
그 어느 나라의
무슨 꽃일까.

먼 남쪽 바닷가
감장돌 앞에
오색 꽃 피어 있는 바위나리지요.

바위나리는 날마다 이런 노래를 어여쁘게 부르면서 동무를 불렀습니다.
그렇지만 바다와 벌판과 바람결밖에는 아무것도 없는 이 바닷가에는 동무가 될 사람이라고는 하나도 없었습니다.
며칠을 기다리고 기다려도 아무도 보이지 않았습니다.
바위나리는,
"아아, 이렇게 어여쁘고 아름다운 나를 귀여워해 줄 사람이 없구나!" 하고 훌쩍훌쩍 울기도 했습니다.
그러다가 아침이 되어서 해가 동해 바다에 불끈 솟아오르면,
"옳다, 오늘은 누가 꼭 와 주겠지!"하고 더 어여쁘게 단장을 하고 고운 목소리를 뽑아서 노래를 부릅니다.
그렇지만 해가 서해 바다에 슬그머니 져 들어갈 때까지, 아무도 와 주는 사람이 없었습니다.
그러면 바위나리는 눈물이 글썽글썽해지면서,
"아아, 오늘도 아무도 오지 않고 해가 졌구나!"하고 또 다음 날을 기다리는 것이었습니다.
또 다음 날 아침에 해가 동해 바다에 불끈 솟아오르면,
"옳다, 오늘은 누가 꼭 와 주겠지!"하고 이렇게 몇 날 동안을 날마다 노래를 부르면서 동무가 오기를 기다렸지만 아무도 바위나리를 찾아와 주는 동무는 없었습니다.
바위나리는 소리를 질러 울었습니다.
그런데 이상하게도 이 울음소리가 밤이면 남쪽 하늘에 맨 먼저 뜨는 아기별의 귀에까지 들려 올라왔습니다.
아기별은 이 울음소리를 듣고 깜짝 놀랐습니다.
"어디서 누가 이렇게 슬프게 울까? 내가 가서 달래 주어야겠다."하고 별나라의 임금님께 다녀오겠다는 말을 하시도 않고, 울음소리가 나는 곳으로 쭈욱 내려왔습니다.
울음소리를 따라 바닷가로 내려온 아기별은, 바위나리가 혼자서 이렇게 울고 있을 줄은 몰랐기 때문에, 한참이나 정신없이 보고만 있었습니다.
그러다가 겨우 바위나리의 뒤로 가까이 가서,
"아니, 왜 울어요?"하고 어깨를 툭 쳤습니다.
바위나리도 깜짝 놀랐습니다.

돌아다보니까 난데없이 아름다운 별님이 아닙니까!

바위나리는 어떻게나 좋은지, 어쩔 줄을 모르고 가로 뛰고 세로 뛰며,

"별님! 별님!"

불러 댔습니다.

잠깐 동안만 달래 주고 돌아가려고 했었지만, 바위나리가 아름답고 귀여운 것을 보니까 아기별도 이제는 바위나리와 같이 오래오래 놀고만 싶어졌습니다.

다른 생각은 다 잊어버렸습니다.

아기별과 바위나리는 이야기도 하고, 달음박질도 하고, 노래도 부르고, 숨바꼭질도 하면서 밤 가는 줄도 모르고 놀았습니다.

그러다가 어느결에 새벽이 되었습니다.

그제서야 아기별은 깜짝 놀라 소리를 쳤습니다.

"큰일 났다. 바위나리! 나는 얼른 가야 돼! 오늘 밤에 또 올게. 울지 말고 기다려, 응!"

바위나리는 아기별의 옷깃을 꼭 붙들고 울면서 놓지를 않았습니다.

"그렇지만 나는 얼른 가야만 돼! 좀 더 늦으면 하늘 문이 닫혀서 들어갈 수가 없어. 내 오늘 밤에 꼭 내려올게." 하고는 스르르 위로 올라가 버렸습니다.

바위나리는 하는 수 없이 밤이 되기만을 기다렸습니다.

아기별도 어서어서 밤이 되기를 기다렸습니다.

밤이 되자 아기별은 '옳다구나' 하고, 또 임금님께도 누구에게도 아무 말도 하지 않고, 오고 싶던 바닷가로 또 내려왔습니다.

바위나리와 아기별은 이렇게 해서 밤마다 만나서 즐겁게 놀곤 했습니다.

그런데 하루는 어디선지 찬바람이 불어와서, 흰 모래가 날리고 바닷물이 드설레고 하는 통에, 바위나리는 그만 병이 들었습니다.

아름다운 꽃은 시들어서 머리를 숙이면서 괴로워했습니다.

이것을 본 아기별은 걱정하면서 간호를 했습니다.

추워하는 바위나리를 품 안에 꼭 안아 따뜻하게도 해 주고, 머리에 손을 짚어 주기도 하다가, 인제는 훌쩍훌쩍 울기 시작했습니다.

그러니까 바위나리는, "별님! 어서 가세요. 늦으면 어떡해요. 어서 돌아가세요. 그리고 오늘 밤에도 꼭 와 주세요. 네?" 하고 눈물을 흘렸습니다.

아기별이 언뜻 정신을 차리고 보니까, 정말 시간이 벌써 늦었습니다.

그렇지만 병든 바위나리를 혼자만 두고서는, 차마 그대로 일어나 갈 수가 없었습니다.
그래도 바위나리가 또,
"나는 괜찮으니 어서 가세요." 하고 재촉하는 바람에,
"자아, 그럼 내 오늘 밤에 또 올게. 응!" 하고 하늘 문이 닫혔을까 봐 걱정하며, 하늘로 하늘로 아기별은 올라갔습니다.
그러나 이미 시간이 늦어 버렸습니다.
하늘 문이 꼭꼭 닫혀 버린 것입니다.
"아차, 큰일 났다!"
아기별은 어쩔 줄을 모르고 허둥지둥하면서 몇 번이나 문지기를 불러 보았으나, 아무도 대답하는 이가 없었습니다.
하는 수 없이 뒤로 가서 있는 힘을 다 내서 까아맣게 높은 성을 넘어 들어갔습니다.
그러나 임금님은, 요새 밤마다 아기별이 어디를 갔다 오는 줄을 벌써 다 알고 있었습니다.
큰일 났습니다.
아기별은 임금님 앞에 불려 갔습니다.
"나가거라!"
임금님은 큰 눈을 부릅뜨고 이렇게 소리쳤습니다.
아기별은 무서워서 몸을 벌벌 떨며,
"용서해 주십시오. 다시는 밖에 나가지 않겠습니다." 하고 겨우 임금님 앞을 물러 나왔으나, 병들어서 혼자 괴로워하고 있을 바위나리의 일을 생각하면, 가슴이 미어지는 것 같았습니다.
바위나리는 그날 밤늦도록 아기별만을 기다렸습니다.
그러나 끝내 아기별은 내려오지 않았습니다.
그 이튿날도 그 이튿날도, 기나리는 이기별은 보이지 않았습니다.
바위나리의 병은 점점 더해 갈 뿐이었습니다.
꽃은 시들고, 몸은 말라 들었습니다. 간신히 감장돌에 몸을 의지하고 있던 바위나리는 어디선가 별안간에 불어오는 모진 바람에 그만 휘익 바다로 날려 들어가고 말았습니다.
바위나리는 썰물과 함께 바다로 끌려가고 말았습니다.

아기별은 날마다 밤마다 바위나리 생각만 하고 울었습니다.
어떻게든지 한 번 바닷가에 가 보고 싶은 마음이 간절했습니다.
소리를 질러 울고 싶었으나 임금님과 여러 별들이 들을까 봐 울 수도 없고, 다만 솟아 나오는 눈물만은 어찌할 수 없이 눈에는 눈물이 그칠 사이가 없었습니다.
그렇지만 이렇게 혼자서 눈물을 흘리는 짓까지 임금님의 눈에 거슬리고 말았습니다.
하루는 임금님이 아기별 앞으로 오시더니,
"너는 요새 밤마다 울고 있기 때문에 별의 빛이 없다. 빛 없는 별은 쓸 데가 없으니 당장에 나가거라!" 하고 소리를 벽력같이 지르면서, 아기별을 붙들어 하늘 문밖으로 내쫓았습니다.
하늘에서 쫓겨난 아기별은 정신을 잃고 한정 없이 떨어져 내려갔습니다.
그런데 참 이상한 일이었습니다.
아기별이 풍덩실 빠져들어 간 곳은, 오색 꽃 바위나리가 바람에 날려 들어간 바로 그 위의 바다였습니다.
그 후로도 해마다 아름다운 바위나리는 바닷가에 피어 나옵니다.
여러분은 바다를 들여다본 일이 있습니까?
바다는 물이 깊으면 깊을수록 환하게 밝게 보입니다. 웬일일까요?
그것은 지금도 바다 그 밑에서 한때 빛을 잃었던 아기별이 다시 빛나고 있는 까닭입니다.

3. 아동문학과 아동발달

1) 아동문학과 정서발달

아동들이 기쁨과 슬픔과 즐거움 등을 경험할 수 있는 아동문학 작품은 정서적인 감성을 발달시키는 데 도움을 준다. 기쁨을 주는 동화 내용을 읽었을 때 그 이야기를 상상하고 마음속에 그려 보며 결말에 대한 호기심을 가지고 즐거움을 느낀다. 또한 이야기 속의 반복적인 사건이나 어휘를 통해 즐거움을 느낀다. 예를 들면 안데르센의 『미운 아기 오리』를 읽었을 때, 어린이들은 주인공이나 등장인물이 가지는 슬픔, 기쁨, 분노, 두려움, 미움, 질투 등을 자신의 것으로 동일시하며 그 속에서 즐거움을 맛본다.

2) 아동문학과 언어발달

아동들은 문학 작품을 통해서 음성언어와 문자언어의 총체적 발달을 경험할 수 있다. 이는 듣기, 말하기, 읽기, 쓰기의 과정으로 가는 하나의 매개가 된다. 큐리난(Cullinan, 1989)은 아동이 언어 매체들과 상호작용을 하면서 언어를 발달시켜 나가면서 실제 사용하는 언어보다 문맥 속에서 새로운 어휘를 배우며 자연스럽게 모국어에 대한 이해와 감성을 가지게 된다고 하였다.

3) 아동문학과 사회 · 도덕적 발달

아동문학 작품은 실제 생활 및 판타지 등 여러 세계의 이야기를 담고 있다. 아동들은 문학 작품으로 간접경험을 하게 되면서 사회 · 도덕적 발달의 가치를 가진다. 『오즈의 마법사』, 『콩쥐팥쥐』, 『흥부놀부』, 『효자 샘물』 등의 작품은 문제해결 방법을 찾아 주고 선과 악의 도덕적 판단을 갖게 해 주며 부모에 대한 효와 형제 간의 우애 등으로 사회성 발달에 도움을 준다.

4) 사고력 발달

아동들은 문학 작품을 읽으며 자신만의 이야기 세계를 그려 나간다. 작품 속의 주인공을 모방하며 새로운 인물을 만들기도 한다. 또한 창의력 활동의 욕구를 자극시켜 그림, 조형물 등을 만들어 보며 창의적인 만족감을 가진다. 특히 현실적으로 경험할 수 없는 판타지 작품은 상상력을 자극하며 이야기를 통해 새로운 생각을 하고 또 다른 이야기를 만들어 내며 사고력을 발달시킨다.

4. 아동문학의 장르

아동문학의 장르는 형태와 내용으로 분류할 수 있다. 먼저 형태상으로 분류한 이재철은 아동문학을 '시(서정시), 소설(서사시), 희곡(극시)'으로 분류하였는데, 시에는 동요와 동시가 포함되며 소설은 크게 동화와 아동소설로 나누어진다. 희곡은 아동극과 아동 시나리오를 포함한다. 아동문학의 가장 넓은 범주를 차지하는 것은 동화이다. 내용상으로 분류하기도 하는데, 와이트헤드는 '모험 이야기, 동물 이야기, 전기문, 우화 · 전설 · 동화, 유머러스한 이야기, 정보지, 신화, 동요, 논픽션 등'으로 분류하였고, 큐리난은 '그림책, 전래동화, 환상적 동화, 과학적 정보, 시가와 시, 논픽션, 다문화 이해를 위한 책 등'으로 분류하였다(석용원, 1982 재인용).

Chapter 2
동화의 이해

1. 동화의 개념

동화란 글자 그대로 어린이에게 들려주기 위한 이야기로, 어린이들이 문학의 어떤 장르보다도 흥미 있어 하는 장르이며 생활의 일부분이기도 하다. 그러나 연구자들에 따라 그 개념과 범위가 조금씩 다르게 설명되기도 한다.

조지훈은 동화와 소년 소설을 다음과 같이 말한다.

> 동화는 시에 가까운 이야기이기 때문에 현실적이고 구체적인 문학 형식인 소설에 비해서 공상적이요 상징적인 문학 형식이란 것은 사실이다.
> 소년 소설은 소설이 발달된 뒤에 그 형식을 받아들인 것이므로 동화의 방법과는 근본적으로 다르다.
> 소년 소설은 리얼리즘 정신 위에 채워져 일반 소설과 마찬가지로 구체적인 현실을 그릴 수 있고, 또 그렇게 하는 것이 좋을 뿐 아니라 그렇게 해야 한다.

김동리는 좀 더 구체적으로 언급하고 있다.

> 동화에 나오는 개와 돼지와 곰과 참새는 소년 소녀와 더불어 말하고 노래를 부르고 춤을 출 수 있지만, 소년 소설에 나오는 개와 돼지와 곰과 참새는 사람과 더불어 말을 건넨다거나 노래를 부르고 춤을 출 수는 없을 것이다.
> 시적 환상과 초자연적인 모든 공상을 자유자재로 그릴 수 있는 것은 동화의 세

> 계요, 현실 속에서 울고 웃고 싸우며 일하며 자라나고 있는 소년 소녀의 이야기는 소년 소설의 세계이다.

박목월은 다음과 같이 말한다.

> 아동 문학으로서의 동화는 현실에의 해방을 꿈꾸는 문학이다. 그것은 결코 현실 사회의 개조나 현실적 · 구체적 인간을 탐구 · 창조하여 우리에게 새로운 인간상이나, 인간 해석에 새로운 국면을 보이려는 것이 아니다. 그것보다는, 공상 속에 펼쳐지는 꿈의 세계를 보여 주는 것이다.

이러한 내용을 종합해 볼 때 동화는 오래전부터 전해 내려오는 옛날이야기, 민담, 우화, 신화, 전설 등과 같은 설화 종류를 재화하거나 작가가 창작하여 인간 보편의 사상과 가치를 이야기하는 것이라고 할 수 있다.

2. 동화의 특성

동화는 발달단계에 있는 아동이 신체적, 사회적, 인지적, 언어적, 정서적, 도덕적으로 건전하게 전인적으로 성장하도록 도와주는 데 중요한 역할을 한다. 인간의 존엄성이나 기본적 인간 존중, 협동 정신 등을 배우며 아동이 살고 있는 사회의 유능한 구성원으로 성장하도록 돕는다. 그러므로 동화의 주제에 있어 도덕성과 윤리성이 포함되어 있으며 권선징악과 인과응보의 내용인 것이 많으며 아동들은 흥미 있는 이야기에 관심을 갖기 때문에 줄거리를 중심으로 이야기가 전개되며 진행이 빠르고 발단 · 전개 · 절정 · 결말의 구성으로 이루어지면서 흥미성과 예술성을 띠게 된다.

또한 아동을 대상으로 하는 동화는 주제, 배경, 등장인물의 성격, 사건 및 언어적인 표현 등이 비교적 단순하고 명료한 구성을 지닌다. 성인을 대상으로 하는 문학처럼 주제, 인물의 성격, 사건의 묘사 등이 복잡하면 주 독자인 아동이 이해하기 어렵다. 따라서 동화는 이야기의 주제, 등장인물의 성격, 사건의 구성 및 이야기의 문체가 아동의 인지발달을 고려한 사고력과 상상력 등에 맞게 단순하고 명쾌한 특성을 가진다.

아동문학은 또한 문학성을 지니게 되는데 문학성은 언어 예술성, 창조성, 함축성 등을 포함한다. 동화 속에는 작가가 만든 새로운 이야기 속의 등장인물, 내용, 사실적 묘사, 생생한 표현 등과 함께 꿈의 세계와 환상의 세계를 통해 감동과 흥분을 주는 이야기들로 독자로 하여금 공감대를 형성한다.

3. 동화의 분류

동화의 분류는 다음과 같이 나눌 수 있다.

1) 동화의 발달 과정을 기준으로 본 갈래

(1) 전래동화

전래동화는 옛날부터 전해져 내려오는 이야기로, 문자로 기록되기 이전부터 사람의 입에서 입으로 구전된 옛날이야기이다. 어린이의 발달 수준에 적합하도록 고쳐지면서 전해져 왔는데 신화, 전설, 민담, 우화 등에 그 뿌리를 두고 있다. 세계 각 나라마다 어린이들을 위한 전래동화를 가지고 있는데 여러 나라의 전래동화에는 유사한 이야기들이 많이 있다. 이는 지역적으로 멀리 떨어져 있다 하더라도 인간이 기본적으로 추구하는 가치나 사상이 유사하다는 견해에서 기인한다. 또한 우리나라의 전래동화에는『나무꾼과 선녀』,『견우와 직녀』,『해님 달님』등 수많은 동화들이 전해져 내려오고 있는데 전수자와 전수방법, 전수지역에 따라 조금씩 내용이 달라져 여러 가지 유형의 판본을 갖기도 한다.

① 신화

신화는 신성시되는 이야기로, 주로 인류의 초창기 또는 건국에 관한 이야기와 인간의 힘이 미칠 수 없는 것들에 대한 이야기가 구전되어 온 것이다. 대부분의 나라들은 각기 다른 민족성의 특징에 따라 자기 민족의 우월성을 나타내는 신화를 가지고 있는데 그 대표적인 것이 『그리스 로마 신화』이다. 우리 민족 또한 『단군신화』와 『주몽신화』, 그리고 제주도의 『설문대 할망』 신화가 있어 민족의 형성 과정을 이야기하고 있다.

✎ 〈단군신화〉

옛날 아주 먼 옛날, 하늘나라의 왕 환인에게는 아들 환웅이 있었어요.
환웅은 땅위의 사람들이 사는 모습을 늘 지켜보고 있었지요.
"땅 위의 세계는 참으로 아름답구나. 내가 저기 가서 살 수 없을까?"
환웅은 땅에 내려가 사람을 다스리며 살고 싶었어요.
"아버지, 저는 땅나라로 가서 인간 세상을 다스리고 싶습니다."
"너의 소원이 그러하니 그렇게 하려무나."
환인은 아들 환웅에게 천부인 세 개(거울, 칼, 방울)를 주고 땅에 내려가 살도록 허락해 주었어요.
환웅는 바람신, 비신, 구름신과 삼 천명의 무리를 거느리고 가장 아름다운 땅으로 내려왔어요.
환웅은 태백산 신단수 아래로 내려와 신시를 만들고 사람들을 다스렸지요.
어느 날, 곰과 호랑이가 환웅을 찾아왔어요.
"환웅님, 우리도 지혜로운 사람이 되게 해 주세요."
"여기 쑥 한 줌과 마늘 이십 개를 줄테니 이것을 먹고 백일 동안 햇빛을 보지 말아라. 그러면 너희가 원하는 대로 사람이 될 것이다."
곰과 호랑이는 기뻐하며 쑥과 마늘을 가지고 어두운 동굴로 들어갔어요.
"퉤퉤! 아이구, 맵고 써서 못 참겠어."
호랑이는 어려움을 참지 못하고 동굴 밖으로 뛰어나가고 말았어요
하지만 곰은 사람이 될 수 있다는 희망으로 하루하루를 기도하며 참아 냈어요.

"저는 어떤 어려운 일도 견디겠어요. 꼭 사람이 되게 해 주세요."
마을 사람들이 지켜보던 어느날, 동굴 속에서 아름다운 여인이 걸어 나오는 게 아니겠어요.
동굴 속으로 들어간 지 스무 하루 만에 곰은 아름다운 여인의 모습이 되었어요.
환웅은 이 여인에게 '여자로 변한 곰'이라는 뜻으로 '웅녀'라는 이름을 지어 주었지요.
사람이 된 웅녀는 아기를 갖고 싶었어요.
하지만 아무도 웅녀와 결혼하려 하지 않는 거예요.
웅녀는 날마다 아기를 갖고 싶다고 신단수 앞에서 빌었지요.
환웅은 웅녀의 바람을 알고 잠시 사람이 되어 웅녀를 아내로 맞이하였어요.
날이 지나고 달이 차, 환웅과 웅녀 사이에 아기가 태어났어요.
"이 아이를 단군이라 부릅시다. 단군은 큰 사람이 될 것이오."
하늘의 환웅과 땅의 웅녀 사이에서 태어난 단군은 슬기로운 임금이 되었어요.
단군 왕검은 평양성에 도읍을 정하고 나라 이름을 조선이라 했어요.
1500년 동안 조선을 평화롭고 살기 좋게 다스렸지요.
조선은 우리나라 최초의 나라가 되었어요.

② 전설

전설은 신화와 비슷한 특징을 지니지만 그 내용 자체가 실제 역사 속의 사건과 장소, 인물과 연관되어 있어 전설 속의 지명이나 장소, 상징물 등의 이야기 속 증거물들을 제시한다. 지금도 남아 있는 것이 많아 전설에 나오는 고목나무, 바위, 연못 등을 실제인 것처럼 믿는 경향이 있다(『백일홍 이야기』, 『불개』, 『견우와 직녀』 등).

✎ 〈저승에 있는 곳간〉

옛날 전라남도 영암 땅에 욕심 많은 사또가 살고 있었어요.
하루는 사또가 맛있게 점심을 먹고 있는데 배가 산만한 아낙이 찾아온 거예요.
"사또, 이 아주머니가 길을 나섰는데 곧 아기를 낳을 것 같으니 좀 도와달라고 하네요."
사또는 이방의 말에 얼굴을 찌푸리며 소리쳤어요.

"에이! 귀찮아. 여봐라, 짚이나 한 단 내주어라."

아낙은 허름한 헛간에서 짚을 깔고 아기를 낳았어요.

하지만 사또는 미역국 한 그릇 주지 않았지요.

그날 밤, 사또가 잠을 자고 있는데 시커먼 저승사자가 나타났어요.

"일어나라! 같이 가자."

저승사자는 다짜고짜 사또의 팔을 잡아끌었지요.

저승에 도착한 사또는 염라대왕 앞에 무릎을 꿇고 머리를 조아렸지요.

그때 염라대왕의 깜짝 놀란 목소리가 들리는 게 아니겠어요?

"아니, 너는 저승에 올 때가 아직 안 됐는데. 왜 왔느냐?"

"저, 저는 그저 저승사자님을 따라왔을 뿐입니다."

"이런, 사람을 잘못 데려왔구나. 어서 돌려보내거라!"

저승사자는 얼른 사또를 데리고 물러났지요.

사또가 가슴을 쓸어내리며 돌아가려는데 저승사자가 앞을 가로막았어요.

"돌아가고 싶으면 노잣돈을 내거라."

"아니 그게 무슨 말씀입니까요? 저를 잘못 데려온 건 저승사자님이신데 제가 왜 노잣돈을 내야한단 말이오?"

"저승은 올 때는 돈 한 푼 없이 올 수 있지만, 이승으로 돌아갈 때는 반드시 노잣돈을 내야 한다."

저승사자의 말을 들은 사또는 울상이 되어 사정을 했지요.

"아이고! 자다가 끌려온 제가 돈이 어디 있습니까? 지금은 한 푼도 없습니다요."

"그럼 할 수 없지. 네 저승 곳간에서라도 내놓아라."

"예? 저승 곳간이라니요?"

저승사자는 어리둥절하는 사또를 저승 곳간으로 데려갔어요.

"저승에는 저마다 자기 곳간이 있느니라. 네 곳간으로 가 보자!"

그런데 사또의 곳간 문을 벌컥 열자 달랑 짚단 한 단이 있는 거예요.

"여기가 제 곳간이라고요? 한데 저 짚단밖에 없나요?"

저승사자는 한심한 듯 혀를 차며 바로 옆 다른 곳간의 문을 열었어요.

"여기는 덕진 아가씨의 저승 곳간이니라. 이 아가씨에게 노잣돈을 빌리거라."

사또가 보니 덕진 아가씨의 곳간에는 온갖 재물이 그득했지요.

"왜 제 곳간은 텅텅 비고, 덕진의 곳간은 꽉 찼습니까?"

"그것은 이승에 돌아가서 직접 알아보아라. 그리고 빌린 노잣돈은 꼭 갚도록 해라."

사또는 덕진 아가씨의 곳간에서 노잣돈으로 쌀 삼백 섬을 빌렸지요.

사또가 정신을 차리고 보니 어젯밤 잠들었던 이부자리 속이었어요.

"휴, 내가 살았구나."

다음 날, 해가 뜨자마자 사또는 강 건너 주막의 덕진 아가씨를 찾아갔어요.

덕진 아가씨는 배고픈 사람에게 밥을 주고 헐벗은 사람에게 옷을 주고 있는 거예요.

그제야 사또는 덕진 아가씨의 저승 곳간이 가득 찬 까닭을 알았지요.

'아하, 저승 곳간은 다른 사람에게 베푸는 만큼 재물이 쌓이는 곳이구나.'

사또는 덕진 아가씨를 조용히 불렀어요.

"덕진아, 내가 네게 쌀 삼백 섬을 빌렸단다."

"네? 그게 무슨 말씀인가요?"

"어찌 된 것인지는 나중에 알게 될 테니 그냥 받으려무나."

덕진 아가씨는 사또가 놓고 간 쌀을 어디에 쓸지 고민하다가 영암 고을 사람들을 위해 다리를 놓았어요.

사람들은 그 다리를 '덕진다리'라 부르며 지금도 오가고 있답니다.

③ 민담

민담은 인간의 보편적 정서인 슬픔, 기쁨, 공포, 괴로움 등을 표현하고 있어 가장 친근감 있게 느끼는 이야기로 전래동화에 가장 많은 부분을 차지하고 있다. 민담은 이야기에 근거가 없고 시간과 장소가 애매하고 사실성이 없으며 오로지 재미만을 추구하는 이야기이다.

대표적 민담으로는 『다자구 할머니』와 『우렁각시』, 『바보 이반』 등이 있다.

〈다자구 할머니〉

옛날 소백산에 죽령이라고 불리는 험한 대나무 고개가 있었어요.

이 고개는 도적 떼들이 지나는 사람들을 괴롭히고 돈과 물건을 마구 빼앗았어요. 나라에서는 이 도적 떼를 잡으려 했지만 번번이 실패하고 말았지요.

어느 날, 머리가 하얀 할머니가 포도대장을 찾아왔어요.

"나에게 좋은 방법이 있습니다."

"저렇게 젊은 병사들도 쩔쩔매고 있는데 어떤 방법이 있다는 겁니까?"

"내가 저들의 소굴에 들어가 도둑들이 잠을 자지 않고 있을 때는 '들자구야!' 하고 소리를 치고 모두 잠들었을 때는 '다자구야!' 하고 소리를 칠 테니 그때 쳐들어오면 모두 잡을 수 있지 않겠소."

포도대장과 약속을 한 할머니는 곧장 대나무 고개로 올라가 울면서 소리쳤어요.

"다자구야, 들자구야~."

이 소리를 들은 산적 두목이 할머니를 잡아 오게 했지요.

"이 깊은 산 속에서 왜 그리 울며 소리를 지르는 거요?"

"내 큰아들 다자구와 작은아들 들자구가 사라졌는데 그 애들이 이 산에 왔다는 소리를 듣고 찾으러 왔습니다요."

"그런 사람은 없으니 어서 썩 내려가시오."

하지만 할머니는 아들들을 찾아야 한다며 고집을 부렸어요.

"좋소. 그럼 이렇게 합시다. 우리들 밥을 해 주고 지내면서 틈틈이 아들들을 찾아보시오."

그날부터 할머니는 산적들과 같이 살면서 가끔씩 바위에 올라가 소리를 질렀어요.

"다자구야, 들자구야."

그러던 어느 날, 두목의 생일날이 되었어요. 산적들은 밤중까지 실컷 먹고 마시고 놀다가 여기저기 쓰러져 잠이 들었지요.

할머니는 이때다 싶어 큰 소리로 외쳤어요.

"다자구야~! 다자구야~!"

"드디어 때가 왔다. 어서 가서 도적 떼를 잡아라."

할머니가 외치는 소리를 들은 포도대장과 군사들은 도적의 소굴을 덮쳤어요.

"오늘 우리가 이길 수 있었던 것은 모두 할머니 덕분이다. 어서 할머니를 모시고 오너라."

군사들이 여기저기 찾아보았지만 할머니는 어디에도 없었어요.

"할머니는 죽령산신이 분명하구나."

포도대장은 대나무 고개를 보며 중얼거렸어요.

그 후 포도대장의 말을 들은 왕은 할머니를 위해 해마다 제사를 지냈어요. 지금도 사람들은 이 할머니 산신을 '다자구 할머니'라 부른대요.

④ 우화

우화는 주로 생명력이 없는 무생물이나 동물, 곤충, 새, 나무 등을 인간화시켜 풍자하거나 교훈적인 이야기를 전개한 것이다. 우화의 대표적인 작가는 이솝으로 전 세계 여러 나라의 언어로 번역되어 읽혀지고 있다.

대표적인 우화로는 『아기 돼지 삼 형제』, 『개미와 베짱이』, 『토끼와 거북이』 등이 있다.

✎ 〈꼬리가 긴 토끼〉

옛날 옛날에 토끼는 꼬리가 길었어요.
어느 날 꼬리가 긴 토끼가 심심해서 밖으로 놀러 나왔다가
강 건너에 있는 당근밭을 발견했지요.
'아! 먹고 싶어' 하지만 강에는 배도 다리도 없었어요.
'어떡하면 좋지?' 그때 악어가 나타났지요.
토끼는 좋은 생각이 나서 악어를 놀려댔어요.
"악어야! 너 왜 혼자 노니? 너 친구가 없지?"
"아니야, 나 친구 있어!"
"거짓말 마! 그러니까 혼자 놀지."
"진짜야, 나 친구 많아!"
"그럼, 데리고 와 봐."
"알았어!"
악어는 친구를 데리고 헤엄쳐 왔지요.
"에 걔걔걔. 겨우 한 명!
넌 친구가 한 명밖에 없니?"
"아니야, 많아!"
"그럼, 데리고 와 봐. 어서!"
악어는 친구들을 많이 데리고 왔어요.
"우와 정말이네 그럼 지금부터 내가 세어 볼게. 모두 한 줄로 서봐."
악어친구들이 모두 한 줄로 섰어요.

토끼는 깡충깡충 악어 등을 밟고, 숫자를 세면서 깡충깡충 건너갔지요.
마지막 악어 등에 도착하자 토끼는 큰 소리로 말했어요.
"야, 이 멍청이 악어야! 난, 강 건너 당근을 먹으려고 그랬다고. 하하하하하하"
이 말을 들은 악어는 너무 화가 나서, 토끼의 긴 꼬리를 꽉 물었지 뭐예요.
"아야야야!"
토끼의 긴 꼬리가 뚝 잘렸어요.
그때부터 토끼의 꼬리는 짧아졌대요.

(2) 창작동화

창작동화는 작가의 상상력을 바탕으로 만들어 낸 이야기로서, 문학성과 예술성이 살아 있으며 작가에 의해 현대 감각에 맞게 쓰여졌다. 크게 환상동화와 생활동화로 구분된다.

① 환상동화

어린이들은 현실 세계가 아닌 환상과 공상의 세계에 특히 흥미를 가진다. 현실에서 일어날 수 없는 것들을 상상함으로써 독창적이며 현실에의 해방을 꿈꾸게 하고 실제 생활을 풍부하게 만드는 효과를 가진다. 환상동화가 생동감 있고 세밀하게 묘사되었을 때 어린 독자들은 이것이 실제 존재한다고 믿기도 하는 것이다.

대표적인 환상동화로는 『이상한 나라의 앨리스』, 『피터 팬』, 『깊은 밤 부엌에서』 등을 들 수 있다.

② 생활동화

환상동화가 초자연적이고 환상적인 제재를 다룬 데 비해 생활동화는 판타지보다는 어린이의 주변 세계와 경험을 사실적으로 다룬다. 어린이가 주변에서 쉽게 접할 수 있는 소재들인 놀잇감, 친구, 생활습관, 안전 등의 일상생활과 도구를 다룸으로써 감정이입을 하기가 쉽고 자신과 동일시하여 생각하는 경향이 있다. 따라서 어린이들이 생활동화를 좋아하는 것은 자기 주변에 있는 것이나 일들 가운데서 나온 소재라 친근감을 느끼기 때문이다. 생활동화는 주인공이 사람이란 측면에서는 성인 소설과 다를 바 없지만 소설처럼 복잡한 심리 묘사나 배경 묘사 등은 생략하여 단순하게 표현한다.

생활동화로는『때 묻은 강아지 해리』,『이사 가는 날』,『거짓말』등이 있다.

2) 창작 의도를 기준으로 본 갈래

(1) 순수동화

어린이를 위한 동심을 기초로 판타지나 메르헨같이 초자연적이고 환상적인 제재를 산문시적으로 표현한 이야기이다. 사람뿐만 아니라 동식물을 주인공으로 과장되고 흥미롭게 극적인 상황을 표현한다.

(2) 목적동화(과학 · 철학 · 환경 · 성교육 · 경제 동화 등)

어떤 뜻하는 바의 성과를 얻기 위해서 한 방향으로 편향되게 쓰는 동화를 말한다. 예를 들어, 과학 동화는 어린이의 과학적 탐구심을 기르기 위한 목적을 두고 있고, 경제 동화는 어린이의 경제적 지식을 알려 주는 데 목적을 두고 있다. 근래에는 환경이나 철학, 성교육, 인터넷 중독 예방 등의 목적을 가진 동화들이 많이 나오고 있다.

3) 독자 대상의 수준을 기준으로 본 갈래

(1) 유년동화

독자 대상인 어린이의 연령적 단계에 따라 대체로 취학 전 아동, 초등학교 1~2학년 정도까지의 아동을 대상으로 지어진 동화를 말한다. 유년동화는 인물, 사건, 배경 중 사건이 중요시된다. 동화의 이해와 흥미를 돕기 위해 큰 활자와 그림들이 많으며 유아가 이해할 수 있는 말로 표현되고, 길이가 짧은 것이 특징이다.

(2) 소년 · 소녀동화

주로 초등학교 3학년 이상의 아동을 대상으로 지어진 창작동화로 현실을 사실적으로 묘사한 문학이다. 논리적인 사고력이 발달하는 시기이므로 판타지보다는 사실적며 주로 인물 중심의 갈등을 표현하는 내용이다. '아동소설'이라고도 할 수 있으며 순정소설, 명랑소설, 전기소설, 탐정소설, 과학소설 등이 포함된다.

4) 전달방법을 기준으로 본 갈래

(1) 구연동화

문자언어로 읽을 수 있도록 쓰인 동화를 구연의 형식에 맞게 길이, 형식 및 수사법을 바꾸어 고쳐 쓴 구연 형식의 대본으로서의 구어체 동화를 의미한다. 즉, 전래동화나 창작동화를 각색하여 음성언어로 들려주는 귀로 듣는 동화로, 예를 들어, 문해 능력이 없는 어린이들이 부모님이나 선생님을 통해 실감 나게 듣는 동화가 이에 속한다.

(2) 문장동화

어린이를 독자층으로 하는 문학의 한 장르로, 읽혀지는 모든 동화이다. 이야기하기 위해 각색이 필요한 구연동화와 달리 문장동화는 작가의 작품을 그대로 전해줄 수 있으며 낭독하기 좋다.

PART 2

동화구연

Chapter 1

동화구연의 이해

1. 동화구연의 개념

동화구연이란 동화 속에 담겨 있는 재미있고 유익한 이야기를 목소리 연기를 통해 감동적으로 전달하는 예술 행위이다. 구연(口演)의 사전적 의미는 '동화, 야담, 만담 따위를 여러 사람 앞에서 말로써 재미있게 이야기하는 것'이며 '문서에 의하지 않고 입으로 사연을 말하는 것'이라고 정의되어 있다.

동화구연은 이야기를 듣는 것보다 이야기를 전달하는 것에 초점을 두고 있다. 화자가 청자 앞에서 감정을 살려 생동감 있게 들려주는 소통 과정으로, 모든 사람들이 인식할 수 있는 감각, 이미지, 동기 그리고 감정을 보전하고 전달하는 구어의 한 형태이다. 눈앞에 있는 청자에게 이야기 내용을 묘사하기 위해 언어, 발성, 얼굴표정, 몸짓, 손짓, 등의 비언어적 요소를 동원하여 감정을 실어 생동감 있고 실감 나게 이야기를 들려주는 활동으로 고저 · 장단 · 완급을 조절하고 음색과 휴지를 적절하게 활용하여 말의 의미를 극화하는 것으로 '읽는 이야기'가 아닌 귀로 듣는 이야기'임을 강조하였다

이는 동화라는 정적 대상을 구연이라는 '입으로 내용을 펼치는 연기'를 통해 동적 행위로 변환시키는 것이다. 시각적 매체를 사용하지 않고 오직 구연자의 표정과 감정을 포함한 음성과 몸짓만을 통해서 받아들이므로 더 풍부한 상상의 세계로 빠져들게 하는 매력을 지닌다. 어린 시절 들었던 동화는 상상력의 근원이 될 것이다.

이처럼 동화구연은 이야기를 중심으로 한 화자와 청자의 상호작용적인 수행 예술 행위로, 공간과 시간, 이야기판을 포괄하는 개념이다. 청자는 화자의 말과 행동에 반응을 보이고 화자는 즉각적으로 피드백을 사용하며 즉흥적으로 목소리의 톤이나 이야기의 속도를 조절하면서 청자와의 긴밀한 관계를 유지하는 상호작용적 의사소통 행위이다. 언어적 요소인 구연과 비언어적 요소인 얼굴표정, 몸짓 등을 동원하여 효과적으로 이야기를 전달하는 것으로 감정이입의 전달전략이 강조된다. 얼굴을 마주 대하고 서로 반응을 주고받아야 하므로 화자는 이야기를 충분하게 소화하여 자신의 언어로 생동감 있게 표현해야 한다.

동화낭독은 작가가 지은 동화를 단순히 읽는 데 치중하는 반면에 동화구연은 동화를 상황에 따라 재조직하여 예술적으로 표현하는 데 치중하기 때문에 더욱더 창조적인 역할을 한다. '이야기 들려주기'와 '이야기 해주기'에 대해서도 면밀하게 구분 짓고 있다. 한금남(2006)은 이야기 들려주기는 문서에 의한 것도 포함하면서 미디어 매체로도 충분히 가능하지만, 이야기해 주기는 문서에 의하지 않고 자신이 아는 이야기, 들은 이야기, 혹은 읽은 이야기를 자신이 아는 대로 소화해 낸 것을 청자에게 말해주는 것으로 엄격히 말하면 동화구연은 이야기 들려주기보다 이야기해 주기가 적합하다고 하였다.

토마스와 미쉘(1980)은 구연의 장점을 다음과 같이 제시하고 있다.

1) 동화구연을 할 때 구연자는 자신의 몸짓이나 움직임을 제한하지 않고 자유롭게 표현할 수 있으며, 유아의 흥미를 상실하지 않도록 동화를 반복해서 들려줄 수 있어 유아들이 동화의 의미를 더 쉽게 파악할 수 있다.
2) 구연자가 유아와 최대한의 눈 접촉을 시도할 수 있으므로, 그들의 반응을 통해서 동화의 전달 효과를 즉시 파악할 수 있다.
3) 구연자는 유아들의 요구나 흥미, 상황 등의 특성에 따라 적절하게 동화를 변형하거나 재창조하여 제공할 수 있다.
4) 동화의 내용이 아무리 어려운 주제를 가지고 있어도 유아의 이해에 따라 쉽게 전달할 수 있으며, 어느 장소에서라도 할 수 있다.

2. 동화구연의 발전

석용원(1986)은 우리나라의 동화구연의 흐름을 노변동화, 주일학교 동화, 유치원 동화, 소파 방정환의 동화구연 활동, 라디오방송 동화 등으로 나누었다. 최근에는 방송매체의 발달로 TV 및 인터넷 동화로까지 이어지고 있다.

1) 노변동화(爐邊童話)

동화구연의 흐름을 시기적으로 정확히 구분하기는 어렵다. 동화구연의 역사는 이야기가 문자로 기록되기 훨씬 전으로 거슬러 올라간다. 특별한 오락거리가 없던 시대에 언제, 누가 지었는지도 모르는 이야기를 할아버지, 할머니 혹은 아버지, 어머니가 아이들에게 들려준 것이 동화구연의 시초라 볼 수 있다. 즉, 가정에서 따뜻한 화롯가에 앉아 구전되어 온 이야기를 아이들에게 들려주었던 동화를 노변동화(fire side story)라 한다(석용원, 1986).

한 이야기가 지금까지 전해 내려온다는 것은 이야기의 불후 불변의 생명력 탓도 있지만, 그것을 꾸준히 전해 주는 사람이 있었기 때문이다. 현재도 동화가 가정에서 조부모 또는 부모로부터 구연되는 이른바 노변동화는 끊어질 줄 모르고 계속되고 있다.

2) 주일학교 동화

우리나라에 기독교가 들어오고, 가장 먼저 유년 주일학교가 시작된 것은 1890년이었다고 한다. 1897년에 이르기까지 평양에 5개의 유년 주일학교가 설립되었고 1919년 말에는 주일학교의 수가 만여 곳을 넘었다고 한다.

1922년 이래 여름아동성경학교가 시작되었는데 선천의 마포 삼열목사 부인이 처음 동화구연을 시작하였다. 1926년에 창간된 아동잡지 「아이생활」은 발표된 동화를 선택하여 구연하였다. 1929년 연성흠(1902~1945, 아동문학가)의 『동화구연방법의 그 이론과 실제』가 중외일보에 7월 15일부터 11월 26일까지 연재되었다. 차후, 더 고증된 이론서가 발견될 수도 있으나, 지금까지는 최초의 동화구연 이론

서로 알려져 있다. 그 후, 「아이생활」은 1944년에 일제 탄압으로 폐간되었다. 1934년 5월에 조선 야소교 장로회 총회 종교 교육부에서 간행한 탐손 박사의 강술, 강병주 목사의 필기로 된 『신선 동화법』은 주일학교 교사 양성과의 교재로 사용되기도 했다.

> 어린이의 흥미를 돋우기 위해 동화와 노래가 강조되었다. 엄숙하게 앉아 있어야 했던 어린이들이 이 시간만은 웃기도 하고 소리 지를 수도 있기 때문이다. 1년에 한두 차례씩 있는 동화 대회도 어린이들에게는 특별한 관심의 대상이 되었다. (중략) 실제에 있어서 이런 행사들이 어린이들에게 가장 깊은 영향을 남겼다.
>
> – 한국 기독교 교육사(유한준, 2007, p. 47)

3) 유치원 동화

한국 최초의 유치원은 1913년 백인기에 의해 서울 인사동에 세워진 경성유치원이며, 1914년 1월부터 서울 정동에 있는 젠센 기념관에서 시작한 이화학당 부속 이화유치원이 한국 기독교 최초의 유치원으로 발전하였다(석용원, 1986). 대부분 학교와 교회 부설로 설립된 유치원에서 교과의 하나로 동화구연을 들려주었다.

비교적 오래전에 설립된 유치원으로는 중앙유치원(1916), 아현유치원(1917), 영화유치원(1917), 배화유치원(1919), 태화여자관 유아보육사업(1920), 일신유치원(1923), 영생유치원(1930), 새문안유치원(1930), 제천유치원(1931) 등이 있는데 이들 유치원의 교과는 은물(恩物, Gabe), 수공, 동화, 도화, 조선어, 숫자, 창가, 유희였다고 하니, 이때 이미 유치원 동화의 첫 씨앗을 심은 바 있고 초창기 교사들은 구연가들임을 알 수 있다.

1924년에 숭의 보육과가 설치되어 교육과정에 동화법이 들어 있는 것으로 보아 유치원 교사가 될 학생들에게 동화구연법을 강의했으며 이를 중요하게 여겼음을 알 수 있다.

4) 소파 방정환의 동화구연활동과 문화활동

(1) '어린이'의 어원과 색동회

'어린이'는 동사 '어리다(幼)'의 어간에 인칭 대명사 '이'가 결합한 형태이다. 즉 '어 리- + -ㄴ + 이'로 분석할 수 있다. 그런데 '어리다'는 15세기 당시에 '유(幼)'의 의미를 가지고 있던 것이 아니라 '우(愚)'의 의미를 가지고 있었다. 따라서 15세기의 '어리니' 는 '어리석은 사람'이라는 의미였다. 현대어와 같은 의미를 가진 15세기의 단어는 '아히'였고, 16세기에 '어리다'의 의미가 '유(幼, 稚)'로 바뀌면서 '어린아히'가 쓰이게 된다. 17세기에 들어서서는 '유(幼)'의 의미를 가진 '어리다'에 인칭대명사가 결합된 '어리니'와 '어린이'가 현대어와 같은 의미로 쓰이게 되었다.

최남선은 1908년 계몽잡지인 월간 「소년」 창간호에서 '어린이'라는 단어를 기술하기도 하였으나 1920년대 방정환이 원래의 '어린이'에 없었던 높임의 뜻을 강조하여 새롭게 쓰기 시작하면서 본격적으로 널리 사용되기 시작하였다(국립국어원).

1921년 섣달, 일본에서 소파 방정환(1899~1931)이 서울 개벽사에서 출판한 세계명작 동화집을 엮은 〈사랑의 선물〉에는 구수한 이야기로 된 동화 열 편이 실렸는데, 50전짜리 이 책이 날개 돋친 듯이 잘 팔린 것은 이때가 동화구연의 개화기였기 때문이다.

1923년 3월 16일 일본 도쿄의 소파 방정환 선생 하숙집에서 손진태, 진장섭, 정병기 등 유학생 8명이 모여 어린이들에게 민족의식을 심어 주기 위해 어린이운동 단체를 만들기로 뜻을 모았다. 3월 30일 2차 회의가 열렸고 이 모임에 합류한 윤극영이 '색동회'라는 명칭을 제안했다. 4월 14일 윤극영의 하숙방에서 가진 3차 모임에서 색동은 순수한 우리말이며, 색동저고리는 우리 어린이들의 전통적인 고유의상 모습이라는 데 의견 일치를 보아, '색동회' 명칭을 확정하였다. 그리고 색동회 표어도 만들었다.

'씩씩하고 참된 어린이가 됩시다! 그리고 늘 서로 사랑하며 도와 갑시다!'

이 표어는 색동회의 창립이념을 함축한 것으로, 바로 어린이 문화운동의 실천강령이며 행동철학이었다.

그해 5월 1일 도쿄에서 색동회 발회식을 열었다(유한준, 2007, pp. 58-59). 아동문학가 마해송, 윤석중, 조재호, 최진순, 정인섭 등도 색동회에 가입하였다. 색동회가 중심이 되어 첫 어린이날을 만들었는데, 그날은 1923년 5월 1일이었다. 5월 1일이었던 어린이날은 1927년부터 5월 첫째 일요일로 바뀌었다가 1946년부터 5월 5일로 변경되었다

1922년 9월 첫 시일(일요일)에 경성도서관에서 소파 방정환을 청하여 '동화회'를 열었는데 이는 방정환이 동화구연을 시작한 최초의 날이었다. 매주 일요일에 열리는 소파의 '동화회'는 대성황을 이루었다. 방정환은 『백설공주』, 『황금거위』, 『상드룡의 유리구두』, 『한네레의 승천』 등 번안 세계명작동화를 즐겨 구연하였다(유한준, 2007, p. 58).

1925년 3월 20일부터 '어린이' 창간 2주년 기념행사로 서울을 비롯한 대구, 마산, 부산, 김천, 인천에서 '소년소녀대회'를 열었다. 4월 29일 색동회 주최로 천도교기념관에서 '제 3회 어린이날 전야제'를 열었다. 이때 그는 동화 '귀만의 슬픔'과 '어린이날 이야기'를 구연했다.

소파 방정환이 직접 동화구연에 나서고 동화구연대회를 개최한 것은 어린이에 대한 깊은 애정과 아동문화 운동의 일환이었다. 그가 1923년 창립한 '색동회'를 통해 보여 준 활약은 당시 이 땅의 어린이들에게 희망과 용기를 주었고 아동의 사회적 지위를 높이는 터전을 닦는 데 크게 이바지하였다.

'어린이날' 제정은 그가 이끌던 색동회에서 비롯되었다. 색동회 회원들은 모두가 어린이 문화운동가로 동화를 들려주었으며 그중에서도 소파 방정환은 동화구연의 제1인자였다(석용원, 1986).

> 우리나라에 아직까지도 따를 사람이 없는 동화구연가이신 것이다. 그 뚱뚱한몸집으로 말라깽이 흉내도 잘 내셨고 그 무거운 음성으로 어린 아기 흉내도 잘 내

셨으니, 그만하면 선생이 얼마나 화술이 놀라우셨는가를 알 수 있다. (中略) 강당에 사람을 너무 많이 받았다 하여 눈알을 부라리며 호통을 치던 경관이, 선생이 하시는 동화가 슬픈 대목에 이르자 문간을 지키다가 훌쩍훌쩍 운 적도 있었다. (下略)

– 윤석중(석용원, 1986)

이와 같이 1922년 이래 전국 각처를 다니며 동화구연회를 가지는 등 소파는 동화구연에 빛나는 업적을 남겼다.

(2) 집필활동과 예술문화운동

1925년 7월 12일부터 조선일보에서 학예란에 '어린이 신문'란을 만들어 동화 · 동요 · 전설을 실었는데, 1926년 3월까지 방정환이 집필했다. 조선일보는 당시 이 '어린이 신문'란은 유치원이나 보통학교 일이 학년 정도 되는 어린이들이 재미를 붙이게 하기 위하여 굵은 글자로 인쇄하였으며, 가끔 재미있는 그림도 넣었다. 나이 어린 독자들이 쉽고 재미있게 읽으면서 취미를 붙이도록 하는 글들이 실렸다.

1926년 소파 방정환은 6 · 10 만세 사건으로 일제의 삼엄한 검속을 당하는 중에도 '사랑의 선물' 10판 발행을 돌파하였다. '어린이' 잡지에 1927년 1월부터 1930년 12월까지 20회에 걸쳐 「어린이독본」을 연재하였다. 주제는 민족의식과 관련된 내용이 가장 많았으며, 그다음으로 우정, 희생정신, 신의, 동정, 정직 등과 같은 덕목들이 주를 이루었다. 「어린이독본」은 일종의 도덕 교과서로 실제로 당시의 많은 학교에서 조선어 시간에 독본교재로 쓰이기도 했다.

1928년 10월에는 '이헌구, 조재호, 정순철, 진장섭, 정인섭 등 '색동회' 동인의 도움으로 '세계아동예술전람회'를 개최하였다. 방정환은 이 대회를 열게 된 배경을 이렇게 말하였다.

"우리에게 유익한 지식이라하야 수신과 산술만 쑤역쑤역먹고 조흔 사람이 될 수 잇느냐하면 그것만 가지고는 조흔사람=빠진구석 업시 완전한 조흔사람=이 될 수 업는 것이요 예술이라하는 조흔 반찬을 부즈런히 잘 구해먹어야 비로소 빠진 구석 업시 완전한 조흔사람이되는 것이다"

〈어린이〉 6권 6호, 1928년 10월호

이처럼 전인교육을 위해 예술교육이 절실하다는 사실을 밝히고 있다. 이 대회는 방정환의 예술문화 운동의 백미로 평가된다.

그는 어린이 잡지 외에도 민족적 종합잡지 개벽(1920)과 신여성(1923), 별건곤(1926), 학생(1929), 혜성(1931) 등의 편집에도 관여하며 다양한 글을 발표하면서 언론 · 출판인, 어린이 문화운동가로서 적극적으로 활동을 전개했다. 또한 전국 각지를 돌며 동화구연회와 소년 문제, 강연회 등으로 분주한 나날을 보냈다.

그러나 일제의 가중되는 탄압과 개벽사의 재정난, 소년운동 진영의 분열 등으로 고심하다가 누적된 피로로 1931년 7월 17일 신장염과 고혈압으로 경성제국대학 내과에 입원하게 되었고 결국 7월 23일 세상을 떠났다.

5) 라디오방송 동화

1927년 2월 첫 방송을 시작한 경성 방송국은 새로운 동요의 보급에 큰 역할을 하였으며 동화구연에도 많은 관심을 보였다. 어린이 시간이 마련되었기 때문이다.

방정환, 고한승, 진장섭, 정홍교, 연성흠, 장무소, 이정호, 윤석중, 최인화, 정규환, 전상진, 김복진, 이순이, 홍은순 등의 동화구연이 라디오 앞에 모인 어린이들을 즐겁게 해 주었다.

라디오 동화는 몸짓 없는 목소리만의 동화이기 때문에 주로 음성의 고저강약으로 분위기와 감정을 나타내었다. 일제 치하의 생방송이었고 우리말로 동화를 구연할 수 있었다는 것은 여간 다행스러운 일이 아니다(석용원, 1986).

6) TV 및 인터넷 동화

미디어의 발달로 동화구연이 시청각을 통하여 쉽고 재밌게 어린이들에게 다가갈 수 있었다.

1960년 12월 31일 TV방송국이 개국되고 1961년부터 방송이 각 가정에 수신되기 시작하였다. 그 후 1969년 MBC 방송국이 개국되고 1973년 KBS가 한국방송공사로 국영 운영되었다. 당시 어린이방송은 정인섭(사단법인 색동회 5대 회장), 이해창(하모니카 할아버지), 최영일(사단법인 색동회 8대 회장), 배동익(사단법인 색동회 9대 회장) 등이 어린이방송에 출연하며 TV동화구연을 보급하였다.

현대사회가 급변하면서 뉴미디어(new mass communication media)가 초고속으로 발전해 왔다. 그것이 바로 인터넷의 출현이다. 인터넷은 현대사회에서 없어서는 안 될 중요한 매체로 자리매김하게 되었다.

국내에서 인터넷은 1982년 서울대학교와 전자통신연구소 간에 SDN(System Development Network)을 연결하면서 시작되었으며, 비영리 전산망으로서 KREONET, 교육망인 KREN, 그리고 한국통신이 소수의 일반 가입자를 대상으로 운영하였다(황보영, 2000).

1990년대 후반 인터넷 사이트의 폭발적인 증가와 더불어 유아교육 관련 인터넷 사이트 또한 양적으로 급증하면서 교수매체로서의 인터넷 활용 방안에 대한 연구가 이루어지기 시작하였는데(이경우 외, 1998), 이를 계기로 유아교육에서의 인터넷 활용에 대한 관심이 증가하게 되었다.

최근 스마트 시대라고 불릴 만큼 스마트폰의 이용자 수가 급속도로 증가하고 있다. 미국의 시장조사기관인 스트래티지 애널리스틱스(SA)에 따르면, 2012년 한국의 스마트폰 보급률이 67.6%로, 세계에서 가장 높은 것으로 나타났다(경향신문, 2013. 6. 25). 정보통신정책연구원에 따르면 2014년 9월 기준으로 80% 보급되었다고 한다(브레인미디어, 2015. 7. 28).

요즘 부모들은 어린이들에게 흔히 스마트폰을 소유하게 하고, 유아들에게도 쉽게 노출시키고 있는 것이 사실이다. 긍정적 견해로는 이주연의 "집중 시간이 짧은 유아의 교육매체로 유아용 애플리케이션을 활용한 스마트 기기가 적합하다."와 한국정보문화진흥원의 "적당한 미디어 사용은 손과 눈의 협응력, 조작능력, 공간이해력 향상, 상상력과 창의적 사고, 언어발달, 수학적 능력, 사회적 기술, 자존감 증진, 또래와의 상호작용 등에 긍정적 영향을 미친다."는 견해가 있다(임순희, 2015 재인용).

부정적 견해로는 이윤미의 "스마트폰에 심하게 빠지면 자라면서 게임 중독 등으로 이어질 가능성이 높고, 뇌 발달에 문제가 생길 수 있다."는 지적, 이정림 육아정책연구소 부연구위원의 "잠깐 동안 편함을 위해 또는 교육적 목적으로 준 스마트폰이 우리 아이들 오감 발달을 저해하고 있으며 부모들이 스마트폰의 위험성을 인식해야 한다."라는 경고가 있다(임순희, 2015 재인용). 즉, 스마트폰 중독은 현실에 무감각해지고 주의력이 떨어지는 등 어린이 뇌 발달에 악영향을 끼친다는 문제점을 안고 있다.

2012년에 미래창조과학부와 한국정보화진흥원, (사)색동회가 협약하여『나는 건강한 스마티즌!』이라는 유 · 아동 인터넷 및 스마트미디어 중독예방 창작동화를 공모하여 작품집을 선보였다. 또한 같은 해에 '전국 유 · 아동 인터넷 및 스마트폰 중독예방 동화구연대회'를 개최하여 큰 성과를 이루었다.

동화구연은 구연자가 유익한 동화 내용을 청자에게 직접 들려주는 것이 가장 순수한 구연이며, 장점이다. 그러나 과학이 발달하고 뉴미디어의 등장으로 인터넷과 스마트폰 세대는 가정에서, 손안에서 영상을 통해 언제나 누구든지 볼 수 있는 환경이 되었다. 앞으로도 과학과 미디어는 더 많은 발전을 이루게 될 것이다. 그러나 성장 과정에 있는 어린이들에게 정서적 안정과 인성을 위한 대안도 제시되어야 할 것이다.

3. 동화구연의 가치

동화구연은 어린이의 언어발달에 있어 총체적 언어교육이자 가장 강력한 교수매체이다. 동화구연은 음소나 낱말로 쪼개어 학습하는 것이 아니라 문장으로 듣기, 말하기, 읽기, 쓰기를 동시에 총체적으로 학습하게 된다. 그러므로 문체에 운율이 있고 어휘나 문장이 자주 반복되는 내용의 구연은 듣기, 말하기, 읽기, 쓰기를 자연스럽고 즐겁게 함으로써 동화구연을 통해 언어발달, 인지발달, 사회 · 정서 발달, 심미적 발달 등 어린이의 전인적인 성장발달을 도모할 수 있게 된다.

1) 언어발달

① 발음이 정확해진다.

② 바른말, 고운 말, 표준어를 사용하게 된다.

③ 비유, 은유적인 언어를 접하며 어휘력, 구사력이 증가된다.

④ 언어표현력이 향상된다.

⑤ 언어의 아름다움을 경험한다.

⑥ 언어를 창의적으로 사용하고 즐긴다.

2) 인지발달

① 상상력이 풍부해지며 사고력과 창조력을 길러 준다.

② 동화 속에서 다양한 사건을 통해 문제해결 능력이 키워진다.

③ 말과 글에 관심을 갖게 되며 모국어를 깨치게 된다.

④ 띄어 말하기와 붙여 말하기를 통하여 내용 이해가 쉬워진다.

⑤ 책 읽기를 즐겨하게 되고, 아동문학의 예술성을 자연스럽게 접하게 된다.

⑥ 순발력과 판단력이 길러진다.

⑦ 빨리 암기하고 오래 기억한다.

⑧ 사물과 자연에 대한 개념을 획득하고 사전에 획득한 개념에 대해 확고하게 한다.

⑨ 이야기를 통해 추론 능력이 발달한다.

3) 사회 · 정서발달

① 긍정적인 사고를 발달시키며 자존감을 높인다.

② 자신과 타인의 감정을 이해하고 공감하며 표현하는 능력을 키운다.

③ 자연과 친숙해져 감수성발달과 정서순화에 도움이 된다.

④ 자연을 사랑하며 정신세계가 넓어진다.

⑤ 선과 악을 분별하여 바른 가치관을 갖게 된다.

⑥ 간접경험을 통한 대리만족으로 행복감을 갖도록 해 준다.

4) 심미적 발달

① 자연현상과 주변 환경에 대한 아름다움을 감상하고 표현한다.

② 생물, 무생물에 대해 심미적 태도를 가진다.

③ 다양한 문학 작품을 경험하며 긍정적 자세를 배운다.

④ 수준 높은 그림책을 접하며 미적 감각을 기른다.

Chapter 2

동화구연의 기본요소

1. 호흡

호흡(呼吸)의 사전적 의미는 '사람이나 동물이 코 또는 입으로 공기를 들이마시고 내쉬는 기운 또는 그렇게 하는 일'이다. 즉, 숨을 들이쉬고 내쉬는 방법을 말하는 것으로, 구연에서는 어떤 부분에서 숨을 내쉬고 어떤 부분에서 숨을 들이쉬는가 하는 것을 말한다. 구연 내용에 따라 숨을 멈추거나 숨을 길게 또는 짧게 사용할 때 감정의 표현이 달라지기도 한다. 문장에 따라 호흡을 조절하는 것이다. 따라서 호흡을 어떻게 조절하느냐에 따라 구연의 느낌과 깊이가 달라진다.

1) 호흡의 종류

호흡의 종류는 크게 복식호흡과 흉식호흡으로 나눌 수 있다.

복식호흡(腹式呼吸)이란 숨을 들이쉴 때 허파가 주로 아래쪽으로 팽창되었다가 내쉴 때 수축되는 호흡방식이다. 복식호흡은 배를 폈다 오므렸다 하여 횡격막의 수축에 의해 쉬는 숨을 말한다. 횡격막의 상하 운동의 폭이 훨씬 커서 숨이 들어올 때 배가 불러지고 숨이 나갈 때 배가 들어간다. 뱃속 깊이 숨을 들이쉬었다가 내뱉는 호흡으로 말소리를 내는 데 있어서 모든 사람들에게 필수적인 것이다.

복식호흡은 긴장감이 없고 편안한 상태에서 깊이 있는 감정을 표현할 때 많이 쓰인다. 배로 숨을 들이마시고 내뿜는 연습을 꾸준히 하면 긴장이 해소되고 정서가 안정된다. 호흡이 안정되면 목소리도 안정되고 소리에 힘이 붙는다. 부드러우면서도 힘 있는 소리, 안정된 소리를 내기 위해서는 복식호흡을 하도록 한다.

흉식호흡이란 늑골의 운동에 의해 행해지는 가슴호흡이다. 흉식호흡은 숨을 들이쉴 때 가슴이 주로 옆으로, 위로 확장되었다가 숨을 내쉴 때 수축되는 호흡방식이다. 가슴으로 숨을 쉬기 때문에 깊이 있는 호흡이 되지 못한다. 그러므로 구연을 함에 있어서 부분적으로만 사용하여야 한다.

혼합호흡이란 복식호흡과 흉식호흡을 함께 사용하는 방법이다.

말을 하는 데 있어 늘 복식호흡만을 사용하지 않기 때문에 흉식호흡의 방법도 익히는 것이 좋다. 흉식호흡의 경우 가벼운 목소리 표현이나 여성의 목소리를 낼 때 부분적으로 사용된다.

① 복식호흡: 뱃속 깊이 숨을 들이쉬었다가(들숨) 내쉬는(날숨) 호흡으로, 긴 문장에서도 안정된 목소리로 깊이 있는 감정을 표현할 수 있어 좋다.

② 흉식호흡: 가슴으로 숨을 쉬는 호흡으로, 깊이 있는 감정표현이 어렵고 긴 문장을 말할 때 불안하다.

③ 혼합호흡: 복식과 흉식을 합한 호흡으로, 복식호흡을 꾸준히 연습하게 되면 문장에 따라 자연스럽고 적절하게 사용할 수 있게 된다.

2) 복식호흡의 방법

① 허리와 등이 일직선이 되게 한다.

② 시선은 중앙을 바라본다.

③ 몸의 근육을 풀어 준다.

④ 가슴은 움직이지 않은 채 아랫배로 숨을 천천히 들이쉬었다가 내쉬는 것을 반복한다.

⑤ 들숨, 날숨을 반복한다.

1단계→코로 2~3초간 숨을 깊숙이 들이마셨다가 불룩해진 공기를 4~6초간 코로 숨을 천천히 내쉰다.

2단계→코로 숨을 깊숙이 들이마신 후 배꼽 아래 단전에 4~5초간 숨을 멈추었다가 이와 혀 사이로 '쓰' 또는 '프' 하며 6~8초간 천천히 내뿜는다.

3단계→코로 천천히 들이마신 후 참을 수 있을 때까지 참았다가 '쓰' 또는 '프' 하며 20초간 길게 내뿜는다.

4단계→숨을 멈추는 연습을 15초부터 30초 … 시간을 늘려 연습한다.

⑥ 소리는 숨을 들이쉬었다가 내쉴 때 근육의 밀어내는 힘에 의해 나는 것이므로 복근을 단련하면 소리를 더욱 확산시킬 수 있다.

2. 발성

호기(呼氣: 날숨)에 의해 성대를 진동시켜 음성을 만들어 내는 생리현상으로 조음(調音)과 함께 말소리를 만들어 낸다. 이를 위해서는 후두의 여러 근육이 협조적으로 작용하여 성문(聲門)을 닫고, 또 성대의 접촉면을 예리하게 하여 적당히 긴장시킨다.

1) 발성 전 조음기관 풀어 주는 방법

- 성대 근육을 상하로 마사지하고, 원을 그리며 좌우로 마사지하여 성대 근육을 풀어 준다.
- 콧노래를 하여 입 안에 진동이 머물 수 있도록 한다.
- 두 입술을 살짝 붙였다 떨어트려 입 떨기를 한다. (예: 부부부부부부부~)
- 치조에 혀끝을 닿아 혀 떨기를 한다. (예: 르르르르르르르~)

2) 발성의 단계

단계	표현
최고음, 고음	환호, 비명, 발악, 원거리
중고음	기쁨, 강조, 주장, 분노, 긴박, 흥분, 놀람
중음	음성의 기본음, 일반적 대화
중저음, 저음	슬픔, 낙심, 실망, 걱정, 아플 때, 절망
저음, 최저음	독백, 속삭임, 신음, 귓속말

3) 발성 연습의 실제

발성 연습 1 : 구연

최고음	"야호! 놀이동산이다." "으악!"
중고음	"여봐라! 저 돌장승을 매우 쳐라!" "달님~ 오늘은 아주 밝은 보름달이 되었네요."
중음	"거북아, 우리 저 강 너머 숲속에 놀러 갈래?" "너의 집이 어디니?"
저음	"쟤~ 주머니 속에 물총 숨겼을지도 몰라."(귓속말) '아, 정말 큰일이로구나. 이 일을 어쩌면 좋담….'(혼잣말)
최저음	'옳지. 너, 잘 만났다.' '큰일 났다. 엄마가 아시면….'

발성 연습 2 : 손유희

나는 아주 작은 주전자예요.
물이 보글보글 끓으면 조로록 따라 주세요! (저음)

나는 삐삐 주전자예요.

물이 부글부글 끓으면 주루룩 따라 주세요! (중음)
나는 커다란 주전자예요.
물이 팔팔팔 끓으면 콸콸콸 따라 주세요! (고음)

"앗! 뜨거워. 조심하세요!" (고음 / 저음)

발성 연습 3 : 음률

자동차가 오네요 오예-
자동차가 오네요 오예-
문을 닫고 안전벨트 착!
문을 닫고 안전벨트 착!
"준비! 출발!" 부르르르르르~~~~~
"스톱!" 끽-

발성 연습 4 : 신체 표현

낮은 산을 오르자 으차 으차 으차! (저음)

높은 산을 오르자 으샤 으샤 으샤! (중음)

산꼭대기 오르자 으쌰 으쌰 으쌰! (고음)

야호! (최고음)

발성 연습 5 : 전래동요

종달아 종달아
너 어디 갔었니
산에 산에 갔었다
뭐하러 갔었니
친구보고 싶어서 산에 갔었다

옛 친구나 만났니
말 좀 해 보렴
고운친구 만나서
베베종종 베베종종 베베종종종 종
미운 친구 만나서
베베종종 베베종종 베베종종종 종
모두모두 만나서
베베종종 베베종종 베베종종종 종

발성 연습 6 : 동시

✎ 〈비 오는 날〉

글 : 권효순

조록 조록 조록 조록
가랑비 내리는 날
꽃밭의 꽃들 간지럽다고 호호호

주룩 주룩 주룩 주룩
발비 내리는 날
들판의 곡식들 즐겁다고 하하하

쭈룩쭈룩 좍좍 쭈룩쭈룩 좍좍
작달비 내리는 날
숲속의 나무들 시원하다고 허허허

발성 연습 7 : 동화

✎ 〈양치기 소년〉

평화로운 마을에 양치기 소년이 살고 있었어요.
소년은 파란 풀밭에서 늘 양들을 돌보았지요.
그러던 어느 날, 양치기 소년은 너무 심심했어요.

'아! 심심해. 뭐 신나는 일이 없을까?'
"그래, 그게 좋겠다. 마을 사람들을 놀려 줘야지."
"늑대다! 늑대가 나타났어요!"
마을 사람들은 하던 일을 팽개치고 허겁지겁 달려왔지요.
"아니, 느, 늑대가 어디 있다는 거야?"
"헤헤, 심심해서 장난친 거예요."
소년은 재미있다는 듯 웃으며 말하는 게 아니겠어요?
그리고 며칠이 지났어요.
소년은 또 다시 장난이 치고 싶어졌지요.
"늑대다! 늑대가 나타났어요!"
마을 사람들은 놀라서 허둥지둥 달려왔어요.
"어디, 어디니?"
"헤헤, 장난이었어요."
"뭐, 뭐야! 이 녀석이!"
마을 사람들은 화를 내며 돌아갔지요.
며칠 후, 진짜 늑대가 나타났지 뭐예요.
깜짝 놀란 소년이 다급하게 외쳤어요.
"느, 느, 늑대다! 늑대가 나타났어요. 이번엔 정말이에요. 늑대라고요."
"이번에도 또 장난일 거야. 속지 말자고."
두 번이나 속았던 마을 사람들은 소년의 말을 믿지 않았지요.
결국, 늑대는 양들을 잡아먹었고 소년은 자신의 잘못을 후회하며 엉엉 울고만 있었대요.

3. 발음

발음이란 '혀, 이, 입술 등을 이용하여 말을 이루어 소리를 내는 것'을 말한다. 즉, 발음은 언어의 음운을 음성화하는 일이다. 구연은 음성으로 전달되는 것이기 때문에 올바른 발음이 필수적이다. 따라서 구연자는 자신의 발음이 어떠한지 먼저 정확히 진단하고 바르게 발음할 수 있도록 연습해야 한다.

1) 발음 방법

우리말을 발음할 때 소리는 자음과 모음으로 나눌 수 있다. 발음이 정확하지 않은 사람은 대부분 모음의 발음이 정확하지 않다. 모음 발음을 정확히, 철저히 연습하면 정확한 발음으로 말할 수 있다.

조음기관 단면도

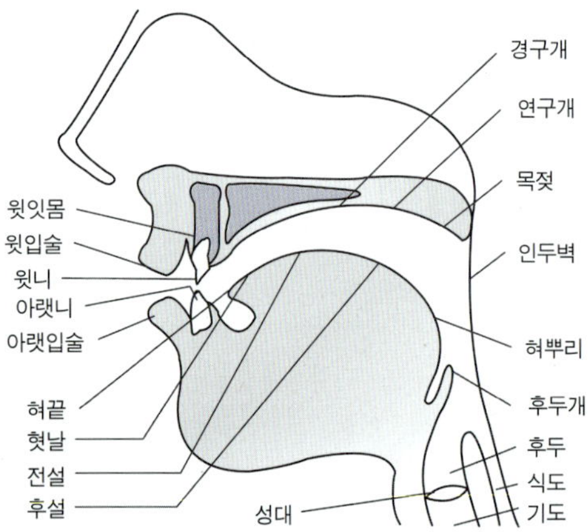

올바른 자음 위치

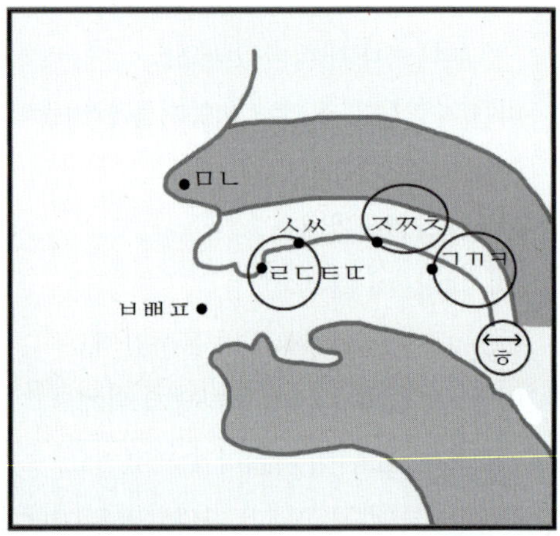

자음(닿소리)	모음(홀소리)
입안의 여러 곳에서 방해를 받아 나오는 소리를 말함(공기의 흐름을 차단하거나 입천장에 혀가 닿거나).	발음할 때 성대에서 진동된 공기가 입안으로 아무런 장애도 받지 않고, 자유로이 흘러나오는 소리를 말함.

※발음에 중요한 영향을 주는 조음기관: 입술, 혀, 이, 입천장, 아래턱.

(1) 자음

모든 말은 음절로 이루어져 있는데 음절이 이루어지려면 모음이 꼭 필요하다. 자음만으로는 음절이 만들어지지 않는다. 모음의 명칭은 '아 · 야' 등과 같이 그 모음 그대로이지만 자음의 명칭은 '기역 · 니은'과 같이 'ㄱ · ㄴ' 등의 자음에 모음을 더하게 되는데, 그것은 자음만으로는 음절이 이루어지지 않아 발음이 불가능하기 때문이다. 그 대신 자음은 모음의 앞뒤에 연결되어 다양한 음절을 형성하는 구실을 한다. 자음은 모음보다 종류가 많고 다양하다.

자음은 '목, 입, 혀 따위의 발음 기관에 의하여 장애를 받으면서 나는 소리'로, 조음 위치와 조음 방법에 따라서 분류할 수 있다. 국어의 경우에 조음 위치에 따른 자음의 부류는 양순음(ㅂ, ㅃ, ㅍ, ㅁ), 치조음(ㄷ, ㄸ, ㅌ, ㅅ, ㅆ, ㄴ, ㄹ), 경구개음(ㅈ, ㅉ, ㅊ), 연구개음(ㄱ, ㄲ, ㅋ, ㅇ), 후음(ㅎ)이 있으며, 조음 방법에 따른 부류는 파열음(ㅂ, ㅃ, ㅍ, ㄷ, ㄸ, ㅌ, ㄱ, ㄲ, ㅋ), 파찰음(ㅈ, ㅉ, ㅊ), 마찰음(ㅅ, ㅆ, ㅎ), 유음(ㄹ), 비음(ㄴ, ㅁ, ㅇ)이 있다.

ㄱ 기역	ㄴ 니은	ㄷ 디귿	ㄹ 리을	ㅁ 미음	ㅂ 비읍	ㅅ 시옷
ㅇ 이응	ㅈ 지읒	ㅊ 치읓	ㅋ 키읔	ㅌ 티읕	ㅍ 피읖	ㅎ 히읗

●조음기관 단면도

	조음위치 / 조음방법		양순음 (입술소리)	치조음 (혀끝소리)	경구개음 (센입천장)	연구개음 (여린입천장)	후음 (목청소리)
장애음	파열음	평음	ㅂ(비읍)	ㄷ(디귿)		ㄱ(기역)	
		격음	ㅍ(피읖)	ㅌ(티읕)		ㅋ(키읔)	
		경음	ㅃ	ㄸ		ㄲ	
	마찰음	평음					
		격음					ㅎ(후음)
		경음					
	파찰음	평음			ㅈ(지읒)		
		격음			ㅊ(치읓)		
		경음			ㅉ		
공명음	비음		ㅁ(미음)	ㄴ(니은)			
	유음			ㄹ(리을)			

(2) 모음

한국어의 모음은 단모음과 이중모음을 합쳐 모두 21개이다. 단모음은 하나의 모음으로 된 소리이고, 이중모음은 두 개 이상의 단모음이 합쳐진 소리이다. 이것을 기술적으로 말하면, 단모음은 발음할 때 입 모양의 변화가 없는 소리이고, 이중모음은 입 모양의 변화를 갖는 소리이다.

모음의 종류	조음 특징	한국어의 예
단모음	입술 모양이나 혀의 위치가 변하지 않음.	ㅏ, ㅐ, ㅓ, ㅔ, ㅗ, ㅜ, ㅡ, ㅣ, (ㅚ, ㅟ)
이중모음	입술 모양이나 혀의 위치가 변함.	ㅑ, ㅕ, ㅛ, ㅠ, ㅒ, ㅖ, ㅘ, ㅙ, ㅝ, ㅞ, ㅢ, (ㅚ, ㅟ)

※ 'ㅚ' 와 'ㅟ' 는 단모음으로 발음하는 것을 원칙으로 하되, 이중모음으로 발음할 수 있다.

▍한국어 모음 표

혀의 최고점 위치	전설모음		후설모음	
입술모양 / 혀의 높이	평순	원순	평순	원순
고모음	ㅣ [i]	ㅟ [ü]	ㅡ [i]	ㅜ [u]
중모음	ㅔ [e]	ㅚ [ö]	ㅓ [ə]	ㅗ [o]
저모음	ㅐ [ɛ]		ㅏ [a]	

(3) 발음 연습 실제

▍연습1 : 표준 발음표 연습

다음의 표를 통해 집중적인 발음 · 발성 훈련이 가능하다.

	ㅏ	ㅑ	ㅓ	ㅕ	ㅗ	ㅛ	ㅜ	ㅠ	ㅡ	ㅣ
ㄱ	가	갸	거	겨	고	교	구	규	그	기
ㄴ	나	냐	너	녀	노	뇨	누	뉴	느	니
ㄷ	다	댜	더	뎌	도	됴	두	듀	드	디
ㄹ	라	랴	러	려	로	료	루	류	르	리
ㅁ	마	먀	머	며	모	묘	무	뮤	므	미
ㅂ	바	뱌	버	벼	보	뵤	부	뷰	브	비
ㅅ	사	샤	서	셔	소	쇼	수	슈	스	시
ㅇ	아	야	어	여	오	요	우	유	으	이
ㅈ	자	쟈	저	져	조	죠	주	쥬	즈	지
ㅊ	차	챠	처	쳐	초	쵸	추	츄	츠	치
ㅋ	카	캬	커	켜	코	쿄	쿠	큐	크	키
ㅌ	타	탸	터	텨	토	툐	투	튜	트	티
ㅍ	파	퍄	퍼	펴	포	표	푸	퓨	프	피
ㅎ	하	햐	허	혀	호	효	후	휴	흐	히

- 처음에는 한 자씩 입을 크게 벌리고 명확히 발음한다.
- 익숙해지면 말의 명확성을 유지하면서 4초 정도에 한 줄을 읽을 정도로 속도를 빨리한다.
- 매일 꾸준히 연습한다.
- 일상생활에서도 정확한 발음으로 말하도록 한다.

연습2

각 낙 닥 락 막 박 삭 / 악 작 착 칵 탁 팍 학
간 난 단 란 만 반 산 / 안 잔 찬 칸 탄 판 한
감 남 담 람 맘 밤 삼 / 암 잠 참 캄 탐 팜 함
강 낭 당 랑 망 방 상 / 앙 장 창 캉 탕 팡 항
갈 날 달 랄 말 발 살 / 알 잘 찰 칼 탈 팔 할

연습 3

갈라 날라 달라 랄라 말라 발라 살라 / 알라 잘라 찰라 칼라 탈라 팔라 할라
걸러 널러 덜러 럴러 멀러 벌러 설러 / 얼러 절러 철러 컬러 털러 펄러 헐러
골로 놀로 돌로 롤로 몰로 볼로 솔로 / 올로 졸로 촐로 콜로 톨로 폴로 홀로
굴루 눌루 둘루 룰루 물루 불루 술루 / 울루 줄루 출루 쿨루 툴루 풀루 훌루
길리 닐리 딜리 릴리 밀리 빌리 실리 / 일리 질리 칠리 킬리 틸리 필리 힐리

연습 4

✎ 〈가을엔〉

글 : 권효순

가 - 가을엔 가랑잎이
나 - 나비처럼 나폴나폴
다 - 다람다람 다람쥐
라 - 라라라라 알밤 까네
마 - 마을엔 농악놀이
바 - 바람도 덩실덩실
사 - 사이좋은 이웃사촌
아 - 아기자기 고운 마음
자 - 자연을 친구 삼아
차 - 차 한 잔 앞에 놓고
카 - 카! 여기가 무릉도원
타 - 타오르는 가을 산
파 - 파아란 가을 하늘
하 - 하늘만큼 푸른 꿈

가나다라마바사 아하!
아자차카타파하 아하!

✎ 〈봄이 왔어요〉

글 : 백미애

졸졸졸, 얼었던 시냇물이 흐르고,
뾰족뾰족, 새싹이 돋아났어요.
뾰로롱 뾰로롱, 개나리꽃도 피고, 진달래꽃도 피었지요.
그곳을 개굴개굴 개구리가 팔딱팔딱 뛰어다녀요.
"여러분! 봄이 왔어요."

2) 음운법칙에 따른 정확한 발음

(1) 연음법칙

받침이 모음으로 시작되는 조사나 어미 혹은 접미사와 결합할 때는 제 음가대로 발음되는 것이 원칙이다. 다만, 받침 위치에서 발음되는 것은 아니고 뒤 음절에 연음되어 뒤 음절의 초성으로 발음된다('표준 발음법' 제13항, 예: 찾아[차자], 못으로[모스로], 늦으면[느즈면]).

예시	O	X
밭에	[바테]	[바세]
꽃을	[꼬츨]	[꼬슬]
끝을	[끄틀]	[끄츨]
무릎이	[무르피]	[무르비]

예시	O	X
꽃에	[꼬체]	[꼬세 / 꼬테]
꽃이	[꼬치]	[꼬시]
깨끗이	[깨끄시]	[깨끗치]
부엌에	[부어케]	[부어게]

연습 1

- 아주 작은[자근] 씨앗 하나가 돌밭에[돌바테] 떨어졌어요.
- 김선달은 [김선다른] 닭을[달글] 비싸게 팔고 있는 닭 장수를 보았지요.
- 중국의[중구게/중구긔] 궁궐 문 앞에[아페-]는 커다란 북이[부기] 하나 있었어요.
- 엄마는 민이[미니]를 쳐다보며 무궁화꽃에[-꼬체] 대한 설명을 해 주셨어요.
- 노인의[노이네/노이늬] 말을[마를] 들은[드른] 젊은이[절므니]는 고개를 끄덕였어요.

연습 2

- 조그만 밭을 갈고 갈아서 조그만 씨앗을 뿌렸습니다.
- 뾰족뾰족 싹이 돋아나 예쁜 꽃을 피웠습니다. 뽕!
- 커다란 밭을 갈고 갈아서 커다란 씨앗을 뿌렸습니다.
- 삐죽삐죽 싹이 돋아나 멋진 꽃을 피웠습니다. 펑!

(2) 구개음화

'ㄷ'과 'ㅌ' 받침이 조사나 접미사의 모음 'ㅣ'에 이어져 발음될 때에는 각각 'ㅈ'과 'ㅊ'으로 바뀌어 소리 난다. '표준 발음법' 제17항에 따르면 'ㅣ' 모음 앞에서만 'ㄷ'은 [ㅈ]으로 'ㅌ'은 [ㅊ]으로 바뀌 발음한다.

굳이	구지	미닫이	미다지	끝이	끄치
해돋이	해도지	볕이	벼치	팥이	파치

【붙임】'ㄷ' 뒤에 접미사 '히'가 결합되어 '티'를 이루는 것은 [치]로 발음한다.
- 굳히다[구치다] • 닫히다[다치다] • 묻히다[무치다]

연습

- 햇볕이[해벼치/핻벼치] 쨍쨍 내리쬐는 무더운 여름날이었어요.
- 엄마는 맏이[마지]인 민수에게 동생 수경이를 맡기고 시장에 가셨어요.
- 미영이는 팥으로 메주를 쑨다고 해도 곧이들을[고지드를] 만큼 수진이를 믿었어요.
- 사자 굴에 갇힌[가친] 토끼는 꾀를 내어 무사히 빠져나왔어요.

(3) 자음동화

자음동화는 한 음절 안에서는 일어나지 않고 음절의 끝자음과 그 뒤 음절의 첫소리인 자음과 만나 일어난다(예: 진리→질리).

① 제18항 받침 'ㄱ(ㄲ, ㅋ, ㄳ, ㄺ), ㄷ(ㅅ, ㅆ, ㅈ, ㅊ, ㅌ, ㅎ), ㅂ(ㅍ, ㄼ, ㄿ, ㅄ)'은 'ㄴ, ㅁ' 앞에서 [ㅇ, ㄴ, ㅁ]으로 발음한다.

먹는	멍는	국물	궁물	깎는	깡는	키읔만	키응만	몫몫이	몽목씨
긁는	긍는	흙만	흥만	닫는	단는	짓는	진:는	옷맵시	온맵씨
있는	인는	맞는	만는	젖멍울	전멍울	쫓는	존는	꽃망울	꼰망울
붙는	분는	놓는	논는	잡는	잠는	밥물	밤물	앞마당	암마당
밟는	밤:는	읊는	음는	없는	엄:는	값매다	감매다		

붙임】두 단어를 이어서 한 마디로 발음하는 경우에도 이와 같다.

- 책 넣는다[챙넌는다] • 흙 말리다[흥말리다] • 옷 맞추다[온마추다]
- 밥 먹는다[밤멍는다] • 값 매기다[감매기다]

연습

- 따뜻한 봄바람이 불자 진달래가 꽃망울[꼰망울]을 터트렸어요.
- 앞마당[암마당]에서 낮잠을 자던 누렁이가 엄마 닭을 보더니 벌떡 일어나는 게 아니겠어요?
- 뽀드득 뽀드득 눈을 밟는[밤: 는] 소리가 들렸어요.

② 제19항 받침 'ㅁ, ㅇ' 뒤에 연결되는 'ㄹ'은 [ㄴ]으로 발음한다.

담력	담:녁	침략	침냑	강릉	강능
항로	항:노	대통령	대:통녕		

【붙임】받침 'ㄱ, ㅂ' 뒤에 연결되는 'ㄹ'도 [ㄴ]으로 발음한다.

- 막론[막논→망논] • 백 리[백니→뱅니] • 협력[협녁→혐녁] • 십 리[십니→심니]

연습

- 아리랑 아리랑 아라리요. 십 리[십니→심니]도 못 가서 발병난다.
- 항로[항: 노]를 벗어난 커다란 배는 등대를 보며 뱃머리를 돌렸어요.
- 어린이와 눈맞춤 하는 대통령[대: 통녕]의 사진이 신문에 나왔어요.

③ 제20항 'ㄴ'은 'ㄹ'의 앞이나 뒤에서 [ㄹ]로 발음한다.

ㄱ.

난로	날:로	신라	실라	천리	철리
광한루	광:할루	대관령	대:괄령		

ㄴ.	칼날	칼랄	물난리	물랄리	줄넘기	줄럼끼	할는지	할른지

【붙임】첫소리 'ㄴ'이 'ㅀ', 'ㄾ' 뒤에 연결되는 경우에도 이에 준한다.

• 닳는[달른] • 뚫는[뚤른] • 핥네[할레]

다만, 다음과 같은 단어들은 'ㄹ'을 [ㄴ]으로 발음한다.

• 의견란[의ː 견난] • 임진란[임ː 진난] • 생산량[생산냥] • 결단력[결딴녁]
• 공권력[공꿘녁] • 동원령[동ː 원녕] • 상견례[상견녜] • 횡단로[횡단노]
• 이원론[이ː 원논] • 입원료[이붠뇨] • 구근류[구근뉴]

연습

• 따뜻한 난로[날ː 로] 옆에서 고양이가 우유를 핥아[할타] 먹고 있었지요.
• 대관령[대ː 괄령]에 첫눈이 내렸다는 소식이 전해졌어요.
• '천 리 길[철리낄]도 한 걸음부터'라는 속담이 있어요.

④ 제21항 위에서 지적한 이외의 자음 동화는 인정하지 않는다.

예시	O	X	예시	O	X
감시			옷감	옫깜	옥깜
있고	읻꼬	익꼬	꽃길	꼳낄	꼭낄
젖먹이	전머기	점머기	문법	문뻡	뭄뻡
꽃밭	꼳빧	꼽빧			

3) 틀리기 쉬운 말을 통한 정확한 발음 연습

• 닭[닥] 닭을[달글] 닭과[닥꽈]

① 엄마 닭과 병아리가 모이를 먹고 있었어요.

② 병아리는 엄마 닭을 따라서 종종종 걸어갔어요.

• 암탉[암탁] 수탉[수탁] 암탉만[암탕만]

① 수탉과 암탉이 닭장 속에 있었어요.

② 주인은 암탉만 데려갔지요.

- 낮 한때[나탄때] 옷 한 벌[오탄벌] 꽃 한 송이[꼬탄송이]

① 낮 한때 나그네는 옷 한 벌을 들고 지나갔어요.

② 나는 꽃 한 송이를 샀어요. 엄마께 드리려고요.

- 밟: 다[밥따] 밟으니[발브니] 밟아서[발바서]

① 보리밭을 밟다가 금덩이를 발견했어요.

② 네가 밟아서 너무 아파!

- 맑다[막따] 맑고[말꼬] 맑아서[말가서]

① 낮 한때 날씨가 맑다가 흐려지겠습니다.

② 공기가 맑아서 소리도 맑게 들려요.

- 넓적하다[넙쩌카다] 넓다[널따] 넓어[널버] 넓고[널꼬]

① 넓적한 부리에 마스크도 못할 텐데.

② 넓고 넓은 들판에 생쥐 가족이 살고 있었어요.

- 나랏일[나란닐]

① 임금이 나랏일엔 관심이 없고 매일매일 새 옷만 찾았지요.

② 나라의 일이 좀 많아야지.

- 나뭇잎[나문닙] 파란 잎[파란 입/파란 닙]

① 나뭇잎이 살랑살랑 부채질해요.

② 파란 잎이 흔들거렸어요.

- 읽고[일꼬] 읽는[잉는]

① 잘 익은 사과나무 아래에서 책을 읽고 있었어요.

② 난 지금 책을 읽는 중이야.

- 잃다[일타] 잃어[이러] 잃는[일른] 잃소[일쏘] 잊다[읻따] 잊어[이져] 잊는[인는]

① 지갑을 잃어 버렸어요.

② 숙제가 있는 것을 깜빡 잊었어요.

- 쟁이/장이

① 철이는 개구쟁이였어요.

② 철이의 막내 삼촌 직업은 대장장이였지요.

- 빗/빚/빛

① 영수네 아빠 회사는 빚이 점점 늘어만 갔어요. [비지]

② 불빛을 환하게 비추어 머리빗을 찾고 있었지요. [비슬]

- 젓/젖

① 달걀찜을 할 때 새우젓을 넣으면 맛있다고 했어요. [새우저슬]

② 신생아는 엄마 젖을 먹어야 해요. [엄마 저즐]

- 가르치다/가리키다

① 우리 엄마는 학교에서 수학을 가르치는 수학선생님이에요.

② 아기 원숭이는 바나나를 가리키며 엄마 원숭이를 바라보았어요.

【참고】

• 표준어: 한 나라에서 공용어로 쓰는 규범으로서의 언어이다. 우리나라에서는 교양 있는 사람들이 두루 쓰는 현대 서울말로 정함을 원칙으로 한다.

맞는 말	틀린 말	맞는말	틀린 말
괴나리봇짐	개나리봇짐	봉숭아/봉선화	붕숭화
구절	귀절	샘	새암
귀밑머리	귓머리	생쥐	새앙쥐
귀이개	귀개	쇠파리	쉬파리
김밥	김빱	양떼구름	양털구름
너	네(돈, 말, 푼)	웃어른	윗어른
넉	너/네(냥, 되, 섬, 자)	윗물	웃물
똬리	또아리	윗층	웃층
무	무우	총각무	알타리무

복수 표준어		복수 표준어	
가뭄	가물	마침표	온점
가엾다	가엽다	맨날	만날
개발새발	괴발개발	맨숭맨숭/맹숭맹숭	맨송맨송
거슴츠레하다	게슴츠레하다	먹거리	먹을거리
걸리적거리다	거치적거리다	멍게	우렁쉥이
고린내	코린내	버들강아지	버들개지
꺼림하다	께름하다	보조개	볼우물
끄적거리다	끼적거리다	쇠	소(고기, 가죽)
냄새(일반적)	내음(문학적)	시누이	시뉘/시누
너무-너무 좋다 등	너무-너무 늦다 등	아웅다웅	아옹다옹
넝쿨	덩굴	오누이	오뉘/오누
네	예	오손도손	오순도순
노을	놀	옥수수	강냉이
도찐개찐	도긴개긴	우레	천둥
두리뭉실하다	두루뭉술하다	-이에요	-이어요
뒷말	뒷소리	짜장면	자장면
들쭉날쭉하다	들쑥날쑥하다	친친	칭칭
등물	목물	허접쓰레기	허섭스레기
-뜨리다(떨어뜨리다)	-트리다(떨어트리다)	흙담	토담

4) 장 · 단음

(1) 장 · 단음의 필요성

우리말에서 장 · 단음은 의미의 변별력을 위해 필수적이다.

예 사과: 과일, 사과나무의 열매.
사: 과: 자기의 잘못을 인정하고 용서를 빎.

'사과[1], 사과[2]'는 서로 다른 의미를 가진 말이지만 형태소는 똑같다.

이와 같이 의미는 다르지만 형태나 표기가 같은 말을 동형이의어라고 하는데, 같은 형태소의 단어를 의미의 변별을 위해 한국어에서는 소리의 길이를 달리하여 구별한다. 장 · 단에 따라 뜻이 달라지는 동형이의어가 무려 7,180여 쌍이나 된다고 하니 장 · 단음의 중요성을 짐작할 수 있을 뿐 아니라 '길게' 혹은 '짧게' 발음함으로써 의미가 유사한 것이 아니라 전혀 별개의 의미가 되기 때문에 그 필요성과 중요성이 매우 크다 하겠다. 또한 장 · 단음의 길이 비율이 영어가 1.8:1인 데 비하여 우리말은 2.88:1인 것을 보더라도 영어권 언어에서보다 우리말에서의 장 · 단음의 중요성이 훨씬 크다는 것을 알 수 있다.

장 • 단음 발음 방법
-단음일 경우: 음소가 글자 그대로 소리가 난다.
사과[사과]/눈[눈]
-받침이 없는 장음: 모음을 한 번 더 길게 발음한다.
사: 과[사아과]
-받침이 있는 경우: 받침을 분절하여 발음한다.
눈: 보라[누우ㄴ보라]

(2) <표준 발음법> 한국어 음의 길이에 대한 규정

① 제6항 모음의 장단을 구별하여 발음하되, 단어의 첫음절에서만 긴소리가 나타나는 것을 원칙으로 한다.

ㄱ. 원칙 장모음은 첫소리에서만 나타나는 것을 원칙으로 한다.

눈보라	눈:보라	말씨	말:씨	밤나무	밤:나무
많다	만:타	멀리	멀:리	벌리다	벌:리다

ㄴ. 같은 소리라도 두 번째 음절 이하에 나타날 경우에는 아래와 같이 단모음으로 발음한다.

첫눈	천눈	참말	참말	쌍동밤	쌍동밤
수많이	수:마니	눈멀다	눈멀다	떠벌리다	떠벌리다

*다만, 합성어의 경우에는 둘째 음절 이하에서도 분명한 긴소리를 인정한다(반신반의[반: 신 바: 늬 / 반: 신 바: 니], 재삼재사[재: 삼 재: 사] → '반신 + 반의', '재삼 + 재사'로 봄). 즉, 말들이 합성되기 이전에는 각 낱말의 첫 음절에 있는 것으로 본다.

【붙임】용언의 단음절 어간에 어미 '아/어'가 결합되어 한 음절로 축약되는 경우에도 긴소리로 발음한다.

• 보아→봐[봐:] • 기어→겨[겨:] • 되어→돼[돼:]

• 두어→둬[둬:] • 하여→해[해:]

다만, '오아→와, 지어→져, 찌어→쪄, 치어→쳐' 등은 긴소리로 발음하지 않는다.

② 제7항 긴소리를 가진 음절이라도, 다음과 같은 경우에는 짧게 발음한다.

ㄱ. 단음절인 용언 어간에 모음으로 시작된 어미가 결합되는 경우

감다	감:따	감으니	가므니	밟다	밥:따	밟으면	발브면
신다	신:따	신어	시너	알다	알:다	알아	아라

*다만, 다음과 같은 경우에는 예외

• 끌다[끌: 다]–끌어[끄: 러] • 떫다[떨: 따]–떫은[떨: 븐]

• 벌다[벌: 다]–벌어[버: 러] • 썰다[썰: 다]–썰어[써: 러]

• 없다[업: 따]–없으니[업: 쓰니]

ㄴ. 용언 어간에 피동, 사동의 접미사가 결합되는 경우

감다	감:따	감기다	감기다	꼬다	꼬:다	꼬이다	꼬이다
밟다	밥:따	밟히다	발피다				

*다만, 다음과 같은 경우에는 예외적이다.

• 끌리다[끌: 리다] • 벌리다[벌: 리다] • 없애다[업: 쌔다]

【붙임】다음과 같은 합성어에서는 본디의 길이에 관계없이 짧게 발음한다.

밀–물 썰–물 쏜–살–같이 작은–아버지

(3) 동음이의어(同音異議語)의 장 · 단음

낱말	장음(:)	단음(•)
눈	창 밖에 *눈*이 내려요.	너 눈이 정말 크구나!
배	배는 감보다 *배*나 커요.	많이 먹어서 배가 불러요.
발	문에 *발*을 쳤어요.	신발이 작아 발이 아파요.
말	*말*만 하지 말고 직접해 보렴.	제주도에는 말이 많아요.
밤	산에서 *밤*을 많이 주워 왔어요.	겨울에는 밤이 길어요.
새	*새* 한 마리가 있었어요.	새 집으로 이사했어요.
병	너무 힘들어서 *병*이 났어요.	깨진 병을 골라냈어요.
벌	*벌*은 꽃을 좋아해요.	떠들어서 벌을 받았어요.
개	옆집 *개*는 순해요.	하늘에 별이 몇 개야?
부자	*부자*는 많은 돈을 내놓았어요.	아버지와 아들의 관계를 '부자'라고 해요.
선수	얼룩말은 달리기 *선수*예요.	여우가 그것을 선수쳤어요.
성인	공자와 같은 분을 *성인*이라고 하지요.	선경이는 오늘 성인이 되었어요.
사과	나에게 실수한 친구는 한마디 *사과*도 하지 않는 거예요.	사과나무에 빨간 사과가 주렁주렁 열렸어요.
세/새	*세*(:) 며느리는 새 며느리를 맞으며 부러워했어요.	
새	새 집에 *새*(:)집이 배달됐어요.	
오리	*오*(:)리가 오 리를 달려가고, 참새가 십 리를 날아갔어요. *숫자 뒤에 단위가 올 경우 장음을 단음으로 발음한다.	

(4) 동화 속에 자주 나오는 장음

숫:자	둘: 셋: 넷: 오: 만:
색깔	노:랗다 빨:갛다 파:랗다 까:맣다(형용사일 때만 장음, 명사일 땐 단음) 하:얗다 하:얀 분:홍 연:두
동:물	호:랑이 곰: 오:리 돼:지 개: 게: 원:숭이 뱀: 공:룡 생:쥐 개:미 무:당벌레 모:기 파:리 새: 타:조 공:작 제:비 들:쥐 박:쥐 잉:어
명사	옛:날 별: 돈: 부:자 사:람 준:비 그:림 감:사 말:씀 거:짓말 임:금 돌:멩이 영:감 감:격 감:탄 일:
동사	그:리다 놀:다 돕:다 살:다 재:다 말:하다 세:수하다 놀:라다 병:나다 세:다(힘, 수) 울:다 웃:다 화:나다 알:다 눕:다 안:다 굽:다
형용사	좋:다 예:쁘다 없:다 작:다 많:다 귀:엽다 고:맙다
부사	정:말 과:연 만:약 아:무리 사:실

① 옛: 날에 곰: 세: 마리가 한 집에 살: 고 있었어요.

② 오: 리 다리 두: 개, 돼: 지 다리 네: 개 모두 여섯 개지요.

③ 닭, 오: 리, 소, 돼: 지. 동: 물 친구들이 신나게 놀: 고 있었어요.

④ 누구 키가 더 큰가 재: 보았어요. 그때, 자벌레가 나타나 길이를 재: 주었지요.

⑤ 게: 는 모래 위에 그: 림을 그: 리기 시작했어요.

⑥ 엄마 원: 숭이가 병: 이 났어요. 아기 원: 숭이는 세: 수도 혼자 하고, 옷도 혼자서 입었지요.

⑦ 솔로몬은 하느님께 감: 사를 드렸어요.

⑧ 아기를 죽이지 말: 고 살려 달라고 여인에게 말: 했어요.

⑨ 어느 날, 한 과: 부가 엘리사에게 찾아와 울: 면서 말: 했어요.

⑩ 솔로몬의 지혜는 세: 상 누구도 따라갈 자기 없: 었지요.

⑪ 작: 은 아이는 작은엄마를 찾았어요.

⑫ 그런데 이게 웬: 일이에요?

▌장 단음 연습 동화

✎〈단추 하나〉

글: 이민옥

마당에서 놀: 던 태경이는 예: 쁜 단추 하나를 주웠어요.

"우와, 정: 말 예: 쁘다. 엄마한테 달아 달라고 해야지."

"어~, 안 돼! 난 단추가 아니야."

새빨간 몸에 까: 만 점이 예: 쁘게 그: 려진 무: 당벌레가 말: 했어요.

"뭐: ! 거: 짓말하지 마. 너랑 똑같은 단추가 달린 옷이 있는 걸."

"그래도, 난 단추가 아니란 말: 이야."

"그럼, 뭐: 야?"

그때, 옆에 서 있던 토마토 아줌마가 웃: 으며 말: 했지요.

"그건 무: 당벌레란다. 내 몸에 붙은 진딧물을 없: 애 주는 고: 마운 벌레지."

"아, 그렇구나. 동그랗고 반짝반짝 윤이 나는 게 아주 예: 쁜 걸요."

태경이의 말: 에 무: 당벌레는 기분이 좋: 아졌어요.

"예: 쁘다고 하니까 기분 좋: 다! 히히."

태경이가 손을 펼쳐 무: 당벌레를 바닥에 내려 주며 말: 했어요.

"내 단추가 없: 어지면 부: 탁할 게."

"뭐: 야?"

모두들 큰 소리로 웃: 었지요.

5) 정확한 발음의 실제

(1) 동화를 통한 발음 연습

✎〈우리 집 고양이 도도〉

글: 이민옥

아주 귀여워. 우리 집 고양이 도도.

야! 장난 좀 그만해! 소리 질렀더니,

어디로 숨어 버렸다. 어디로 갔지….

여기서 또 잠자고 있었구나.

오물오물 먹는 예쁜 입.
요리조리 휙휙! 뛰는 것도 잘해.
우리 집 고양이 도도.
유리창에 비친 자기 모습 보고
으이구, 손짓 발짓
이빨까지 드러내 보이며

가르릉거리는
우리 집 고양이 도도!

(2) 동시를 통한 발음 연습

✎ 〈태풍〉

글: 권효순

해님이 숨어 버린 어둔 하늘에
먹장구름 형제들이 싸움하나 봐.

우르르르 쾅쾅 소리 지르고
좌르르르 쫙쫙 물을 쏟으며

바람도 덩달아 화가 났나 봐.
왈캉왈캉 덜컹덜컹 흔들어 대고

산과 들 무서워서 덜덜덜덜
강과 바다 무서워서 철썩철썩

* ㅁ, ㅂ, ㅍ은 다른 자음과 달리 입술을 다물었다가 떼면서 내는 소리로 받침이 있는 경우 입술을 떼지 않는다(정확한 입 모양).

** ㄹ (르): 혀끝을 윗잇몸에 가볍게 대었다가 떼면서 내는 울림소리로 혀의 움직임을 자유롭게 해 준다.

*** ㄷ: 혀 끝 안 울림소리이나 모음 사이에서는 울림소리로 혀 운동이 활발해져 발음이 정확해진다.

**** ㅘ: 'ㅗ' 와 'ㅏ'의 이중 모음으로, 입술을 '우' 소리를 낼 때같이 하고 있다가 잇따라 '아'로 옮기면서 소리를 낸다(화, 봐, 왈캉).

***** 왈캉왈캉의 반복으로 입술운동을 할 수 있다.

(3) 손유희를 통한 발음 연습

✎ 〈원숭이 엉덩이〉

원숭이 엉덩이는 빨개 / 빨가면 사과
사과는 맛있어 / 맛있으면 바나나
바나나는 길어 / 길면 기차
기차는 빨라 / 빠르면 비행기
비행기는 높아 / 높으면 백두산

✎ 〈엄마 닭이 알을 낳았어요〉

엄마 닭이 꼬꼬댁 꼬꼬 꼬꼬댁 꼬꼬 배가 몹시 아프더니 작은 알을 낳았어요.
눈도 없다 꼬꼬댁 꼬꼬 / 코도 없다 꼬꼬댁 꼬꼬
입도 없다 꼬꼬댁 꼬꼬 / 배꼽도 없다 꼬꼬댁 꼬꼬
엄마 닭이 스무하루를 품었어요.
눈도 있다 삐악삐악 / 코도 있다 삐악삐악
입도 있다 삐악삐악 / 배꼽은 없었어요.
아빠 닭은
비가 오나 / 눈이 오나 / 바람이 부나
우르르 쾅쾅 천둥이 쳐도 / 독수리가 올까 봐 지키고 있었어요.
엄마 닭은
병아리를 안아도 주고 업어도 주고 / 사랑으로 키웠대요.

✎ 〈똑 딱 똑〉

(오른손) 똑 딱 똑, 친구 집에 가자, 친구 집에 가자.
똑똑×2, 어? 아무도 없네.
우리 집에 가자 우리 집에 가자. 똑 딱 똑!
(왼손) 똑 딱 똑, 친구 집에 가자, 친구 집에 가자.
똑똑×2, 어? 아무도 없네.
우리 집에 가자, 우리 집에 가자. 똑 딱 똑!

(양손 같이) 똑 딱 똑,

놀이터에 가자, 놀이터에 가자.

(양손 같이 놀라듯) 띠옹~

"어디 갔었어?" / "어디 갔었어?"

(대답-자유롭게 혀 굴리기) 오롤로로로로롤로

둘이는 놀이터에서 신나게 놀았어요.

"우리 이제 집에 가자." / "우리 이제 집에 가자."

"안녕!" / "안녕!"

(양손 같이)

우리 집에 가자, 우리 집에 가자. 똑 딱 똑!

(4) 음률을 통한 발음연습

✎ 〈꼬부랑 할머니〉

꼬부랑 할머니가 꼬부랑 고갯길을
꼬부랑 꼬부랑 넘어가고 있네.
꼬부랑 꼬부랑 꼬부랑 꼬부랑
고개는 열두 고개 고개를
고개를 넘어간다

✎ 〈잘잘잘〉

하나 하면 할머니가 지팡이를 짚는다고 잘잘잘
둘 하면 두부 장수 종을 친다고 잘잘잘
셋 하면 새색시가 거울을 본다고 잘잘잘
넷 하면 냇가에서 빨래를 한다고 잘잘잘
다섯 하면 다람쥐가 도토리를 줍는다고 잘잘잘
여섯 하면 여학생이 공부를 한다고 잘잘잘
일곱 하면 일꾼들이 일을 한다고 잘잘잘

여덟 하면 여러 명이 합창을 한다고 잘잘잘
아홉 하면 아이들이 숨바꼭질 한다고 잘잘잘
열 하면 열무 장수 열무를 판다고 잘잘잘
"열무 사려!"

✎〈나무 노래〉

가자 가자 감나무
낮에 봐도 밤나무
마당 쓸어 싸리나무
벌벌 떠는 사시나무
불 밝혀라 등나무
쉬어 가자 쉬나무
오다 보니 오동나무
참자 참자 참나무

가다 보니 가닥나무
너랑 나랑 살구나무
매끈매끈 기름나무
방귀 뽕뽕 뽕나무
시름시름 시름나무
아흔아홉 백양나무
오자 오자 옻나무
총알 같은 팽나무

갓난아기 자작나무
따끔따끔 가시나무
바람 솔솔 소나무
배가 아파 배나무
십 리 절 반 오리나무
앵앵거려 앵두나무
열아홉에 스무나무
한 자 두 자 잣나무

Chapter 3

동화의 선택

동화가 어린이들에게 유익한 양식과 같다는 것은 누구나 동의한다. 그러나 구연동화에 있어서 대상에 따른 동화의 선택이 가장 고민스럽다. 구연동화의 선택에 따라 교육적 가치와 밀접한 관계가 있다. 예술적이며, 어린이의 생활감에 맞아야 하고, 시적 정의(詩的 正義)가 있어야 한다. 또한 활동성이 있으며 어린이의 올바른 인식력을 길러 줄 수 있는 것을 선택하도록 한다.

–와다나베 시케오(유아문학의 세계)

이를 다시 구성 면에서 볼 때, 단순성, 친밀성, 희곡적 변화, 유기적 통일, 점진적 흥미 등의 다섯 가지도 포함된다.

–석용원(1986)

동화는 어린이와 어른 사이의 언어적 · 정신적 장벽을 극복하는 가장 좋은 도구이다.

–독일의 아동 심리학자 게를린데 오르트너(Gerlinde Ortner)

1. 내용 면으로 본 선택

미국 도서관 협회는 좋은 책의 선정에 있어서 부모와 어린이들을 대상으로 설문과 실험을 실시하였는데, 어른이 읽어서 재미있는 동화는 어린이도 재미있어 한다는 결과가 나왔다고 한다.

사람은 누구나 어린 시절에 듣던 동화의 영향을 받으며 철학, 교훈, 지식과 지혜를 얻게 된다. 아동교육이나 아동심리학에서 동화를 중요시하는 까닭도 동화가 어린이들에게 지대한 영향을 주기 때문이다.

미국의 아브츠노트(M. H. Arbuthnot)는 동화의 가치를 다음 네 가지의 기준으로 평가하였다.

① 그 작품이 어린이로 하여금 어떤 행동의 인과를 통찰할 수 있도록 하는 것인가?
② 그 작품이 어린이의 다양한 호기심을 만족시킬 수 있는 것인가?
③ 그 작품이 삶의 즐거움을 느끼는 데 도움이 되는 것인가?
④ 그 작품이 발전시킬 만한 여러 가지 생활에 대한 존경심을 깊게 하는 것인가?

(석용원, 1986)

1) 재미있고 교훈적이며 감동적인 동화

문학적이나 도덕적으로 가치가 있어도 '재미'라는 요소가 빠지면 이야기가 어렵고 다른 사람에게 전달하고 싶은 욕구도 저하된다. 재미가 있다는 것은 나이에 따른 '이해'가 전제되어야 한다. 또한 동화의 내용에 있어서 교육적 효과인 교훈도 중요한 요소가 된다. 이러한 요소가 있으면서 감동을 전달할 수 있어야 비로소 좋은 동화의 선택이라 볼 수 있다.

① 신비로운 이야기: 호기심, 상상력, 흥미를 느끼게 함(예: 젊어지는 샘물, 바위나리와 아기별, 피터팬).
② 해학적인 이야기: 웃음, 정직, 행복한 결말(예: 나무들의 이야기, 단 방귀 장수, 하늘 천 하렸다)
③ 교훈적 이야기: 권선징악의 전래동화, 위인동화(예: 흥부놀부, 장영실, 아버지를 팝니다)
④ 전설적 이야기: 영웅전설, 건국신화(예: 단군신화, 주몽 이야기, 바보 온달)

⑤ 동식물이 등장하는 이야기: 이솝우화, 옛날이야기, 창작동화(예: 사자와 생쥐, 뚱뚱보 호박, 팥죽할멈과 호랑이)

⑥ 아름다운 사랑 이야기: 우정, 사랑 등 표현(예: 왼손이 나팔꽃과 가시나무, 사랑에 빠진 개구리, 인어공주, 글을 쓸 줄 모르는 사자 이야기)

⑦ 성경 이야기: 신 · 구약 성서에서 재미있는 부분을 동화화 함(예: 다윗과 골리앗, 솔로몬의 재판, 삭개오 이야기)

⑧ 효 이야기: 효도와 공경(예: 효성스러운 호랑이, 심술쟁이 원님과 산딸기, 버리지 않는 지게)

⑨ 모험 이야기: 용기와 모험(예: 꿀벌 마야의 모험, 이슬이의 첫 심부름, 곰 사냥을 떠나자)

⑩ 다문화 이야기: 세계 전래, 평등(예: 바잉쯩과 바잉저이 전설, 색깔 있는 사람)

【참고】어린이가 즐기는 동화의 성격

① 친근성: 어린이들의 생활 주변 소재
② 미지성: 미지의 세계에 대해 알고 싶었던 점
③ 감촉성: 감각기관과 관련하여 묘사한 것(색깔, 맛)
④ 과장성: 하늘을 찌르는 듯한 거인 등 과장된 표현
⑤ 활동성: 이야기가 움직이는 것, 사건의 변화가 활발한 것
⑥ 경이성: 뜻밖의 일, 이상한 일들이 돌발하는 것
⑦ 결과성: 결과의 흑백이 확실한 것
⑧ 선율성: 문장에 리듬이 있는 것, 적절한 반복이 있는 것
⑨ 유머성: 저절로 웃음을 자아낼 수 있는 내용

2) 스토리 구성이 잘된 동화

어떤 사물이나 사건, 현상에 대해서 일정한 내용을 시간적인 순서에 따라 늘어놓는 서술 방식을 스토리라고 한다. 스토리와 달리 사건을 시간의 순서에 따라 진행하면서도 인과관계에 보다 중점을 두는 구성 방식을 플롯이라고 한다. 플롯은 시간의 흐름에 따르면서도 인과관계까지 보여 준다는 점에서 스토리보다 한층 발전된 구성 방식이라고 할 수 있다.

동화의 구성에 있어서 일반적으로 기승전결로 귀결된다. 이는 발단, 전개, 절정과 결말이 명확한 동화를 말한다. 또한 반전과 감동이 있는 결말도 좋으며, 내용에서 사용된 어휘, 말의 리듬, 비유의 쉽고 어려움, 인물 묘사, 극적 요소, 예술성 등을 고려하여 동화를 선택해야 한다(석용원, 1986 재인용).

3) 대상에 알맞은 동화

동화 선택 시 중요하게 고려해야 하는 부분은 바로 대상에 알맞은 동화 내용을 선택하는 것이다. 즉, 듣는 이의 연령과 상황에 알맞은 동화 내용을 선택해야 한다. 또한 집단의 형태에 따라 소집단, 대집단, 또래집단, 연령이 혼합되어 있는 집단, 보육원, 다문화 가정 등에 따라 동화 내용을 선택해야 한다.

예를 들어, 보육원(예전의 고아원이었으나 지금은 보육원으로 명칭이 변경되었다)에 위탁된 어린이들은 특수상황에 처해 있으므로 가족의 사랑 이야기를 지나치게 다루는 것보다 희망적이고 어려움을 극복한 용기 있는 성공 사례 등의 이야기를 선택하는 것이 좋다. 다문화 가정 어린이들이 함께 교육을 받고 있는 교육시설에서는 평등과 배려, 여러 나라의 문화를 이해하는 동화 내용을 선택하는 것이 좋다.

▍일본여대 사카모도 교수의 독서 흥미의 발달단계

구분	연령	내용
자장얘기기	4세경까지	자기를 중심으로 하는 주변의 인물과 사물의 명칭, 성질, 관계 등을 배우는 단계이다. 감각을 통해 탐색하는 시기로, 시각적 · 청각적 · 촉각적 경험을 제공하며 간결하면서 리듬감 있는 언어를 제공한다. 단순한 플롯과 구조화된 플롯 구조의 반복적인 구성이 좋다. 자신의 세계를 중심적으로 파악하므로 생활의 기본적 습관의 자립이 자신의 자질구레한 이야기에 의해 촉구된다.
옛날이야기기	4~6세	사물을 개별화시켜 볼 수 있으며 자아의 중요성 및 이야기에 대한 감각적 발달이 이루어진다. 이야기 전개를 분명히 인식함으로써 신변의 생활을 소재로 하여 이것을 상상에 의해 재구성하여 이야기에 흥미를 가지는 단계이다. 논리성이 분화하기 이전에 자기중심적 사고가 발달하고, 소박한 선악의 판단력을 가진다.

우화기 (寓話期)	6~8세	독서에 있어서 독립성이 발달하여 사실과 규범에 대한 의미를 인지한다. 옛날이야기의 심성은 존속되나 실제 생활이 사회적으로 확대되기 때문에 새로운 생활 장면에서의 행동의 규범에 관심을 가지게 되는 단계이다. 따라서 왕성하게 가치의 판단을 구하며 도덕을 내포한 이야기를 좋아한다. 글을 읽기 시작하나 그림의 보조가 필요하다.
동화기 (童話期)	8~10세	자기중심적 심성에서 탈피하여 설화에 의한 현실의 재구성을 즐기게 되는 단계이다. 그러나 자기 생활의 단순한 재확인에 그치는 것이 아니다. 오히려 타인의 경험을 통하여 새로운 현실을 배우려고 한다. 그래서 생활의 공간을 확대하면서 그것에 대한 태도와 가치 적용에 자주성을 증대시켜 간다.
문학기 (文學期)	10~12세	사고와 행동을 정신적으로 조절하며 지식을 조직하고 기억하며 보존한다. 논리적인 사고력이 발달하며, 새로운 행동의 영역을 적극적으로 개발하여 가려는 단계이다. 판타지도 과학적인 것이 되어 있어스릴을 즐긴다. 또한 사회적 자각이 정화되어 인간관계의 갈등이 아직 표피적(表皮的)이긴 하나 흥미를 끌게 된다.
전기기 (傳記期)	12~15세	언어 속에서 유머를 발견하고 사건과 느낌 간의 관계를 안다. 언어의 독특한 표현과 관련된 언어를 구사할 수 있다. 또한 복잡하고 추리적인 이야기, 액션 중심의 긴장된 장면, 모험과 불안정서에 대한 이야기를 좋아한다. 생활 속에서 현실에 당면하는 여러 가지 저항에 대하여 반발하며, 그것을 타개하는 방법을 모색하는 단계이다. 이른바 반항기의 심성이다. 역경에 도전하며, 그것을 극복하려는 인물을 중심으로 한 이야기에 따르려고 한다.

피아제의 물활론 개념에 따른 연령별 동화 선택 분류

연령	내용	구연 시간
4~6세	• 그림책, 쉬운 옛날이야기 • 동물, 식물, 곤충, 어린이가 등장하는 이야기	2~3분 동화
6~8세	• 리듬 있고 활동적이며 반복의 요소를 가진 작품 • 전래동화, 성경동화, 창작동화	3~5분 동화
8~10세	• 사실적이며 어린이의 주위 환경의 소재를 다룬 작품. 탐구심과 호기심을 주는 이야기 • 생활동화, 과학동화, 위인동화	5~6분 동화
10~15세	• 로맨스, 신화, 영웅 이야기, 시 • 독서 흥미를 유발시켜 독서와 연결되도록 한다 • 세계전래동화, 위인동화, 성경동화, 창작동화	5~7분 동화

4) 계절에 맞는 동화

▌봄

✎ 병아리 엄마

글 : 권효순

개나리가 학교 담장을 노랗게 물들이는 어느 봄날이었어요.

예은이가 방과 후 수업을 마치고 나오다 보니 아이들이 학교 정문 밖에 옹기종기 모여 있는 거예요.

"어! 뭐지? 뭘 저렇게 보고 있는 거야?"

예은이도 빠른 걸음으로 모여 있는 아이들 사이를 비집고 들어갔지요.

"삐악삐악 삐악삐악"

"우와, 병아리들이네. 귀엽다."

예은이는 집에 갈 생각도 잊은 채 병아리에 정신이 팔려 있었어요.

"예은아, 너 병아리 살 거야?"

같은 반 성진이가 예은이를 툭 치며 물었어요.

"응, 사고 싶어. 와! 쟤 좀 봐. 노란 솜털에 까만 눈이 콕 박힌 게 진짜 예쁘다!"

그때 수업을 마치고 나오던 오빠가 예은이 가방을 잡아당겼어요.

"너 뭐해? 불러도 대답도 안 하고."

예은이는 오빠를 보자마자 병아리를 사자고 졸랐어요.

"오빠, 우리 병아리 두 마리만 사자. 내가 잘 키울게."

"내가 돈이 어디 있어?"

"삐악 삐악 계속 울기만 하는 게 엄마가 보고 싶어서 우는 거 같단 말야. 내가 엄마 해주고 싶은데…."

예은이가 병아리 같은 눈으로 오빠를 쳐다보며 말했어요.

"오빠, 나 오늘 간식 안 먹을 거니까 그 돈으로 병아리 사자."

주찬이는 주머니에서 천원을 꺼내서 병아리 두 마리를 샀어요.

"엄마한테 혼나면 어쩌지? 네가 책임져."

예은이와 주찬이는 작은 상자 속에 병아리를 넣어 집으로 왔지요.

저녁때가 되어 집에 돌아온 엄마는 병아리 소리에 깜짝 놀라셨어요.

"이게 무슨 소리니?"

"엄마, 예은이가 이 병아리한테 엄마 해주고 싶대요. 우리 학교 앞에 있던 병아리 중 제일 예쁜 애들이에요."

오빠가 얼른 예은이 편을 들어주었어요.

오빠도 병아리를 키우고 싶었나 봐요.

"그래? 너 털 알러지 있잖아. 괜찮겠어?"

"응, 간지럽지도 않고 붓지도 않았어요. 내가 병아리 엄마거든요."

그러고 보니 병아리를 그렇게 만지고 안아줬는데도 예은이 눈은 아무렇지도 않았어요.

"병아리 엄마라… 너희들이 엄마 노릇 잘할 수 있겠어? 잘 해봐!"

엄마는 웃으며 예은이와 오빠를 한 번씩 쳐다보고는 부엌으로 가셨어요.

예은이와 오빠는 재활용품을 모아놓은 곳에서 라면 상자를 구해 신문지를 깔고 병아리 집을 만들었어요. 종이컵을 잘라 물컵도 만들어 주었지요.

"오빠, 우리 얘네들 이름도 지어 줘야 돼."

예은이와 오빠는 '아리'와 '우리'라고 병아리 이름도 지었어요.

"아리야! 우리야!"

병아리도 기분 좋은 듯 삐악삐악 큰 소리로 대답했지요.

▌여름

✎〈비 오는 날〉

초롱이는 노란 우산을 샀어요.

그래서 비 오는 날을 기다렸지요.

"와, 비가 온다!"

비가 오자 초롱이는 우산을 쓰고 밖으로 나갔어요.

"해바라기야, 내가 우산을 씌워 줄까?"

"난 비 맞는 걸 좋아해."

해바라기는 고개를 저었어요.

"개구리야, 내가 우산을 씌워 줄까?

"난 비 맞는 걸 무척 좋아해."

개구리도 싫다고 했어요.
초롱이는 그만 슬퍼졌어요.
그때 나뭇잎 뒤에 숨어있던 나비가 말했어요.
"초롱아, 난 우산을 쓰고 싶어."
"나비구나. 알았어, 내가 씌워 줄게."
"고마워."
초롱이는 나비와 친구가 되어 기뻤지요.

가을

✎ 〈스컹크의 방귀 냄새〉

글 : 백미애

가을 햇볕이 따스한 날이었어요.
다람쥐, 토끼, 두더지가 오순도순 이야기를 하고 있었어요.
"난 도토리와 알밤이 아주 많은 가을이 정말 좋아."
"난 겨울이 좋아. 흰 눈이 펑펑 내리는 추운 날 땅속 우리 집에 있으면 얼마나 따뜻한데."
"난 말야~, 어? 나, 갈래."
갑자기 말을 하려던 토끼가 놀라며 일어서지 않겠어요?
그건, 방귀쟁이 스컹크가 다가왔기 때문이에요.
"토끼야, 너 왜 그래~. 스컹크가 얼마나 좋은 친군데~. 어제 늑대가 날 괴롭히려고 할 때, 스컹크가 방귀를 뀌어서 늑대를 쫓았단 말야. 그냥 같이 놀자."
두더지가 토끼의 손을 잡으며 말했어요.
"그래도 스컹크 방귀 냄새는 너무 지독해."
바로 그때였어요.
'피익-' 스컹크가 또 방귀를 뀐 거예요.
그런데 이게 어떻게 된 일이에요?
"와- 국화꽃 향기다! 스컹크야, 오늘 네 방귀 냄새는 참 향긋하네."
그건 바로, 바람 아줌마가 들에 피어 있는 국화꽃을 흔들어 스컹크의 구린내를 가져갔기 때문이지요.

겨울

〈행복한 왕자〉

원작: 오스카 와일드

조금씩 찬 바람이 부는 가을 저녁이었어요.

따뜻한 곳을 찾아 날아가던 제비는 황금 옷과 보석을 지닌 동상에서 쉬어가기로 했지요.

그날 밤 제비는 눈물을 흘리는 왕자님을 보았지요.

"당신은 누구신데……. 왜 울고 계세요?"

"난 행복한 왕자야. 하지만 불쌍한 사람들을 보니 행복하지가 않구나."

왕자는 돈이 없어 약을 쓰지 못한 채 앓아누워 있는 어린 소년의 집을 가리키며 말했어요.

"제비야, 내 부탁 하나 들어주겠니?"

"네, 왕자님. 말씀하세요."

"내 칼자루의 루비를 뽑아 저 아이의 어머니에게 가져다주면 좋겠다."

제비는 루비를 뽑아 소년의 집 탁자 위에 떨어뜨리고 돌아왔어요.

"저기 다락방에 사는 청년은 너무 추워서 글을 못 쓰고 있구나. 내 눈의 사파이어를 하나 갖다주겠니?"

"왕자님, 그렇게 할 수는 없어요."

"제비야, 난 괜찮아. 내 심장이 비록 납으로 만들어졌지만, 슬픔을 참을 수가 없단다."

제비는 할 수 없이 행복한 왕자의 부탁을 들어 주었어요.

제비가 심부름을 마치고 오자 왕자님은 또 부탁을 하는 거예요.

"제비야, 저 아래 성냥 파는 소녀에게도 내 남은 사파이어 한 개를 가져다주고, 순금으로 된 내 몸도 한 조각씩 떼어 내어 가난한 사람들에게 나누어 주면 좋겠구나."

날이 갈수록 행복한 왕자는 점점 초라해졌어요.

흰 눈이 펑펑 내리던 어느 날, 제비는 행복한 왕자에게 아주 작은 목소리로 작별 인사를 했어요.

"왕자님과 함께 사람들을 도울 수 있어서 정말 행복했어요."

"제비야, 고맙다. 안녕!"

왕자가 제비에게 인사를 하는 순간 쿵! 소리와 함께 왕자의 몸이 갈라지고 왕자의 어깨 위에 앉았던 제비도 바닥에 떨어졌지요.

그때 이 모습을 지켜본 하느님께서 천사에게 말했어요.

"천사야. 저 도시에서 가장 고귀한 것 두 가지를 가지고 오너라."

천사는 행복한 왕자의 납 심장과 죽은 제비를 가지고 왔어요.

하느님은 그 둘을 품에 꼭 안고 말했어요.

"제비는 천국의 뜰에서 노래 부르도록 할 것이며, 행복한 왕자도 이곳에서 영원히 웃으며 살게 할 것이니라."

행복한 왕자와 제비는 하늘나라에서 행복하게 살았지요.

5) 구연자와 맞는 동화

구연자는 자신에게 맞는 동화를 선택해야 한다. 구연자와 맞는 동화를 선택한다는 것은 그리 쉬운 일이 아니다. 구연자의 음색이 고운 음색이어야 구연에 맞는 음색이라고 생각하는 이도 적지 않다. 그러나 구연자의 음색을 점검해 보고 음성의 강약, 음량, 음성의 톤을 고려하는 것도 요령이 될 수 있다. 따라서 구연자의 특성과 특징에 따라 동화를 선택하면 동화 내용과 분위기가 어우러져 동화의 내용을 쉽게 이해할 수 있고 더불어 청자와의 교감을 나눌 수 있다. 예를 들어, 음성이 굵은 구연자는 남성이 등장하는 동화 또는 큰 동물이 등장하는 동화를, 음성이 가는 구연자는 어린이나 여성이 등장하는 동화를 선택하여 구연하는 것이 좋다.

6) 피해야 할 동화

내용 면 선택 시 다음과 같은 내용은 정서적으로 피하는 것이 좋다. 등장인물이 너무 많으면 구연 시 음색 표현이 어렵거나 듣는 어린이가 이해하기 힘들다. 또 듣는 동화이므로 내용상 복선(伏線)이 있거나 이야기 속의 이야기나 줄거리가 왔다 갔다 하는 회상형식의 장면이 많을 경우 내용이 혼란스러울 수 있다. 아주 무서운 이야기는 공포심을 조장시키고, 잔인하고 비참한 이야기는 정서순화에 좋지 않다. 부자, 권력자들, 계모 등을 악인으로만 모는 것 등 사회 풍자나 어른 세계를 비꼬는 내용은 부정적 사고로 자존감을 떨어뜨릴 수 있다. 비과학적인 이야기는 듣는 어린이의 사고력과 창의력 등 인지 발달을 저하시킬 수 있으며 슬픈 결말, 우울한 이야기, 죽음으로 끝맺음 등의 지나치게 자극적인 이야기도 감수성 발달과 건강한 정서발달을 저해할 수 있다.

2. 구성면으로 본 선택

구성의 사전적 개념은 '문학 작품에서 형상화를 위한 여러 요소들을 유기적으로 배열하거나 서술하는 일'이다. 즉, 등장인물들이 벌이는 여러 사건들을 시간의 흐름에 따라서 혹은 원인과 결과의 관계로 짜임새 있게 얽는 것을 말한다.

구성은 보통 발단, 전개, 위기, 절정, 결말의 5단계로 이루어져 있다. 하지만 들려주는 동화의 경우는 어린이를 대상으로 하기 때문에 다섯 가지 단계 중에서 위기와 절정을 함축시키는 것이 좋다. 즉, 4단계(발단, 전개, 절정, 결말)로 구성하는 것이 일반적이다. 구성의 종류는 단순구성, 복합구성, 누적적 구성, 연쇄적 구성, 순환적 구성 등을 들 수 있는데, 대상 연령이 낮을수록 단순구성이 적합하다.

구성 면에서 특히, 단순성, 친밀성, 희곡적 변화, 통일성, 점진적 흥미의 요소를 고려하여 동화를 선택한다면 동화구연을 듣는 어린이에게 만족감, 이해와 감동을 줄 것이다.

【참고】
- 구성의 단계
  - 발단: 인물과 배경이 소개되고, 사건의 실마리가 제시되는 단계.
  - 전개: 사건이 시작되고, 인물 간의 갈등이 나타나는 단계.
  - 위기: 갈등이 심화되고, 긴장감이 조성되는 단계.
  - 절정: 사건이 해결되기 직전에 갈등이 최고조에 이르는 단계.
  - 결말: 갈등이 해소되고, 주인공의 운명이 결정되면서 사건이 마무리되는 단계.
- 구성의 종류
  - 단순 구성: 사건이 시간의 순서에 따라 단순하게 진행되는 구성 방식. 평면구성이라고도 함. 가장 단순하면서도 논리적으로 사건을 전개하는 방법으로, 통일감과 압축된 긴장감을 줄 수 있어서 가장 많이 쓰이는 방법. 예) 『양초 도깨비』
  - 누적적 구성: 문장이나 사건이 반복되면서 시간이 지날수록 새로운 요소가 첨가되는 형식. 예) 『글을 쓸 줄 모르는 사자』

–연쇄적 구성: 하나의 행위가 원인이 되어 다음 행위가 생기는 결과로 이야기가 진행되는 형식. 예)『좁쌀 한 톨로 장가든 총각』
–순환적 구성: 이야기 속의 사건이 시작되어 다시 원점으로 돌아오는 형식. 예)『집 나가자 꿀꿀꿀』,『쥐순이의 신랑 찾기』

1) 단순성

사건이 파생적(派生的)이거나 복합 구성을 피하고 단순 구성으로 주인공 중심의 이야기로 전개되는 것이 좋다. 등장인물의 수가 적고, 성격도 단순한 것이 어린이들이 이해하기 쉽다.

2) 친밀성

어린이들이 흥미를 느끼는 것이 동화 속에 나타날 때 친밀감을 느낀다. 직접 경험을 통해서나 미지의 사건도 간접 경험을 통해 친밀감을 느낀다.

3) 희곡적 변화

귀로 듣는 동화는 희곡이다. 자연스럽게 시작되어 줄거리 위주로 명확하고 간결하게 진행되어야 한다. 귀로 듣고 상상의 눈으로 볼 수 있어야 한다.

4) 통일성

희곡의 변화에 따른 발단, 전개, 절정, 결말의 구조로, 이야기 전체의 통일성을 가져야 한다.

5) 점진적 흥미

사건의 반복이 이루어지며 사건이 점차 커짐으로써 자극을 차례로 증가시켜 점진법, 점층법, 누적법이 이루어져야 한다.

구성 면으로 본 동화의 예는 다음과 같다.

✎〈돼지 삼 형제〉

영국 민화

돼지 삼 형제가 있었어요.
햇빛이 따뜻하게 비치는 어느 날, 엄마 돼지가 말했어요.
"너희들도 이젠 다 컸으니 집을 지어 나가 살면 좋겠구나."
돼지 삼 형제는 집을 짓기 시작했어요.
"난 일하기 싫어. 쉽게 빨리 집을 지어야지."
첫째 돼지는 '쓱싹쓱싹' 볏짚으로 집을 지었어요. 가까운 곳에서 지푸라기를 가져다가 대충대충 벽을 만들고 얼렁뚱땅 지붕을 올렸지요.
"난 일하기 싫어. 쉽게 빨리 집을 지어야지."
둘째 돼지는 '뚝딱뚝딱' 나무로 집을 지었어요. 여기저기에서 나무토막을 주운 다음 대충대충 벽을 만들고 얼렁뚱땅 지붕을 올렸지요.
"난, 힘들어도 튼튼한 집을 지어야지."
셋째 돼지는 '끙끙 낑낑' 벽돌로 집을 지었어요. 단단하고 네모난 벽돌을 가져다가 차곡차곡 벽을 만들고 꼼꼼하게 지붕을 올렸지요.
그때, 배고픈 늑대가 숲속을 헤매다 첫째 돼지 집을 발견한 거예요.
"흠, 흠, 와! 맛있는 냄새!"
늑대는 '쿵쿵' 문을 두드렸어요.
"통통한 돼지야, 문을 열어라! 내가 잡아먹어야겠다."
첫째 돼지는 얼른 문을 잠갔지요.
늑대는 화가 나서 '후훅' 입바람을 불었어요.
볏짚으로 지은 첫째 돼지의 집이 '폭삭' 여기저기로 흩어졌지 뭐예요.
첫째 돼지는 겁이 나서 둘째네 집으로 허겁지겁 달려갔지요.
늑대는 재빨리 첫째 돼지를 쫓아서 둘째 돼지 집에 도착했어요.
늑대는 '쾅쾅!' 문을 두드렸어요.
"통통한 돼지들아, 문을 열어라! 내가 잡아먹어야겠다."
첫째와 둘째 돼지는 얼른 문을 잠갔어요.
늑대는 첫째 돼지 집 때보다 더 세게 '후훅 후훅-' 입바람을 불었어요.
그러자 나무로 지은 집은 '와르르' 무너져 버리는 게 아니겠어요.

첫째와 둘째 돼지는 깜짝 놀라 셋째네 집으로 헐레벌떡 달려갔어요.
"막내야, 어서 문을 열어 줘. 늑대가 쫓아오고 있어."
"형들, 어서 들어와."
늑대는 첫째, 둘째 돼지를 쫓아서 셋째 돼지네 집에 도착한 거예요.
늑대가 '쿵쿵 쾅쾅!' 문을 두드렸어요.
"통통한 돼지들아, 문을 열어라! 내가 잡아먹어야겠다."
늑대는 첫째 돼지, 둘째 돼지 집 때보다 더 세게 '후훅 후훅 후훅-' 힘껏 입바람을 불었지만 끄떡도 하지 않았지요.
"이 못된 늑대야, 어디 한번 들어와 봐."
돼지들의 말에 화가 난 늑대는 집 밖을 살펴보았어요.
"어? 벽도 단단하고, 창문도 꼭꼭 잠겼고…."
어떻게 하면 돼지들을 잡아먹을까 곰곰이 생각한 늑대는 지붕 위의 굴뚝을 발견한 거예요.
늑대가 사다리를 타고 지붕으로 올라갔어요.
"형들, 어서 나무를 가져와."
돼지 삼 형제는 벽난로에 불을 지피기 시작했어요.
나무가 활활 타면서 매캐한 연기가 굴뚝으로 올라갔지요.
"캑캑캑, 아이쿠 매워! 도저히 안 되겠다."
굴뚝으로 들어오던 늑대는 숲속으로 멀리멀리 도망갔어요.

(1) 단순성	① 돼지 삼 형제 중심의 이야기로 전개. ② 등장인물이 엄마 돼지, 아기 돼지 삼 형제, 늑대임. ③ 돼지와 늑대의 성격이 단순함.
(2) 친밀성	① 어린이들이 좋아하는 동물의 등장. ② 형제들 간의 우애로 인한 공감대 형성. ③ 맛, 냄새 등의 감각기관과 관련하여 묘사.
(3) 희곡적 변화	무대극을 연상할 수 있는 3막의 장면으로 구성한다. ① 1막 – 첫째 돼지 이야기. ② 2막 – 둘째 돼지 이야기. ③ 3막 – 셋째 돼지 이야기.
(4) 통일성	돼지 삼 형제가 집을 짓는 과정과 늑대가 차례로 돼지 형제들을 잡으려고 하는 과정에서 이야기 전체의 통일성을 띤다. ① 발단(기): 엄마 돼지가 돼지 삼 형제에게 각자의 집을 지으라고 함. ② 전개(승): 돼지 삼 형제가 각각 집을 지음. ③ 절정(전): 늑대가 돼지 삼 형제의 집을 무너뜨리고 잡아먹으려고 함. ④ 결말(결): 돼지 삼 형제가 힘을 모아 늑대를 물리침.
(5) 점진적 흥미	늑대는 점점 센 입바람으로 돼지 삼 형제의 집을 무너뜨리려고 했으나 자신의 생각과는 달리 상황이 점점 어려워지고, 집을 무너뜨리는 과정이 반복되면서 점진적이며 점층적이고 누적적인 감정의 표현이 나타난다.

Chapter 4
각색론

1. 각색의 개념

서사시나 소설 따위의 문학 작품을 희곡이나 시나리오로 고쳐 쓰는 일을 '각색'이라 정의한다. 그러므로 동화를 음성 연기를 할 수 있는 대본으로 만드는 작업, 즉 구연동화로 만드는 것을 각색이라 해야 적절할 것이다. 동화를 구연자의 개성과 음성의 폭, 듣는 어린이가 이해할 수 있도록 발달 단계에 맞게 이야기를 각색한다는 것은 쉽지 않다. 각색하기 위해서는 작가의 의도와 작품의 내용을 충분히 숙지한 다음 각색의 목적과 대상, 시대적 상황과 구연자의 음색 및 자질 등 모든 것이 잘 어우러져 좋은 구연을 할 수 있도록 한다.

각색은 또 다른 창작이라는 개념으로 접근해야 한다. 특히 전래 동화를 재화, 혹은 각색을 할 때는 그 시대의 문화와 풍습 등에서 벗어나지 않도록 시대적 배경을 살펴 가며 각색해야 한다.

각색	• 서사시나 소설 따위의 문학 작품을 희곡이나 시나리오로 고쳐 쓰는 일. • 흥미나 강한 인상을 주기 위하여 실제로 없었던 것을 보태어 사실인 것처럼 꾸밈.
개작	• 작품이나 원고 따위를 고쳐 다시 지음. 또는 그렇게 한 작품.

출처: 국립국어원 표준국어대사전.

2. 각색의 필요성

동화는 일반적으로 구어체와 문어체 혼용으로 되어있다. 그러므로 동화구연을 하려면 일반적인 동화를 구연하기에 적합한 형태로 변형시키는 작업이 필요하다. 우리가 흔히 볼 수 있는 대부분의 동화는 읽기를 위한 형태로 구성되어 있지만, 동화구연을 위한 동화는 말하기 위주로 구성해야 하기 때문이다.

또한 동화를 구성하고 있는 줄거리의 언어는 어린이들에게 직접적인 영향을 미칠 수가 있다. 과격하고 거친 언어는 어린이를 과격하고 거칠게 만들 수 있으며, 맑고 고운 언어는 어린이의 마음을 밝고 곱게 만들 수 있으므로 고운 언어로 동화를 각색하도록 해야 한다. 동화책의 출간이 오래된 경우에는 시대의 변화에 따라 달라진 언어를 사용해야 구연을 듣는 청자가 쉽게 이해할 수 있다.

내용이 너무 길거나 등장인물이 많을 경우 목소리로 표현하기 어렵고, 구성이 너무 단순하거나 복잡하면 음성 언어로 전달하는 데 어려움이 있다. 대상에 따라 구연 시간에 맞게 동화의 길이를 조절하고 구연에 맞게 재구성하는 작업이 필요하다.

3. 각색의 유형

동화를 구연함에 있어 목적, 대상, 장소 등에 따라 각색의 형태가 분류된다.

1) 목적에 따라 각색할 경우

① 대회용: 대회에 참가하기 위한 동화는 대회의 목적, 요강(要綱), 시간 등을 고려한다. (예: 어머니 동화구연대회, 어른이 어린이들에게 들려주는 동화구연대회, 교사 동화구연대회, 인터넷 및 스마트폰 중독예방 동화구연대회, 성경동화구연대회 등)

② 평가용: 동화구연 지도자 자격증 평가를 위한 동화는 3급, 2급, 1급의 기준에 맞는 내용과 시간을 고려한다.

③ 교육용: 교육적 활용을 위한 동화는 대상에 따라 내용 및 어휘, 길이 등을 고려한다.

④ 들려주기용: 수업과 연계하거나 특정한 목적을 위한 동화는 내용, 대상, 시간, 음향기기, 장소 등을 고려한다.

⑤ 녹음용: 기획 의도에 따라 내용, 시간, 음향효과 등을 고려한다.

2) 형태에 따라 각색할 경우

① 입체동화: 여러 사람이 함께 구연하는 방법으로, 해설보다 대화체의 비율이 더 많으면 입체적 표현이 될 수 있다.

② 그림동화: 그림의 내용을 쉽게 이해할 수 있도록 시 · 공간적 배경의 서술이 필요한 동화이다.

③ 뮤지컬 동화: 동화와 관련된 노래나 율동을 문장 사이사이에 적절히 첨가시킨다.

④ 역할극 동화: 동화 내용을 극본의 형태로 동화 속 장면을 연출할 수 있도록 한다.

⑤ 복화술 동화: 입을 약간 벌린 상태에서 동화를 전달해야 하므로 양순음 단어를 지양하고 다른 낱말로 바꿔야 할 필요가 있다.

3) 그림책을 각색할 경우

그림의 내용에 따라 대상에 맞게 리듬성 있는 어휘나 문장, 길이 등을 고려해 구연하기 적합하게 그림을 글로 표현하여 각색한다. 또한 그림을 함께 보여주며 구연을 하면 더욱 좋다.

① 글과 그림이 함께 있는 그림책: 그림책은 글과 그림이 함께 이야기를 전달하는 문학작품으로 구연자가 그림 없이 구연만 하는 경우 이야기의 의미를 이해하지 못할 가능성이 있다.

② 글 없는 그림책: 글이 전혀 없는 그림책의 경우 구연으로 이야기를 전달하면 내용 전달이나 배경, 인물, 사건의 흐름을 전달하기 어렵다. 따라서 그림을 보며 이야기를 만든다.

4. 각색의 기본 요소

각색하기 이전에 원작자의 각색 동의나 허락을 구하고, 원작자와 원작의 제목을 확실히 밝히도록 한다. 원작의 충분한 이해와 작가의 의도를 고려하고 어린이들이 이해할 수 있도록 발달 단계에 맞게 삭제(削除), 보존(保存), 첨가(添加)를 한다.

- 삭제(削除): 불필요한 내용이나 등장인물의 수가 많을 때는 사건에 크게 영향을 주지 않는 등장인물을 삭제할 수 있다. 지나치게 긴 문장은 짧게 줄이고, 내용에서 빠지더라도 크게 영향을 미치지 않는 범위 안에서 과감하게 그 내용을 삭제한다.
- 보존(保存): 동화가 지닌 기본적인 주제를 살린다. 내용을 삭제하는 부분이 있더라도 작가가 나타내고자 하는 중심 사상은 그대로 살려야 한다. 동화가 무엇을 전달하고자 하며, 어떤 내용이 중심이 되는지를 크게 파악한 후 각색에 들어가는 것이 좋다.
- 첨가(添加): 어린이에게 꼭 들려주고 싶은 바람직한 내용을 보완할 수 있다. 어린이들이 이해하기 쉬운 내용으로 바꿀 때 문학적인 표현이 있는 부분은 그대로 살려 두고, 건조하게 표현된 부분은 문학적인 표현으로 창작한다. 어린이들이 동화구연을 통해서 문학적인 표현을 배우는 것도 의미가 있기 때문이다. 짧은 동화일 경우 점층적으로 사건이 반복되게 하기도 하고 어휘나 문장을 중복되게 표현하여 리듬성을 줄 수 있다. 또 등장인물을 추가하여 입체적으로 각색할 수 있다.

5. 각색의 방법

동화를 각색할 때는 3인칭 화자 기법으로 해야 한다. 동화 속에 일어나는 사건을 겉으로만 알고 있고 사건에 대해 아무런 평가도 내리지 않은 채 인물의 외양이라든가 행동만 묘사하는 작가 관찰자 시점으로 각색해 표현한다.

3인칭 화자 기법으로 각색해야 한다.

- 나는 우리 엄마가 정말 좋아요.
  → 민수는 엄마를 정말 좋아해요.
- 나는 꽃다발을 준 친구들에게 고맙다고 말했어요.
  → 꽃다발을 받은 곰돌이는 친구들에게 말했어요.
  "얘들아, 예쁜 꽃다발, 정말 고마워."
- 우리 삼촌은 씩씩한 국군아저씨예요.
  → 민수 삼촌은 씩씩한 국군아저씨예요.

【참고】

- 인칭대명사는 상황 지시(deixis)의 원점인 화자(話者)를 중심으로, 또는 화자와 청자가 이루는 축(軸)을 중심으로 그 가리키는 인칭이 나누어진다.
  - 화자가 상황 지시의 원점인 자기 자신을 가리키는 것을 1인칭.
    (나 · 저 · 우리)
  - 화자가 그 축의 상대편에 있는 청자를 가리키는 것을 2인칭.
    (너 · 자네 · 그대 · 당신 · 너희(들) · 자네들 · 당신들 등)
  - 화자가 청자와 이루는 축을 중심으로 제삼자를 가리키는 것을 3인칭.
    (그 · 그녀 · 이이 · 그이 · 저이 · 이분 · 그분 · 저분 · 그들 · 저들 · 이들 등)
  - 가리키는 내용이 확실히 정하여지지 않은 경우에 사용되는 부정칭(不定稱)
    (아무 · 누구)
  - 가리키는 대상을 모르는 경우에 사용되는 미지칭(未知稱)
    (누구)

- 작가 관찰자 시점 : 서술자가 동화 속에 일어나는 사건을 겉으로만 알고 있고 사건에 대해 아무런 평가도 내리지 않은 채 인물의 외양이라든가 행동만 묘사하고 있다면 그것이 작가 관찰자 시점이다.

종결 어미의 다양한 변화를 준다.

① 종결 어미를 말하듯이 다양하게 바꾼다.

- 문어체(문장동화) → 구어체(구연동화)'~습니다.', '~다.' → '~고요.', '~어요.', '~지요.', '~거든요.', '~거예요.', '~뭐예요.', '~하는 게 아니겠어요', '~답니다.' (동화 마지막 마무리 시 사용) 등으로 바꾸고 '~대요'는 전설이나 전래되어 온 이야기를 마무리 할 때 사용한다.

② 시제를 과거형으로 한다. 대화를 제외한 부분의 현재형 또는 현재진행형의 종결어미는 과거형으로 바꾼다.

- '~있네요.', '~있어요.' → '~있었어요.'

단, 이야기의 진행을 보여 주는 시각자료(그림책, 그림자료 등)가 있을 경우는 예외일 수 있다.

대상에 맞는 단어와 문장으로 바꾼다.

동화구연은 들으며 바로 이해해야 하는 특성이 있으므로 대상에 맞는 단어를 바꾸어 의미 전달이 명확하게 될 수 있도록 한다.

- 자취를 감추었습니다.
  → 숲속으로 가 버렸어요.
  → 모습이 보이지 않았어요.
- 다음 날 동틀 녘에
  → 다음 날, 해님이 고개를 내밀 때
  → 다음 날, 해 뜰 무렵

시대에 맞게 어휘를 바꾼다.

시대 변화에 따라 달라진 언어를 사용해야 쉽게 이해할 수 있다.

- "소포 왔습니다." → "택배 왔습니다."
- 식모, 가정부 → 도우미
- 청소부 → 환경미화원
- 고아원 → 보육원
- 보육원 → 어린이집

번역동화의 경우 친근한 어휘로 바꾼다.

외국어나 발음하기 어려운 경우 혹은 동식물이나 가상인물의 경우에도 쉽고 친근한 어휘로 바꿀 수 있다.

- 왕비는 숲에서 만난 난쟁이에게 이름을 물었어요.

"네, 왕비님. 제 이름은 리펜비스트나 함멜스바데 쉬뉘르바르입니다."

→"네, 왕비님. 제 이름은 ㅇㅇㅇ입니다."

단, 다음과 같은 경우는 바꾸지 않는다.

- 이름이 이야기의 발단이 되어 전개에 영향을 미치는 경우

  예) 티키티키템보노사템보체리바리루치피페리펨보

- 명작이나 신화 등에 등장하는 이름이나 지명, 고유명사 등의 경우

  예) 콩쥐팥쥐, 피노키오, 흥부놀부 등

  단군신화의 '태백산'을 금강산이나 자기 고장 산으로 바꾼 경우

  치즈를 만드는 고장 이름인 '고튼 마을'을 '한옥 마을'로 바꾼 경우

해설이 긴 경우 대화로 바꾼다

대화체는 동화의 내용에 따라 달라질 수 있으나 보편적으로 50~60%가 적당하다.

- 고양이 월버에게 걸려 심하게 넘어진 어느 날, 마녀 위니는 이래서는 안 되겠다고 생각했어요. 위니는 요술 지팡이를 높이 들고, 한 번 휘두르면서 주문을 외웠어요.

  → 마녀 위니가 고양이 월버에게 걸려 심하게 넘어진 어느 날이었어요.

  "어휴, 정말 도저히 안 되겠군. 수리수리 마하수리 얍."

- 엄마가 감기에 걸렸으니 냉장고에 있는 아이스크림은 절대 먹지 말라고 말씀하셨어요.

  → 엄마가 걱정하며 말씀하셨어요.

  "감기 걸렸으니까 냉장고에 있는 아이스크림은 절대 먹으면 안 된다."

제목을 바꿀 수 있다.

원작의 제목을 그대로 써야 하지만 원작자와 원제목 출판사 등을 밝히고 각색된 원고의 제목을 바꿀 수 있다. 또 구전되는 이야기를 재화하는 경우 새롭게 바꾸면 듣는 이는 흥미롭게 귀를 기울이게 된다. 이 때 주제와 소재 등이 잘 어우러질 수 있도록 하며 제목을 통해 내용이 드러나지 않도록 한다.

- 〈일곱마리 눈 먼 생쥐〉 에드 영 글 · 그림 / 시공주니어
  → 무지갯빛 생쥐들
- 〈팥죽할멈과 호랑이〉
  → 할머니의 팥죽은 누가 먹었을까?

수사법을 활용하여 다양한 변화를 준다

말의 변화를 줄 수 있는 과장법, 반복법, 점층법, 의성법, 의태법 등을 사용하면 극적인 효과와 재미를 느낄 수 있다.

① 과장법: 어떤 사물을 실제보다 더 크게 말하든가 더 작게 형용하는 표현법으로, 강조하고 싶은 부분을 과장하므로 듣는 이의 흥미를 불러일으킨다.

✎〈방귀 대장〉

전라도와 경상도에 유명한 방귀쟁이가 있었어요.
두 사람은 방귀를 뀌면 집이 무너질 정도로 셌지요.
"역시 방귀는 경상도 방귀쟁이가 최고 세지."
"무슨 소리야! 방귀는 전라도 방귀쟁이가 훨씬 세지."
사람들은 경상도 방귀쟁이가 더 세다, 아니다 전라도 방귀쟁이가 세다하며 자기들끼리 입씨름을 벌였어요.
어느 날 경상도 방귀쟁이가 전라도를 찾아갔어요.
"어디 누가 더 센가 내기를 해봐야겠는 걸."
하지만 어디 나갔는지 집에 아무도 없는 거예요.
화가 난 경상도 방귀쟁이는 초가집에 대고 방귀를 뿡하고 뀌자 초가집이 멀리 날아가 버렸지 뭐예요.
저녁 늦게 집에 돌아온 전라도 방귀쟁이는 깜짝 놀랐어요.
분명 자기 집이 있던 자리인데 집이 없어진 것이 아니겠어요?
"이건 분명히 경상도 방귀쟁이 짓이야! 그렇다면 나도 가만히 있을 수 없지."

전라도 방귀쟁이는 마당 한 구석에 놓여있는 커다란 절구통을 가져다 놓고 방귀를 뿡하고 뀌었어요.
절구통은 슈웅~! 공중으로 날아가 경상도 방귀쟁이 집에 떨어졌어요.
경상도 방귀쟁이가 집에 돌아와 보니 절구통이 지붕에 떨어져 집이 왕창 부서져 있는 것이 아니겠어요?
"아니, 이런! 이건 분명 전라도 방귀쟁이 짓이야!"
경상도 방귀쟁이는 절구통을 전라도 쪽에 놓고 방귀를 뿡하고 뀌었어요.
그때 새집을 짓던 전라도 방귀쟁이는 날아오는 절구통을 보고 얼른 궁댕이를 돌려 방귀를 뿡하고 뀌었지요.
절구통은 다시 경상도로 날아갔어요.
"어허! 제법인걸."
경상도 방귀쟁이는 다시 절구통이 날아오자 뿡하고 방귀를 뀌었어요.
절구통은 수십 번도 넘게 하늘로 솟았다가 땅으로 떨어졌다가를 반복했어요.
해가 질 무렵이 되자 경상도 방귀쟁이와 전라도 방귀쟁이는 힘이 빠졌지요.
두 사람은 이번이 마지막이라 하며 온 힘을 다해 방귀를 뀌었어요.
그런데 두 사람이 동시에 방귀를 뀌는 바람에 절구통은 그만 하늘로 높이 날아가 달 속에 박혀버렸지 뭐예요.
달 속에 박힌 절구통은 지금도 토끼들이 잘 사용하고 있대요.

② 반복법: 말뜻을 강하게 하고 깊은 인상을 남기기 위한 동일한 낱말이나 어휘의 반복, 사건의 반복 등으로 동화구연의 리듬을 살린다.

✎ 〈임금님의 밥상〉
옛날 어느 나라에 임금님이 살고 있었어요.
하루는 임금님이 진지를 드시는데 밥이 너무 맛있었어요.
"여봐라! 요리사를 어서 들라 하라."
"예 임금님, 부르셨습니까?"
"네가 이렇게 밥을 맛있게 지었으니 상을 내려야겠다."

임금님은 요리사에게 상을 주려고 했어요.
"아닙니다. 임금님, 쌀 가게 주인이 좋은 쌀을 주었으니 쌀가게 주인에게 상을 주셔야 합니다."
요리사의 말을 들은 임금님은 쌀 가게 주인을 불러 상을 주려고 했어요.
"아닙니다. 임금님, 시골 농부가 농사를 열심히 지어 좋은 쌀을 보내 주었어요."
이번에는 농부를 불러왔어요.
"아닙니다. 임금님. 하느님께서 뜨거운 햇볕과 비를 내려 주셔서 농사를 잘 짓게 되었으니 하느님이 상을 받으셔야 하지요."
"그래, 잘 알았다. 모두 고마운 사람들이로다."
임금님은 모두에게 큰 상을 주시고 기뻐하셨어요.

③ 점층법: 문장의 뜻을 점점 강하게 하거나, 크게 하거나, 높게 하여 마침내 절정에 이르도록 하는 수사법으로 말이 층계를 오르는 것처럼 점차 감정을 고조시켜 절정에 이르게 한다.

✎ 〈십 년을 참은 사람〉

옛날 어느 마을에 박씨 성을 가진 농부가 살고 있었어요.
"난 언제까지 가난하게만 살아야 하는 걸까? 이렇게 사느니 차라리 죽는 게 낫겠어."
가난에 지친 박씨는 연못에 뛰어들려고 했어요.
그 때 갑자기 연못물이 빙글빙글 돌더니 신령님이 나타난 거예요.
"어찌하여 너는 죽으려고 하는고?"
"나 하나 죽는다고 슬퍼할 사람도 없고, 가난이 지겨워서요."
"허어! 삼 년 참으면 복을 받아 잘 살 텐데."
"신령님! 그게 정말입니까?"
박씨는 신이 나서 집으로 돌아가 열심히 일을 하고 남을 도우며 살았어요.
그날 이후 마을 사람들은 박씨를 '박삼년'이라고 불렀지요.
어느덧 삼 년이 지났어요.
하지만 박씨는 여전히 가난한 거예요.

"삼 년만 참으면 잘 산다더니 어찌 된 일입니까?"

박씨는 신령님을 찾아가 화를 냈어요.

"오, 그래. 잘 참았구나. 삼 년만 더 참으면 되겠네."

"아, 아니, 삼 년을 참았는데, 또 삼 년이면…저보고 육 년을 참으란 말씀입니까?"

"죽는 것은 언제든지 할 수 있거늘, 그것도 못 참느냐?"

박씨는 신령님 말대로 또 삼 년을 열심히 일하고 남을 도우며 살았지요.

하지만 가난하긴 마찬가지였어요.

"신령님, 삼 년만 더 고생하라기에 그 말만 믿고 열심히 살았는데 모든 게 그대로입니다."

"자, 마지막으로 한 번만 더 삼 년을 참으면 복이 올 것이니라."

"아니, 또요? 왜 자꾸 저에게 이런 고생을 시키는 겁니까?"

할 수 없이 집으로 돌아온 박씨는 이웃사람들과 화목하게 지내며 열심히 살았어요.

어느덧 구 년이 되었어요.

"그래, 지난 구 년간 달라진 게 무엇인고?"

"이웃 사람들이 저를 믿어준다는 거 하나 빼고는 달라진 게 하나도 없어요."

"그래! 바로 그거야. 부자가 되기보다 먼저 사람이 진실해져야지."

"그럼 저는 언제 복을 받는 건가요?"

"이제부터 잘 살 수 있을 걸세. 구 년을 참았으니 딱 일 년만 더 고생하게."

"아니, 신령님은 어째서 계속 거짓말만 하시는 겁니까?"

"그럼, 내가 처음부터 십 년이라고 했으면 참았겠는가?"

마을 사람들은 박씨를 전보다 더욱 더 믿고 따랐지요.

십 년이 되는 해부터 신령님 말대로 박씨는 소문난 부자로 잘 살게 되었대요.

④ 점강법: 크고 높고 강한 것에서부터 점차 작고 낮고 약한 것으로 끌어내려 표현함으로써 강조의 효과를 얻으려는 수사법으로 '점추법'이라고도 한다. 점강법을 통해 이야기의 전개 상 극적인 절정에 이르는 재미를 느낄 수 있다.

✎〈엄마 잃은 아기 참새〉

(~ 중략)

"저, 들어가서 좀 쉬어도 돼요?"

부드러운 회색빛 산비둘기가 물었어요.

"얘야, 넌 구룩구룩 울 수 있니?"

"아니요, 나는 짹짹짹 하고 울어요."

"그럼, 안되겠구나."

가다 보니 떡갈나무 줄기에 구멍이 하나 있었어요.

"미, 미안하지만 들어가 좀 쉬어도 돼요?"

"너 부엉부엉 하고 울 수 있니?"

"아아아니, 난 짹짹짹 하고 울어."

"그럼 안되겠구나."

짹돌이는 눈물이 나올 것만 같았어요.

연못가에 갈대와 풀로 만든 둥지가 있었어요.

"저, 저, 미안하지만 들어가서 좀 쉬고 싶은데요."

노랗고 넓적한 부리를 가진 오리가 말했어요.

"너 꽥꽥꽥 울 수 있니?"

"아니 아니, 난 짹짹짹하고…"

(~ 중략)

⑤ 의성어 · 의태어: 활동적 언어의 적절한 사용으로 리듬감과 생동감을 살린다.

✎〈와, 향기로워!〉

글:백미애

꽃이 활짝 피었어요.

"와! 향기로워!"

윙윙, 꿀벌이 날아왔어요.

나비도 훨훨 날아왔어요.

알록달록한 무당벌레도 날아왔지요.

그때, 꽃이 얼굴을 찡그리며 말했어요.
"얘들아, 내 몸에 진딧물이 붙어서 너무 아파!"
친구들이 모두 꽃을 들여다보니 진딧물이 납작납작 붙어 있지 않겠어요.
나비는 훨훨 부채질을 했어요.
꿀벌은 꼬리의 따끔한 침으로 꼭 찔렀어요.
무당벌레는 냠냠 꿀꺽, 진딧물을 삼켰지요.
"얘들아, 고마워!"
꽃은 활짝 웃었어요.

의미전달이나 구연자의 호흡에 맞춰 간결하게 바꾼다

해설이 너무 길면 듣는 사람이 이해하기 어려울 수 있고, 구연자 또한 구연 시 호흡이 자연스럽지 못하다.

- 숲속에 사는 얼룽이는 귀여운 아기 호랑이인데, 목소리가 너무 작아서 얼룽이가 말을 하면 친구들은 알아듣지 못해서 답답했어요.
  → 숲속에 사는 아기 호랑이 얼룽이는 목소리가 너무 작았어요.
  "어유, 답답해. 얼룽아 안 들려. 좀 크게 말해."
- 동글이는 세찬 비에 몸이 파랗게 멍들고, 너무 차가워서 몸이 꽁꽁 얼어붙을 것 같았지만 꾹 참으며 빗물을 맞으며 견뎌 냈어요.
  → 동글이는 세찬 비에 몸이 파랗게 멍들었어요.
  너무 차가워서 몸이 꽁꽁 얼어붙을 것 같았지요.
  "그래도 난 견뎌 낼 거야."
  동글이는 꿀꺽꿀꺽 빗물을 마시고 쑥쑥 컸답니다.

- "당신네들 눈에는 안 보이겠지만 저기 삼십 리 밖에 까치둥지가 하나 있는데 구렁이란 놈이 새끼들을 잡아먹으려고 슬금슬금 기어 올라가고 있어서 가만히 두면 까치 새끼가 모두 죽을 텐데 까치가 불쌍해서 그러지."

✎ 연습 →

표준어를 사용해야 한다

동화를 구연에 맞게 재구성할 때, 해설은 반드시 표준어를 사용해야 한다. 그러나 대화의 경우, 등장인물의 출신에 따른 사투리를 쓸 수 있고, 외국인이 등장하는 경우도 있다. 또한 등장인물의 성격이 반영된 어투, 직업, 연령에 따라 언어 사용이 다름을 이해해야 한다.

- 지렁이 할머니는 맨날 땅속을 기어다니며 살아왔지만 그 누구에게 챙피(창피)하거나 부끄럽지 않았어요.
- 아기 거미가 스르르 천정(천장)에서 내려오는 게 아니겠어요.
- 뽕나무가 방구(방귀)를 뀌자 대나무가 화를 냈어요.

【참고】

• 표준어: 사정의 원칙과 표준 발음법을 체계화한 규정. 1936년에 조선어 학회에서 사정하여 공표한 〈조선어 표준말 모음〉을 크게 보완하고 합리화하여 1988년 1월에 문교부가 고시하였다. 제1항 표준어는 교양 있는 사람들이 두루 쓰는 현대 서울말로 정함을 원칙으로 한다.제2항 외래어는 따로 사정한다. 외래어는 표준어 사정의 중요한 대상이다. 물밀듯이 쏟아져 들어오는 외래어는 그때그때 사정하여 국어의 일원으로 수용할 것인가의 여부를 결정해 주어야 한다.외래어 표기법은 문체부 고시 제85-11호(1986. 1. 7.)로 공표되었다. 외래어 표기법은 외국의 고유 명사의 표기까지 포괄하는 표기법으로서 표준어 규정과는 성격을 달리한다(국립국어원).* 동화를 구연할 때는 외래어를 쓰지 않는 것이 좋다. 다만, 다문화동화, 세계 전래동화, 번역동화는 예외다.

어휘 선택에 유의한다

① 장애인의 경우 언어를 순화시켜 표현한다.

- 절름발이 아기토끼가 옹달샘에 왔어요.
  "야, 절뚝절뚝 절름발이, 절뚝이도 샘물 마시러 왔니?"
  → 덫에 걸려 다리를 다친 아기토끼가 옹달샘에 다가오자 친구들이 놀려댔어요.
- 여우가 말했어요.
  "너희 엄마 벙어리잖아. 너랑 어떻게 말하니?"
  → "너희 엄마는 말을 못 하시잖아. 수어로 말하니?"
- 민이네 할아버지는 장님이에요. 그래서 점자로 된 책을 읽으시지요.

→ 민이네 할아버지는 시각장애인이에요. / 앞을 못 보세요. 그래서 점자로 된 책을 읽으시지요.

② 새엄마의 고정화된 나쁜 편견을 갖지 않도록 한다.

- 콩쥐팥쥐, 장화홍련, 신데렐라 등

③ 저속하고 잔인한 것, 공포스러운 것들은 상세히 표현하지 않는다.

- 사냥꾼이 할머니 집을 지나가는데 이상한 소리가 들렸습니다.
  "이게 무슨 소리지?"
  사냥꾼이 할머니 집을 들여다보니 늑대가 할머니 침대에서 잠을 자고 있었습니다.
  사냥꾼은 늑대가 할머니를 잡아먹었다고 생각했습니다.
  사냥꾼은 잠자고 있는 늑대의 배를 가위로 서걱서걱 가르고 늑대의 뱃속에서 할머니를 구해냈습니다

→ 사냥꾼이 할머니 집을 지나가는데 이상한 소리가 들리는 거예요.
"이게 무슨 소리지?"
할머니 집을 들여다보니 늑대가 할머니 침대에서 쿨쿨 잠을 자고 있지 뭐에요.
'분명 저 늑대의 뱃속에 할머니가 들어있을 거야.'
사냥꾼은 잠자고 있던 늑대의 배에서 할머니를 구했어요.

④ 등장인물이 어른인 경우 높임말을 사용한다(존칭어). 단, 동물, 식물, 무생물 등을 의인화했을 경우에는 존칭어를 쓰지 않는다. 이는 동화구연의 특성상 동 · 식물 또는 기타 무생물보다 사람을 상위(上位)의 개념으로 이해하면 된다.

- 할아버지, 식사하세요.

→ 할아버지, 진지 잡수세요.

- 여우 할머니께서 화를 내셨어요.

→ 여우 할머니가 화를 냈어요.

✎〈여우와 포도〉

오랫동안 배를 주려서 목이 타오를 지경이 된 여우 한 마리가 마침 포도나무 밑을 지나가게 되었습니다.

"이거 아주 잘됐군. 맛있겠는걸!"

여우는 펄쩍 뛰어올랐으나 포도송이를 딸 수가 없었습니다.

"저쪽에서 달려오면서 껑충 뛰어 보면 될 거야."

여우는 몇 번이나 힘껏 뛰어 보았으나 헛수고였습니다.

마침내 여우는 단념하고 말았습니다.

"칫, 저따위 포도는 애초부터 없었어. 게다가 포도가 모두 벌레 먹은 것뿐이군 그래. 저걸 누가 먹어!"

→ 배고픈 여우가 있었어요.

"어디 먹을 게 없을까? 야, 포도다! 맛있겠는걸!"

여우는 포도를 따려고 팔을 쭉 뻗었어요.

"어, 안 되겠는걸."

여우는 포도를 따려고 껑충 뛰어 보았어요.

"어, 안 되겠는걸."

여우는 포도를 따려고 나무 위로 조심조심 기어 올라갔지요.

"아이쿠, 엉덩이야! 안 되겠는걸."

곰곰이 생각하던 여우는 무릎을 탁 쳤어요.

"옳지. 그거야!"

여우는 산 아래로 달려 내려갔어요.

▌여운을 남기는 결말을 맺는다

- 신데렐라와 왕자는 행복하게 살았답니다.
  → 신데렐라는 왕자의 손을 잡고 행복하게 춤을 추었어요.
- 소년과 개가 꼭 부둥켜안고 죽어 있었습니다.
  → 네로와 파트라슈는 꼭 안고 잠자는 듯 누워 있었지요.

6. 각색의 실제

각색의 방법에 의해 구연동화가 완성이 되면 실제로 구연을 해 보며 극적 묘사와 감동을 위해 다음 주의 사항을 참고로 퇴고한다.

① 원작을 보존하며 스토리 전개가 적절히 되었는가?

- 동화의 인물과 배경을 기초로 동화의 개연성을 갖추고 있는가?
- 삭제, 첨가의 경우 등장인물이나 상황, 내용이 작위적이어서 억지스럽지 않은가? (삭제, 첨가가 지나쳐 내용 연결이 자연스럽지 않은 경우가 있다)

② 어법이 잘 맞는가?

- 문장의 상호 호응 관계, 조사, 접속어 사용이 적절한가?
- 잦은 접속어 사용으로 호흡이 길어지거나 문장이 복잡해지지 않았는가? (잦은 접속어 사용은 지양하도록 한다)

③ 문장의 배열은 바르게 되었는가?

- 시간적 배열: 시간의 진행에 따른 전개로 순차적 배열
- 공간적 배열: 공간의 변화에 따른 전개
- 사건별 배열: 사건의 순서에 따른 전개로 상황에 따른 개연성

④ 자신의 호흡과 음색에 잘 맞는가?

- 구연자의 개성에 따른 음량과 음색에 잘 맞는가?
- 구연의 흐름이 자연스러운가? (대화체나 해설이 지나치게 많을 경우 전개력과 구사력이 떨어진다)

⑤ 주제, 구성, 문체가 잘 구성되어 있는가?

- 발단, 전개, 절정, 결말의 구성이 단계적으로 잘 되었는가?
- 배경, 인물, 사건에 따라 요약하며 이야기 흐름이 자연스러운가?
- 문체에 따른 일관성이 있는가? (문어체와 구어체를 혼용하지 않는다)

⑥ 각색된 동화의 제목이 호기심을 불러일으킬 수 있는가?

⑦ 주어진 시간에 맞춰 원고의 양이 조절되었는가?

각색 연습 1

✎ 〈황소 흉내를 낸 개구리〉(원문)

- 동화제목: 황소 흉내를 낸 개구리
- 장르: 우화
- 목적: 학습용
- 대상: 유아, 초등학교 저학년용
- 구연 예상 시간: 2분 이내

〈원문〉

개구리 삼 형제가 황소를 보았습니다.

집으로 돌아온 개구리들은 아빠 개구리에게 "아빠, 저쪽 숲에서 커다란 짐승을 봤어요." 하고 이야기를 하였습니다.

아빠 개구리는 삼 형제 얘기를 듣더니

"이만큼 크더냐?"

하며 숨을 들이마셔 배를 부풀려 보았습니다.

"아니에요. 그보다 훨씬 커요."

삼형제의 말을 들은 아빠 개구리는 더 크게 배를 부풀렸습니다.

"이만큼?"

"아니에요, 그보다 훨씬 커요."

아빠 개구리는 있는 힘을 다해 배를 부풀려 보았습니다.

"아빠, 이제 그만 하세요. 아빠 배가 터질 거 같아요."

아빠 개구리의 배는 풍선처럼 커다랗게 되어 마침내 배가 터지고 말았습니다.

✓ 〈황소 흉내를 낸 개구리〉 각색 지도

- 새로운 제목으로 →
- 개구리 삼 형제가 황소를 보았습니다.

  → 시공간 배경 설정 후, 종결 어미를 구어체로 한 후 대화체 문장 첨가한다.
- 집으로 돌아온 개구리들은 아빠 개구리에게 "아빠, 저쪽 숲에서 커다란 짐승을 봤어요." 하고 이야기를 하였습니다.

  → 대화체와 해설을 분리하고 종결어미를 구어체로 바꾼다.
- 아빠 개구리는 삼 형제 얘기를 듣더니 "이만큼 크더냐?" 하며 숨을 들이마셔 배를 부풀려 보았습니다.

  → 대화체와 해설을 분리하고 간결한 문체와 대화체 첨가하고 종결어미를 구어체로 바꾼다.
- "아니에요. 그보다 훨씬 커요."

  삼 형제의 말을 들은 아빠 개구리는 더 크게 배를 부풀렸습니다.

  → 종결어미를 구어체로 바꾼다.

  "이만큼?"

  "아니에요, 그보다 훨씬 커요."
- (그럼 이만하더냐?) 대화체를 첨가한다.

  "아니에요. 그보다 훨씬 더 커요."→ 반복과 점층의 효과를 준다.
- 아빠 개구리는 있는 힘을 다해 배를 부풀려 보았습니다.

  → 구어체 종결어미

  (자, 이 정도면 비슷하겠지?) 대화체를 첨가한다.

  "아빠, 이제 그만 하세요. 아빠 배가 터질 거 같아요."
- 아빠 개구리의 배는 풍선처럼 커다랗게 되어 마침내 배가 터지고 말았습니다.

  → 하지만 아빠 개구리는 계속 숨을 들이쉬며 배를 부풀렸어요. (열린 결말)

✓ 각색 원고

✎ 〈아빠 개구리의 배는 어떻게 되었을까?〉

어느 무더운 여름날, 연못가에서 놀던 개구리 삼 형제가 풀을 뜯고 있던 황소를 보았어요.
"우와! 저렇게 큰 동물은 처음 봤어."
집으로 돌아온 개구리들은 아빠 개구리에게 숲에서 본 황소 이야기를 했지요.
"아빠, 저쪽 숲에서 커다란 동물을 보았어요."
아빠 개구리는 숨을 들이마시고는 배를 부풀려 보이며 말했어요.
"얼마나 큰데? 이만하더냐?"
"아니에요. 그보다 훨씬 커요."
아빠 개구리는 더 크게 배를 부풀렸어요.
"그럼 이만하더냐?"
"아니에요. 그보다 훨씬 더 커요."
아빠 개구리는 있는 힘을 다해 배를 더 부풀렸어요.
"자, 이 정도면 비슷하겠지?"
"아빠, 이제 그만 하세요. 아빠 배가 터질 거 같아요."
하지만 아빠 개구리는 계속 숨을 들이쉬며 배를 부풀렸어요.

▌각색 연습 2

✎ 〈사자와 쥐〉(원문)

- 동화제목: 동화제목:사자와 쥐
- 장르: 우화
- 목적: 들려주기
- 대상: 유아 · 초등학교 저학년용
- 구연 예상 시간:5분 이내

사자가 늘어지게 자고 있을 때, 쥐 한 마리가 멋모르고 얼굴을 스치고 지나갔습니다.
사자는 눈을 뜨자,
"요런 방정맞은 놈 봤나?" 하고 으르렁거리며, 쥐를 앞발로 꽉 눌렀습니다.

그러자 쥐는 다 죽어 가는 목소리로 말했습니다.

"제발 목숨만은 살려 주세요. 그 은혜는 꼭 갚겠습니다."

그 말을 듣자 사자는 우스워 견딜 수 없다는 듯이,

"이놈아, 남들이 짐승의 왕이라고 말하는 내가 네 신세를 질 때가 있을 것 같으냐? 하지만 오늘만은 용서해 주지."

하고 쥐를 놓아주었습니다.

그런지 얼마 안 되어, 사자가 덫에 걸렸습니다. 어떻게든지 빠져나오려고 죽을힘을 다해 몸부림쳤지만 그럴수록 억센 동아줄이 몸을 칭칭 감을 뿐이었습니다. 사자는 지칠 대로 지쳐, 그저 으르렁거리고 있을 따름이었습니다.

그러자 쥐가 그 소리를 듣고 금방 달려왔습니다. 쥐는 이빨로 동아줄을 갉아서 끊었습니다. 다 끊은 다음 쥐는,

"내가 은혜를 갚겠다고 했을 때 당신은 나를 업신여겼지요? 비록 몸집이 작은 쥐라도 몸집이 큰 당신에게 은혜를 베풀 수 있다는 걸 이젠 아셨겠지요?"

하고 말했습니다.

✓ 숲속 나라의 평화: 1차 각색

햇볕이 따가운 여름날, 숲속의 왕 사자가 나무 그늘 아래서 낮잠을 자고 있었어요.

코는 벌름벌름, 큰 배는 오르락내리락, 사자의 숨소리가 숲속에 가득 찼어요.

바로 그때, 사자 옆을 지나가던 들쥐가 그만 사자의 얼굴을 살짝 스치고 말았지 뭐예요.

"아니, 어느 놈이 나를 깨웠어?"

사자는 잠결에 깜짝 놀라 으르렁거렸어요.

그 소리에 들쥐는 다리가 덜덜덜 떨려서 꼼짝도 못 하고 서 있었지요.

"이런 방정맞은 놈을 봤나, 감히 네가 나를 건드렸어?"

사자는 몹시 화가 나서 벌떡 일어나 그 무거운 발로 들쥐를 꾹 눌러 버렸어요.

들쥐는 숨이 막혀 죽을 것만 같았어요.

"캑캑, 사자님, 잘못했어요. 목숨만 살려 주세요. 그 은혜는 꼭 갚겠습니다."

그 말에 사자는 코웃음을 쳤어요.

"뭐? 조그만 네가 은혜를 갚겠다고? 흥! 좋다. 오늘은 그냥 보내 주마. 다음에 또 이런 일이 있으면 그땐 용서하지 않겠다."

들쥐는 사자에게 공손히 인사를 하고 숲속으로 달려갔어요.

며칠이 지난 어느 날 저녁이었어요. 사자가 산책을 하다가 사람들이 쳐 놓은 덫에 그만 걸리고 말았어요.

"아이쿠! 큰일 났네. 내가 어쩌다 이렇게 되었담. 하지만 이 정도쯤이야 문제없지. 문제없고말고."

사자는 몸에 칭칭 감겨진 밧줄을 풀어 보려고 발버둥을 쳤지만, 그럴수록 밧줄은 사자의 몸을 점점 더 죄어 오는 것이 아니겠어요?

얼마 후, 사자는 기운이 다 빠져 신음소리조차 낼 수가 없었어요.

"으~음…, 누구 나 좀 구해다오. 이 사자를 좀 구해다오."

그때 사자의 낮은 신음소리를 듣고 들쥐 한 마리가 살금살금 다가왔어요. 바로 그 사자에게 잡혔던 들쥐였던 거예요.

"아니, 사자님. 이게 어찌 된 일입니까? 잠깐만 기다리세요. 제가 곧 구해 드릴게요."

들쥐는 날카로운 이빨로 사자의 몸에 감긴 밧줄을 한 줄 한 줄 끊기 시작했어요.

"사각사각 툭, 사각사각 툭."

땀을 뻘뻘 흘리며 자신을 구해 주려 애쓰는 들쥐를 보며 사자는 지난날을 반성했어요.

밧줄이 다 풀려 몸이 자유롭게 되었을 때 사자는 들쥐를 안아 올리며 말했어요.

"들쥐야, 미안하다. 네가 작다고 무시했던 것 정말 미안하구나. 정말 미안해."

"아니에요, 사자님. 저희같이 작은 동물도 남을 도울 수 있다는 것을 사자님이 알아주셔서 저는 너무 기뻐요. 사자님이 저희들을 사랑한다는 것을 친구들에게 알려야겠어요. 야호!"

들쥐는 이 기쁜 소식을 알리러 바삐 가다가 그만 또 사자의 발등을 밟고 지나갔지 뭐예요.

사자는 빙그레 웃으며 손을 흔들어 주었어요.

숲속 나라에 평화가 온 것을 축하하듯 하늘엔 별들이 총총 빛나고 있었지요.

✓ 사자와 들쥐: 2차 각색

햇볕이 따가운 어느 가을날, 숲속의 왕 사자가 나무 그늘에서 늘어지게 낮잠을 자고 있었어요.

코는 벌름벌름 큰 배는 오르락내리락. 아마도 사자가 굉장히 피곤했나 봐요.

그때, 쪼르르르 쪼르르르 사자 옆을 지나던 들쥐 한 마리가 그만 사자의 코털을 살짝 건드리고 말았어요.

"아니, 어느 놈이 나를 깨웠어? 으르렁. 애걔! 감히 조그만 네가 나를 건드려?"

화가 난 사자가 무거운 발을 들어 들쥐를 밟으려고 하지 않겠어요!

"찌 찌찌찌찍 아이고! 사, 사자님 잘못했습니다. 목숨만 살려 주신다면 이 은혜는 꼭 갚겠습니다."

그 말을 들은 사자가 코웃음을 치며 발을 내려놓았지요.

"뭐? 조그만 네가 은혜를 갚겠다고? 흥! 좋다. 오늘은 그냥 보내 주마. 다음에 또 이런 일이 있으면 그땐 용서하지 않겠다."

들쥐는 고마워서 공손히 인사를 하고 쪼르르 쪼르르 재빨리 달아났지요.

며칠이 지난 어느 날 저녁이었어요.

사자가 어슬렁어슬렁 산책을 하다가 그만 덫에 걸리고 말았지 뭐예요?

"어, 누가 나 좀 구해다오!"

나무 뒤에 여우의 꼬리가 보였어요.

"여우야, 여우야! 나 좀 구해 다오!"

"흥! 내가 널 구해 주면 네가 날 잡아먹으면 어떡해?"

여우는 멀리 달아났지요.

"흑흑, 누가 날 좀 구해다오!"

호랑이가 사자의 소리를 듣고 슬그머니 다가왔어요.

"아이구, 잘 왔다! 네가 날 구하러 왔구나. 친구야, 나 좀 구해 다오."

"무슨 소리, 어흥! 으하하하. 이제 숲속의 왕은 나다! 으하하하."

친구인 줄만 알았던 호랑이도 모른 척 가 버리는 게 아니겠어요?

사자는 그물에서 빠져나오려고 이리저리 몸부림을 치고 발버둥을 쳤지만 그러면 그럴수록 사자의 몸은 점점 더 조여 왔어요.

그때였어요. '바스락바스락' 나무 뒤에서 무슨 소리가 났어요.

사자는 반가워하며 소리 나는 쪽을 바라보았지요. 그런데 이를 어쩌면 좋아요?
나무 뒤에서 걸어 나온 건 힘센 곰도 아닌, 바로 얼마 전 사자에게 잡혔던 들쥐 거예요. 아주 작은 들쥐요.
"애걔! 또 너냐? 난 이제 어떡하냐? 아이고!"
"아니! 사자님, 어유! 이게 어찌 된 일입니까? 잠깐만 기다리세요. 곧 구해 줄게요."
아주 작은 들쥐는 날카로운 이빨로 사자의 몸에 감긴 줄을 한 줄 한 줄 갉아서 끊기 시작했어요.
'사각사각 툭, 사각사각 툭!'
땀을 뻘뻘 흘리며 자신을 구해 주려 애쓰는 들쥐를 보고 사자는 지난날을 반성했지요.
잠시 후, 투 투투 툭! 마지막 줄이 끊기자 사자는 들쥐를 번쩍 들어 올리며 말했어요.
"들쥐야, 고맙다! 네가 작다고 무시했던 것 미안해. 정말 미안해."
"네? 정말요? 야호!"
기뻐하던 들쥐가 미끄러져 그만 이번엔 사자의 코털 하나가 뽑혔지 뭐예요!
그렇지만 사자는 간지럽다는 듯 빙그레 웃으며 들쥐가 보이지 않을 때까지 손을 흔들어 주었어요.

각색 연습 3

✎ 〈까치의 옷〉(원문)

• 세상모든책: 소파 방정환 원작	• 동화제목: 까치의 옷
• 장르: 창작	• 목적: 들려주기 · 대회용
• 대상: 초등 저학년용	• 구연 예상 시간: 3분이내~5분이내

옛날, 어느 산속에 조그만 집 한 채가 있고, 그 집에 노파 한 분이 젖먹이 어린 아기 하나를 얻어다가 기르고 있었습니다.
그리고 그 집 뒤꼍 담 안에 올빼미 한 마리와 까치 한 마리가 있었는데, 올빼미와 까치는 서로 매우 친하게 지내고 또 주인 노파에게도 퍽 친하게 굴었습니다.
하루는 밤에 노파가 마을에 볼일이 있어서 가기는 가야겠는데, 어린애 때문에 염려가 되어서, 얼른 가지를 못하고 주저주저하고 있었습니다.

이 밤중에 이 깊은 산속에 아기를 두고 가도 괜찮을까 하고, 한참이나 망설이다가 언뜻 생각이 나서, 뒤꼍에 가서 나무 위에 있는 올빼미와 까치를 보고,

"내가 마을에 잠깐 다녀올 것이니, 너희가 그동안에 우리 아기를 잘 보아다오.

그 대신 잘만 보아주면 상으로 옷을 한 벌씩 만들어 줄 것이니…."

하였습니다.

그러니까,

"예, 그러겠습니다." 하고 대답하는 듯이 까치는 깍깍 울고, 올빼미는 꾸룩꾸룩 울었습니다.

노파는 대답을 듣고 안심하고 마을로 내려갔습니다. 깊은 산속에 다만 한 채 있는 이 집에 어린이 하나만 누워 있고, 밤은 점점 깊어 갔습니다.

캄캄한 산속, 저 밑에서 물소리만 출렁출렁 나고, 바람이 쏴아 불고 몹시 무서웠습니다. 그래도 무서움을 아니 타고 올빼미와 까치는 나뭇가지에서 자지 않고 앉아서 지키고 있었습니다. 밤은 점점 깊어만 갔습니다.

그때, 나무 밑에서 쏴아 하는 소리가 나더니, 밤눈 밝은 올빼미가 눈을 동그랗게 뜨고 내려다보니까, 아아, 큰일 났습니다.

보기에도 무서운 시커먼 구렁이가 어린애가 자는 방을 향해서 자꾸 갑니다. 그래서 깜짝 놀라서 이것 큰일 났다고 까치를 보고 자꾸 울었습니다.

그 소리를 듣고 까치도 정신을 차려 보니까, 큰 구렁이가 어린애 방으로 가는 것이 보였습니다.

큰일 났다고, 까치가 자꾸 '깍깍깍깍' 울어서 동무를 불렀습니다.

아닌 밤중에 군호 소리를 듣고, 까치 떼가 금시에 몰려왔습니다.

그때 벌써 구렁이는 방 문턱에까지 왔으나, 까치 떼에게 뜯겨서 필경 죽어 늘어졌습니다.

구렁이가 죽는 것을 보고야 까치 떼는 헤어졌습니다. 올빼미와 까치는 혼이 나서 눈을 크게 뜨고 또 지켰습니다.

얼마 아니 있어서, 마을에 갔던 노파가 다 꺼져 가는 등불을 들고, "어린애가 잘 자고 있나?" 하면서 급히 돌아왔습니다.

오니까, 올빼미와 까치가 방문 앞에까지 와서 자꾸 우는 까닭에 가서 등불을 밝혀 보니까, 거기 구렁이 한 마리가 몹시 뜯겨서 피를 흘리고 죽어 늘어져 있었습니다.

노파는 어린애를 껴안고 기뻐하면서,

"우리 복덩이 잘도 잔다. 오오! 까치야, 올빼미야, 기특하다. 너희가 아니었다면, 큰일 날 뻔하였구나! 내가 내일 제일 좋은 옷을 지어 줄 것이니, 오늘은 편히들 자거라." 하였습니다.

이튿날이 되어 노파는 약속대로 옷을 만들되, 올빼미에게는 얼룩덜룩하게 무늬 놓은 옷을 해 주고, 까치에게는 하얀 비단옷을 해 주었습니다.

그런데 올빼미는 진드근하니까, 옷도 얼른 몸에 맞도록 잘 되어서 먼저 입었지만, 까치는 하얀 비단옷 입는 게 좋아서 자꾸 겅정겅정 뛰어 돌아다녔습니다.

노파가 옷을 대강 만들어서 맞는지 안 맞는지 보려고, 한번 입혀 보았습니다.

"얘야, 좀 진드근하게 있거라. 어디 맞나 안 맞나 보자."

하여도 까치는 옷을 입더니, 그만 너무 기뻐서 자꾸 겅정겅정 뛰어 돌아다녔습니다.

너무 그러니까, 노파도 성이 났습니다.

"글쎄, 이리 좀 오너라. 맞나 안 맞나 보자. 그렇게 말을 안 들으면, 그 때때옷에 검정 물을 끼얹을 테다."

하여도 까치는 그저 새 옷 입는 게 좋아서, 자꾸 뛰어다니기만 했습니다.

"그래도 안 올 테냐?"

소리를 질러도 까치는 기뻐서 뛰느라고 듣지도 못하고, 그저 좋아서 겅정겅정 뛰어 돌아다니기만 했습니다. 노파는 참다 참다 못해서,

"예끼, 이 녀석!"

하고 옆의 대야에 있던 검정 물을 내어 끼얹었습니다.

까치는 겅정겅정 뛰다가, 머리에서부터 검정 물을 뒤집어쓰고, 그 하얗던 비단옷까지 까맣게 되었습니다.

그리고 다만 배때기만 물을 안 맞아서, 하얀 채로 있었습니다.

그래도 까치는 그저 새 옷 입는 게 좋아서, 그저 겅정겅정 뛰어다녔습니다.

그래서 까치는 등이 까맣고, 지금까지도 그 옷을 그대로 입고 좋아서 겅정겅정 뛰어다닌답니다.

✔ 까치의 옷: 각색 1(3분 이내)

옛날 깊은 산속에, 할머니와 어린 아기 단 둘이 살고 있었어요.

뒷마당에는 올빼미와 까치가 할머니를 잘 따르며 사이좋게 지내고 있었지요.

그러던 어느 날 밤, 할머니는 걱정이 생겼어요.

"마을에 내려갔다 와야 하는데, 이를 어쩐담. 맞다 맞아. 올빼미와 까치가 있었지?"

할머니는 당장 뒷마당으로 가서 나무 위를 보며 소리쳤어요.

"마을에 잠깐 다녀올 테니, 너희들이 우리 아기를 잘 봐다오. 그 대신 상으로 옷을 한 벌씩 만들어 주마."

"꾸룩꾸룩."

"깍깍깍깍."

할머니는 안심하고 마을로 내려갔어요.

밤이 점점 깊어 가고 있을 때, 시커먼 구렁이가 아기방으로 기어가고 있는 거예요.

"꾸룩꾸룩, 까치야, 까치야. 큰일 났어. 구렁이가 나타났어!"

"뭐? 뭐라고? 깍깍깍깍, 친구들아, 도와줘!"

그 소리에 까치 떼들은 얼른 구렁이에게 날아가 마구 쪼아댔지요.

얼마 후 마을에 갔던 할머니가 돌아와 보니, 구렁이가 방문턱에 쓰러져 있는 게 아니겠어요?

"이런, 이런, 너희들이 아니었다면 큰일 날 뻔했구나. 내가 약속대로 제일 좋은 옷을 지어 주마."

할머니는 올빼미에게는 얼룩덜룩한 무늬 옷을, 까치에게는 새하얀 비단옷을 지어 주었어요.

"올빼미는 잘 맞는구나. 까치야, 너도 이리 좀 오너라. 맞나 안 맞나 봐야지."

까치는 비단옷이 좋아서 콩콩콩 뛰어다니느라, 할머니가 아무리 불러도 듣지를 못했어요. 참다못한 할머니는 옆 그릇에 있던 검정 물을 끼얹었지요.

"예끼, 이 녀석!"

뛰어다니던 까치는 배 부분만 물을 안 맞고, 온통 검정 물을 뒤집어쓰고 말았어요.

그때부터 까치는 등이 까맣게 된 채, 지금까지도 새 옷이 좋아서 콩콩콩 뛰어다닌대요.

✓ 까치의 옷: 각색 2(5분 이내)

옛날 깊은 산속 외딴집에, 할머니가 어린 아기를 기르며 살고 있었어요.
뒷마당 나무 위에는 올빼미와 까치가 사이좋게 살고 있었지요.
"올빼미야, 까치야! 밤에 잘 잤느냐. 오늘도 재미있게 잘 지내렴!"
올빼미와 까치는 날마다 자기들을 챙겨 주는 할머니가 무척 좋았어요.
그러던 어느 날 밤, 할머니는 걱정이 하나 생겼어요.
"마을에 내려갔다 와야 하는데, 아기 혼자 두고 갈 수도 없고…. 이를 어쩐담."
마당에서 한참을 망설이던 할머니는 언뜻 좋은 생각이 떠올랐어요.
"맞다 맞아. 올빼미와 까치가 있었지?"
할머니는 당장 뒷마당으로 가서 나무 위를 보며 소리쳤지요.
"내가 마을에 잠깐 다녀올 테니, 너희들이 그동안 우리 아기를 잘 봐다오. 그 대신 잘만 봐주면 상으로 옷을 한 벌씩 만들어 주마."
"꾸룩꾸룩, 네, 할머니 잘 다녀오세요."
"깍깍깍깍, 아기는 걱정 마세요."
할머니는 안심하고 마을로 내려갔어요.
밤은 점점 깊어가고 캄캄한 산속은 바람소리마저 무섭게 들렸어요.
그때, 나무 밑에서 쏴아 하는 소리가 들려오는 거예요.
"꾸룩꾸룩, 이게 무슨 소리지?"
밤눈 밝은 올빼미가 눈을 동그랗게 뜨고 아래를 내려다보았더니, 이게 웬일이에요?
시커멓고 커다란 구렁이가 아기방을 향해 기어가고 있지 뭐예요!
"꾸룩꾸룩, 까치야, 까치야. 큰일 났어. 구렁이가 나타났어!"
"깍깍깍깍, 뭐? 뭐라고?"
까치는 정신을 차려 까치 친구들을 불러 모았어요.
"깍깍깍깍, 얘들아, 얘들아 도와줘! 깍깍깍깍."
까치의 소리를 들은 까치 친구들이 금방 몰려왔지요.
하지만 벌써 구렁이는 방문턱을 넘으려고 하는 거예요.
까치 떼는 얼른 구렁이에게 날아가 마구 쪼아댔어요.
얼마 지나지 않아, 마을에 갔던 할머니가 다 꺼져 가는 등불을 들고 돌아왔지요.

"우리 아기 잘 자고 있나? 아, 아니, 너희들이 여기까지 왜 내려와 있누?"
할머니는 방문 앞까지 와 있는 올빼미와 까치를 향해 등불을 가까이 밝혀 보고는 깜짝 놀랐어요.
방문턱에 구렁이가 몹시 뜯겨져 쓰러져 있는 게 아니겠어요?
"이런, 이런, 너희들이 아니었다면 큰일 날 뻔했어. 내일 제일 좋은 옷을 지어 주마."
이튿날 할머니는 약속대로 옷을 만들었어요.
올빼미에게는 얼룩덜룩한 무늬 옷을 지어 주고, 까치에게는 새하얀 비단옷을 해 주었지요.
"자, 올빼미야, 까치야. 이리 와서 이 옷 좀 입어 보렴."
"꾸룩꾸룩, 할머니 고맙습니다. 저에게 잘 맞아요."
"깍깍깍깍, 전 비단옷이에요? 그것도 새하얀 비단옷!"
까치는 비단옷이 좋아서 콩콩콩 뛰며 돌아다녔어요.
"얘, 까치야. 글쎄, 이리 좀 오너라. 맞나 안 맞나 봐야지. 자꾸 말을 안 들으면, 검정 물을 끼얹을 테다."
할머니가 아무리 소리를 질러도, 까치는 기뻐서 뛰느라고 듣지를 못했어요.
참다못한 할머니는 옆에 있던 검정 물을 끼얹었지요.
"예끼, 이 녀석!"
뛰어다니던 까치는 온몸에 검정 물을 뒤집어쓰고 말았어요.
배 부분만 물을 안 맞아서 하얀 채로 남아 있었지요.
"꾸룩꾸룩, 까치야, 그렇게 뛰어다니기만 하니까 하얗던 비단옷이 까맣게 됐잖아!"
"깍깍깍깍, 괜찮아. 그래도 난 새 옷이 좋아!"
그때부터 까치는 등이 까만 채, 지금까지도 콩콩콩 뛰어다닌대요.

각색 연습 4

위에서 배운 각색 요령을 활용해서 구연동화로 바꾸어 보자.

- 제목 짓기
- 종결어미를 구어체로 바꾸기
- 해설과 대화의 적절한 비율 맞추기
- 동화의 뒷이야기 상상해서 마무리해 보기

연습 1

✎〈이솝 우화〉

• 동화제목: 이솝우화	• 장르: ○○
• 목적: 들려주기 · ○○○○○	• 대상: ○○○○
• 구연 예상 시간: ○○○○○○	

사자의 목구멍에 날카로운 뼈가 걸렸다. 사자는 자기 목구멍에서 뼈를 빼 주는 자에게는 아주 좋은 상을 주겠다고 동물들에게 얘기했다.
그러자 학이 기꺼이 나섰다.
학은 사자의 입을 크게 벌리도록 한 다음, 자신의 긴 부리를 입속에 쑥 집어넣어 걸려 있던 뼈를 빼내었다.
그리고는 학이 사자에게 상을 달라고 하자, 사자가 퉁명스럽게 말했다.
"내 입속에 머리를 집어넣었다가 살아서 도망간 놈은 아직까지 없었다. 그런데 너는 내 입속에 머리를 집어넣고서도 아직까지 살아 있으니, 그걸 바로 상이라고 생각하거라. 평생의 자랑거리로 남을 테니까."

- 제목 →
- 원인적 배경 →
- 등장인물 추가 →
- 각색(종결어미, 어휘, 대화체 등)
- 열린 결말의 마무리

연습 2

✎ 〈꿀떡〉

• 동화제목: 꿀떡
• 장르: ○○
• 목적: 들려주기 · ○○○○○
• 대상: ○○○○
• 구연 예상 시간: ○○○○○○

어느 시골에 어린아이가 있었는데, 마침 팔월 한가위 추석을 맞이했어요.
"자, 이거 가지고 가서 맛있게 먹으렴."
아이는 친척에게 받은 떡을 가지고 집으로 돌아가는 길이었어요.
그때 아이의 손에 들린 떡을 본 한 남자가 아이에게 다가갔어요.
그리고 아이에게 반달 떡을 보여 주겠다고 하면서 떡을 달라고 했어요.
남자는 떡의 반쪽을 잘라 먹고 나머지를 줬어요.
"자, 이게 반달 떡이란다. 그런데 꿀떡은 본 적이 있니?"
"꿀떡이요?"
"자, 그 떡을 다시 줘 보렴."
아이가 떡을 주자, 남자는 크게 입을 벌리더니 '꿀떡' 소리를 내면서 떡을 삼켜 버렸답니다.

- 제목 →
- 등장인물의 구체화 (등장인물의 배경 및 인물 설정 - 아이, 남자)
- 열린 결말의 마무리

Chapter 5
동화구연 기법

1. 띄어 말하기

띄어 말하기는 구연을 하는 도중 일정한 시간적 공백을 두는 것으로 휴지(休止, pause, 쉼)를 이용하는 것이다. 휴지의 사전적 의미를 살펴보면 '조음 활동의 일시적인 정지'를 말하며 '단어와 단어, 어절과 어절, 문장과 문장 사이에 나타난다(표준국어대사전).'라고 되어 있다. 즉 휴지는 구연자가 구연하는 내용에 있어 단어, 어절 그리고 문장에서 말을 하지 않고 잠시 멈추는 쉼의 시간을 의미한다. 그러나 말소리가 존재하지 않는다고 해서 언어적 기능을 담당하지 않는 것은 아니다. 휴지는 말을 소리 내어 하는 모든 행위에 있어 매우 중요한 작용을 한다. 내용과 주제 전개에 있어 의미 부여나 강조, 호흡 조절 및 주의 환기 등 다양한 측면에서 기능을 담당한다.

휴지에는 무성휴지와 유성휴지가 있다. 유성휴지는 '어…, 음…'과 같이 망설임, 주저함, 의미나 지시대상이 없는 군더더기와 같은 표현 등으로 비유창성, 자신감의 결여로 보일 수 있다. 감정의 표현과 감동의 전달을 위한 띄어 말하기에서의 대상이 되는 휴지는 무성휴지를 의미한다. 휴지는 첫째, 의미를 명확하게 하기 위해, 둘째, 말하는 내용의 어느 부분을 강조하기 위해, 셋째, 숨을 쉬기 위해 발생한다.

사람은 끊임없이 공기를 들이마시고(들숨, 呼氣) 내쉬면서(날숨, 吸氣)생존하게 되는데 날숨에 의해 소리를 내게 된다. 일반적으로 날숨의 길이가 사람마다 비슷하기 때문에 한 호흡 덩이에 발화되는 언어의 양도 사람마다 거의 비슷하다. 보통 1분에 250음절 정도 말하는 것으로 알려져 있으나 말의 속도에 따라 조금씩 달라질 수 있다. 이처럼 휴지는 생리적 요인뿐만 아니라 언어의 의미에 중요한 기능을 한다. 의미 덩이에 따라 문장의 성분을 구분해 주며, 문장 성분 간의 호응 관계를 밝혀 주는 역할을 한다. 예를 들어, 큰아버지 댁을 의미하는 합성어 '큰집'과 집이 크다는 의미의 '큰 집'의 경우 문어에서는 띄어쓰기를 통해 쉽게 구별할 수 있으나 구어에서는 휴지를 통한 띄어 말하기를 하지 않는다면 듣는 이로 하여금 의미 구별이 어려울 수 있다. 또한 '예쁜 영희의 옷'의 경우에도 휴지를 어디에 두는지에 따라 영희가 예쁜 것인지 영희의 옷이 예쁜 것인지 그 의미가 달라지면서 문어에서는 구분할 수 없는 중의적 의미가 구어에서는 휴지를 두는 것에 따라 의미를 명확하게 한다. 따라서 휴지를 생략하거나 위치를 잘못 둘 경우 전체적인 의미와 흐름이 달라질 수 있다.

또한 휴지가 스스로 의미를 지니며 휴지로 인해 억양의 경계가 되기도 한다. 앞뒤의 어휘, 어구, 문장 등이 담고 있는 의미를 강조하며 음성 표현을 효과적으로 할 수 있게 한다. 특히 동화구연에 있어서의 휴지는 인물의 심리나 감정을 확실하게 하는 화술의 중요한 요소가 된다. 구연은 일상의 대화와 달리 의도된 내용의 해설과 감정을 담은 대사로 구성되어 있으며 때로는 긴 문장으로 전개되는 경우가 있다. 이때, 휴지를 활용한 끊어 말하기는 명확한 의미와 감정 전달을 위해 핵심적인 역할을 하게 되며 구연의 유창성을 높이는 역할을 한다. 내용에 따라 그 의도를 정확하고 효과적으로 전달하기 위해 의도적으로 말을 멈춰 강조하거나 감정의 변화를 보이고 기대감을 유발하거나 주의를 집중시키기 위해 일시적으로 아주 짧게 또는 길게 멈추기를 하는 것이 필요하다. 즉 구연자가 의도적으로 철저하게 분석하여 끊어 말하며 쉼을 주는 것이다.

구연에 있어서 문장이 길어서 한 호흡으로 할 수 없거나, 의미를 분명하게 하거나 강조하기 위해 또는 발음의 문제로 인해 중간에 휴지를 두어 띄어 말하기를 할 수 있다. 이 띄어 말하기를 적절하게 하느냐, 그렇지 않으냐는 의미 전달의 효율성, 발음의 정확성, 흐름의 자연스러움, 운율 등에 영향을 미치게 된다. 하지만 문장의 어디에서 띄어 말하기를 하느냐 하는 휴지의 적당한 위치의 문제는 그리 간단하지 않아 보편적인 원칙을 세워 적용하기란 매우 어려운 일이다. 사람마다 각기 다른 호흡의 길이와 생리적 요인, 문장의 구조, 음성 표현의 속도, 글의 의미와 같은 수많은 요인들이 띄어 말하기의 위치와 깊은 관계를 가지기 때문이다.

그렇다고 해서 띄어 말하기가 전적으로 구연자의 주관에 따라 다르게 실현해도 괜찮다는 의미는 아니다. 한 호흡에 표현할 수 없을 정도의 긴 문장 또는 문장의 의미가 모호해서 이해를 달리할 수 있거나, 문장이 여러 의미를 담고 있을 경우, 강조가 필요한 부분 등에 항상 휴지가 있게 마련이고, 휴지가 오는 위치는 대부분 일정한 규칙을 갖는다. 의미의 가치를 판단하는 기준이 사람마다 달라서 휴지의 위치가 달라질 수가 있으며 길이도 모두 같을 수가 없다. 휴지의 길이가 대나무의 마디처럼 일정하다면 지루하고 감동이 없는 구연이 될 것이다. 동화 내용에 맞추어 구와 절, 문장과 문장 사이 휴지의 길이가 다양할수록 정확한 의미 전달과 함께 음악과 같은 아름다운 구연이 가능할 수 있다. 휴지의 위치와 길이를 적절하게 사용하려면 자신이 전달하고자 하는 내용을 완벽하게 이해해야 한다. 내용을 정확하게 분석하고 파악하게 될 때, 어느 곳에서 띄어 말해야 할지 판단할 수 있게 된다.

준비된 구연자에게 있어 띄어 말하기의 휴지는 다음에 무슨 말을 할지를 생각하는 시간이 아니라 듣는 이로 하여금 지금까지 한 내용에 대해 생각하게 하고 다음 내용이 어떻게 전개될지 기대감을 갖게 하는 효과를 갖는다. 이때 호흡의 덩이와 의미 덩이가 균형을 이룰 때 안정된 구연을 구사할 수 있다.

1) 띄어 말하기의 종류

구연을 할 때 호흡에 따라 띄어 말하기의 양상이 달라지며 구연 내용에 따른 감정과 상황 등의 복잡한 표현에 대해 띄어 말하는 휴지의 이음과 끊음의 다양한 모습에 따라 달라진다. 올바른 휴지의 사용은 청자로 하여금 동화를 듣기 위한 최적의 상태를 제공하고 자연스럽고 정확한 내용 전달을 위한 필수 요소이다. 휴지의 시간에 따라 '순간 띄기', '짧은 띄기', '보통 띄기', '긴 띄기'로 나눌 수 있다.

(1) 순간 띄기

한 문장 안에서의 순간 띄기는 순간적으로 멈칫하는 정도의 시간으로 거의 띄기를 한다는 것을 감지하기 어려운 정도의 짧은 쉼이다. 따라서 순간 띄기는 실제 쉼을 위한 호흡을 하는 것이 아니라 숨을 머금고 소리를 내지 않음으로써 띄기를 한다는 '의미'만 부여하고 다음으로 바로 이어서 넘어가도록 한다. 순간 띄기를 한 다음 단어'에는 '강세'가 들어가게 된다. 즉, 순간 띄기는 강세의 계기가 되는 것이다.

(2) 짧은 띄기

구연을 할 때 띄기를 위한 말의 덩이는 리듬의 덩이인 동시에 정보와 의미의 덩이이다. 따라서 구연 원고의 문법 구조에 의해 결정될 수 있다. 짧은 띄기는 한 문장 안의 주어와 술어 사이에서 문장의 뜻을 명료히 하는 시간적 간격의 띄기로 주어 뒤에 띄기를 하고 술어를 구연한다. 주어나 술어 앞에 수식하는 절이 있을 때에도 주어부와 술어부를 각각 한 단위로 묶어서 구연한다. 보통 한 문장이 길어졌을 때 구연자의 호흡에 따라 띄어 말하기의 원칙에 맞춰 빠르게 호흡을 한다. 사람마다 개인적인 호흡의 길이가 다르므로 시간으로나 길이로 얼마만큼이라고 규정할 수는 없으나 짧게 호흡하는 것을 말하는 것으로 순간 멈춤보다 약간 길게 띄어 말한다. 띄어 말하기를 함에 있어서 순간 띄기나 짧은 띄기의 경우 호흡의 여유가 있다면 숨을 들이마시고 내쉬는 실제 호흡은 하지 않고 띄기를 한다는 의미만 부여함으로써 한 문장의 내용이 연결되고 감정의 흐름을 유지하도록 하는 것이 중요하다.

(3) 보통 띄기

한 문장이 끝났을 때 보통 띄기를 하고 다음 문장을 구연하면 듣기에 편안하고 안정적인 구연을 할 수 있다. 다음 이야기 전개에 따른 등장인물의 목소리 설정을 위해 시간적 여유를 갖게 되어 재미있고 세련된 구연을 할 수 있다. 그러나 한 문장이 끝날 때마다 수학 공식처럼 한 호흡씩 규칙적으로 띄기를 하면 지루해서 듣기 힘든 구연이 된다. 또한 보통 띄기를 할 수 있는 시간적 여유가 없을 경우도 있다. 예를 들어, 급박한 상황이거나 감정을 이어 나가야 하는 상황, 문장의 내용적 의미가 이어져야 하는 상황 등에 있어서는 한 문장이 끝난 상황이라 하더라도 짧은 띄기를 할 수도 있다.

(4) 긴 띄기

한 편의 동화를 구연함에 있어 내용, 감정 등에 따라 여러 개의 의미덩이와 감정덩이로 구성된다. 대사가 끝나고 해설이 오며 다시 대사로 이어지는 내용들이 엮어져 같은 내용의 맥락과 감정의 맥을 이어 구연을 하고 마무리된 후 다음으로 넘어가게 된다. 긴 호흡은 시간대의 변화가 있다든지 공간의 변화가 있는 부분, 감정의 변화가 있는 부분 등에서는 긴 띄기를 해 줌으로써 이야기를 듣는 사람에게 그러한 변화들을 느낄 수 있도록 하는 효과를 준다. 또한 듣는 사람으로 하여금 생각하고 반응할 수 있는 시간적 여유를 주는 의미도 갖는다.

구연은 이야기를 하는 사람 혼자 하는 것이 아니라 듣는 사람을 필요로 한다. 구연자와 청자가 함께 호흡하고 같은 감정을 느끼는 것이 필요하다. 그러려면 구연자 혼자 자기감정에 도취해 구연하는 것이 아니라 듣는 상대방과의 공감대 형성이 중요하다. 듣는 사람이 구연하는 사람과 함께 구연을 들으며 같이 웃고 기뻐하며 같이 눈물 흘리고 슬퍼할 수 있도록 감정의 흐름을 공유하고 나누는 시간이 필요한 것이다. 구연자와 청자가 함께 충분히 기뻐하거나 슬퍼할 수 있도록 의미와 감정덩이에 긴 호흡을 준 후 다음 문장을 구연하면 청자와 화자가 같은 감정과 호흡으로 하나가 됨을 느낄 수 있다.

이렇듯 구연을 함에 있어 띄어 말하기가 의미전달, 감정전달 등에 있어 매우 중요한 요소이나 자주 띄어 말하기를 하면 내용이나 감정의 맥이 끊어져서 내용 파악과 감정 전달에 방해가 된다. 구연을 할 때 청자로 하여금 감동을 일으키도록 하는 것은 매우 중요하다. 하나의 의미덩이와 감정덩이를 잘 구분하고 파악하여 하나의 묶음 단위로 구연해야 의미전달이나 감정전달을 무리 없이 할 수 있다. 좋은 구연은 자연스럽게 이야기를 들려주는 것이다. 문장의 의미나 내용에 관계없이 너무 잦은 띄어 말하기를 하면 내용 전달과 감정 표현의 효과를 기대할 수 없게 된다.

2) 띄어 말하기의 원칙

(1) 주부와 술부 사이 띄기

띄어 말하기에 있어서 가장 기본적인 것은 주부와 술부 사이의 띄어 말하기이다. 주부는 그 문장에 있어서 가장 중요한 핵심이며 술부는 주부를 설명해 주는 부분이다. 가장 중요한 핵심 단어를 강조하기 위해 띄어 말하기를 하고 술어를 말하게 되면 그 뜻이 더욱 명확해진다. 또한 주어를 수식하는 수식절도 주어와 한 묶음으로 말하고 주어 뒤에서 띄기를 한다. 술어를 수식하는 수식절도 술어와 한 묶음으로 말해야 한다. 주어와 술어 앞에 수식하는 글이 길게 나열되어 있더라도 주어를 수식하는 글은 주어와, 술어를 수식하는 글은 술어와 한 묶음으로 구연한다. 이때 띄기는 긴 호흡으로 쉼을 주는 것보다는 순간적인 짧은 띄기를 하는 것이 좋다. 여기에서 띄어 말한다는 것은 '호흡을 한다.'는 의미보다는 의미의 표현상 '띄기를 한다.'는 것을 표현하는 것으로 띄어 말한다는 느낌을 주는 것만으로 충분하다. 그러므로 문장이 길 때는 처음 시작하기 전에 많은 양의 숨을 가지고 구연을 시작하며 문장 중간에 숨을 쉬지 않고 처음에 가지고 있던 숨을 이용해 문장의 끝까지 계속해서 구연을 하는 것이 필요하다. 이로써 내용과 감정이 흐트러지지 않는 구연이 될 수 있다. 복문의 경우는 첫 번째 주부와 술부가 끝나는 지점에서 휴지를 두도록 한다.

▌예문 1

1단계: 사자는 / 암사자를 보았어요.

2단계: 글을 쓸 줄 모르는 사자는 / 책을 읽고 있는 암사자를 보았어요.

3단계: 사자는 고민 고민하다가 / 원숭이에게 편지를 써 달라고 했어요.

예문 2

1단계: 종달새가 / 날고 있었어요.

2단계: 기분이 좋은 종달새는 / 하늘을 이리저리 날아다녔지요.

3단계: 종달새는 벌레를 내려다보며 침을 꿀꺽 삼키고는 / 늑대 아저씨에게 벌레를 사 먹었어요.

예문 3

1단계: 호박은 / 오이밭으로 갔어요.

2단계: 날씬한 허리에 손을 얹은 수세미도 / 잘난 척을 하며 말하는 거예요.

3단계: 농부 아저씨는 기분이 좋아서 / 말랑말랑한 호박떡을 만들어 이웃과 나누어 먹었어요.

(2) 부사 다음에 띄기

부사는 일반적으로 문장의 중심 역할을 하는 서술어를 수식하기 때문에 문장의 이해와 표현에 있어서 적절성과 다양성이라는 효용적 가치를 지닌다. 부사의 통사구조상 주된 역할은 서술어에 대한 수식 기능과 또 다른 부사나 관형사를 수식하는 것이다. 이러한 부사의 기능은 수식과 동시에 강조의 의미가 있기 때문에 띄기를 하면서 강세를 동반하게 된다.

시간 부사	• 과거: 막, 방금, 벌써, 아까, 아직, 여직, 이미, 접때, 진작 • 현재: 금시, 요즘, 이즘, 지금, 현재 • 미래: 당장, 이따, 이후, 향후 • 순간적 시간: 갑자기, 냉큼, 담박, 대뜸, 대번, 돌연히, 문득, 별안간, 잠시, 홀연 • 지속적 시간: 가으내, 겨우내, 그사이, 내내, 당분간, 밤낮, 밤새, 시종, 여름내, 연일, 줄곧, 진종일, 한참 • 무시제형 시간: 당초에, 드디어, 마침내, 먼저, 살아생전, 어느덧, 어느새, 언제, 언제나, 언제든지, 언제인가, 얼마간, 일찍
장소 부사	거기, 여기, 저기, 가가호호, 거리거리, 구석구석, 여기저기, 집집이, 그리, 이리, 저리
가정 부사	가령, 만약, 설령, 아마, 아마도, 만일, 설사

강조 부사	결국, 과연, 그야, 또다시, 또한 분명히, 사실, 실은, 아무튼
의혹 부사	설마, 어쩐지, 어쩜
부정 부사	결단코, 과히, 그다지, 도무지, 도저히, 미처, 별로, 별반, 비단, 비록, 숫제, 아무리, 아예, 여간, 이루, 일절, 전연, 전혀, 절대, 좀처럼, 차마, 통
추정 부사	무릇, 보아하니, 보아한들, 어쩌면, 이를테면, 하마터면, 혹시
빈도 부사	가끔, 간간이, 거듭, 날마다, 매월, 매일, 수차례, 이따금, 자주, 종종, 항상
접속 부사	및, 곧, 그러나, 또, 그러니
부사 구,절	…면, …니, …만, …데, …서, …고, …도, …로

예문 1: 만약, / 내가 걸을 수만 있다면 꼴찌라도 좋으니 달려 보고 싶어요.

예문 2: 비록 / 밥을 못 먹을 만큼 가난했지만 공부할 책만은 꼭 사 주었지요.

예문 3: 갑자기 / 하늘이 캄캄해지더니 온통 / 난리가 났지요.

예문 4: 잠시 후, / 활을 든 사냥꾼이 나타났어요.

예문 5: 마침 그때, / 나무 밑을 지나가던 여우가 매미 소리를 들었어요.

예문 6: 드디어, / 참깨 가족의 차례가 됐어요.

예문 7: 어느덧, / 겨울이 가고 따뜻한 봄이 왔어요.

예문 8: 어디선가 / 이상한 소리가 들리는 게 아니겠어요.

예문 9: 헨젤은 빵조각을 잘게 뜯어 길에 떨어뜨렸어요. 하지만 / 새들이 쪼아 먹어서 그만 / 길을 잃고 말았지요.

예문 10: 뽕나무가 '뽕'하고 방귀를 뀌었어요. 그러자 / 옆에 있던 대나무가 야단을 쳤지요.

(3) 문장부호 뒤에 띄기

여러 가지 문장 부호 〈,〉, 〈.〉, 〈!〉, 〈?〉가 있는 곳에 띄기를 한다. 그러나 내용에 따라 의미, 감정 다발의 맥을 연결하기 위해서는 순간적인 짧은 띄기만 하고,

진행하던 속도를 유지하는 것이 필요하다.

예문 1: "그래, / 얼마든지 먹으렴."

예문 2: "개미야, / 얼마나 아프니?/ 내가 도와줄게."

예문 3: "아하! / 선물로 받은 음식으로 잔치를 열었군요."

예문 4: "아함~ 졸려. / 여기서 한잠 자고 가도 되겠는걸."

예문 5: "안 됩니다. / 꼭 그 좁쌀이라야 합니다."

(4) 강조하고자 하는 말 앞에 띄기

예문 1: "호랑이님, 꼬리가 묵직해질 때까지 / 절대로 꼬리를 꺼내면 안 돼요."

예문 2: 농부는 밭에서 / 커다란 무를 뽑았어요.

예문 3: "저에게 / 이 좁쌀은 / 아주 귀한 것이니, 잘 맡아 두었다가 / 내일 아침에 돌려주십시오."

예문 4: 그런데 주인이 외양간에 가 보니 / 당나귀가 죽어 있지 않겠어요?

예문 5: "우리 창고에 있는 것 중에 / 가장 좋은 걸 선물로 주겠소."

(5) 의미의 명료성을 위한 띄기

띄어 말하기를 잘못하면 의미가 전혀 달라진다. 따라서 내용에 따라 적절한 띄어 말하기를 하는 것이 중요하다.

예문 1: ① 내 / 일이 있기 때문이야.② 내일이 / 있기 때문이야.

예문 2: ① 나는 / 한나라의 국모다.② 나는 한 / 나라의 국모다

예문 3: ① 사람을 함부로 죽인 호랑이, / 독사 지옥으로 떨어뜨렸어.② 사람을 함부로 죽인 호랑이, 독사 / 지옥으로 떨어뜨렸어.

예문 4: ① 아이가 / 아파요.② 아 / 이가 아파요.

예문 5: ① 아버지가 오늘 / 밤나무를 사 오셨어요.② 아버지가 오늘 밤 / 나무를 사 오셨어요.

예문 6: ① 색동 예식장 비 / 싸다.② 색동 예식장 / 비싸다.

예문 7: ① 혜지는 / 선경이와 은경를 칭찬했어요.② 혜지는 선경이와 / 은경이를 칭찬했어요.

예문 8: ① 아버지 / 가방 여기 있어요.② 아버지 가방 / 여기 있어요.

(6) 연, 월, 일, 시, 분 뒤에 띄기

예문 1: 1919년 3월 1일 정오 / 많은 사람들이 탑골공원에서 대한독립 만세를 불렀어요.

예문 2: 음력 8월 15일은 / 우리나라 명절 한가위예요.

예문 3: 금요일 / 오후 2시 13분, / 정말 사고가 났어요.

(7) 장소 뒤에 띄기

예문 1: 옛날 어느 마을에 / 욕심 많은 부자 영감이 살고 있었어요.

예문 2: 숲속 마을 옹달샘 가에 / 아기 사슴 한 마리가 앉아 있었어요.

예문 3: 그 집 앞에는 / 커다란 느티나무 한 그루가 서 있었지요.

(8) 나열식 문장 띄기

나열식 문장은 문장 전체가 하나의 의미덩이이기 때문에 되도록 짧게 띄기를 하여 문장이 자연스럽게 연결되도록 한다. 다음의 예문 1은 나열식 문장 띄기를 표시하였으나 나머지 예문은 구연자의 호흡에 따라 자연스럽게 띄기를 하며 구연해 보도록 한다.

예문 1: 철이는 칠판낙서는 물론이고 / 여자아이들 치마 들추기, / 고무줄 끊고 달아나기, / 수업 시간에 소리 지르기까지 / 장난이 너무 심해서 아이들은 철이를 '말똥구리'라고 불렀어요.

예문 2: "우리가 먹지! 당근 샐러드, 당근 죽에 당근 튀김, 날마다 날마다 당근만 먹는데!"

예문 3:아기 토끼, 다람쥐, 여우, 너구리는 노래를 부르며 소풍을 갔지요.

예문 4: "에구! 영감, 빨간 구두, 노란 구두, 보라 구두, 초록 구두 이렇게 많은 구두를 누가 만들어 놓았을까요?"

예문 5: 젊은이는 얼굴이 붉어진 채 두 번째 친구 집을 찾아갔지만 거절당했어요. 세 번째 친구도 네 번째 친구도 다섯 번째 친구도 하나같이 그럴듯한 핑계를 대면서 부탁을 들어 주지 않았지요.

(9) 독립어 뒤에 띄기

예문 1: 말똥구리, / 너 왜 그래? (부르는 말)

예문 2: 우와! / 거미줄이 정말 예뻐요! (감탄사)

예문 3: 숙제, / 숙제는 정말 없었으면 좋겠어. (독립어)

예문 4: 사실, / 언니가 아까 입었던 그 수영복은 말이야, 바로 내 거였거든! (앞문장과 계속되는 연결어)

2. 감정 표현

감정이란 어떤 현상이나 일에 대하여 일어나는 마음이나 느끼는 기분을 말한다. 구연은 입으로 연기를 하는 것이므로 감정의 중요성은 매우 높다. 등장인물 간의 대화에서는 다양한 감정 표현이 요구되며 해설에서도 내용의 상황에 맞는 감정을 담아 구연하는 것이 필요하다. 어떤 감정인지에 따라 목소리의 공명이 달라지고 호흡이 달라지며 신체의 울림 부위도 달라진다. 예를 들어 편안하고 안정된 상태에서는 가슴 부분이 울리면서 낮은 소리가 나지만 흥분하거나 놀란 상태에서는 울림 부위가 상승하게 되고 심지어 아주 흥분 상태에서는 두개골을 울리며 날카로운 톤을 내게 된다. 따라서 신체가 열린 상태에서 구연을 함으로써 목소리가 자유롭게 변화할 수 있도록 해야 한다. 이를 위해서는 등장인물이 처해진 상황이나 성격에 대한 철저한 분석이 요구된다. 동화에서는 사람뿐만 아니라 동물, 꽃과 같은 생물을 비롯한 기계, 돌멩이 등의 무생물까지도 감정이 있으며 이들의 감정을 청자가 함께 울고 웃을 수 있도록 표현해야 한다.

음색은 구연을 할 때 소리의 상태로 음의 색깔 또는 질을 의미한다. 사람마다 다른 성도, 성대의 길이, 진동 패턴 등이 다르기 때문에 그 사람만의 고유한 음색을 갖게 된다. 동화구연을 할 때 이야기의 전개 과정에 따라 음색이 바뀌고 등장인물의 성격이나 행동, 상황에 따라 음색을 바꿔서 구연을 해 주어야 이야기가 실감 나며 청자에게 감동을 주는 구연이 된다.

표정은 마음속에 품은 감정이나 정서 따위의 심리상태가 겉으로 드러나는 얼굴 모습이다. 기쁨이나 슬픔 등의 감정을 느낄 때 표정의 변화가 일어난다. 얼굴은 가장 정교하며 풍부한 의사소통의 도구이다. 너무 긴장하면 어색하고 자연스러운 표정을 만들기가 어렵다. 긴장을 풀기 위해 얼굴 근육 이완을 하고 여러 감정에 따른 표정을 거울을 보고 연습하거나 동영상으로 촬영하여 어색함 없이 자연스럽고 실감 나도록 하는 것이 필요하다.

동화구연에 있어 발성, 발음, 호흡 등을 기본으로 음성과 표정을 통한 감정 표현은 청자를 이야기에 몰입하게 하는 매우 중요한 요인이다. 이야기의 전체 맥락 안에서 등장인물의 감정을 이끌어 가는 연기가 자연스러울 때 청자는 몰입과 동시에 감동을 받게 된다. 등장인물의 성격에 어울리는 음색, 표정을 통한 자연스러운 감정 표현은 동화구연 기법의 필수 조건이다.

1) 해설 부분

(1) 1단계

① (명랑하게) 개구쟁이 당당이는 꼬마 당나귀예요.
② (걱정스럽게) 겁 많은 토끼는 늘 걱정이었어요.
③ (힘차게) 창문으로 날아드는 피터팬이 소리쳤지요.
④ (귀엽게) 알록이는 작고 예쁜 자갈이에요.
⑤ (온화하게) 그 나무에게는 사랑하는 소년이 한 명 있었지요.

(2) 2단계

① (신비스럽게) 눈처럼 하얀 살결과 별처럼 반짝이는 눈을 가진 예쁜 공주가 태어났어요.

② (못마땅한 듯) 새 왕비는 예쁘게 생겼지만, 마음씨가 아주 고약했지요. (신기한 듯) 그런데 새 왕비에게는 말을 하는 요술 거울이 있었어요.

③ (기백 있게) 옛날에 하느님의 아들인 환웅은 우리나라 태백산 신단수로 내려왔어요.

④ (조심스럽게) 나그네가 소리 나는 데를 가만히 살펴보니 둥지 속에서 아기 새들이 얼굴을 내밀고 있는 게 아니겠어요?

⑤ (긴장감) 바로 그때, 집채만 한 호랑이가 어슬렁어슬렁 다가오는 게 아니겠어요?

(3) 3단계

① (이상하다는 듯) 그날 밤, 총각은 옷을 훌훌 벗고 맨살에 새까만 먹칠을 해댔어요. 그러고는 뒷마당 감나무 위로 슬금슬금 기어 올라갔지요.

② (걱정스럽게) 사울 왕은 몹시 걱정이 되었어요. 무시무시한 거인 골리앗 때문에 몰래 도망가는 병사까지 생겨났거든요. 이대로 블레셋 군대와 싸움이 벌어진다면 이스라엘 군대가 질 게 뻔했으니까요.

③ (놀라며) 다음 날 아침, 총각이 당나귀를 찾았어요. 그런데 주인이 외양간에 가 보니 당나귀가 죽어 있지 뭐예요? 간밤에 황소가 당나귀를 뿔로 받아 버린 거예요.

④ (너그러운 마음으로) 마지막으로, 코뿔소는 숲속 친구들에게 온갖 색깔들을 모두 나누어 주었지요. (놀란 듯이) 그러자 코뿔소는 색깔이 점점 없어지기 시작하더니 나중에는 회색만이 남았지 뭐예요? (평화롭게) 색깔이 없어졌는데 코뿔소는 아주 행복해 보였어요.

⑤ (급하게) 호랑이와 두꺼비는 재빨리 언덕 아래로 내달렸지요. (허탈함) 두꺼비는 얼마 뛰지도 못하고 언덕 아래만 내려다보고 있었어요. (놀라움) 그런데 이게 웬일이에요? (어이없음) 찐득찐득 팥고물 찰떡이 구르다 말고 언덕배기 한가운데 찰싹 붙어 버렸지 뭐예요.

2) 대화 부분

(1) 1단계

✎ 〈여우와 포도송이〉

여우: (배고픔에 기운 없는 소리로) 어디 먹을 것 좀 없나?

여우: (아주 반가운 목소리로) 이게 무슨 냄새지?

여우: (짜증스럽게) 포도가 너무 높아서 딸 수가 없잖아.

✎ 〈고양이 목에 방울 달기〉

형 쥐: (심각하게) 더 이상은 안 되겠어. 고양이 때문에 먹이를 구하러 나갈 수도 없는걸.

막내 쥐: (아주 신이 나서 자신 있게) 좋은 생각이 있어요. 고양이 목에 방울을 다는 건 어때요?

할아버지 쥐: (알고 있다는 듯) 그것참 좋은 생각이구나. 하지만 누가 고양이 목에 방울을 달지?

✎ 〈해님과 바람의 대결〉

바람: (자신 있다는 듯이) 그래? 그럼 누구 힘이 더 센지 겨루어 보자.

해님: (재미있다는 듯) 저 나그네의 겉옷을 먼저 벗기는 쪽이 이기는 걸로 하자.

나그네: (이상하다는 듯) 갑자기 날씨가 왜 이렇게 추워지는 거야? 아, 추워.

바람: (자포자기한 듯) 이제 더 이상은 못 하겠다.

해님: (자신만만하게) 자, 이제부터 내가 하는 걸 보라고.

나그네: (기쁜 듯이) 우와, 날씨가 다시 따뜻해졌네?

해님: (뽐내며) 내 솜씨가 어때?

바람: (기운 없이) 그래, 내가 졌다.

(2) 2단계

✎ 〈미운 아기 오리〉

아기 오리: (퉁명스럽게) 너, 오리 맞니? 우린 못생긴 너하고는 안 놀아!

미운 아기 오리: (울먹거리며) 난 친구가 없어. 이곳을 떠날 거야.

고양이: (앙칼지게 싸우듯이) 여기는 우리 집이야. 나가!

미운 아기 오리: (처량하게) 어디로 가야 할까? (부러워하며) 와! 어쩌면 저렇게 희고 아름다울까?

미운 아기 오리: (감격하며) 내가 아름다운 백조가 되었어!

✎ 〈빨간 사과 한 개〉

참새: (놀라며) 어머, 사과가 어디서 떨어졌지?

토끼: (기뻐하며) 내가 좋아하는 빨간 사과잖아. 맛있겠는걸.

여우: (다그치며) 토끼야, 네가 숨긴 게 뭐니?

토끼: (당황하며) 아냐, 아무것도….

여우: (신나서) 헤헤헤, 요 맛있는 사과를 한 입 먹어 볼까?

늑대: (무섭게) 감춘 걸 내놔. 안 내놓으면 너 나한테 혼난다!

곰: (겁주며) 늑대야, 납작하게 만들어 주기 전에 빨리 내놔!

곰: (짜증내며) 퉤 퉤. 아이쿠, 무슨 사과 맛이 이래!

참새: (아주 좋아서) 아이 좋아라! 내가 제일 좋아하는 걸 남겨 놓았네.

✎ 〈벌거벗은 임금님〉

거짓말쟁이: (자신 있게) 임금님, 저희가 신기하고 멋진 옷을 지어 드리겠습니다.

신하: (난감해하며) 어? 내 눈에는 아무것도 보이지 않아. (능청스럽게) 임금님, 두 사람은 정말로 아름다운 옷을 만들고 있습니다. (몹시 당황하며) 아니, 이게 어떻게 된 일이지? 아무것도 보이지 않잖아?

거짓말쟁이: (아주 능청스럽게) 우와, 정말 잘 어울리십니다. 임금님 눈에도 멋져 보이시지요?

신하: (천연덕스럽게) 정말 잘 어울립니다.

아이: (우습다는 듯) 푸하하, 임금님이 벌거숭이야!

(3) 3단계

✎ 〈오즈의 마법사〉

도로시 : (울먹이며) 제발, 우리 집으로 가는 길을 가르쳐 주세요.

허수아비 : (부탁하듯이) 아가씨, 오즈의 마법사가 있는 곳에 나도 데려가 줘요.

양철 나무꾼 : (다급하게) 나도 함께 가고 싶어요. 난 따뜻한 심장이 갖고 싶어요.

도로시 : (꾸짖듯이) 뭐야? 몸집도 큰 녀석이 작은 강아지를 괴롭히다니….

사자 : (소심하게) 난 겁쟁이 사자예요. 그래서 용기를 갖고 싶답니다.

오즈의 마법사 : (위엄 있게) 서쪽의 나쁜 마녀를 없애고 오면 너희들의 소원을 들어 주겠다!

서쪽마녀 : (화를 내며) 건방진 꼬마야, 네가 신고 있는 마법의 은구두를 이리 내놔!

도로시 : (퉁명스럽게) 싫어요!

오즈의 마법사 : (미안해하며) 난 오즈의 마법사가 아니야. 하지만 너희들의 소원을 조금씩 들어줄게.

남쪽요정 : (다정하게) 네가 신은 은구두는 신기한 힘이 있단다. 발뒤꿈치를 붙이고 똑똑똑 세 번 소리를 내어 보렴. 그러면 집으로 갈 수 있을 거야.

✎ 〈브레멘 음악대〉

당나귀 : (놀라며) 사냥개야, 왜 그래?

사냥개 : (불안한 듯) 난 지금 막 도망 나오는 길이야.

당나귀 : (걱정스러운 듯) 고양이야, 어디 아프니?

고양이 : (시무룩해서) 난 기운이 없어서 쥐를 잡는 게 힘들어졌어.

당나귀 : (궁금한 듯) 수탉아, 무슨 일로 슬프게 우는 거니?

수탉 : (슬퍼하며) 이렇게 우는 것도 오늘이 마지막이야.

당나귀 : (씩씩하게) 우리와 함께 브레멘으로 가자. 그리고 훌륭한 음악대를 만드는 거야.

당나귀 : (조심스럽게) 얘들아, 도둑 여럿이 음식을 잔뜩 차려 놓고 술을 마시고 있어.

사냥개 : (기뻐하며) 야호, 우리가 해냈다!

✎〈효녀 심청〉

스님: (안타까워하며) 공양미 삼백 석을 바치면 눈을 뜰 수 있을 텐데…….

심청: (간절하게) 옥황상제님, 부디 우리 아버지 눈을 뜨게 해 주세요.

어부: (이상하다는 듯) 거참, 신기하다. 바다에 웬 연꽃이 피었을까?

심봉사: (너무 놀라서) 아니, 내 딸 청이가 살아 있단 말이냐?

3) 구연 연습

(1) 1단계

✎〈나도 크고 싶어요〉

글 : 권효순

아람이는 키가 아주 작았어요.

"아람이는 도토리래요~ 도토리래요."

아람이는 무척 속상했지요.

보슬보슬 봄비가 오는 날, 아람이가 비를 맞고 있는 거예요.

"아니, 아람아, 너 왜 비를 맞고 있니?"

"엄마, 나도 나무들처럼 키가 크고 싶어요."

"아람아, 음식을 골고루 먹으면 나무처럼 클 수 있단다."

아람이는 얼른 식탁으로 뛰어갔어요.

"나도 이제 음식을 골고루 먹을 거야."

"우리 아람이, 키도 마음도 쑥쑥 크겠네."

"마음이요? 마음이 어떻게 커요?"

"친구들을 잘 도와주고, 책도 많이 읽으면 되지."

"엄마, 그거라면 자신 있어요."

엄마의 말에 아람이의 얼굴이 환해졌답니다.

(2) 2단계

✎ 〈화목한 가정〉

옛날 어느 마을에 화목하기로 소문난 박 서방네가 있었어요.
어느 날, 늘 싸우기만 하는 김 서방이 박 서방을 찾아왔지요.
"항상 화목하게 지낸다기에 배우러 왔소이다."
그때, 박 서방의 아들이 황급히 뛰어 들어왔어요.
"큰일 났어요! 황소가 밭을 엉망으로 만들어 놨어요."
'옳지, 이젠 싸움 구경을 할 수 있겠구나.'
김 서방은 식구들 중 누군가는 혼이 단단히 날 거라고 생각했지요.
"내가 소를 단단히 매어 놓지 않았으니 내 잘못이다."
"그런 소리 마세요. 제가 먹이를 너무 적게 주었나 봐요."
"아니에요. 제가 밖에 있으면서 빨리 소를 잡지 못해 정말 죄송해요."
박 서방네 식구들은 서로 자기 잘못이라고 말하는 게 아니겠어요?
'허허, 모두 자기 잘못이라고 하다니!'
서로서로 내 탓이라고 하는 박 서방네 모습을 본 김 서방은 고개를 끄덕였어요.

(3) 3단계

✎ 〈삼 년 고개〉

어느 마을에 삼 년 고개라는 고개가 있었어요.
그런데 이 고개에서 넘어지면 삼 년 밖에 못 산다는 전설이 있었지요.
하루는 박 영감이 약초를 캐고 내려오다 그만, 삼 년 고개에서 넘어지고 말았지 뭐예요.
"아이고, 이를 어쩌나! 난 이제 삼 년밖에 못 살겠네. 아이고…."
박 영감은 집에 돌아와서 자리에 눕고 말았어요.
이 얘기를 들은 부인과 아들 내외도 한숨을 쉬며 걱정을 했지요.
그때 마침, 밖에서 놀던 손자 삼돌이가 집으로 돌아왔어요.
"다녀왔습니다. 어? 그런데 왜들 그러세요? 할머니, 무슨 걱정이 있으세요?"

"아, 글쎄, 네 할아버지가 삼 년 고개에서 넘어지셨구나. 이 일을 어쩌면 좋으냐?"

할머니도 아들 내외도 훌쩍훌쩍 눈물을 흘렸어요.

돌이는 잠시 생각하더니 벌떡 일어나며 큰 소리로 말했어요.

"할아버지, 제가 오래 사실 수 있는 방법이 생각났어요."

"그래, 무슨 좋은 방법이라도 있는 게냐?"

온 식구가 눈이 번쩍, 귀가 쫑긋해서 돌이를 바라보았어요.

"할아버지, 한 번 넘어지면 삼 년을 살게 되지요? 한 번 더 넘어지면 육 년, 또 한 번 더 넘어지면 구 년을 살 수 있는 거 아닌가요?"

박 영감이 들어 보니 삼돌이의 말이 맞는 것 같았어요.

박 영감과 가족들은 모두 삼 년 고개로 달려갔지요.

"삼 년이요!"

"육 년이요!"

"구 년이요!"

돌이는 할아버지가 고개를 구를 때마다 신이 나서 큰 소리로 외쳤어요.

이 소문을 들은 마을사람들도 삼년고개로 달려왔어요. 모두 신이 나서 데굴데굴 고개를 굴렀지요.

그 후로 이 고개는 행운의 삼 년 고개가 되었대요.

3. 동작

동화를 구연하는 데 있어서 몸짓언어는 음성언어 못지않게 중요하다. 음성언어와 몸짓언어는 독립적이 아니라 상호 보완적 관계이다. 몸짓언어는 넓은 의미로 동화를 구연할 때 몸가짐과 자세와 같은 태도와 신체의 움직임, 손짓, 발짓, 얼굴 표정과 같은 동작을 모두 포함하는 의미로 사용된다. 몸의 움직임으로 나타나는 동작은 인간의 감정을 효과적으로 드러낼 수 있는 표현방법으로 언어로 표현할 수 없는 내적인 심리 상황을 드러내는 강력한 전달 수단이 된다. 이는 마음과 감정의 신체적 반영으로서 인간의 감정이 행위로 전이되는 것이다. 따라서 동작은 단순한 몸의 움직임이 아닌 감정과 심리의 표현을 더욱 풍부하게 하는 도구가 되는 것으로 청자로 하여금 상상의 영역을 활성화시킴으로써 동화내용에 감정이입과 구연에 몰입하게 하는 요소가 된다. 감성적 호소는 이성적 호소보다 직접적이며 즉각적이다. 감성은 직관적으로 반응하지만 이성은 숙고의 과정을 거치기 때문이다.

독일의 철학자이며 심리학자인 분트(Wundt, 1832~1920)는 제스처를 다음 세 가지 형식으로 나누었다.

① 변화 표현 : 표정 등에 의해 감정의 정도를 깊게 한다.
② 징후 표현 : 기쁠 때 웃고, 슬플 때 슬퍼하는 얼굴
③ 의미 표현 : 이야기의 내용을 표현한다.

1) 동작 사용의 목적

① 청자의 주의를 집중시킨다.
② 이야기의 흥미를 돋운다.
③ 전달하려는 내용의 의미를 강조한다.
④ 작품의 분위기를 살리고 내용을 분명하게 한다.

2) 동작의 종류

(1) 자세

① 구연자는 청자들 앞에서 바르고 편안한 자세로 서 있어야 한다. 바르고 편안한 자세는 구연을 위한 호흡 및 발성에 도움이 된다. 또한 구연자의 긴장감을 풀어 주고 편안한 분위기를 만들어 준다.
② 편안하고 자연스러운 자세로 선다. 두 발을 적당히 벌리고, 어깨의 힘을 뺀 후 양팔을 자연스럽게 내린다. 그리고 발바닥 중앙에 무게 중심을 두고 허리를 똑바로 펴 안정감 있게 선다.
③ 상체는 경직돼 보이지 않도록 약간 구부린다. 구연자는 이야기를 다정하고

편안하게 들려준다는 생각으로 자세를 취한다. 자세가 편안하지 않으면 구연자나 청자나 모두 이야기에 몰입하지 못하고 구연자의 자세에 신경이 쓰이게 된다.

④ 양손은 달걀을 쥔 것처럼 동그랗게 한다. 긴장한 듯한 차렷 자세나 두 주먹을 꼭 쥐고 이야기를 하다 보면 분위기가 딱딱해지고 초조해 보인다. 동그란 손 모양을 하면 몸에 힘이 들어가는 것을 막아 자연스러운 구연을 할 수 있다.

(2) 용모

구연에서의 용모는 얼굴의 생김새를 말하는 것이 아니라 구연자의 단정함을 말하는 것이다. 즉, 구연에 맞는 단정한 옷차림과 깨끗한 용모는 청자에게 편안함과 신뢰감을 준다.

(3) 시선

구연자의 시선은 매우 중요하다. 구연자가 듣는 사람과 시선을 주고받음으로써 신뢰감을 심어 주고 서로에게 정서적 안정감을 주기 때문이다. 시선이 불안정하면 산만해질 우려가 있으므로 다음과 같은 사항을 고려하여 시선 처리를 하도록 한다.

① 천장만 보고 있지 않은가?

② 특정인에게만 시선을 주고 있지 않은가?

③ 시선을 발밑으로 떨어뜨리고 있지 않은가?

④ 고개의 방향과 눈의 방향이 일치하는가?

⑤ 작품 내용에 따라 시선 처리가 제대로 되었는가?

⑥ 모든 청자에게 골고루 시선을 주고받는가?

(4) 몸짓

① 내용과 일치해야 한다.

② 자연스럽고 과장되지 않도록 한다.

③ 정확한 몸짓으로 동작한다. 어정쩡한 몸짓은 자칫 자신감 부족이나 시선을

분산시킴으로 해서 전달 효과를 떨어트린다.

④ 5분 이내의 구연에서 보통 3회 내지 4회 정도가 적당하다. 지나친 몸짓 사용은 구연의 분위기를 산만하게 만든다. 내용 전달을 위한 자연스러운 시선 처리나 고개의 움직임 등은 동작의 횟수에 포함하지 않는다.

⑤ 발동작의 경우 두 발을 동시에 떼지 않는다.

3) 동작 사용의 실제

(1) 머리 부분

① 똑바로 쳐든다: (분노, 결심, 용기) "그래, 난 하고 말 거야."

② 좌우로 흔든다: (약함, 조소, 주저, 의심, 부정) "안 돼, 안 된단 말이야."

③ 앞으로 늘어뜨린다: (실망, 비애, 감사, 순종) "나는 이제 어떡해."

④ 뒤로 젖힌다: (거부, 교만) "흥, 나보고 바보라고? 좋아. 좋다고."

⑤ 앞으로 숙인다: (속죄) "사또, 죽을죄를 지었습니다."

(2) 몸통 부분

① 오른쪽과 왼쪽으로 움직인다: (물건을 들 때) "어이쿠, 무거워."

② 앞으로 굽힌다: (인사) "성은이 망극하옵니다."

③ 뒤로 젖힌다: (오만, 방자, 물건을 잡아당길 때) "이리 오너라."

④ 앞뒤로 움직인다: (노 젓기) "영차, 영치기 영차."

⑤ 어깨를 움츠린다: (추위, 무서움) "아이고, 이 일을 어쩌나."

⑥ 어깨를 으쓱거린다: (뽐냄) "흣! 이 정도쯤이야. 아무것도 아니지."

⑦ 어깨가 처진다: (괴로움, 실망) '이번에는 꼭 합격하고 싶었는데…….'

⑧ 어깨를 위아래로 흔든다: (흥겨움) "얼씨구, 좋다. 좋구나."

(3) 팔 부분

① 손을 주머니에 넣고 어깨를 으쓱거린다: (거만함) "너, 오늘 잘 만났다."
② 검지: (방향, 지시) "저쪽에서 고양이 한 마리가…."
③ 손가락으로 그림을 그린다: (원) "너의 얼굴은 동그랗게 생겼어."
④ 손가락 수: (숫자, 순서) 첫째, 둘째, 하나, 둘
⑤ 주먹: (결심, 분노) "우리 모두 힘차게 나가자."
⑥ 손가락을 편다: (유인) "이리 오렴."
⑦ 양팔: (안음, 크기) "이만큼 사랑해요."
⑧ 손 높이: (높음, 낮음) "야, 정말 높구나."
⑨ 양손: (부피감) "요만큼."
⑩ 엄지: (뽐냄) "내가 최고일걸."
⑪ 두 손을 번쩍 든다: (기쁨) "만세! 만세!"
⑫ 손을 잡는다: (인사) "아이구, 형님."
⑬ 급히 달려온다: (의문) "아니, 왜 그래, 무슨 일이야?"
⑭ 탁자를 세 번 두드린다: (주의 집중) "지금부터 재판을 시작하겠소."
⑮ 손을 흔든다: (인사) "아빠, 안녕!"

(4) 얼굴

① 눈을 크게 뜸: (놀람) "그래?"
② 벌린 입: (경이, 감탄) "아하!"
③ 다문 입: (강함, 분노, 결심) "음."
④ 눈을 감음: (절망) "아! 어쩌면 좋단 말이냐?"
⑤ 눈을 부릅뜸: (화남) "네, 이놈! 감히 어디서 거짓말을 하는고?"
⑥ 눈을 아래로 깔고 입술을 깨묾: (화남) "누가 이런 짓을 하라고 했어?"
⑦ 웃음: (기쁨) "나, 반장 됐다." / "이 반지 잘 간직할게."
⑧ 눈을 감고 한숨: (슬픔, 걱정) '이 일을 어찌할꼬?'

⑨ 시선을 멀리 봄: (그리움, 기다림) '엄마, 보고 싶어요.'

⑩ 시선의 흔들림: (불안) '누가 오면 어떡하지?'

⑪ 찡그림: (불만) "으이그, 가난한 소금 집 딸을 며느리라고 데려오다니."

⑫ 입을 내밀며: (퉁명) "그까짓 것 필요 없어."

⑬ 고개 숙임: (사과) "미안해."

⑭ 입을 삐죽임: (시샘) "칫, 그까짓 것 나도 할 수 있어."

⑮ 곁눈질: (의심) "혹시, 네가 가져간 것 아니니?"

4. 등장인물의 목소리 표현

동화구연은 음성연기이다. 풍부한 호흡과 발성을 이용해 상황에 맞는 해설과 두 명 이상의 배역을 소화해 낼 수 있는 표현력을 지녀야 한다. 해설 부분과 각 등장인물 간의 음색을 뚜렷하게 구분함으로써 시청각 자료 없이도 청자로 하여금 내용 이해가 쉽도록 해야 한다. 구연자가 구연할 때 비슷한 목소리로 표현하면 청자는 등장인물을 구분하기가 어려우므로 목소리를 대조적으로 표현하는 것이 좋다. 특히, 등장인물의 성격, 특징, 연령, 직업 등을 고려하여 설정하는 것이 필요하다.

등장인물에 따른 음색

등장인물	구별 내용	예
사람일 경우	성별, 연령, 성격, 감정, 환경(분위기)에 따라 구분	• 아빠, 엄마, 오빠, 언니, 아기(남아・여아), 할아버지, 할머니 등
동물일 경우	동물의 소리흉내말, 모양흉내말, 특징, 몸의 크기, 성격에 따라 구분	• 곰, 여우, 늑대, 토끼, 다람쥐, 병아리, 닭, 오리, 개구리, 염소, 소, 돼지 등 • 참새, 까치, 까마귀, 부엉이, 비둘기, 앵무새, 독수리 등
식물일 경우	식물의 크기와 색깔, 특유의 맛과 향기, 성격에 따라 구분	• 오이, 호박, 양파, 마늘, 무, 배추, 감자, 고구마, 마늘 등 • 사과, 배, 감, 밤, 옥수수, 참깨, 수박, 참외, 바나나, 오렌지 등 • 장미꽃, 개나리, 백합, 진달래, 채송화, 해바라기 등

무생물일 경우	무생물의 크기와 역할, 쓰임새, 성격에 따라 구분	• 바위, 자갈, 동화책, 공책, 연필, 지우개, 색연필, 컴퓨터 등 • 뾰족구두, 운동화, 남자구두, 장화, 슬리퍼 등 • 축구공, 야구공, 배구공, 럭비공, 탁구공, 골프공 등
기타	자연현상에서 나타나는 변화에 따른 구분, 가상인물 등	• 해, 달, 별, 구름, 비, 번개 등등 • 로봇, 하느님, 부처님, 천사, 도깨비, 괴물, 요정, 산신령 등

목소리 표현 연습 1

- 할아버지 (어흥)

  "안녕하세요?"

  "네 이놈, 네가 학교 담장에 낙서를 했지?"

- 할머니 (음메)

  "안녕하세요?"

  "얘 호랑아, 내가 심은 팥으로 팥죽이라도 한 그릇 끓여 먹게 해다오."

- 아빠 (멍멍)

  "안녕하세요?"

  "우리 아들 정말 잘했다. 아주 자랑스럽구나."

- 엄마 (꼬꼬댁 꼬꼬)

  "안녕하세요?"

  "얘들아, 엄마가 맛있는 피자 만들어 줄게."

- 오빠 (개굴개굴)

  "안녕하세요?"

  "전 이 다음에 훌륭한 과학자가 될 거예요."

- 언니 (꾀꼴꾀꼴, 뻐꾹)

  "안녕하세요?"

  "저처럼 예쁜 얼굴, 아름다운 몸매를 보셨어요?"

- 아기 (짹짹짹, 삐악삐악)

  "안녕하세요?"

  "아빠, 엄마. 우리도 놀이동산에 가요. 네~?"

목소리 표현 연습 2

✎ 〈다섯 손가락 이야기〉

옛날에, 다섯 손가락이 오손도손 살고 있었어요.

어느 날, 다섯 손가락은 서로 자기가 최고라고 싸우기 시작했지요. 제일 먼저 엄지가 큰 소리로 말했어요.

"내가 최고야! 사람들이 최고라고 할 때 나를 내밀잖아."

옆에 있던 검지도 목소리를 높였지요.

"오호, 무슨 소리! 난 높은 산, 높은 하늘을 가리키니까 내가 최고야!"

그러자 장지가 큰 소리로 말했어요.

"어허! 무슨 소리! 우리들 중에 키가 제일 큰 내가 최고지! 안 그래?"

이번에는 약지가 끼어들며 말했어요.

"얘들아, 이 멋진 보석 반지를 봐. 이만하면 내가 최고라고 할 수 있겠지."

가장 키가 작은 소지도 지지 않고 말했어요.

"내가 없으면 약속을 할 수 있겠니? 그러니 내가 최고지."

그러자 가만히 듣고 있던 손바닥이 점잖게 말했어요.

"얘들아, 너희들이 모두 최고라고 하지만, 손바닥인 내가 없으면 너희들이 어떻게 함께 살 수 있겠니?"

그 말에 다섯 손가락은 부끄러워 고개를 푹 숙였지요.

그때부터 다섯 손가락은 앞으로만 구부러지고 뒤로는 구부러지지 않는대요.

1) 사람일 경우

✎ 〈인형 주세요〉

글 : 백미애

은경이는 똘똘이 인형이 갖고 싶었어요.

은경이는 혼자서 집을 나섰지요. 인형을 사려고요.

"아줌마, 인형 주세요."

"여긴 약을 파는 약국이에요."

"아저씨, 인형 주세요."
"여긴 빵을 파는 제과점이란다."

"언니, 인형 주세요."
"여긴 책을 파는 서점이란다."

"와! 인형이다."
은경이가 이제야 장난감 가게를 찾았어요.

"할아버지, 인형 주세요."
"꼬마 아가씨, 엄마랑 같이 와야지."

잠시 후, 은경이는 엄마 손을 잡고 장난감 가게로 들어갔어요.

✎ 〈효자 샘물〉

어느 마을에 부자 황 씨 집에서 일하는 박 영감이 살고 있었어요.
그런데 그만 병이 들어 일을 못 하게 되자, 황 부자는 박 영감을 내쫓았어요.
어느 날 이웃 마을에 사는 할아버지가 문병을 오셨어요.
"쯧쯧, 불로수만 마시면 일어날 수 있을 텐데……."
"불로수요? 어디 가면 구할 수 있습니까?"
"저- 천결령 열두 바위를 넘어가면 불로수가 나오는 샘이 있다지. 하지만 많은 사람들이 돌아오지 못했다는 게야."
"산이 무척 험한가요?"
"험하기도 하지만 백 년 묵은 호랑이에게 물려 죽었다는구나."
이튿날 아들은 불로수를 뜨러 갈 결심을 했어요.
호리병을 허리에 차고 막대기 하나를 들고는 험하게 생긴 열두 바위 고개를 넘어갔지요.
바로 그때였어요. 호랑이가 '어흥' 하며 떡 버티고 서 있지 않겠어요. 그 소리는 메아리가 되어 온 산을 쩌렁쩌렁 울렸어요. 아들은 '백 년 묵은 호랑이쯤이야' 생각하고는 호랑이를 향해 크게 소리쳤어요.
"호랑아! 난 위독하신 아버지를 살리려고 불로수를 뜨러 왔어."
아들이 당당하게 소리치자 호랑이가 슬그머니 물러났어요. 그러자 그 자리에 파란 물이 콸콸 나오는 샘이 있지 뭐예요.
"야! 불로수다."
아들은 호리병에 불로수를 담아 가지고 일어났어요. 그때 호랑이가 넙죽 엎드리는 거예요.
그러고는 타라는 시늉을 했어요.
아들이 호랑이 등에 올라타자 호랑이는 쏜살같이 달려서 마을 입구에 내려 주는 게 아니겠어요.
아들은 부리나케 집으로 가다가 황 부자와 딱 마주친 거예요.
"이 녀석아 부딪힐 번했잖냐. 어딜 급히 가는 게야?"
"예, 천결령에서 불로수를 떠 오는 길입니다."
"이 녀석아, 그 산은 내 것이란 말이다. 불로수 이리 내놔."
황부자는 호리병을 빼앗더니 꿀꺽꿀꺽 마시고 호리병을 던져버리지 뭐예요.
"아버지를 살리려고 어떻게 구해 온 불로수인데……."
아들은 울먹이며 호리병을 주워 들었어요. 그때 갑자기 '쾅' 하는 소리와 함께 불로수가 솟아 나오고, 황부자는 바위로 변하고 말았어요.
"아버지! 불로수 떠 왔어요."
아들은 아버지에게 불로수를 떠 드리며 서로 얼싸안고 눈물을 흘렸어요.
그 뒤 천결골 사람들은 마을 냇가로 흐르는 샘물을 효자 샘물이라고 부른대요.

2) 동물일 경우

✎ 〈마음씨 좋은 곰돌이〉

함박눈이 온 날, 곰돌이가 눈 덮인 산길을 자박 자박 자박 걸어가다가 다람쥐를 만났어요.
"어떡하지"
"다람쥐야, 왜 걱정하고 있니?"
"눈이 너무 많이 와서 집이 부서졌어."
"그럼, 이 모자를 집으로 해 봐."
"곰돌아, 고마워."
자박 자박 자박 눈 덮인 산길을 걸어가다가 '캥캥캥' 울고 있는 여우를 만났어요.

"여우야, 왜 울고 있니?"
"기침이 나와서 그래."
"그럼, 이 목도리를 둘러봐."
"곰돌아, 고마워."
자박, 자박,자박 눈 덮인 산길을 걸어가다가 덜덜 떨고 있는 원숭이를 만났어요.
"원숭아, 왜 떨고 있니?
"추워서 못 견디겠어."
"그러면, 이 외투를 줄게."
"곰돌아, 고마워."
산책에서 돌아온 곰돌이는 기분이 좋아서 행복하게 잠이 들었어요.

〈열두 띠 이야기〉

옛날 옛날 아주 먼 옛날, 옥황상제가 사람들에게 살아가는 방법을 가르쳐 줄 열두 동물 신을 뽑기로 했어요.
이 소식을 듣고 가장 먼저 달려온 동물은 쥐였어요.
"찍찍, 세상을 살아가려면 쥐처럼 부지런해야죠."
곧이어 황소가 들어왔지요.
"음머~황소처럼 굳센 힘이 필요하죠."
옥황상제는 고개를 끄덕이며 쥐와 소를 세상에 내려보냈어요.
그러자 호랑이가 나타났어요.
"어흥~! 세상을 살아가려면 용감해야죠."
그러자 이번엔 토끼가 뛰어와서 말했어요."하느님, 이 세상을 살아가려면 옳고 그른 것을 가려낼 줄 아는 지혜가 있어야 합니다."
하느님이 생각해 보니 용기와 지혜는 꼭 필요한 것 같았어요.
그래서 호랑이와 토끼도 세상에 내려가게 되었지요.
다음엔 용이 찾아와 사람들에게 물을 사용하는 법을 가르쳐 주겠다고 했어요. 그 뒤로 뱀이 스르륵 기어 오더니 살아가는 데는 끈기와 참을성이 더 필요하다고 하는 거예요. 그래서 용과 뱀도 세상으로 내려가게 되었어요.
곧이어 말과 양, 원숭이가 차례대로 찾아왔어요.

"세상이 얼마나 넓은지를 알면 사람들이 다투지 않을 거예요."

"그것보다는 서로 나누고 양보하는 마음이 더 필요합니다."

"저는 사람들이 가진 온갖 재주를 이용해 즐겁고 편안하게 사는 법을 가르쳐 주겠습니다."

"오, 그래. 그것도 필요하겠구나. 너희도 어서 내려가거라!"

하느님은 말과 양 그리고 원숭이도 세상에 보내 주었어요.

뒤이어 시간을 알려 주는 닭, 믿음을 가르쳐 주는 개, 넉넉한 마음을 가르쳐 주는 돼지까지 모두 열두 동물 신을 세상으로 내려보냈지요.

사람들은 열두 동물 신 덕분에 어떻게 살아가야 하는지 알게 되었어요.

3) 식물일 경우

✎〈샘이네 꽃밭 이야기〉

글 : 권효순

햇살이 환하게 퍼지자 샘이네 꽃밭이 시끄러워졌어요.

아침 일찍 일어나 세상을 깨워 준 나팔꽃만 어느새 담장 옆에서 꼬박꼬박 졸고 있었지요.

"얘들아, 이 아름다운 색깔 좀 봐!"

봉숭아꽃이 새빨갛게 피어 한껏 자랑을 했어요.

"이 정도면 샘이의 손톱을 예쁘게 물들여 줄 수 있을 거야."

"칫! 뭐가 예쁘다고 잘난 척이야. 나 정도는 돼야지."

봉숭아의 얘기를 듣고 있던 다홍색 넝쿨장미가 입을 삐죽거리지 뭐예요.

"얘, 넌 그 가시 좀 치워. 너 때문에 내가 서 있기가 힘이 든다구!"

줄기에 털이 송송 난 해바라기가 장미를 쳐다보며 눈을 흘기는 게 아니겠어요.

"그만해! 같은 꽃밭에 살면서 뭘 그렇게 다투니?"

며칠 전, 화원에서 샘이네 꽃밭으로 이사 온 패츄니아가 꽃잎을 팔랑거리며 말하자 꽃밭이 잠시 조용해졌지요.

"그런데 쟤는 누구니?"

모두 패츄니아가 가리키는 꽃을 보았어요.

"저것도 꽃은 꽃이니?"
"흥, 마치 먹다 남은 밥풀을 달아 놓은 것 같은데."
친구들의 말에 강낭콩은 얼굴이 붉어졌어요. 강낭콩은 자기의 작고 보잘것없는 꽃잎을 가리고 싶었어요.
며칠 동안 내리던 장맛비가 그치고 햇살이 얼굴을 내밀던 어느 날이었어요.
"얘들아, 힘들었지?"
비바람에 끄덕 않고 서 있던 해바라기가 훨씬 더 키가 커진 채 꽃밭의 친구들을 내려다보며 인사했어요.
"그래, 난 네 덕분에 살아날 수 있었어."
넝쿨장미가 활짝 웃으며 말했어요.
그 사이 강낭콩꽃이 떨어진 자리에는 콩꼬투리가 예쁘게 매달렸어요.
"와! 강낭콩 꼬투리가 꽃처럼 예쁜걸!"
친구들이 강낭콩을 보며 칭찬해 주었어요.
꼬투리는 점점 자라 알록달록 예쁜 색색의 점들이 생기더니 올록볼록 멋진 모습으로 변해 갔어요.
"우리 꽃밭의 최고 멋쟁이는 강낭콩이다!"
해바라기의 말에 부끄러워진 강낭콩은 꼬투리가 더 빨개졌어요.
샘이네 식구들의 사랑을 받을 생각에 강낭콩의 가슴은 기쁨으로 가득 찼지요.

〈완두콩 오 형제〉

원작 : 안데르센

한 꼬투리 안에 완두콩 다섯 알이 사이좋게 살고 있었어요.
완두콩 오 형제는 꼬투리가 초록색이어서 세상도 온통 초록빛일 거라 생각했지요.
"우리가 크면 어디로 갈까?"
"바깥세상에는 신나는 일로 가득하겠지?"
꼬투리도 콩알도 매일 조금씩 노랗게 익어 갔어요.
완두콩 오 형제가 희망에 부풀어 있던 어느 날, 갑자기 꼬투리가 비틀리더니 '탁' 하고 벌어지는 게 아니겠어요?
그때, 한 남자아이가 완두콩을 집어 들더니 새총에 넣고 먼 하늘을 향해 쏘았어요.

"나는 아주 멀리까지 날아가고 싶어."

"나는 넓은 세상을 구경할 거야."

콩알들은 저마다 희망에 부풀어 어딘가를 향해 날아갔지요.

"나는 누군가에게 희망을 줄 수 있으면 좋겠어."

다섯 번째 콩알은 어느 다락방 창문 밑의 부드러운 흙 속으로 떨어졌어요. 그 다락방에는 몸이 아파 누워 있는 소녀가 엄마와 함께 살고 있었지요. 엄마가 돈을 벌기 위해 나가면 아이는 온종일 혼자 침대에 누워 있어야만 했어요.

추운 겨울이 지나고 봄이 오자 창문을 통해 따뜻한 햇살이 비쳤어요. 창문을 바라보던 아이가 작은 소리로 말했지요.

"엄마, 저기 바람에 흔들리고 있는 게 뭐예요?"

"어머, 완두콩 싹이로구나. 어떻게 여기서 싹이 텄을까?"

엄마는 소녀의 침대를 창가로 옮겨 주었어요. 소녀는 매일 침대에 누워 완두콩이 자라는 모습을 바라보았어요.

어느 날 밤, 소녀가 엄마에게 말했어요.

"엄마, 저, 병이 나아 일어날 수 있을 것만 같아요. 완두콩이 무럭무럭 자라는 걸 보면 저도 기운이 막 솟아요."

다섯째 완두콩은 엄마가 매 준 줄을 타고 쑥쑥 자라 꽃봉오리를 맺더니 어느새 꽃을 피웠지 뭐예요.

병든 소녀도 하루가 다르게 볼이 발그레해졌어요.

"이 꽃은 하느님이 너에게 주신 선물이 틀림없구나!"

소녀와 엄마는 꼭 끌어안고 완두콩이 피운 꽃을 바라보았어요.

4) 무생물일 경우

✎〈예쁜 자갈 알록이〉

어느 강가에 작고 예쁜 자갈 알록이가 있었어요.

"넌 참 예쁘고 단단하게 생겼구나."

구름할아버지가 말했어요.

"나는요, 앞으로 훌륭한 일을 할 거예요."

알록이가 웃으며 말했어요.

"흥, 너처럼 조그만 게? 이제 비가 와서 홍수가 나면 넌 강물에 떠내려가고 말걸."

심술쟁이 바위아저씨가 놀렸어요.

그러던 어느 날, 알록이는 다른 자갈들이 많은 곳으로 실려 갔어요.

"어, 여기는 강가도 아닌데 왜 이렇게 모래와 자갈들이 많을까?

"이제 너희들은 커다란 집이 되는 거야."

지나가던 바람아줌마가 살짝 알려주었어요.

얼마 후, 알록이는 물과 시멘트 속에 섞여 커다란 집의 기둥이 되었지 뭐예요.

"알록아, 튼튼한 집의 기둥이 되었구나."

"정말 훌륭하다!"

구름할아버지와 바람아줌마가 알록이를 칭찬해 주었어요.

알록이는 기쁨의 웃음을 지었어요.

〈울산바위〉

세상이 처음 만들어질 때의 일이었어요.

하느님은 산과 바다도 만들고 동물들과 사람도 만드셨어요.

"아! 이제 모두 만들어진 것 같군."

그런데 우리나라 동쪽 산들을 둘러보시고는 고개를 저으셨지요.

"안 되겠군, 바위들을 모아 아름다운 금강산을 만들어야 되겠어."

하느님은 큰 소리로 말씀하셨어요.

"바위들아, 모두 모여라!"

바위들은 데굴데굴 굴러서 모여들기 시작했어요.

"내가 제일 좋은 자리에 앉을 거야."

"흥, 무슨 소리, 내가 먼저 가야지."

모두 먼저 가려고 앞을 다투었어요.

하지만 울산에서 출발한 뚱뚱보 바위는 빨리 구를 수가 없었어요.

"아휴 힘들어. 이제 조금만 가면 되겠다."

그때였어요.

"이제 그만 오너라. 금강산 일만 이천 봉이 다 쌓여졌다."

"어, 조금만 가면 되는데…."
하는 수 없이 뚱뚱보 바위는 한숨을 내쉬며 지금의 설악산 입구에 주저앉고 말았지요.
그때부터 그 뚱뚱보 바위를 울산바위라고 부르게 되었대요.

5) 기타

✎〈해님과 바람〉

옛날에 해님과 바람이 서로 자기가 더 힘이 세다며 다투고 있었어요.
"내가 힘이 제일 세."
"아니야. 내가 제일 힘이 세."
그때, 한 남자가 걸어오는 게 보이자 바람이 말했어요.
"그렇다면 누가 더 힘이 센지 내기하자."
"그래, 좋아."
"저기 걸어오는 나그네의 옷을 먼저 벗기면 이기는 거다."
먼저, 바람이 나그네를 향해 숨을 모아 내뿜었어요.
"어, 추워. 옷을 더 껴입어야겠는걸."
갑자기 바람이 몰아치자 나그네는 보따리에서 두꺼운 옷을 꺼내 껴입는 게 아니겠어요?
바람은 다시 한번 나그네를 향해 힘껏 숨을 내쉬었어요.
하지만 나그네는 옷깃을 더 단단히 여미며 빠르게 걸어갔지요.
"하하, 바람아, 이제 내가 어떻게 하는지 보여주마."
해님은 나그네를 향해 뜨거운 햇살을 내리쬐기 시작했어요.
"아니, 무슨 날씨가 이래? 갑자기 바람이 불더니 이젠 날이 뜨거워지네."
나그네는 겉옷을 벗고 땀을 닦았지요.
해님은 나그네에게 더욱더 뜨거운 햇살을 비추었어요.
결국 나그네는 옷을 다 벗고 물속으로 들어가 더위를 식혔어요.

✎〈금도끼 은도끼〉

옛날 어느 마을에 마음 착한 나무꾼이 살고 있었어요.
하루는 나무꾼이 땀을 뻘뻘 흘리며 도끼질을 하다가 그만 도끼를 연못에 빠트리고 말았지 뭐예요.

"아이고, 내 도끼! 하나밖에 없는 도끼를 빠트렸으니 이 일을 어쩌나."
나무꾼은 땅바닥에 주저앉아 울고 있었어요.
그때 연못에서 하얀 연기가 일더니 산신령이 나타났지 뭐예요?
"네가 도끼를 빠뜨렸느냐?"
"예. 하나밖에 없는 도끼를 연못에 빠뜨렸지 뭡니까요."
나무꾼의 말을 들은 산신령은 연못 속으로 들어가 번쩍번쩍 빛나는 금도끼를 들고 나타났어요.
"이 도끼가 네 도끼냐?"
"아닙니다! 제 도끼는 금도끼가 아닙니다."
그러자 이번에는 하얗게 빛나는 은도끼를 가지고 나왔어요.
"그러면 이 도끼가 네 도끼냐?"
"이것도 아닙니다. 제 도끼는 쇠도끼입니다."
"참으로 정직한 나무꾼이로구나! 이 금도끼와 은도끼를 모두 선물로 주겠노라."
정직한 나무꾼은 금도끼, 은도끼를 팔아 큰 부자가 되었어요.
이 소문을 들은 욕심쟁이 나무꾼도 서둘러 쇠도끼를 들고 산신령이 나온다는 연못으로 갔지요.
욕심쟁이 나무꾼은 나무를 하는 척하다가 일부러 도끼를 빠뜨리고는 큰 소리로 울기 시작했어요.
그 순간, 산신령이 하얀 연기를 일으키며 나타났지 뭐예요. 그러고는 정직한 나무꾼에게 물을 것처럼 금도끼, 은도끼를 보여주며 물었어요.
"이 도끼들 중에 어느 것이 네 도끼냐?"
"네. 금도끼, 은도끼 모두 제 도끼입니다."
"네 이놈. 욕심에 눈이 멀어 거짓말을 하다니. 너에게는 이 쇠도끼도 아깝다."
크게 화가 난 산신령은 쇠도끼까지 가지고 연못으로 사라져 버렸어요.

✎ 〈혹부리영감〉

옛날 어느 마을에 커다란 혹이 얼굴에 대롱대롱 달린 두 할아버지가 살고 있었어요.
마음씨 착한 할아버지와 욕심쟁이 할아버지였어요.
어느 날, 마음씨 착한 할아버지가 산에 나무를 하러 갔지요.

"오늘은 나무를 많이 했는걸. 어이쿠, 도대체 길이 어딘고?"
깊은 산속까지 들어간 할아버지는 그만 길을 잃고 말았어요.
한참을 헤매다가 외딴집을 찾아냈지요.
"할 수 없군. 오늘 밤은 여기서 자야겠는걸."
빈집에 들어간 할아버지는 심심해서 노래를 불렀어요.
"아리랑 아리랑 아라리요. 아리랑 고개를…."
그때 밖에서 이상한 소리가 들려오는 게 아니겠어요?
도깨비들이 우르르르 몰려와서 덩실덩실 춤을 추고 있는 거예요.
흥이 난 할아버지는 도깨비들과 함께 춤도 추고 노래를 불렀어요.
"영감, 어디서 그런 구수한 노래가 나옵니까?"
대장 도깨비가 묻자, 할아버지는 얼떨결에 말을 더듬으며 대답했어요.
"노, 노, 노래요? 노래야 이 목에서 나오지 어디서 나오겠소?"
"영감, 그런 거짓 말씀 마시오. 영감의 그 구수한 목소리는 그 큰 혹에서 나올 게요."
할아버지가 아무 말도 못 하고 혹을 쓰다듬자 대장 도깨비가 말했어요.
"영감, 그럼 보물을 드릴 테니 그 혹을 나에게 주십시오."
대장 도깨비는 보물을 주고 혹을 떼어 갔지요.
"얼씨구, 혹도 떼고 보물도 생기다니…. 절씨구 지화자 좋다!"
마음씨 착한 할아버지는 큰 부자가 되었어요.
이 소문을 들은 욕심쟁이 할아버지도 당장 산으로 갔지요.
"옳지, 저기 빈 집이 있구나. 어서 들어가 노래를 불러야지. 그런데 무슨 노래를 부른담."
욕심쟁이 할아버지는 아는 노래가 없어 고민하다가 무릎을 탁 치며 노래를 부르기 시작했어요.
"옳지, 도라지 도라지 백도라지~. 에쿠쿠, 에구 목이야."
그때 갑자기 방문이 벌컥 열리더니 도깨비들이 우르르 몰려 들어왔지요.
"아이구 안녕하십니까? 도깨비 나리, 이 노래 주머니도 사시지요?"
"뭐? 노래 주머니! 어디서 또 거짓말을 하는 거야! 이 혹도 하나 더 주마."
대장 도깨비는 욕심쟁이 할아버지에게 혹을 하나 더 붙여 주었어요.
욕심쟁이 할아버지는 혹 두 개를 매달고 울면서 돌아갔지요.

Chapter 6

동화구연술

동화구연술은 호흡, 발성, 발음과 같은 음성적 요인이 되는 언어적 요소와 음조, 음색, 말의 속도, 어조, 표정, 제스처, 의상 등 비언어적 요소를 입체적으로 표현하고, 이야기를 극적으로 전개하여 청자에게 감동과 흥미를 주는 것이다.

동화의 주제가 명확하고, 여운이 남으며 구연자 자신이 구연하기에 간단하고 재미가 있는 좋은 작품을 선정하여, 각색의 과정을 거친 후 안정적인 음성으로 높낮이를 조절하여 이야기한다.

동화구연의 대화체는 등장인물의 성격을 나타내므로 극적이고 생생하게 실감나는 묘사가 필요하다. 작품 속 인물이나 사건을 구체성과 감각성을 살려서 현실감 있게 표현한다.

이야기의 전개는 주어진 상황을 발단부터 문제점을 발전시켜 점점 긴장감을 고조시켜 나가며, 청자의 기대와 호기심을 증대시켜야 한다. 발단과 전개의 단계에서 안고 온 문제가 논리적인 귀결로 등장인물의 결단이 절정에 이르도록 한다.

대단원은 구연의 마무리를 말한다. 이야기 전체의 결말을 어떻게 이끌어 줄 것인가를 치밀하게 계산하여 고도의 전략과 기술로 청중에게 여운을 남기는 것이 필요하다. 구연가가 결론을 내기보다는 청자가 상상할 수 있도록 하는 열린 결말이 바람직하다.

구연을 위한 구성요소

언어적(言語的) 요소	동화 내용	• 감동적인 내용 • 교훈적인 내용 • 예측하기 어려운 반전 • 권선징악의 결말 • 기 · 승 · 전 · 결의 짜임새 있는 구조
반언어적(半言語的)/ 준언어적(準言語的) 요소	음성적 요소	• 정확한 발음 • 표준 억양 • 적절한 강세 • 알맞은 속도 • 어조, 어감, 발성, 쉬기, 크기 등
비언어적(非言語的) 요소	몸짓언어	• 청자와 교감 나누기 • 자연스러운 동작 • 상황에 맞는 표정 • 수업, 공연, 대회 등 목적에 일치하는 의상

1. 어조(語調)

언어의 의미는 그 자체로 고유한 것이 아니라 상황과 맥락에 따라 결정되는 것으로, 말의 내용과 뜻, 어조, 어감 등이 결합되어 전체적인 의미를 생성하게 된다. 실제로 어조는 슬픈 어조, 명랑한 어조, 무거운 어조, 높은 어조 등의 표현에서 나타나듯이 음성의 높낮이, 세기, 길이뿐만 아니라 음색에서 느껴지는 느낌, 말하는 이의 심리상태와 같은 말의 전체적인 분위기를 나타내 준다.

어조는 '말의 가락'이나 '말하는 투'로 대화를 할 때 표현을 자연스럽고 효과적으로 할 수 있게 도와주며, 어조에 변화를 줌으로써 화자의 감정과 기분을 전달할 수 있다. 즉 어조란 작품을 통해 무슨 의미를 어떻게 전달해야 하는가? 라는 측면에서 '어떻게'에 해당하는 것으로 호흡, 발성, 발음, 끊어 말하기, 억양, 강세, 휴지, 속도와 리듬으로 세분화할 수 있는데 이것이 총체적으로 종합되어 나타나는 현상을 '어조(調)'라 한다.

구연에 있어서 어조는 아주 중요한 요소 중의 하나다. 어조에 의한 음성 표현의 효과를 높이는 것이야말로 고도의 표현 기법이다. 동화의 내용과 형태에 따라 어조를 달리해 표현함으로써 듣는 이에게 희 · 노 · 애 · 락의 감정을 함께 느낄 수 있게 해 주어야 한다.

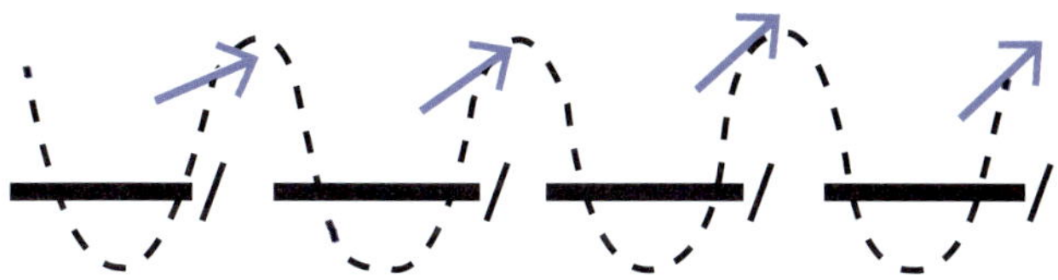

[그림 6-1] 우리말 어조의 특징

우리말 어조는 그림과 같이 고저장단 및 리듬 등에 따라 자연스럽게 물결치는 파도처럼 '출렁출렁' 하는 모양을 나타낸다.

【참고】
- 기쁜 어조: 엄마, 엄마! 이것 좀 보세요. 예쁜 조약돌을 주워 왔어요.
- 화난 어조: 거기서 꼼짝 말고 기다려. 혼내 줄 테다.
- 슬픈 어조: 어머니, 제가 왔어요. 제가 돌아왔어요. 흐흐흑.
- 명랑한 어조: 해님이 방긋 웃는 얼굴로 떠올랐어요.
- 무거운 어조: 집에는 먹을 것도 없고, 아이들은 배고프다고 울고 있으니…. 이를 어쩐다.
- 가벼운 어조: 옳지. 그렇게 하면 되겠네!
- 높은 어조: 너는 어째서 잘난 척만 하느냐? 용서할 수가 없구나.
- 낮은 어조: 걱정이다.
- 빠른 어조: 그게 정말이에요?
- 느린 어조: 엄마 보고 싶어요.
- 차가운 어조: 네가 무슨 잘못을 했는지 생각해 보렴.
- 따뜻한 어조: 아무렴, 주고말고.

1) 음조

음조(tone)는 소리의 높낮이와 강약, 빠르고 느린 것 등의 정도를 의미한다. 음의 높고 낮음으로 다양한 상황과 인물의 감정 표현에 있어 음조를 다르게 구사할 수 있다. 즉, 말을 할 때나 이야기를 들려주는 구연을 할 때 음조를 활용하여 소리의 고저에 변화를 줌으로써 문장의 억양을 만들어 내고, 이러한 억양의 변화에 따라 어조가 다르게 느껴지게 한다.

음조는 음악적 표현으로서 이는 구연자의 기분과 감성, 감정과 같이 심리적인 것이 목소리에 크게 영향을 미친다. 즉, 음조는 음색과도 관련이 있는 것으로 구연자의 사고 깊이, 상상력과 감수성의 풍부한 정도에 따라 달라져 목소리에 맛을 내게 한다.

소리는 폐에서 올라오는 공기가 후두에 위치한 성대를 울리며 진동을 발생시키면서 나오게 되는데, 음이 낮아질 때는 성대가 이완되고 음이 높아질 때는 성대가 조여지게 된다. 구연가는 높은음을 억지로 내서 날카로운 쇳소리를 내거나 낮은음을 낼 때도 성대를 무리하게 사용하지 않음으로써 편안하고 안정된 소리를 구사하도록 한다.

【참고】

- 평판조(平板調: level intonation) – 음의 높이가 얼마 동안 일정하게 계속되는 것
  예) 해님이 높다랗게 뜬 어느 가을 날이었어요.
- 상승조(上昇調: rising intonation) – 점차 높아지는 것
  예) "늑대다! 늑대가 나타났다!"
- 하강조(下降調: falling intonation) – 차차 낮아지는 것
  예)"나도 하늘을 날아 봤으면…."

2) 억양

억양이란, 연속된 말에서 목소리의 높낮이에 일어나는 변화로 말하는 이의 뜻과 감정을 전달하기 위해 높거나 낮게, 또는 강하거나 여리게 표현하기도 하며, 수평적으로 끊기도 한다. 억양에는 음절 억양, 단어 억양, 문장 억양 등이 있다.

사람의 말은 처음과 끝이 같은 높이와 세기로 할 수 없기 때문에 자연히 높낮이와 강약의 리듬을 동반하면서 파도를 타듯 이어진다. 또한 말하는 사람의 의도와 감정이 표현될 때, 한 구절을 강조하려면 억양이 생기게 된다. 그리고 각 어휘의 장단음과 무거운 음절 및 가벼운 음절에 의해 붙게 되는 강세가 억양을 만들어 주기도 한다.

이렇듯 억양은 조음(調音)기관이 물리적으로 직선진행의 발음이 불가능한 데서

자연발생적으로 나올 수밖에 없는 말의 가락(melody)이며, 모든 말이 지닌 본래의 뜻 이외의 생각을 나타내기 위하여 음성의 장단과 고저강세(stress), 리듬(rythm), 속도(tempo), 목소리의 음질(voice quality)을 표현했을 때 복합적으로 작용하여 나타나는 말의 선율(線律)이다. 동화구연은 '자연스럽게 말하듯이' 하는 것이다. 구연을 할 때 말의 억양이 높낮이 없이 평탄하게 되면 책을 읽는 느낌이 든다. 이야기를 들려주면서 책을 읽듯이 하면 어색하다. 동화의 내용 속에 있는 수많은 인물의 다양성과 감정의 기복을 표현하는 데 있어 억양의 역할은 매우 크다고 할 수 있다.

또한 억양은 문장의 의미를 변별한다. 동일한 문장이라도 억양의 변화에 따라 다른 의미를 갖게 되는데, 평서문 억양, 의문문 억양, 명령형 억양, 청유형의 억양이 각각 다르게 표현되고 있다. 예를 들어, '밥 먹었어'라는 대사를 억양 없이 표현하면 평서문인지 의문문인지 알 수가 없다. 글말에서는 문장부호로 변별할 수 있으나 구연과 같은 입말에서는 문장 끝의 어미를 올려 주거나 내려 줌으로써 구별할 수 있다. 이처럼 입말로만 동화의 내용을 전달하는 구연의 경우에 있어서 억양은 매우 중요한 기법이다.

【참고】

• 평서문 – 화자가 사건의 내용을 객관적으로 진술하는 문장, 평서형 어미로 문장을 끝맺음.
  예) 창밖에 비가 내리고 있었어요.
• 의문문 – 긍정 의문문: 부정의 형태가 없으면서 긍정의 형태를 띤 의문문.
  예) "오늘 동화구연 수업에 갈 수 있니?"
  – 부정 의문문: 부정의 형태를 띤 의문문.
  예) "채원아, 오늘 동화구연 연습 안 했니?"
  – 수사의문문([修辭疑問文])=반어 의문문: 문장의 형식은 물음을 나타내나 답변을 요구하지 아니하고 강한 긍정 진술을 내포하고 있는 의문문.
  예) "내가 아무리 돈이 없어도 솔이에게 밥 한 끼 못 사 줄까?"
• 명령문 – 화자가 청자에게 무엇을 시키거나 행동을 요구하는 문장. 명령형 어미로 끝맺음.
  예) 동화구연 연습 열심히 하세요!
• 청유문 – 화자가 청자에게 같이 행동할 것을 요청하는 문장. 청유형 어미로 문장을 끝맺음.
  예) "우리 여행 준비물 철저히 챙기도록 하자."
• 감탄문 – 어떤 사실을 느끼어 말하는 형식으로 평서문.
  예) "건규야, 오랜만에 보니 키가 정말 많이 컸구나."

(1) 표준 억양(미적 언어)

음악에서 멜로디(高低)와 리듬(長短)이 어우러져 미감을 자아내듯 언어에서는 장단음이 그와 같은 역할을 한다고 볼 수 있다. 눈에 보이지 않는 소리를 전자음향 분석기에 분석해 보면 표준발음은 아래 그림처럼 강약, 강 약 약 등 리듬의 변화가 생기면서 아름다운 멜로디가 형성된다. 이에 비해 비표준발음은 약강, 약 강 약 등 일변도의 단조로운 멜로디가 생긴다.

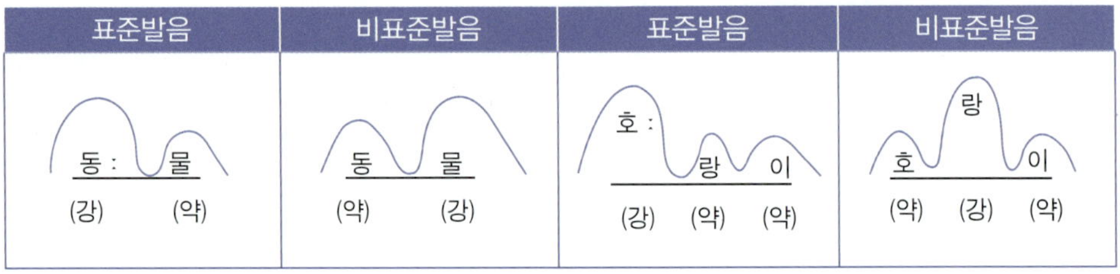

(2) 고저장단에 따른 억양

동화구연가는 '말의 예술가(藝術家)'다. 동화구연은 '말을 함에 있어서 음악을 연주하는 것처럼' 해야 한다. 우리말의 고저장단은 바로 음악에 있어 멜로디와 리듬과 같아서 높고 낮음, 길고 짧음이 잘 조화를 이룰 때 음악처럼 아름다운 말이 될 수 있는 것이다. 구연에 있어서 가장 중요하다고 할 수 있는 '자연스러움'도 음의 고저장단을 잘 지킬 때 쉽게 이루어질 수 있다.

대체로 단음에 비하여 장음의 인상은 무게가 있고 점잖고 격이 있다고 생각한다. 우리 조상들은 경(景)이 일반 명사로 쓰일 때는 저모음(低母音)으로 읽었다. 예를 들면, 경치(景致), 경기(景氣)로, 그러나 궁중어로 귀하게 쓰일 때는 경:덕여왕(景德女王) 경:복궁(景福宮)처럼 장고모음으로 했다. 성:당(聖堂), 성:인(聖人), 어:른 등의 낱말을 짧게 한다면 가벼운 느낌을 주고 만다.

3) 속도

말을 할 때는 듣기에 편하고 안정적인 적당한 속도가 있다. 너무 빨리 말하면 무슨 말인지 알아듣지 못해서 내가 하고자 하는 이야기의 내용이 전달되지 못한다. 반면에 너무 느리게 이야기하게 되면 듣는 이로 하여금 지루함을 주어 다른 생각을 하게 하므로 빠르게 할 때와 마찬가지로 내용 전달이 되지 않는다. 이렇듯 너무 빠르거나 너무 느리지 않게 적당한 속도로 이야기하는 것이 중요하다. 그러나 항상 같은 속도보다는 이야기 전개의 상황에 따라 변화를 주는 것이 효과적이다.

속도는 그 글의 의미, 내용, 상황, 등장인물의 성격에 따라 달라지고 결정된다. 중요한 부분이나 강조하고 싶은 부분들은 문장의 다발을 나누어 천천히, 긴장감을 주거나 다급한 상황 등의 장면을 구연할 때는 빠르게 말한다. 등장인물의 성격, 신분, 분위기, 진행 상황, 감정표현에 따른 억양을 함께 활용해야 효과가 있다.

빠르게	손에 땀을 쥐게 하는 이야기의 절정, 억압되지 않은 감정 터뜨리기 등의 경우 예) 바람은 점점 거세져서 왼손의 나팔꽃이 땅에 떨어지려고 할 그때였어요.
느리게	강조, 다짐, 엄숙한 사실, 크게 억압당한 감정일 때, 의혹을 자아내기 쉬운 사항, 숫자, 인명, 지명 등의 경우 예) 2년 전, 교통사고로 엄마, 아빠를 잃은 순이는 오늘따라 엄마가 무척 보고 싶었어요.
느리게 → 빠르게	어둠에서 밝음, 슬픔에서 기쁨, 절망에서 희망 등 상황의 변화 예) "난 왜 이렇게 뚱뚱할까? 아, 날씬한 오이한테 물어봐야지."

4) 강조말하기

강조는 어떤 부분을 특별히 강하게 주장하거나 두드러지게 하는 것이다.

우리말은 영어처럼 단어 안에서 음절의 강세는 없고, 문장 안에서 단어의 강세가 있다. 한 문장 안에서 중요한 단어에 강세를 두어 말하는 것을 '강조 말하기'라고 한다. 음성이 연속될 경우 말의 어느 부분을 강조하려고 할 때 강약의 현상이 나타난다. 즉, 언어학적으로 강세는 한 말토막 안에서 구연자가 특정한 음절을 다른 음절보다 더 힘주어 발음해서 두드러지게 들리도록 하는 현상이다.

강조는 문장 안에서 어느 특정한 말토막이 담고 있는 의미를 강화시켜 그 문장의 전체적인 의미를 분명하게 해 주는 역할을 한다. 이는 문장을 강조하기 위해서는 일반적으로 주위 문장과 비교해서 음성의 세기와 높이를 더 높고 더 강하게, 속도와 발음을 약간 천천히 또는 보다 명료하게 하기도 한다. 때에 따라서는 주위 문장보다 세기와 높이를 약하고 낮게 함으로써 강조를 하는 경우도 있다. 그러나 강조 말하기를 지나치게 자주 사용하거나 사용 위치가 적절하지 않을 경우에는 문장 전체의 호흡과 억양은 물론, 발음까지도 그르치는 경우가 있으므로 주의해야 한다.

구연에 있어서 절정의 강조는 호흡과 발성, 띄어 말하기, 억양, 어조 등 음성적 요소를 효과적으로 활용해야 극적묘사와 감정의 전달이 극대화된다.

예문 1) 의미 강조 1

엄마는 너를 사랑해 → 주체인 '엄마'를 강조할 때는 '엄마'에 강세를 준다.
엄마는 **너**를 사랑해 → 대상인 '너'를 강조할 때는 '너'에 강세를 준다.
엄마는 너를 **사랑해** → 행위인 '사랑'을 강조할 때는 '사랑해'에 강세를 준다.

예문 2) 의미 강조 2

나 지금 돌떡을 먹을 수 있는 거지? → 행위의 주체 강조함.
나 **지금** 돌떡을 먹을 수 있는 거지? → 행위의 시점 강조함.
나 지금 **돌떡을** 먹을 수 있는 거지? → 행위의 내용 강조함.
나 지금 돌떡을 **먹을 수 있는 거지**? → 행위의 유무 강조함.

예문 3) 의미 변화

이게 **웬** 떡이야! → 어떤 횡재를 의미함.
이게 웬 **떡**이야! → 실제 떡을 의미함.

예문 4) 절정을 위한 강조

① 음조를 계속해서 상승시키기

- 아가씨가 구슬을 갖다 놓자 곧 개미들이 몰려드는 게 아니겠어요?
- 뭐? 김수한무 거북이와 두루미 삼천갑자 동방삭 도련님이 물에 빠졌다고?

② 음조를 계속해서 하강시키기

- 바우와 할머니는 두 손을 마주 잡고 기쁨의 눈물을 흘렸지요.
- 김수한무 거북이와 두루미 삼천갑자 동방삭이가 어떤 아들인데…. 아이고, 이를 어째!

〈참고〉

높임 강조 /핵심어를 높고 강하게	토끼가 놀라서 산으로 **뛰어**갔어요.
낮춤 강조 /핵심어를 약하게	숲속 마을에 새들의 소리가 전혀 **들리지 않았어요**.
느림 강조 / 천천히	거북이가 **느릿느릿** 걸어왔어요.
늘림 강조/ 핵심어를 늘여서	지금부터 내가 하는 얘기 **깊~이** 잘 들어봐.
휴지 강조/ 핵심어 앞에 휴지를 활용	내가 내는 수수께끼의 정답을 맞춘 친구들에게 **/** 멋진 선물 하나씩 모두 줄게요.

2. 어감

말 또는 말소리에서 느껴지는 독특한 느낌, 말에 대한 감각 즉 예민한 말 맛, 말 속에 나타나는 감정을 말한다. 즉 어떤 말이 화자나 청자에게 환기(喚起)시키는 여러 감정이나 인상을 어감이라 한다. 의미가 객관적인 개념이라면 어감은 주관적인 개념이라고 할 수 있다. 언어의 의미 작용에 있어 어떠한 형태의 언어를 선택하고 결합하느냐에 따라 어감이 달라진다. 예를 들어, '값 비싸다'와 '고가(高價)이다'는 의미가 유사해 보이는 두 단어라 할지라도 동일한 어감을 지닌다고 말할 수는 없다. 이 두 단어는 상황과 맥락에 따라 달리 사용함으로써 동일한 형태의 언어로 서로 다른 어감의 차이를 경험할 수 있게 한다. 이처럼 어감은 언어 선택과 결합에 따라 의미상 미묘한 차이를 보이는 말의 결로서, 여러 단어들 가운데 보다 적절한 어감의 단어를 선택하고 표현하는 것은 구연의 효과를 극대화시키는 데 기여한다. 따라서 구연자는 말에 따라 느낌이 다르므로 이야기 속의 다양한 느낌을 충분히 살려 전체적 흐름을 가지고 가도록 한다.

① 기쁨

- 고맙습니다. 정말 고맙습니다.
- 아이고, 이제 부자다. 우린 이젠 부자가 됐어!
- 경사 났네, 경사 났어.

② 슬픔

- 어? 어쩌지 새로 산 신발인데 다 찢어져 버렸잖아.
- 우리 엄마가 편찮으셔. 그런데 병원에 갈 수가 없어.
- 저희 집 강아지가 어디로 갔는지 찾을 수가 없어요. 흑흑

③ 성냄

- 그건 내가 할 말이라고.
- 네가 정말 이렇게 나온다면…. 좋아, 나도 생각이 있다고.
- 아니, 돈을 가지고 왔으면 냉큼 내놓지 않고 그게 뭐 하는 짓이냐?

④ 걱정

- 별일 없어야 할 텐데.. 어쩌지
- 엄마, 곰돌이가 너무 아픈 것 같아요.
- 얘가 도대체 어딜 간 거야.

⑤ 한숨

- 여러 가지로 너한테 정말 실망이다.
- 어휴~ 할 수 없군.
- 많은 부하들 가운데 저 거인과 싸울 용사가 하나도 없다니, 참으로 딱한 일이로구나.

⑥ 놀람

- 으, 으, 으악~. 도깨비다.
- 에그머니나! 아니, 이게 뭐야? 이건 그 금덩이잖아?
- 아니, 냄새 맡는 데도 돈을 내야 한단 말이오?

⑦ 두려움

- 이제 우린 꼼짝없이 호랑이에게 잡혀죽겠다.
- 제발 부탁이야. 나를 가만 내버려 둬.
- 나가긴 어딜 나가. 저 거인과 겨루다간 가루가 될 걸. 으으 무서워.

⑧ 인정

- 아무렴 그렇지.
- 옳지, 그렇게 하면 되겠구나.
- 역시, 우리 아들이 최고야.

⑨ 후회

- 내가 너무 욕심을 부렸나 봐.
- 아이고, 우리가 얼마나 귀한 집 딸을 며느리로 삼았는지 이제야 알게 되었구나.
- 이럴 줄 알았으면 좀 더 잘해줄 걸.

⑩ 넋 나감

- 이렇게 허망하게 돌아가실 줄이야….
- 어떻게 하루아침에 이럴 수가….
- 세상에 꽃밭을 다 망쳐 놓았네!

⑪ 동감

- 그래, 바로 그거야.
- 맞아 맞아, 나도 그렇게 쓰고 싶었어.
- 그럼 나도 같이 갈게.

⑫ 즐거움

- 얘들아, 안녕!
- 오랜만에 대궐에 웃음꽃이 활짝 피었습니다요. 허허허….
- 히히, 아저씨 내 꿈은요, 새들이 내 가지에 둥지를 틀고 행복하게 사는 거예요.

⑬ 시원함

- 아휴, 다했다.
- 이제야, 모든 일이 해결되었구나.
- 여기가 바로, 우리가 찾던 그 곳이야. 정말 시원하다.

⑭ 놀림

- 얼레리 꼴레리. 엉덩이에 뿔 났대요. 에헤헤헤….
- 야, 저 꺽다리 기린 좀 봐.
- 얘들아, 장영실은 종이래.

⑮ 코웃음

- 흥, 그까짓 것, 나도 할 수 있어.
- 허! 우주선이라도 타고 가면 또 몰라.
- 조그만 게 나를 구해 준다고!

⑯ 우스움

- 맞아요. 사자님이 쓴 편지는 아닌 것 같은데요. 하하하, 똥도 가지고 있대.
- 아하하, 임금님이 벌거벗었다!
- 옆으로 걷는 모습이 마치 꽃게 같아. 호호호….

⑰ 깔봄

- 애걔, 겨우 사탕이잖아.
- 얘, 넌 빈 항아리에 먼지뿐이구나.
- 뭐? 네가 어떻게 달릴 수 있니?

⑱ 불평

- 나는 얘하고 짝하기 싫은데….
- 나는 솔잎 옷이 싫단 말이에요.
- 아휴, 어디서 며느리라고 찢어지게 가난한 소금 집 딸을 데려오다니….

⑲ 가엾음

- 아유! 어쩌다 이렇게 다리를 다쳤어? 쯧쯧쯔.
- 추운데 네가 고생이 많구나.
- 엄마는 일찍 여의고 아버지는 앞을 못 보니…. 청이가 안됐어.

⑳ 앓음

- 아~ 내 이빨! 아야아야, 악어 살려.
- 돌쇠야, 빨간 사과 한 개만 먹으면 내 병이 다 나을 것 같구나.
- 아이고, 내 몸에 벌레가 들어와서 견디기가 힘이 드는구나.

㉑ 노여움

- 동생도 잘못했는데 왜 저만 혼내시는 거예요.
- 저도 잘 할수 있다구요!
- 모두들 왜 나만 미워하는 거예요!

㉒ 반가움

- 오! 내 강아지들 왔구나.
- 이게 얼마만인가?
- 만나서 반가워요. 마치 꿈을 꾸는 것 같아요.

㉓ 부정

- 아니에요. 그럴 리가 없어요.
- 괜찮아요. 나 아프지 않아요.
- 나는 소가 아니에요 사람이에요 사람!

㉔ 명령

- 너희들은 이제부터 말하지 마!
- 여기 있는 모든 항아리에 물을 가득 채워라!
- 돌쇠야, 아무도 못 들어오게 문을 닫거라!

㉕ 부드러움

- 아가야, 잘 자렴.
- 엄마, 아빠 사랑해요.
- 아이, 포근해!

㉖ 너그러움

- 난 형이니까 너 하나 더 줄게.
- 너의 마음이 아름다우니 나는 벌하지 않으리라.
- 괜찮아, 우린 친구잖아.

㉗ 아양

- 그야 물론, 숲속의 왕이신 호랑이님이 최고입니다.
- 달콤한 사탕이옵니다.
- 이 세상에서 제일 아름다운 사람은 왕비님입니다.

㉘ 욕심

- 여기 있는 건 모두 내 것이다.
- 너희들! 맛있는 거 있으면 다 가져와.
- 아무도 보지 않을 때 몽땅 먹어버려야지.

㉙ 절망

- 이제 너에게 줄 것은 나무 밑동밖에 없구나.
- 희망이 보이지 않네요.
- 난 아무짝에도 쓸모없는 똥이래. 흑흑흑.

㉚ 깨달음

- 알았다. 알았어. 나무도 날 사랑한다는 걸.
- 옳지 바로 그거야. 정말 좋은 생각이야.
- 아이쿠 내가 너무 욕심을 부렸구나.

Chapter 7
실연실기론

1. 실연실기 강의록

동화를 구연함에 있어서 절대적인 공식이란 있을 수 없다. 사람마다 다르게 표현하고 다른 맛을 느낄 수 있게 구연하는 방법과 꼭 지켜서 구연하면 좋은 방법 몇 가지를 언급하면 다음과 같다.

① 새로운 문장이 시작되는 곳에서는 크게 숨을 들이마신 후 내쉬는 숨에 소리를 얹어서 말하면 첫 음은 자연스럽게 높아지고 커져서 단조롭지 않은 음의 높낮이와 다양한 소리의 변화를 구사할 수 있다.

② 종결어미의 보조사 '요'의 음의 길이를 너무 짧게 하거나 한 음가(音價)로 표현하면 낭독처럼 들리기 쉽다. 상황에 맞는 다양한 높낮이와 길이 등으로 표현하는 것이 필요하다.

③ 어떠한 경우에도 감정과 표정이 함께 표현되어야 한다.

④ 자신의 음색, 호흡 등을 조절하여 표현하도록 한다.

⑤ 등장인물의 감정을 잘 표현하도록 하고 어조, 억양, 강세 등을 이용해 변화를 준다.

✎ 〈세 친구〉

각색 : 권효순

옛날 옛적에 활을 아주 잘 쏘는 사람이 살았어요.

십 리 밖에서도 촛불을 향해 활을 쏘면 화살이 초는 안 건드리고 불만 꺼뜨렸지요.

하루는 활꾼이 높은 고개를 넘는데 고갯마루에 웬 사람이 앉아서 쉬는 것이 보였어요.

"옳지, 심심하던 차에 길동무나 해야겠군."

활꾼이 다가가 보니 바람소리가 '쉬익' 나고는 그 사람이 보이지 않는 거예요.

두리번두리번 살펴보니까 그 사람은 언제 갔는지 벌써 고개 밑에 가 있지 않겠어요?

"여보시오, 여보시오, 게 좀 기다리시오."

활꾼은 소리치며 달려 내려갔어요.

"당신이 조금 전에 고갯마루에서 쉬던 사람 맞소?"

"그렇소."

"그런데 무슨 재주로 그새 여기까지 내려왔소?"

"걸음이 빨라서 그렇다오. 나는 눈 깜짝할 사이에 고개 두어 개 정도는 후딱 넘지요."

활꾼은 그 사람이 얼마나 빠른가 보려고 내기를 걸었어요.

"저기 십 리 밖에 가물가물하는 나무가 보이지요? 내가 저 나무에다 활을 쏠 테니 당신이 달려가서 화살을 뽑아올 수 있겠소?"

"아, 그거야 식은 죽 먹기지요."

활꾼이 활을 쏘자 '쉬익' 하고 발 빠른 사람이 보이지 않았어요. 조금 있으려니까 '쉬익' 하더니 그 사람이 나타났어요.

"나무에 가서 아무리 찾아봐도 화살이 없기에 난 또 화살이 빗나갔나 했지. 그런데 한참 있으려니까 그제서야 화살이 나무 기둥에 '탁' 박히지 않겠소."

두 사람은 서로 재주가 많은 걸 알고는 함께 다니기로 했지요.

잘 달리는 사람의 별명은 '번개'였어요.

활꾼과 번개가 길을 걷는데 바위에 앉아 엉엉 울고 있는 사람이 있지 뭐예요.

"여보시오, 당신은 무슨 슬픈 일이 있어서 그렇게 울고 있소?"

"당신네들 눈에는 안 보이겠지만 저기 삼십 리 밖 까치 둥지로 구렁이가 까치를 잡아먹으려고 슬금슬금 기어 올라가고 있어. 가만히 두면 까치가 모두 죽을 텐데."

활꾼은 좋은 생각이 났지요.

"당신이 그 구렁이 있는 곳을 손가락으로 가리키시오. 그러면 내가 활로 그 구렁이를 맞혀 볼 테니."

활꾼은 눈 밝은 사람이 가리키는 곳을 향해 화살을 쏘았어요.

화살은 '쌩~' 하고 날아가서 금세 보이지 않는 거예요.

"어찌 됐소?"

"좀 가만히 있어 봐요. 아직 날아가고 있으니."

좀 있다가 또 활꾼이 물었어요.

"어찌 됐소?"

"아직 날아가고 있어."

그러다가 눈 밝은 사람이 손뼉을 '탁' 치며 말했어요.

"야, 맞았다! 맞았어! 구렁이가 맞았어."

그 눈 밝은 사람의 별명은 '먼 눈'이였어요.

재주 많은 '활꾼'과 '번개'와 '먼 눈', 세 사람은 서로 돕는 다정한 친구가 되었어요.

〈세 친구〉 실연실기 강의록

- 구연지도: 권효순
- 동화의 장르: 전래동화
- 구연 예상 시간: 5분 이내
- 등장인물: 활꾼, 번개, 먼 눈
- 등장인물의 성격 및 목소리 설정: 동화를 여러 번 읽어 내용을 분석하고 등장인물의 이미지를 설정한 후 목소리 표현을 하도록 한다.

- 해설: 전래동화이므로 부드러운 목소리로 여유 있게 이야기를 전개하도록 한다.
- 활꾼: 우직한 성격의 굵은 남자 목소리로 설정한다.
- 번개: 약간 잘난 척을 하며 날쌘 몸과 어울리는 가는 남자 목소리로 설정한다.
- 먼눈: 심성이 착한 사람으로 부드럽고 약간 느린 말투의 남자 목소리로 설정한다.

✎〈세 친구〉

(세: 장음 처리)

- 옛날 옛적에 /
  → '옛날'은 장음 처리하고, 때를 가리키는 '옛적에' 다음 부분은 순간 띄기로 호흡을 머금고 처리한다.
- 활을 아주 잘 쏘는 사람이 살았어요.
  → '활'은 〈ㅗ〉와 〈ㅏ〉의 복모음이지만 발음은 〈우〉와 〈아〉의 빠른 발음으로 하는 것이다. '~ 사람이'까지는 주절이어서 띄기를 할 수 있지만 서술어가 짧기 때문에 그냥 처리한다.
- 십 리 밖에서도 촛불을 향해 활을 쏘면 /
  → '십 리'는 단음 처리하고 '활'은 발음을 조심하며 끊는 부문에서 짧은 띄기로 다음 문장을 잇도록 한다.
- 화살이 초는 안 건드리고 불만 꺼뜨렸지요.
  → 전체 문장 속에 주어와 서술어가 중복 들어가 있어 '~ 화살이'부터 어조의 변화와 문장의 강세를 주며 '불만'에 어휘 강세를 주고 종결어미의 구어체 표현을 잘하도록 한다.
- 하루는 활꾼이 /
  → 시제를 알려 주는 기점에서 어조의 변화를 약간 높이고
- 높은 고개를 넘는데 /
  → 한 문장이 끝나는 느낌이 들도록 여유 있는 어미 처리를 한다.
- 고갯마루에 웬 사람이 앉아서 쉬는 것이 보였어요.
  → '고갯마루'에는 장소를 나타내지만 끊지 않고 '웬'에 강세를 주며 한 호흡으로 처리하며 어미를 살짝 올리듯하여 궁금증을 유발시킨다.
- "옳지, 심심하던 차에 길동무나 해야겠군."
  → 반가운 목소리로 표현하지만 혼잣말이므로 음폭은 낮게 설정한다.
- 활꾼이 다가가 보니 /
  → 속도의 변화를 느낄 수 있도록 순간 띄기로 하며 다음 문장을 잇는다.

- 바람소리가 '쉬익' 나고는
  → 입을 모아 바람소리를 표현하고
- 그 사람이 보이지 않는 거예요.
  → '그'는 장음 처리하며 종결어미를 여유 있게 표현하여 이야기를 듣는 어린이들이 다음 이야기를 상상할 수 있도록 한다.
- 두리번두리번 살펴보니까 /
  → 찾아보는 느낌이 들도록 빠르지 않게 구연하며 '두리번'에 이상한 음조가 붙지 않도록 주의한다.
- 그 사람은 언제 갔는지 / 벌써 고개 밑에 가 있지 않겠어요?
  → '그 사람'에 강세를 주며 '벌써' 부사 앞에서 순간 띄기를 하여 다음 문장이 입체적으로 선명하게 떠오르게 한다.
- "여보시오, 여보시오, 게 좀 기다리시오."
  → 원근감 나타나도록 길게 소리치고 손을 뻗어 상대방을 부르듯 하며 시선은 손끝을 향한다.
- 활꾼은 소리치며 달려 내려갔어요.
  → 해설도 약간 흥분된 상태의 감정으로 구연이 처지지 않도록 한다.
- "당신이 조금 전에 고갯마루에서 쉬던 사람 / 맞소?"
  → 공간적 배경이 달라졌음을 표현한다. 뛰어와서 숨이 찬 호흡의 느낌과 신기한 느낌이 들도록 억양이 다소 올라간다.
- "그렇소."
  → 느닷없는 질문에 담백하게, 힘 있는 목소리로 표현한다.
- "그런데 / 무슨 재주로 그새 여기까지 내려왔소?"
  → 더욱 놀란 목소리로 어조와 억양을 표현을 하며 '여기까지'의 어휘에 강세를 준다.
- "걸음이 빨라서 그렇다오.
  → '걸음'은 단음 처리하며 문장의 의미상 빠른 느낌이 나도록 어미를 깔끔하게 처리한다.
- 나는 / 눈 깜짝할 사이에 고개 두어 개 정도는 후딱 넘지요."
  → '나는'에 강세를 주어 자신의 능력을 자랑하듯 힘주어 표현하고 '눈 깜짝할 사이

에'는 빠른 느낌이 들도록 쉬지 않고 말한 다음 '고개~ 두어 개 정도는'까지 여유롭게 말한다. 반면 '후딱'에 힘주며 빠른 듯 표현하고 종결어미는 다시 여유 있게 표현하며 변화를 준다.

- 활꾼은 / 그 사람이 얼마나 빠른가 보려고 내기를 걸었어요.

→ 주어에서 짧은 띄기를 하고 '얼마나'의 첫 음에 강세를 준다. '내기'는 장음이므로 천천히 표현하며 '걸'에 강세를 주고 종결어미의 구연체에 신경을 쓴다.

- "저기 십 리 밖에 가물가물하는 나무가 보이지요?

→ 시선을 멀리 보다가 '나무가 보이지요?' 부분은 옆 사람에게 말하는 것이므로 시선을 자연스럽게 옆으로 끌고 온다. 이때 처음 멀리 보는 시선은 몸과 턱까지 함께 30도 정도 앞으로 굽힌 상태로 표현한다.

- 내가 저 나무에다 활을 쏠 테니 / 당신이 달려가서 화살을 뽑아올 수 있겠소?"

→ 한 문장에 주어가 둘이 있으므로 주어에서 순간 띄기를 하되 앞 문장 주어와 뒷 문장 주어에서 머금는 호흡처리를 하고 음폭에서도 대비가 되도록 한다. 끊어 말하는 표시 부분에서 보통 띄기를 하면 호흡이 짧은 사람도 머금고 표현할 수 있다.

- "아, 그거야 식은 죽 먹기지요."

→ 별거 아니라는 듯 쉽게 말을 하며 '식은 죽'에 강세를 준다.

- 활꾼이 활을 쏘자 / '쉬익' 하고 발 빠른 사람이 보이지 않았어요. /

→'활꾼', '활'에 강세를 주며 표현하고 발음을 조심한다. 의성어 표현은 실감나게 표현하고 '발 빠른'은 또박또박 발음하며 종결어미를 올려 궁금증을 유발한다.

- 조금 있으려니까 '쉬익' 하더니 그 사람이 나타났어요.

→ 시간 경과의 느낌이 들도록 앞 문장의 종결어미 음도 보다 조금 높게 시작하고 어미 처리는 끝을 내려 문장의 마무리 느낌을 준다.

- "나무에 가서 / 아무리 찾아봐도 화살이 없기에 / 난 ∨또 ∨화살이 빗나갔나 했지.

→ '나무에 ~ 없기에' 부분은 점점 고조되는 느낌으로 음폭을 올리며 ∨표 부분은 정확하게 순간 띄기를 하고 어미를 강하게 처리한다.

- 그런데 / 한참 있으려니까 그제서야 화살이 나무기둥에 '탁' 박히지 않겠소."

→앞 문장 종결어미의 음을 받아 시작한 후 앞 문장과 대조되도록 서서히 음폭을 내리고 속도는 늦춰진다. '탁'의 표현은 강하게 화살이 꽂히는 모습을 나타낸다.

- 두 사람은 / 서로 재주가 많은 걸 알고는 / 함께 다니기로 했지요.
  → '두'는 장음 처리하고 끊어 말하는 곳은 짧은 띄기를 한다.
- 잘 달리는 사람의 별명은 '번개'였어요.
  → 한 호흡으로 처리하며 이야기가 끊어짐이 없도록 한다.
- 활꾼과 번개가 길을 걷는데 / 바위에 앉아 엉엉 울고 있는 사람이 있지 뭐예요.
  → 장면 전환의 어조를 표현하고 보통 띄기를 한 후, '~ 있지 뭐예요?' 부분은 어린이들에게 묻는 느낌이 들게 한다.
- "여보시오, 당신은 무슨 슬픈 일이 있어서 그렇게 울고 있소?"
  → 활꾼과 번개 중 누가 물어봐도 상관없다. 구연가가 하기 쉬운 목소리로 묻되, '그렇게'에 강세를 주면 좋다.
- "당신네들 눈에는 안 보이겠지만 /
  → 먼 눈의 느린 목소리로 표현한다. '~만'은 '~마안'으로 발음하고
- 저기 삼십 리 밖 까치 둥지로 / 구렁이가 슬금슬금 기어 올라가고 있어.
  → 삼십 리 밖의 시선 처리와 걱정스런 얼굴표정이 일치되도록 한다.
- 가만히 두면 까치가 모두 죽을 텐데."
  → 울고 있었으므로 울먹거리는 목소리 표현과, 종결어미의 여유 있는 처리가 필요하다.
- 활꾼은 좋은 생각이 났지요.
  → 해결을 암시하는 밝은 목소리로 어미를 상향음으로 처리한다.
- "당신이 / 그 구렁이 있는 곳을 손가락으로 가리키시오.
  → 긴장된 목소리로 음폭을 높게 설정하며 활꾼의 강한 모습을 보여 준다.
- 그러면 내가 활로 그 구렁이를 맞혀 볼 테니."
  → 강한 목소리로 자신감 있게 문장 전체에 강세를 주고 '내가', '활'의 어휘에 부분 강세를 줄 수 있다.
- 활꾼은 / 눈 밝은 사람이 가리키는 곳을 향해 화살을 쏘았어요.
  → '눈 밝은' 또박또박 발음하고 '가리키는' 틀리지 않도록 발음을 조심한다.

- 화살은 '쌩~' 하고 날아가서 금세 보이지 않는 거예요.
  → 의성어 표현을 실감 나게 하고, '날아가서'를 '날라가서'로 발음하지 않도록 한다. 어미 처리도 살짝 올린다.
- "어찌 됐소?"
  → 궁금한 듯 묻는다.
- "좀 가만히 있어 봐요. 아직 날아가고 있으니."
  → 조바심을 내며 멀리 시선처리를 하고 어미는 걱정스러운 듯 내린다.
- 좀 있다가 또 / 활꾼이 물었어요.
  → 해설자의 궁금한 감정을 표현한다.
- "어찌 됐소?"
  → 궁금증이 배가 된 느낌으로 앞 문장보다 더 크고 강하게 표현한다.
- "아직 날아가고 있어."
  → 먼 곳을 응시하며 고개를 기웃기웃해 본다.
- 그러다가 / 눈 밝은 사람이 손뼉을 '탁' 치며 말했어요.
  → 순간 띄기를 하며, '눈 밝은' 발음을 정확하며 밝은 음성으로 종결어미를 올려 희망적으로 표현한다.
- "야, 맞았다! 맞았어! 구렁이가 맞았어."
  → 기쁨을 표현하기 위해서 긴 호흡이 필요하기 때문에 첫음절을 구연하기 전 숨을 먼저 들이킨 후 시작한다. 어미는 여유 있게 처리한다.
- 그 눈 밝은 사람의 별명은 / '먼 눈'이였어요.
  → 짧은 띄기로 '먼'은 장음 처리한다.
- 재주 많은 '활꾼'과 '번개'와 '먼 눈', 세 사람은 / 서로 돕는 다정한 친구가 되었어요.
  → '활꾼과 번개와 …' 나열이 될 때는 억양을 올려 주다가 마지막에서 내린다. 마지막 문장이기 때문에 주절에서 보통 띄기를 하고 종결어미도 여유 있게 표현한다.

✎ 〈단추만 한 꽃〉

글: 권효순

비가 그친 하늘이 유난히 파란 여름날이었어요.
꽃밭에서 도란도란 얘기 소리가 들렸지요.
"아~ 푸른 하늘이 보고 싶어."
"햇살이 비치면 내 꽃잎이 더 아름다울 텐데…."
"난, 아침 이슬 한 방울도 못 먹었다구."
키 작은 채송화들이 불평을 늘어놓는 것이었어요.
그 소리를 듣던 해바라기가 몸을 옆으로 돌렸어요.
"이게 누구 목소리지?."
해바라기가 고개를 숙여 보니 작은 꽃들이 옹기종기 피어 있었어요.
"미안해. 내 발밑에 너희들이 있는 걸 잘 몰랐어."
분꽃도 한 뼘 뒤로 물러나며 말했어요.
"얘들아, 이젠 괜찮아질 거야."
그러자 바람과 햇빛이 단추만큼 작은 채송화꽃을 어루만져 주었지요.
"와! 정말 고마워."
채송화가 빨강, 노랑 단추만 한 꽃을 피우며 활짝 웃었어요.

〈단추만 한 꽃〉 실연실기 강의록

- 구연지도: 권효순
- 동화의 장르: 창작동화
- 구연 예상 시간: 2분 이내
- 등장인물: 채송화꽃들, 해바라기, 분꽃
- 등장인물의 성격 및 목소리 설정
  - 채송화꽃: 어린아이의 음색으로 불평을 하다가 나중에 기뻐한다.
  - 해바라기: 언니 같은 음색으로 의젓하게 표현한다.
  - 분꽃: 어른 같은 음색으로 미안함이 묻어 있는 목소리로 설정한다.

▶ 식물을 의인화할 때는 식물의 모양을 떠올려 목소리를 설정한다.

▶ 내용상 식물의 성격과 어울리는 감정을 표현한다.

- 비가 그친 하늘이 / 유난히 파란 여름날이었어요.
  → 주절에서 짧은 띄기를 하고 날씨가 청명함으로 밝은 목소리로 시작한다.
- 꽃밭에서 도란도란 얘기 소리가 들렸지요.
  → [꼳빠테서] 발음을 조심, 약간 낮은 소리로 종결어미 구어체로 표현한다.
- "아~ 푸른 하늘이 보고 싶어."
  → 남자아이 목소리로 불만스럽게 말한다. 종결어미의 '어'를 늘이지 않도록 한다.
- "햇살이 비치면 / 내 꽃잎이 더 아름다울 텐데…."
  → '~비치면'에서 띄는 듯한 느낌만 주고, [꼰닙] 발음에 유의한다. '내 꽃잎이'보다 '더'에서 약간의 강세를 준다. 말없음표의 여운을 남기며 낮은 소리로 말한다.
  → 작은 여자아이로 표현한다.
- "난, 아침 이슬 한 방울도 못 먹었다구."
  → 남자아이의 목소리로 불만스럽게 표현한다. '난'에서 '나안'으로 발음할 수 있다. '한 방울'에서 강세를 준다.
- 키 작은 채송화들이 / 불평을 늘어놓는 것이었어요.
  → 주절에서 살짝 숨을 머금듯 순간 띄기를 하며 연결하고 다음 문장의 흐름을 이어 가도록 한다.
- 그 소리를 듣던 해바라기가 / 몸을 옆으로 돌렸어요.
  → '그'를 정확하게 표현하며 편안한 어조로 궁금한 듯 종결어미를 살짝 올린다.
- "이게 누구 목소리지?."
  → 해바라기의 크기를 생각해 언니의 느낌이 나는 목소리로 구사한다. 해바라기는 키가 크고 발밑에 채송화의 거리감이 나타나도록 끝을 조금 길게 원근 처리를 하고 고개를 숙이는 제스처를 할 수 있다. 단, 구연자가 바로 자신의 발밑을 쳐다보면 구연자의 정수리가 보이므로 앞을 보며 고개를 약간 숙여 두리번거린다.
- 해바라기가 고개를 숙여 보니 / 작은 꽃들이 옹기종기 피어 있었어요.
  → 해설의 어조를 약간 올려 시작한다. '옹기종기'의 '옹'에 쓸데없는 강세나 장음처리를 하지 않도록 한다.

- "미안해. 내 발밑에 너희들이 있는 걸 잘 몰랐어."
  → 미안한 듯 말의 속도를 느리게 하며 '너희들이 있는 걸'에 강세를 주고 종결어미의 '~어'는 길게 늘이지 않도록 한다.
- 분꽃도 한 뼘 뒤로 물러나며 말했어요.
  → 짧은 문장이므로 한숨에 구연하도록 한다.
- "얘들아, 이젠 괜찮아질 거야."
  → 밝은 목소리로 구사하며 '이젠'에 약간의 포즈를 준 뒤 자신 있는 목소리로 표현한다. 분꽃의 목소리는 채송화와 해바라기의 중간 연령의 아이로 표현 하도록 한다.
- 그러자 바람과 햇빛이 / 단추만큼 작은 채송화꽃을 어루만져 주었지요.
  → [해삐치], [꼬츨]의 발음을 주의한다. 주절에서 짧게 호흡하며 종결어미를 여유 있게 구사한다.
- "와~! 정말 고마워."
  → 밝은 목소리로 한껏 기뻐하는 표정을 짓는다. 동화의 내용과 표정이 일치하도록 한다. 감탄을 표현할 때는 충분한 호흡으로 여유 있게 구사한다.
- 채송화가 빨강, 노랑 단추만 한 꽃을 피우며 / 활짝 웃었어요.
  → 주어와 서술어를 한 호흡에 처리하며 '활짝'에 복모음 〈우〉와 〈아〉의 발음으로 정확하게 표현하며 동화의 끝부분을 여유 있게 마무리한다.

✎〈소가 된 게으름뱅이〉

각색 : 백미애

옛날 어느 마을에 아주 못 말리는 게으름뱅이가 살았어요.
얼마나 게을렀냐 하면요, 나이 서른이 넘도록 지게가 뭔지 호미가 뭔지도 모르고 살았던 거예요.
"제발 일 좀 해라. 아, 일 좀 해!"
"아후~ 여보! 다 늙으신 어머니께서 밭에 나가시는데 당신도 어서 일어나요?"
아내가 게으름뱅이를 흔들어 깨워도 게으름뱅이는 잠만 자고 있지 뭐예요?
"아흠~ 제발 귀찮게 하지 마! 난 손가락 하나도 까닥하기 싫단 말이야. 아흠~."

며칠 후, 느리기로 말하자면 거북이보다 더 느리고, 무겁기로 말하자면 곰보다 더 무거운 게으름뱅이가 웬일인지 몸을 빨리빨리 움직이지 않겠어요?

장롱에서 명주 두 필을 꺼내 재빨리 싸더니 살금살금 집을 나와 세월아 네월아 길을 가던 중 소머리탈을 만들고 있는 한 노인을 만났어요.

"영감님, 그 소머리탈은 대체 어디에 쓰실 건가요?"

"이건 놀고먹고자고 자고먹고노는 그런 사람에게 줄 선물이라네."

"그럼 제가 한번 써 보면 안 될까요?"

"허, 그럴 텐가? 자, 한번 써 보구려!"

노인이 소머리탈을 게으름뱅이에게 '푹' 씌워 주곤 자기가 깔고 앉았던 소가죽도 등에 '척' 걸쳐 주었지요.

그러자 이게 웬일이에요?

이상한 일이 일어났어요. 게으름뱅이가 진짜 소가 된 거예요.

"음머~ 음머."

게으름뱅이는 깜짝 놀라 온 힘을 다해 몸부림쳤지만 '푹' 씌워진 소머리탈과 '척' 얹혀진 소가죽이 벗겨지기는커녕 꼼짝도 하지 않았어요.

"이 게으름뱅이야, 아직도 모르겠느냐? 넌 진짜 소가 된 거야. 자, 나를 따라오너라."

노인은 소가 된 게으름뱅이를 끌고 장터로 가서 한 농부에게 헐값으로 팔아 버렸지요.

"이 소는 무를 먹으면 죽는다오. 그러니 절대로 무밭에는 데려가지 마시오."

그날부터 소가 된 게으름뱅이는 잠시도 쉴 틈 없이 일을 해야만 했어요.

"난, 난 소가 아니에요. 난 사람이에요 사람!"

게으름뱅이가 울부짖었지만, 농부는 철썩철썩 채찍으로 때렸지요.

"아니, 이놈의 소가! 이려! 이려! 어서 일하지 못해!"

'아, 그동안 내가 너무 게으름을 피워서 벌을 받는구나! 으흑흑흑….'

게으름뱅이는 날마다 눈물을 뚝뚝 흘리며 어머니와 아내를 그리워했어요.

그러던 어느 날, 게으름뱅이가 일을 하다가 무 밭을 지나게 됐어요.

'그래, 소로 사느니 차라리….' 게으름뱅이는 '어정어정' 무밭으로 달려가 '우적우적' 무를 뽑아 먹었어요.

그러자 신기하고 이상한 일이 벌어졌어요.

'푹' 씌워진 소머리탈과 등에 '척' 올려졌던 소가죽이 스르르 벗겨지지 않겠어요!

"어! 사람이 됐어. 난 이제 사람이야. 내가 다시 사람이 됐다구!"
게으름뱅이는 기뻐하며 노인을 만났던 곳으로 달려갔어요.
그런데 이게 어찌 된 일일까요?
노인의 집은 온데간데없고 그 자리엔 명주 두 필만 고스란히 놓여 있었지요.
이런 일이 있은 후, 게으름뱅이는 동네에서 가장 부지런한 사람이 되었어요.

〈소가 된 게으름뱅이〉 실연실기 강의록

- 구연지도: 백미애
- 동화의 장르: 전래동화
- 구연 예상 시간: 5분 이내
- 등장인물: 게으름뱅이, 노인, 어머니, 아내, 농사꾼
- 등장인물의 성격 및 목소리 설정

- 해설: 편안한 톤으로 구수하게 전래동화를 구연한다.
- 게으름뱅이: 모든 게 귀찮아 행동도 말도 느리다. 저음으로 의욕 없는 목소리로 설정한다. 소가 된 다음엔 사람임을 증명하기 위해 답답해하며 게으름뱅이의 느린 어투에 힘 있게 구연한다.
- 노인: 신선이 사람으로 변신한 것으로, 여유 있고 힘 있는 할아버지 목소리로 설정한다.
- 어머니: 늙으신 어머니의 목소리로, 농사일을 하실 정도의 건강한 늙은 어머니로 설정한다.
- 아내: 게으른뱅이의 남편을 보며 짜증스러워하는 가늘고 높은 톤의 목소리로 설정한다.

- 옛: 날 어느 마을에

→ 동화의 시작은 편안하고 여유 있게 또 명확하게 한다. 그래서 '옛' 자에 장음을 살려 [옌: 날] 하고 호흡을 끊지 말고 이으며 '어' 자에 약·강으로 '어느 마을에' 한 다음 짧은 띄기를 한다.

- 아주 못 말리는 게으름뱅이가 살: 았어요.

→ 고개를 절레절레 흔들듯 '아주- 못 말리는' 한 다음 '게으름뱅이'를 전달력 있게 강세를 주어 '살: 았어요'까지 한 호흡으로 이어 준다.

- 얼마나 게을렀냐 하면요?

→ 앞 문장보다 한 톤 내려 어린이들에게 바짝 다가가는 느낌으로 남의 흉보듯 입까지 삐죽거리며 구연한다.

- ① 나이 서른이 넘도록 ② 지게가 뭔지- ③ 호미가 뭔지도 ④ 모르고 살: 았던 거예요~.

→ 앞의 톤을 유지하며 ①을 하고 짧은 띄기, 푸념하듯 ②를 느리게 구연한 다음 ③ 부분은 점층법을 사용해 톤을 올리고 ②보다 빠르게 당겨 주고 순간 띄기를 한다. ④에서 '모' 자를 약 · 강으로 호흡을 끝까지 내뱉으며 '~거예요' 부분을 친근감 있게 살짝 끌어 준다.

- ① 제: 발 일: 좀 해라. ② 아, 일: 좀 ③ 해!"

→ 게으른 아들을 보며 안타까운 마음에 야단 반, 부탁 반의 어조로, 늙으신 어머니의 목소리로 한다. 이때 어머니는 농사일을 하실 정도의 건강한 어머니로 설정하여 ②는 ①보다 더 강한 어조로 하며 ③에서 모든 호흡을 담아 풀어 준다.

- "① 아후~ 여보! ② 다 늙으신 어머니께서 밭에 나가시는데 ③ 잠만 자고 있으면 어떡해요?"

→ ① 큰 한숨과 함께 부른 다음 보통 띄기를 한다. ② 짜증 섞인 목소리로, 발음 [바테]를 조심하여 강하게 한 다음 짧은 띄기를 한다. ③ '잠'을 강조하며 성화하듯이 종결어미를 올려 주며 게으름뱅이를 잡고 흔드는 느낌이 들게끔 한다.

- ① 아내가 게으름뱅이를 흔들어 깨워도 ② 게으름뱅이는 ③ 잠만 자지 않겠어요?

→ ① 저음에서 어이없다는 듯 보통의 속도로 구연하고 짧은 띄기를 한다. ②를 하고 순간 띄기를 하고 ③에서 '잠'을 강조하며 속도를 늦추며 어이없다는 듯 종결어미를 올려 준다.

- "① 아흠~ ② 제발 귀찮게 하지 마! 난 손가락 하나도 까닥하기 싫단 말이야. 아흠~."
  → ① 하품을 하고, 하품한 후의 호흡까지 다 내뱉은 다음 ②를 아주 느린 속도로 잠꼬대하듯 말하고 다시 늘어지게 하품을 한다. 이때도 하품 후의 호흡을 끝까지 다 해 준다.
- 며칠 후, /
  → 앞의 이야기와는 다른 이야기로 말머리를 바꿔서 늘어지지 않고 담백하게 구연한 다음 짧은 띄기를 해 준다.
- ① 느리기로 말(:)하자면 거북이보다 더 느리고, / 무겁기로 말(:)하자면 곰(:)보다 더 무거운 게으름뱅이가 / ② 웬(:)일인지 / 몸을 ③ 빨리 빨리 움직이지 않겠어요?
  → ① 저음에서 무겁고 느리게 문장의 장음들을 살려 빨라지지 않도록 주의하여 구연하다가 ②에서부터 제 속도를 찾아 ③에서 빨라지며 크레센도가 되게 구연한다.
- 장롱에서 명주 두 필을 꺼내 재빨리 싸더니 / 살금살금 집을 나와 /
  → 작은 소리로 긴장감을 갖고 도둑질하는 모습을 그리듯 구연한다.
- ① 세(:)월아- 네(:)월아- 길을 가던 중 ② 소머리탈을 만들고 있는 한 노(:)인을 만났어요.
  → ① 늘어지게 구연하다가 ②에서 한 톤 올려 밝고 분명한 어조로 구연한다.
- "영감님, 그 소머리탈은 대체 어디에 쓰실 건가요?"
  → 기웃기웃거리는 동작을 하며, 역시 게으름뱅이답게 느리게 구연한다.
- "이건 / ① 놀(:)고먹고자고- 자고먹고노(:)는- / ② 그런 사(:)람에게 줄 선(:)물이라네."
  → ① 리듬을 만들어 흥겹게 어깨춤이 절로 나오듯이 리듬 있게 구연하다가 ②에서 '그런 사람'을 강조하며 분명하게 말한다.
- "그럼 / 제- 가- 한번 써 보면 / 안- 될- 까요?"
  → 쭈뼛거리며 구연한다.
- "① 허, 그럴 텐가? ② 자, 한번 써 보구려!"
  → ①은 의중을 확인하듯 ②는 소머리탈을 건네주며 점잖게 하지 말고 확실하게 한다. 이때, ①의 '허' 자는 억양을 아래에서 위로 올려 주고, ②의 '자' 자는 억양이

위에서 아래로 내려 준다.

- 노인이 / 소머리탈을 게으름뱅이에게 ① '푹' 씌워 주곤 / 자기가 깔고 앉았던 소가죽도 등에 ② '척' 걸쳐 주었지요.
  → ①과 ②를 실감 나게 실제로 머리에 씌어 주듯, 실제로 등에 걸쳐 주는 느낌으로….
- 그러자 / 이게 웬(:)일이에요?
  → 놀라는 표정으로 크레센도가 되게 한다.
- 이상한 일이 일어났어요.
  → 앞에서의 놀란 감정을 이어서 하되 낮은 톤에서 조용하게.
- ① 게으름뱅이가 / ② 진-짜 소-가 된 거예요.
  → ①은 앞의 낮은 톤을 유지하다가 ②에서 톤을 점점 올려 주어 놀람의 극도를 표시한다.
- "음머~ 음머."
  → 놀라서 소머리탈을 벗으려고 안간힘을 쓰며 머리를 마구 흔든다.
- ① 게으름뱅이는 깜짝 놀라 온 힘을 다해 몸부림쳤지만 / ② '푹' 씌워진 소머리탈과 '척' 얹혀진 소가죽이 벗겨지기는커녕 / ③ 꼼짝도 하지 않았어요.
  → 앞의 소 울음소리에서 고음으로 강하게 처리했기에 ①은 저음에서 빠르게 구연하다가 ②부터 속도를 늦추며 '푹'과 '척' 자는 실감 나게, ③의 '꼼' 자를 강조하며 안타까운 감정으로 구연한다.
- "① 이 게으름뱅이야, / ② 아직도 모르겠느냐? 넌 진짜 소가 된 거야. / ③ 자, 나를 따라오너라."
  → ① 호통치듯 게으름뱅이를 불러놓고, ② 호되게 야단치고, ③ 강한 어조로 구연한다.
- 노인은 소가 된 게으름뱅이를 끌고 장터로 가서 / 한 농부에게 헐값으로 팔아버렸지요.
  → 긴 호흡을 갖고 편안한 어조로 시작하여 안타까운 감정으로 종결어미를 끌어 주며 구연한다.

- "이 소는 / 무를 먹으면 죽는다오. / 그러니 / 절대로 ∨무밭에는 데려가지 마시오."
  → '이 소는'과 '그러니절대로'가 안 되게끔 띄어 말하기에 주의하여 강한 어조로 차근차근 구연한다.
- 그날부터 소가 된 게으름뱅이는 / 잠시도 쉴 틈 없(:)이 일(:)을 해야만 했어요.
  → 편안한 톤을 유지하며 안타까운 감정으로 구연한다.
- "난, 난 소가 아니에요. 난 ① 사(:)람이에요 ② 사(:)람!"
  → 사람임을 알아주지 않는 답답함을 드러내며 이때 구연의 방법은 소가 '음머-' 하며 울부짖는 리듬으로 '사람'을 강조하며 구연한다. 이때, ①보다 ②를 더 강조한다.
- 게으름뱅이가 울부짖었지만,
  → 안된 마음에 서정적으로 흘러 낭독동화가 되지 않도록 주의하여 자연스럽게 말하듯이 '만' 자를 꼬리를 만들어 살짝 올려 준다(- 마안).
- 농부가 철썩철썩 채찍으로 때렸지요.
  → 안된 마음에 서정적으로 흘러 낭독동화가 되지 않도록 주의하며 '철썩철썩'은 채찍질하는 리듬으로 구연한다.
- "아니, 이놈의 소가! / ① 이랴! ② 이랴! / 어서 일(:)하지 ③ 못-해!"
  → 눈을 부릅뜨고 큰 소리로 채찍질하며 ①보다 ②를 더 크고 강하게, ③은 더 세게 때리는 강한 어조로 구연한다.
- '① 아, / ② 그동안 내가 너무 게으름을 피워서 / 벌을 받는구나! 으흑흑흑….'
  → ①이 1음절이긴 하지만, 그 1음절의 소리를 내뱉기 위해 '아' 자의 소리를 내기 전에 크게 숨을 들이마시고 한숨과 함께 '아'를 길게 내뱉는다. ② 울음 섞인 목소리로 말하다가 '벌' 자에서 크게 호흡과 함께 내뱉으며 울음으로 이어 주며 흐느낀다.
- 게으름뱅이는 날마다 눈물을 뚝뚝 흘리며 / 어머니와 아내를 그리워했어요.
  → 안정된 톤으로 커다란 눈에서 눈물이 '뚝뚝' 떨어지는 모습을 그리며 '뚝뚝'이 위로 치켜 올라가지 않도록 주의한다.
- 그러던 어느 날, / 게으름뱅이가 일(:)을 하다가 무 밭을[무바틀] 지나게 됐어요.
  → 한 톤을 내려서 '그' 자는 강하게 '어' 자는 약·강으로 당겨 주듯 구연한다.

- '그래, 소로 사느니 ① 차라리….'
  → 크게 결심하고 강한 어조로 구연하다가 ①에서 말줄임표를 살려 준다.
- 게으름뱅이는 '어정어정' 무 밭으로[무바트로] 달려가 '우적우적' 무를 뽑아 먹었어요.
  → 급한 마음으로 소가 달려가는 모습의 '어정어정'을 표현하고, 소가 급하게 무를 뽑아 먹는 '우적우적'을 표현한다.
- 그러자 / 신기하고 ① 이상한 일이 벌어졌어요.
  → 한 톤 내려 저음에서 조용하고 천천히 시작하여 ①에서 빨라지며 종결어미를 잡아 올린다. 다음 문장으로 들어가기 전에 조용히 숨을 죽이며 긴 띄기를 한다.
- ① '푹' 씌워진 소머리탈과 등에 '척' 올려졌던 소가죽이 / ② 스르르 / ③ 벗겨지지 않겠어요!
  → 이 문장과 바로 다음 문장이 이 동화에서 클라이맥스라고 볼 수 있다. ①의 문장에 '푹'과 '척'의 억양이 올라가지 않도록 주의하여 구연하고, ②에서는 마법이 풀린 듯한 느낌으로, ③은 신기한 듯 점점 크게 놀란 듯이 구연한다.
- "어! ① 사(:)람이 됐어. ② 난 이제 사(:)람이야. ③ 내가 다시 사(:)람이 됐다구!"
  → 놀라서 허둥지둥 자기 몸을 더듬으며 ①까지 해 주고 ②는 기뻐하며 ①보다 더 크게, ③은 기쁨을 주체하지 못하며 최고 크고 강하게, 크게 외친 다음 긴 띄기를 한다.
- 게으름뱅이는 기뻐하며 노인을 만났던 곳으로 달려갔어요.
  → 얼굴에 기쁨을 담고 약간 상기된 어조로 이때, 동화가 붕 뜨지 않도록 안정을 잃지 않도록 주의한다.
- 그런데 / 이-게 어찌된 일일까요?
  → 저음에서 천천히 조용히 시작하여 종결어미를 의문을 갖고 올려 준다.
- ① 노인의 집은 온데간데없(:)고 / ② 그 자리엔 / 명주 두(:) 필만 고스란히 놓여 있었지요.
  → ①은 도깨비에게 홀린 듯한 감정으로, ②는 감정의 평정을 찾으며 평안하게 구연한다.

- ① 이런 일이 있은 후, / ② 게으름뱅이는 / 동(:)네에서 가장 부지런한 사(:)람이 되었어요.
  → 앞의 문장과 구분되게 한 톤 올려 ①을 살짝 당겨 주고 띄기를 한 다음, 한 톤 내려 조용하게 ②를 구연하며 편안하고 여유 있게 마무리한다.

✎〈가구 의사〉

글 : 백미애

'삐거덕삐거덕.'

깜깜한 밤, 주방에서 계속 소리가 났어요.

그러자, 개수대의 수도꼭지가 짜증을 냈지요.

"아이, 시끄러워! 야, 좀 조용해."

"수도꼭지야, 미안해! 내가 다리가 아파서 그래."

식탁의자가 미안해하며 말했어요.

그때, 갑자기 싱크대 서랍 속에 있던 망치가 튀어나왔어요.

"야, 그거라면 나에게 맡겨."

'뚝딱 뚝딱 뚝딱 뚝딱.'

망치가 뚝딱거리자 식탁의자의 다리가 고쳐진 거예요.

"고마워! 망치야, 넌 우리들을 고쳐 주는 의사야. 가구 의사!"

식탁의자가 인사를 하자 싱크대 문짝도 거들었지요.

"맞아, 지난번엔 내 문짝도 고쳐 줬잖아. 망치는 가구 의사야."

잠시 후, 가구 의사 덕분에 모두들 '콜콜' 잠을 잘 수 있었답니다.

〈가구 의사〉 실연실기 강의록

- 구연지도: 백미애
- 동화의 장르: 창작동화
- 구연 예상 시간: 2분 이내
- 등장인물: 의자, 수도꼭지, 문짝, 망치
- 등장인물의 성격 및 목소리 설정

- 의자: 힘이 없고, 자신감 없는 남아이다.
- 수도꼭지: 예민한 성격의 소유자로서, 가늘고 높은 톤의 여아이다.
- 문짝: 등장인물들 중 가장 굵은 목소리로, 남의 선행을 칭찬해 줄 정도의 너그럽고 부드럽다.
- 망치: 망치의 단단함을 나타내며 자신감 있는 남아이지만 교만하지 않다.

- '삐거덕삐거덕.'

→ 앞의 것은 강하고 억양은 위로 올리고, 뒤의 것은 앞보다 약간 약하게 억양은 아래로 내려 준다. '삐거덕↑ 삐거덕↓'

- ① 깜깜한 밤, / ② 주방에서 계속 소리가 났어요.

→ 조용한 가운데 ①을 구연하고 짧은 띄기를 하여 쉬어 주고, 처음 동화를 시작하듯 ②를 구연한다. 이때, '주방에서'와 '계속 -' 사이는 순간 띄기를 하여 장소와 서술어를 구분해 준다.

- 그러자, / 개수대의 수도꼭지가 짜증을 냈지요.

→ 평음으로 소리의 변화 없이 하지 않도록 주의하여 구연하고 쉬어 준다. 주어를 수식하는 수식어부터 '수도꼭지가'까지 한 호흡으로 하고, 다음 어절은 순간 띄기의 강세를 사용해 어조감을 살려 준다.

- "아이, 시끄러워! 야, 좀 조용해."

→ 가늘고 짜증 섞인 여자의 음색을 나타내 준다. 이때, '!'를 살리기 위해 '아이, 시끄러워' 한 다음 바로 다음 말을 하지 말고 포즈를 가진 다음, 앞의 말보다 좀 더 큰 소리로 '야' 하고 부른 뒤에 다음 말을 이어 준다.

- "수도꼭지야, 미안해! 내가 다리가 아파서 그래."
  → 아파서 괴로워하는 목소리로 미안해하며 말한다. 앞에서 수도꼭지를 여자로 표현했으므로 대비될 수 있도록 남자로 표현하는 것이 좋다.
- 식탁의자가 / 미안해하며 말했어요.
  → 누가, 무엇을, 어떻게를 분명하게 나타낸다. 이때, '말-'은 장음이기에 빠르게 구연하지 않는다.
- 그때, ① / 갑자기 ② / 싱크대 서랍 속에 있던 망치가 ③ 튀어나왔어요.
  → 이 문장에선 띄기의 간격 조절을 하여 늘어지지 않도록 조심한다. 긴장감 있게 '그때'를 구연하고, ①은 짧은 띄기, ②는 ①보다 짧게 쉬고, 순간 띄기의 강세로 ③을 구연해 준다.
- "야, 그거라면 나에게 맡겨."
  → 자신감 있는 남아 목소리로 자신 있게 말한다.
- '뚝딱 뚝딱 뚝딱 뚝딱.'
  → 망치질하는 소리를 같은 느낌으로 4번을 똑같이 소리 내면 지루하므로 강약을 사용해 소리의 변화를 준다.
- ① 망치가 뚝딱거리자 / ② 식탁의자의 다리가 ③ 고쳐진 거예요.
  → 여섯 어절의 문장이 두 어절씩 나뉘게 되는데, 저음에서 조용히 망치의 행동까지 이어 주고 쉰 다음, 평음으로 ②를 구연한 다음, ②보다 높은 위치에서 강세와 함께 신기한 듯 ③을 구연하되 종결어미의 억양이 올라가도 좋다.
- "고마워! ① / 망치야, / 넌 우리들을 고쳐 주는 의사야. ② / 가구 의사!"/
  → 감사한 마음과 함께 약간 흥분한 어조로 말을 분명하고 빠르게 말하되, 위의 표시된 대로 같은 마침표라 할지라도 ①과 ②를 다르게 쉬어서 ②를 강조하며 구연하면 더 생생하게 표현할 수 있다.
- 식탁의자가 인사를 하자 / 싱크대 문짝도 거들었지요.
  → 앞 문장에서의 흥분을 가라앉히고, 안정된 어조로 얼굴에 미소를 담고 푸근한 느낌을 갖게끔 구연한다.

- "맞아, 지난번엔 내 문짝도 고쳐 줬잖아. 망치는 가구 의사야."
  → 여기서의 문짝은 지금까지 등장한 인물들 중에 가장 굵은 소리로 큰 느낌이 나는 목소리로 구연한다.
- 잠시 후, 가구 의사 덕분에 모두들 '콜콜' 잠을 잘 수 있었답니다.
  → 앞 문장과의 장면 전환을 나타내 줄 수 있도록 앞의 분위기와 다르게 시작한다. 내용 자체가 모두가 잠든 상태이므로 조용조용하게 구연하면 동화의 분위기를 더욱 살릴 수 있으므로 조용하게 구연하며 '콜콜'은 예쁘게 자는 모습을 표현하듯 구연하여 동화가 끝나고도 계속 조용하게 잠자는 분위기를 상상할 수 있도록 구연하며 마무리한다.

✎〈뜨거운 물이 나오는 샘물〉

각색 : 이민옥

옛날, 어느 마을에 다리가 불편한 할머니 한 분이 외롭게 살고 있었어요.
"할머니, 산에 나물 캐러 가는 데 함께 안 가실래요?"
"가고 싶은 마음이야 굴뚝같지만 내 다리가 아파서…. 어여들 다녀와."
다리가 불편한 할머니는 건강한 다리로 여기저기 마음껏 돌아다니는 게 소원이었어요. 그러던 어느 날, 학 한 마리가 날아와 할머니네 마당에 살짝 내려앉는 게 아니겠어요?
"아니, 저런! 절뚝거리는 걸 보니, 너도 나처럼 다리가 아픈 게로구나."
다리를 심하게 다쳐 제대로 서 있지도 못하는 학에게 할머니는 먹을 것을 주며 정성껏 돌봐 주었어요. 그날부터 학은 날마다 할머니를 찾아왔어요. 할머니와 학은 정이 많이 들었지요.
그러던 어느 날, 학이 오질 않는 거예요.
"오늘은 학이 안 오려나? 아직도 다리가 많이 불편할 텐데."
"할머니! 오늘은 학이 보이질 않네요. 그렇게 자식같이 아끼시더니…."
"글쎄, 나도 걱정이라오. 다리도 성치 않은데 무슨 변이라도 당한 건 아닌지." 매일 찾아오던 학이 오지 않으니 할머니는 걱정이 되었어요.
할머니는 날마다 집 근처를 서성거리며 학이 오기를 기다렸어요.

"밖에 누가 왔소? 아니, 학이 왔구나. 학아, 어디 갔다 이제 온 게야?"

할머니는 너무나 반가워 눈물까지 글썽거렸어요.

"할머니, 그동안 안녕하셨어요?"

"어디 보자. 다리는? 다리는 괜찮은 게야?"

그러자, 학은 보란 듯이 한 바퀴 빙그르르 돌며 재롱을 부리는 거예요.

"아니, 세상에. 이렇게 멀쩡할 수가. 씻은 듯이 나았구나."

"할머니, 저를 따라오세요."

"그려, 그려. 어딜 가려는지 몰라도 내 따라가마. 앞장서거라."

학은 할머니에게 날갯짓을 하더니 훨훨 날아올랐어요.

학이 멈춰 내려앉은 곳에는 김이 모락모락 나는 샘물이 솟고 있는 거예요.

할머니가 신기한 듯 샘물을 바라보자 학이 다리를 물속에 담그는 게 아니겠어요?

"할머니, 할머니도 물속에 다리를 담가 보세요. 이렇게요."

"그래, 그래. 아이구, 다리가 날아갈 것처럼 시원하구나."

할머니는 학을 따라 매일 샘물에 와서 두 다리를 담갔어요.

"이게 꿈이야, 생시야? 내 다리가 다 나았어. 얼씨구절씨구."

마을 사람들은 할머니가 성큼성큼 걸어오는 것을 보고는 깜짝 놀랐지요.

"아니 할머니, 도대체 어떻게 된 일이에요?"

"할머니, 말씀 좀 해 주세요. 어디서 산삼이라도 뽑아 드셨어요?"

할머니는 그동안 있었던 일들을 모두 이야기해 주었어요.

"할머니 마음씨가 고우셔서 학이 은혜를 갚았나 봐요~."

"아유~. 아, 그러게나 말이에요."

그 샘물은 바로 뜨거운 물이 나오는 온천이었어요.

그래서 지금도 온천에는 많은 사람들이 병을 고치려고 찾아오곤 하지요.

"학아~ 고맙다~. 학아~."

〈뜨거운 물이 나오는 샘물〉 실연실기 강의록

- 구연지도: 이민옥
- 동화의 장르: 전래동화
- 구연 예상 시간: 5분 이내
- 등장인물: 할머니, 학, 동네 여자, 동네 남자
- 등장인물의 성격 및 목소리 설정: 내용상 캐릭터의 성별이나 성격이 고정화되어 있는 인물 이외의 인물은 성별, 연령, 성격 등의 대조를 이루게 함으로써 청자가 쉽게 이해하도록 한다.

- 해설: 전래동화이므로 부드러운 목소리로 여유 있게 이야기를 전개하도록 한다.
- 할머니: 다리가 불편하며 시골에 사는 할머니로 공간적 배경을 유념한다.
- 학: 작고 여린 여자아이로 표현한다. 현실의 사람이 아니므로 신비한 느낌이 나도록 표현하면 좋다.
- 동네 여자: 거칠고 편하게 말한다. 수다쟁이 느낌으로 표현해도 좋다.

- 옛: 날 어느 마을에
  → 여유 있고 편안하게 시작을 하기 위해 부드럽고 따뜻한 음성으로, 속도는 천천히 한다.
- 다리가 불편한 할머니 한 분이 외롭게 살고 있었어요.
  → 머금음: 머금음이란 숨을 쉬지는 않으나 의미의 정확성을 위해 앞뒤 말과 소리를 연결해서 내지 않고 살짝 끊었다 가는 것이다. 즉, '다리가'에서부터 '살고 있었어요.'까지의 한 문장을 한 호흡으로 하되 '한 분이' 뒤에서 소리의 끊어짐을 가진 후 '외롭게 살고 있었어요.'를 구연하는 것이다.
  → 구연에 있어서 '머금음'은 매우 중요한 표현의 기법 중 하나이다. '머금음'을 잘 구사하는지 아니면 그렇지 않은지에 따라 청자에게 전달되는 느낌의 차이가 크다고 말할 수 있을 정도이다.
  → 머금음이 있는 곳은 모두 살짝 소리의 끊어짐을 가진 후 다음 구연을 하도록 한다.
  → '요': 종결어미의 표현 또한 구연에 있어서 매우 중요한데 상황에 따른 적절한 음가(音價)와 음률(音律), 음의 장단(長短)을 표현해 줌으로써 맛깔스러운 구연을

구사하게 된다.

→ 여기에서의 '요'는 다른 음절들보다 길게 소리 낸다. '요'의 음이 짧아지면 감정이 없이 건조하게 뉴스를 전달하거나 동화를 읽는 듯한 낭독의 느낌을 줄 수 있어 주의한다.

- "할머니 산에 나물 캐러 가는 데 함께 안 가실래요?"

→ 공간적 배경이 시골인 점을 감안해 이웃집 여자는 약간 거친 음색으로 표현하는 것도 좋다. 또한 사립문 밖에서 부르는 듯한 상황으로 설정한다면 거리감 표현을 위해 좀 더 크게 말하며 길게 뽑아 주는 느낌으로 말한다.

- "가고 싶은 마음이야 굴뚝같지만 /

→ 천천히 표시 나지 않게 호흡한다. 호흡을 할 때는 표시 나지 않게 하는 것이 품위 있고 세련된 구연을 하는 중요한 요인이다.

- 내 다리가 아파서….

→ '내다리'가 되지 않도록 주의한다.

→ '서'는 조금 길게 소리 내서 '서어'로 들리도록 한다.

- 어여들 다녀와."

→ 손을 바깥쪽으로 내저으며….

- 다리가 불편한 할머니는 건: 강한 다리로 여기저기 마음껏 돌아다니는 게 소: 원이었어요.

→ 이 동화의 주인공인 할머니가 처한 상황, 앞으로 전개될 사건의 암시 등을 말해 주는 부분이므로 앞의 문장을 끝낸 후 충분히 쉬고 들어간다.

→ 말하는 어조도 어떠한 감정이 있다기보다는 이야기의 전체의 배경을 말해 주는 전달자의 어조를 살린다.

- 그러던 어느 날, ①

→ 한 호흡으로 한다.

→ '날'을 표현할 때는 긴박한 상황이나 사건이 아니므로 가볍게 올리며 '나알'로 들리게 한다. 앞의 음과 자연스럽게 연결되면서 올라가야 한다.

→ '던'을 살짝 끌면서 포즈를 두었다가 '어느 날'을 해 주면 맛깔스런 구연이 된다.

- 학 한 마리가 날아와

  → '학한마리'가 되지 않도록 끊어 말하기에 주의한다.

- 할머니네 마당에 살짝 내려앉는 게 아니겠어요?

  → 구연하는 음색도 무겁거나 탁하지 않은 가벼운 음색으로 내야 한다.

- "아니, 저런!

  → 놀라는 표정으로 하되 할머니임을 감안했을 때 너무 호들갑스럽지 않은 정도로 표현한다.

  → '아니'는 쉽게 나오는 말이 아니라 놀라움에 '아아~~니'가 되도록 한다.

  → '런' 은 '러언'으로 들리며 음을 좀 더 흔들어 준다.

- 절뚝거리는 걸 보니, 너도 나처럼 다리가 아픈 게로구나."

  → 안쓰러운 표정으로 표현한다.

  → '럼'에서 끊어지는 듯 길게 소리 내지 않도록 주의한다(한 문장에서 너무 자주 끊어지는 느낌이 나면 좋지 않다).

- 다리를 심하게 다쳐 제대로 서 있지도 못하는 학에게 할머니는 먹을 것을 주며 정성껏 돌봐 주었어요.

  → 할머니의 정성과 사랑이 느껴지도록 부드럽고 따뜻한 음색으로 표현한다.

- 그날부터 학은 날마다 할머니를 찾아왔어요.

  → 신나는 느낌으로 가볍게 표현한다.

- 할머니와 학은 정이 많이 들었지요.

  → 즐겁고 기쁜 음색, 환하게 웃는 표정 음색과 감정표현에 있어 표정은 필수!

- 그러던 어느 날, ②

  → 이로써 어떤 사건의 암시를 보여 주므로 ①의 '그러던 어느 날'보다 강하게 표현한다. '던'에서는 조금 더 길게 끌어 준다.

- 학이 오질 않는 거예요.

  → 종결어미 '요'의 음을 살짝 올린다. '이상하다' '왜 안 올까' 하는 마음을 담아서 표현한다.

- "오늘은 학이 안 오려나? 아직도 다리가 많이 불편할 텐데."

  → 다리가 불편하니 밖에 나가 보지는 못하고 방 안에 앉아 사립문 밖을 내다보며

학이 오나 안 오나 바라보는 느낌으로 표현한다.

- "할머니! 오늘은 학이 보이질 않네요. 그렇게 자식같이 아끼시더니…."
  → '그렇게'의 '렇'에 강세를 주고 '자식같이 아끼시더니'의 '니'의 음을 흔들어 준다.
- "글쎄, 나도 걱정이라오. 다리도 성치 않은데 무슨 변이라도 당한 건 아닌지."
  → 계속 밖을 내다보며 멀리 학이 오는지를 살피는 듯하며 시선과 온 마음이 밖에 있고 이야기에 집중하지 않는 느낌이다.
- 매일 찾아오던 학이 오지 않으니 할머니는 걱정이 되었어요.
  → '할머니'와 '걱정'에 약한 강세를 준다.
- 할머니는 날마다 집 근처를 서성거리며 학이 오기를 기다렸어요.
  → 할머니의 안타까움이 음색에 묻어나도록 하며 '날'에 강세를 준다.
- "밖에 누가 왔소? 아니, 학이 왔구나. 학아, 어디 갔다 이제 온 게야?"
  → 기다리다 지쳐 이제는 잊힐 때쯤으로 아무 생각 없이 '밖에 누가 왔소?'를 하다 마지막 음절 '소'를 함과 동시에 놀라며 '학이 왔구나. 학아, 어디 갔다 이제 온 게야?'를 연결해서 구연한다.
  → '학아, 어디 갔다 이제 온 게야?': 밖에 학이 서 있는 것을 발견하고는 버선발로 뛰어나가는 듯한 장면이 연상되도록 급하게 표현한다.
- 할머니는 너무나 반가워 눈물까지 글썽거렸어요.
  → 기쁨에 겨워 눈물이 나올 듯 흐뭇한 미소를 지으며 구연한다.
- "할머니, 그동안 안녕하셨어요?"
  → 가녀리고 본인이 낼 수 있는 최대한의 예쁜 소리로 표현한다. 예쁜 소리는 흔히 말하는 닭살 돋는 부자연스러운 소리는 아니므로 주의한다.
  → 작고 여린 소녀로 표현하나 현실의 인물이 아니므로 신비스런 느낌을 주는 것이 좋다.
- "어디 보자. 다리는? 다리는 괜찮은 게야?"
  → 다리를 이리저리 살피는 듯한 시선 처리
- 그러자, / 학은 보란 듯이 한 바퀴 빙그르르 돌며 / 재롱을 부리는 거예요.
  → '재롱'에 강세
  → '요'는 끝을 올려 준다. 앞의 음절들과 부드럽게 연결이 되면서 올라가는 음이다.

- "아니, 세상에. 이렇게 멀쩡할 수가. 씻은 듯이 나았구나."→ 3단계로 표현
  → 아니, 세상에 → 놀라움
  → 이렇게 멀쩡할 수가 → 이제야 겨우 실감
  → 씻은 듯이 나았구나 → 흐뭇함
- "할머니, 저를 따라오세요."
  → 예쁘면서 환상적인 목소리로….
  → '저를'에서 살짝 끌며 포즈를 두었다가 '따라오세요'를 구연한다.
- "그려, 그려. 어딜 가려는지 몰라도 내 따라가마. 앞장서거라."
  → 기꺼이 승낙하는 상황으로 기쁠 때 말하는 가락으로 표현한다. 웃는 표정도 중요하다.
- 학은 할머니에게 날갯짓을 하더니 훨훨 날아올랐어요.
  → '훨훨'을 구연할 때는 천천히 춤을 추는 리듬으로 해서 청자로 하여금 학이 춤추듯 날아오르는 모습이 눈에 선하게 그려지도록 해야 한다.
- 학이 멈춰 내려앉은 곳에는 김이 모락모락 나는 샘: 물이 솟고 있는 거예요.
  → '거예요'의 음을 상향(M)하면서 '요오'로 소리 나도록 하며 정말 신기한 일이 벌어졌지 않느냐는 동의를 구하는 느낌으로 구연한다.
- 할머니가 신기한 듯 샘: 물을 바라보자 / 학이 다리를 물속에 담그는 게 아니겠어요?
  → 신기한 것을 발견했을 때처럼 눈을 동그랗게 뜬다.
  → '바라보자'에서 '자'의 음만 살짝 튕기는 듯 올려 준다.
  → 끝나는 '자'의 음과 시작하는 '학'의 음은 같은 음으로 한다.
- "할머니, 할머니도 물속에 다리를 담가 보세요. 이렇게요."
  → 놀라는 할머니와 달리 신비로운 느낌은 유지하되 차분하게 이야기하며 놀라는 할머니를 흐뭇하게 바라보는 웃음을 짓는다.
- "그래, 그래. // 아이구, 다리가 날아갈 것처럼 시원하구나."
  → '그래, 그래.'는 다리를 물속에 담그기 전, '아이구, 다리가~'는 다리를 물속에 담근 후이므로 해설이나 대사로 설명은 없으나 구연을 할 때에도 '그래, 그래' 하고는 다리를 물속에 담글 동안의 시간적 여유를 주어야 한다.

- 할머니는 학을 따라 매일 샘물에 와서 두 다리를 담갔어요.
  → 즐겁고 기쁜 마음으로 샘물에 오듯 말소리도 가볍게 구연한다.
- "이게 꿈이야, 생시야?
  → 기쁜 마음과 놀라운 마음이 함께 드러나도록 감정표현을 해 준다.
- 내 다리가 다 나았어. 얼씨구절씨구."
  → 구연을 하는 사람도, 듣는 사람도 어깨춤이 절로 나올 수 있도록 노래 가락처럼 구연한다.
- 마을 사람들은 할머니가 성큼성큼 걸어오는 것을 보고는 깜짝 놀랐지요.
  → 바로 앞의 '얼씨구절씨구'의 '구'를 길게 뽑아 소리를 내므로 충분히 쉬고 다시 충분히 숨을 들이마신 후 '마을 사람들은' 하면 음이 자연스럽게 올라가면서 소리는 커진다.
  → '보고는' 앞에서 순간 띄기의 포즈를 주고 눈을 동그랗게 뜨며 구연한다.
  → '놀랐지요'의 '요'를 올려서 '세상에 이런 일이 다 있나?' 하는 느낌을 준다.
- "아니 할머니, 도대체 어떻게 된 일이에요?"
  → 동네 사람 1: 너무 놀라워서 쉽게 말이 잘 안 나오는 상황으로 충분히 놀라며 이야기한다.
- "할머니, 말씀 좀 해 주세요. 어디서 산삼이라도 뽑아 드셨어요?
  → 동네 사람 2: 연이어 동네 사람이 나오므로 앞 사람과는 차별화되게 수다쟁이의 느낌으로 구연하면 더 맛깔스런 구연이 될 수 있다.
- 할머니는 그동안 있었던 일들을 모두 이야기해 주었어요.
  → 해설자도 함께 흐뭇해하며 이야기를 한다.
  → '을'을 길게 발음함으로써 앞과 뒤의 다발을 구분해 준다. 이럴 때 숨을 쉬지 않는 것이 중요하다.
- "할머니 마음씨가 고우셔서 학이 은혜를 갚았나 봐요~."
  → '학'과 '은혜'에 강세가 있다.
- "아유~. 아, 그러게나 말이에요."
  → 동네 사람들이 너무 점잖은 인물이 안 되도록(약간은 호들갑스럽게, 한 톤 높여서) 재미있게 구연한다.

- 그 샘물은 바로 뜨거운 물이 나오는 온천이었어요.
  → '그샘물'이 되지 않도록 주의한다.
- 그래서 지금도 온천에는 / 많은 사람들이 병을 고치려고 찾아오곤 하지요.
  → '고치려고'의 '고'를 길게 끌어서 '고'의 앞과 뒤를 다른 묶음으로 변화를 주지만 완전히 호흡을 하면서 끊어 주지는 않는다.
- "학아~ 고맙다~. 학아~."
  → 시선은 멀리 허공을 향해 날아가는 학을 쳐다보며 하늘을 향해 손을 뻗는다. 이때 팔과 손은 학춤을 보는 느낌을 주어야 한다.

✎〈꽃들의 이야기〉

글 : 이민옥

수민이 할머니는 꽃 가꾸는 걸 아주 좋아하세요.
그래서 수민이네 마당에는 언제나 꽃들이 가득하지요.
6월이 되자 수국, 영산홍, 초롱꽃이 예쁘게 피어났어요.
"할머니, 할머니는 어느 꽃이 제일 예쁘세요?"
"이 할미는 모두 다 예뻐서 잘 모르겠는걸."
그러자 크고 탐스러운 수국이 말했어요.
"나만큼 큰 꽃을 보셨어요? 크기로 따지자면 단연 내가 으뜸이죠."
"꽃이라면 뭐니 뭐니 해도 색이 고와야죠. 나처럼 고운 빛깔을 지닌 꽃을 보셨어요?"
진한 분홍빛이 아름다운 영산홍도 큰 소리로 말했지요.
그러자 고개를 살포시 숙이고 있던 초롱꽃이 수줍은 듯 입을 열었어요.
"전 크지도, 색이 진하지도 않지만…. 친구들을 사랑하는 마음은 가득하답니다."
초롱꽃의 말에 수민이가 말했지요.
"할머니, 저도 초롱꽃처럼 얼굴도 마음도 예쁜 친구가 되고 싶어요."
할머니와 수민이, 그리고 부끄러움에 더욱 발그레해진 꽃들이 활짝 웃었어요.

〈꽃들의 이야기〉 실연실기 강의록

- 구연지도: 이민옥
- 동화의 장르: 전래동화
- 구연 예상 시간: 3분 이내
- 등장인물: 수민이, 할머니, 꽃들, 수국, 영산홍, 초롱꽃
- 등장인물의 성격 및 목소리 설정

- 수민이: 꽃을 여성으로 표현했을 때 여성 캐릭터가 많으므로 남자아이로 하도록 한다.
- 할머니: 손자를 사랑하는 인자한 성품을 보이고 있으므로 온화한 느낌의 어조로 표현한다.
- 꽃들: 꽃의 크기, 성격을 고려하여 목소리를 설정한다. 수국: 가장 큰 크기의 꽃으로, 굵은 음성으로 설정한다. 영산홍: 잘난 척하는 여성의 목소리로 설정한다. 초롱꽃: 세 꽃 중에 크기로도 가장 작지만 수줍은 듯 말하므로 가장 가는 목소리로 설정한다.

- 수민이 할머니는 꽃 가꾸는 걸 아주 좋아하세요.

  → 밝고 발랄한 어조로 시작한다. 밝고 발랄한 어조에는 반드시 밝은 표정을 동반한다. 표정은 무표정이면서 소리만 밝은 것은 충분한 감정표현이 되지 않는 것이며 느낌을 충분히 전달할 수가 없다.
- 그래서 수민이네 마당에는 언제나 꽃들이 가득하지요.

  → '언제나 꽃들이 가득하지요'는 뭔가 자랑하듯이 신나서 하는 어조로 앞부분보다 좀 더 리듬을 타며 말한다.
- 6월이 되자 수국, 영산홍, 초롱꽃이 예쁘게 피어났어요.

  → '수국, 영산홍, 초롱꽃'처럼 나열식으로 말할 때는 한 단어처럼 들리지 않도록 단어마다 포즈로 구분을 주고 같은 음의 리듬이 반복되지 않도록 주의해서 구연한다.
- "할머니, 할머니는 어느 꽃이 제일 예쁘세요?"

  → '꽃이'의 연음발음을 유의하며, 꽃에 둘러싸여 신기하고 기분 좋은 느낌을 표현한다.
- "이 할미는 모두 다 예뻐서 잘 모르겠는걸."

→ 손주가 귀여운 듯, 꽃들이 모두 사랑스러운 듯 웃으며 이야기한다.

- 그러자 크고 탐스러운 수국이 말했어요.

→ 호흡을 새롭게 해서 분위기가 전환되는 느낌을 주며 구연한다.

- "나만큼 큰 꽃을 보셨어요? 크기로 따지자면 단연 내가 으뜸이죠."

→ 목소리를 굵게 해서 큰 느낌을 주고 자신감을 나타내는 정도의 씩씩함을 표현한다. '큰'과 '으뜸'에 강세로 강조함을 느끼게 한다.

- "꽃이라면 뭐니 뭐니 해도 색이 고와야죠. 나처럼 고운 빛깔을 지닌 꽃을 보셨나요?"

→ 약간 얄미울 정도로 자랑을 한다.

- 진한 분홍빛이 아름다운 영산홍도 큰 소리로 말했지요. 그러자 고개를 살포시 숙이고 있던 초롱꽃이 수줍은 듯 입을 열었어요.

→ 말의 내용에 따라 어조, 어감 등이 함께 변하므로 '살포시', '수줍은 듯'의 말맛을 잘 살린다.

- "전 크지도, 색이 진하지도 않지만…. 친구들을 사랑하는 마음은 가득하답니다."

→ 가장 가늘고 여린 듯한 목소리로 표현하고 잘난 척이 아닌 부끄러운 듯한 느낌이 전달되도록 한다.

- 초롱꽃의 말에 수민이가 말했지요. "할머니, 저도 초롱꽃처럼 얼굴도 마음도 예쁜 친구가 되고 싶어요."

→ 의젓하게, 밝고 명랑하게 말한다.

- 할머니와 수민이, 그리고 부끄러움에 더욱 발그레해진 꽃들이 활짝 웃었어요.

→ 표정도 내용과 함께 활짝 웃으며 마무리를 짓는다.

✎ 〈우렁이 각시〉

각색 : 박금희

옛날에 한 총각이 혼자 농사를 지으며 살고 있었어요.

살림이 너무 어려워서 장가도 못 간 총각은 한숨이 절로 나왔어요.

'이 농사는 지어서 누구랑 먹고 사나.'

그랬더니 어디선가 '나랑 먹고 살지' 하는 소리가 들려왔어요.

사방을 둘러보았지만 아무도 보이지 않았어요.

너무 이상해서 한 번 더 '이 농사는 지어서 누구랑 먹고 사나.' 하고 말을 해보았어요.
이번에도 또 '나랑 먹고 살지.' 하는 소리가 들리는 거예요.
소리가 나는 곳으로 다가가 풀포기를 헤쳐 보니 커다란 우렁이 한 마리가 있는 게 아니겠어요?
껍데기 안으로 쏙 들어가 있는 것이 부끄러워하는 것처럼 보였어요.
총각은 그 우렁이를 조심스럽게 집으로 가지고 와 물독에 넣어두었어요.
이튿날 논일을 하다가 점심 먹으려고 집에 와 보니 김이 무럭무럭 나는 밥이 한 상 잘 차려져 있는 거예요.
'이게 무슨 일이지? 누가 밥상을 차려놓았지?'
무척 궁금했지만 너무나 배가 고파 그냥 맛있게 먹었어요.
그런데 다음 날도 밥상이 잘 차려져 있었고, 또 다음 날도 밥상이 차려져 있지 뭐예요?.
'대체 누가 나 없는 사이에 밥상을 차려놓았지?'
총각은 하도 궁금해서 일하러 가는 척하고 나갔다가 다시 들어와 부엌 구석에 숨어 있었어요.
점심때가 되니까 방 안에서 고운 색시가 살금살금 나오는 거예요.
그리고는 부엌에서 밥을 한 상 떡 차려 방 안에 갖다 놓고 다시 물독으로 들어가려고 했어요. 총각은 물독에 들어가려는 색시를 꽉 붙잡았어요.
"거기 들어가지 말고 나랑 같이 삽시다."
각시는 깜짝 놀라 뿌리치며 말했어요.
"저는 하늘에서 잘못한 벌로 우렁이가 되었습니다. 조금만 기다려 주세요. 때가 차지 않아 같이 살면 슬픈 이별이 있을 거예요."
하지만 총각은 한사코 색시를 잡고 놓아 주지 않았어요.
할 수 없이 색시는 그날부터 총각 하고 같이 살게 되었어요.
고운 각시를 아내로 맞이한 총각은 일하는 것도 신이 났어요.
하루는 각시가 점심 광주리를 머리에 이고 밭으로 가고 있을 때였어요.
"물렀거라! 물렀거라!"
고을을 지나가는 사또 행차 소리에 각시는 얼른 풀숲에 숨었어요.
그런데 사또가 행차를 멈추더니 풀숲을 내려다보는 게 아니겠어요?
"저 아래 풀숲에 훤하게 빛을 내는 것이 있다. 무엇이 있는지 알아보고 오너라."

분부를 들은 하인은 풀숲에 숨어 있는 색시를 데리고 왔어요.
사또는 아름다운 각시를 보자마자 가마에 태워 관가로 데리고 갔어요.
해가 다 기울어서야 집에 돌아온 남편은 아내가 없다는 걸 알게 되었지요.
"도대체 어딜 간 거지?"
여기저기 각시를 찾아다니던 남편은 아내가 고을 사또에게 잡혀갔다는 걸 알게 되었어요.
"맞아, 때가 차지 않았는데 같이 살면 슬픈 이별이 있다고 했는데."
가슴을 치며 뉘우쳤지만 아무 소용이 없었지요.
관아의 높은 담을 서성이며 아내를 그리워하던 남편은 그만 쓰러지고 말았어요.
우렁이 색시도 시름시름 앓다 결국 남편을 따라갔어요.
그 후로 사람들은 파랑새 두 마리가 꼭 붙어서 마을을 날아다니는 것을 보게 되었대요.

〈우렁이 각시〉 실연실기 강의록

- 구연지도: 박금희
- 동화의 장르: 전래동화
- 구연 예상 시간: 5분 이내
- 등장인물: 총각, 우렁이 각시, 사또
- 등장인물의 성격 및 목소리 설정
  - 해설: 자신의 목소리로 자연스럽게 말한다.
  - 총각: 착하고 진실한 젊은 남성의 음색으로 말한다.
  - 각시: 차분하고 현명한 젊은 여성의 음색으로 설정한다.
  - 사또: 욕심 많고 비열함을 지닌 중년 남성의 음색으로 설정한다.
- 청자는 등장인물의 음색으로 인물과 성격을 상상할 수 있다.

- 옛날에
  → 옛날[옌: 날]은 장음으로 발음하며 천천히 이야기를 연다.
- 한 총각 혼자/
  → '한 총각이' 총각을 강조하면서 조사 '이' 에 강세가 가지 않도록 한다,

→ '혼자'를 총각보다 더 강조해 말을 하면 〈혼자 있는 총각〉 으로 의미전달이 빠르다.

- 농사를 지으면서 살았어요.
  → '덩-' 하고 첫 음을 치듯이 〈농사를 지으면서〉를 뭉쳐서 의미에 강조를 주어 말을 하면 운율이 생긴다.
  → 종결어미 '~어요.'를 강조하면 미감이 없어지므로 가능하면 약하게 말한다.
- 살림이 너무 어려워서 / 장가도 못 간 총각은 / 절로 한숨이 나왔어요.
  → 해설은 분위기를 자아내야 한다. 사이 쉼을 주면서 속도를 느리게 해야 불만스러운 마음을 함께 느낄 수 있다.
  → (~ 어려워서)(~총각은)(~한숨이 나왔어요) 앞부분은 내리고 뒷부분을 강조하는 내림 올림 조로 말하면 불만스러운 분위기를 자아낼 수 있다.
- '이 농사는 지어서 누구랑 먹고 사나.'
  → 불만족한 느낌으로 중얼거리듯 음조를 낮추어 말을 하고 표정으로 의미를 더해 준다.
- 그랬더니 어디서 / '나랑 먹고 살지.' 하는 소리가/ 들려왔어요
  → 어조를 세우며 놀란 표정을 짓는다. ' 나랑 먹고 살지.' 는 낭랑하게 한다.
- 사방을 둘러보아도 / 아무도 보이지 않았어요.
  → 오른쪽 왼쪽을 둘러보며 소리의 크기는 낮춘다.
- 너무도 이상해서 한 번 더 /
  → 한 호흡으로 주의를 끌 수 있도록 강조를 하여 이야기에 집중시킨다.
- '이 농사는 지어서 누구랑 먹고 사나.'/ 하고 말을 했어요.
  → 약하고 힘없는 소리로 실망스러운 표정을 지으며 인물의 모습을 극화한다.
- 그랬더니 어디서 또 / '나랑 먹고 살지' 하는 소리가 /들려왔어요
  → 완전 올림 조로 어조를 세워 놀란 표정으로 말을 한다.
- 소리가 나는 곳으로 다가가/풀포기를 헤쳐 보니/
  → '소리가 나는 곳으로 다가가'/ 어조를 낮추면서 작은 소리로 한다.
  → '풀포기를 헤쳐 보니'/ 어조를 약간 올리며 말한 후 '사이 쉼'에 표정을 채워 준다.
- 커다란 우렁이 한 마리가 있는 게 / 아니겠어요?
  → 완전 올림 조로 목소리 크기는 낮추어 점차 어조를 올려야 튀지 않는다.

- 껍데기 안으로 / 쏙 들어가 있는 것이 / 부끄러워하는 것처럼 보였어요.
  → 세웠던 어조를 천천히 낮추고 속도를 늦추어야 긴장감이 해소되고 편안함을 느낀다.
- 총각은 그 우렁이를 / 조심스럽게 가지고 와 / 물독에 넣어두었어요.
  → 평탄 조로 서서히 마무리하듯 이야기를 해주어 새로운 이야기가 전개된다는 것을 암시해 준다.
- 이튿날,
  → 새로운 이야기를 시작하듯이 어조를 다소 세워 말한다.
- 논에서 일을 하다 / 점심 먹으려고 집에 와 보니 /
  → 뒷부분으로 갈수록 점차 어조를 세워 긴장감을 높여준다.
- 방 안에 / 김이 무럭무럭 나는 밥이/ 한 상 잘 차려져 있는 게 아니겠어요?,
  → 신비함이 느껴지도록 완전 올림 조로 뒷부분은 한 호흡으로 한다.
  → 아주 놀란 표정을 지어 이야기를 더욱 실감 나게 한다.
- '이게 무슨 일이지? 누가 밥상을 차려놓았지?'
  → 높은 음조로 말을 하나 목소리의 크기는 작게 하고 표정으로 강조해 준다.
- 무척 궁금했지만 / 너무나 배가 고파 / 그냥 맛나게 먹었어요.
  → 내림 하강 조는 의미를 전달하면서 궁금한 분위기도 전달할 수 있다.
- 그런데 다음 날도/ 밥상이 잘 차려져 있었고, / 또 다음 날도 / 밥상이 차려져 있는 거예요.
  → 어조를 상승시켜 가며 흥미를 더욱 점진시켜 나간다.
- '대체 누가 / 나 없는 사이에 밥상을 차려놓았지?'
  → 올림내림조로 말을 한다.
  → '대체 누가' 는 올림조로 강하게 말 한 후에 어조를 낮춰 구연을 하면 강한 관심과 답답함을 드러낼 수 있다.
- 총각은 하도 궁금해서 / 일하러 가는 척하고 나갔다가 다시 들어와 / 부엌 구석에 / 키를 뒤집어쓰고 숨어 있었어요./
  → 내림 올림 조로 뒷부분을 강조하여 해결하려는 의지를 보여 준다.
- 점심때가 되니까 / 방 안에서 고운 색시가 / 살금살금 나오는 거예요.

→ 완전 올림조로 구연하되 소리를 작게 하여 놀람과 흥미가 고조되도록 한다.

- 그리고는 부엌에서 / 밥을 한 상을 떡 차려/ 방 안에 갖다 놓고 / 다시 물독으로 들어가려고 했어요/.

  →청자와의 공감대를 형성하며 긴장을 늦추면 안 된다. 상승조의 기법으로 구연한다.

- 총각은/ 물독에 들어가려는 색시를 / 꽉 붙잡았어요.

  → 서두르는 느낌이 들도록 빠른 속도로 말을 하되 총각의 의지가 나타나도록 힘주어 말을 한다.

- "거기 들어가지 말고 / 나랑 같이 삽시다."

  → 집중할 수 있는 시간이므로 구연의 속도나 어조, 어감 등을 최대한 살려야 한다.

- 각시는 깜짝 놀라 /뿌리치며 말했어요.

  → 아주 놀란 듯이 말을 한다.

- "저는 하늘에서 / 잘못을 한 벌로 /우렁이가 되었습니다. / 아직 때가 되지 않았으니 / 며칠만 기다려 주세요. / 때가 차지 않고 같이 살게 되면 / 슬픈 이별이 있을 거예요."/

  → 긴장되었던 분위기를 바꿔서 차분하고 분명하게 낮은 어조로 이유를 말한다.

  → 각시의 음색, 표정, 몸짓을 살려 은은한 분위기를 만든다.

- 하지만 총각은 / 한사코 색시를 잡고 / 놓아 주지를 않았어요.

  → 깊은 호흡으로 천천히 말을 하여, 각시의 이야기와 비교하면서 생각할 수 있는 여지를 주되, 내림 올림조로 뒷부분을 강조한다.

- 할 수 없이 색시는 / 그날부터 총각하고 / 같이 살기로 했어요.

  → 평탄조로 이야기를 천천히 마무리해주어 또 다른 사건이 전개될 것을 암시해 준다.

- 고운 각시를 / 아내로 맞이한 총각은 / 신이 나서 / 일도 열심히 했어요

  → 밝은 표정으로 차츰 어조를 세우면서 새로운 이야기가 전개된다.

- 하루는 각시가 / 점심 광주리를 / 머리에 이고 가고 있는데.

  → 좋지 않은 사건을 암시할 수 있도록 속도를 늦추면서 표정으로 분위기를 만들어 간다.

- 저쪽에서 / '물렀 거라- 섰거라' 소리가 / 요란하게 들려왔어요

  → 방향을 알 수 있게 고개를 돌려 본 후

→ 강하게 말은 하지만 소리를 크게 하지는 말아야 한다. 무서운 일이 일어날 것 같은 암시를 받도록 어두운 분위기로 이야기한다.

- 고을을 지나가는 / 사또 행차였어요,

→ 어조를 올려 긴장된 분위기를 만든다. '사또' '행차'를 강조하여 의미를 명확하게 해준다.

- 각시는 얼른 / 길 아래 풀덤불 속에 / 가만히 숨어 / 지나가기를 기다리고 있어요. /

→ '풀덤불 속에 '까지는 서두르는 느낌이 들도록 빠르게 말을 하되 발음에 유의한다

→ 뒷부분은 어조를 낮추고 속도를 느리게 하여작은 소리로 말한다.

- 그런데 지나가던 사또가 / 행차를 멈추고 / 풀덤불을 내려다보는 것이었어요.

→ 내림올림조로 뒷부분을 강조하며 말하고, 어쩌면 좋으냐는 불만스런 상황을 공감할 수 있도록 한다.

- "저 아래 풀덤불 속에 / 훤하게 빛을 내는 것이 있다. / 무엇이 있는지 알아보고 오너라."

→ 사또의 음성을 강하고 욕심스럽게 표현한다.

→ 앞부분을 강조하는 올림 내림조로 말을 하면 강한 의지가 나타난다.

- 분부를 들은 하인은 / 풀덤불 속에 숨어 있는 색시를 / 데리고 왔어요.

→ 어두운 표정을 지으며 좌절감을 함께 느끼도록 천천히 이야기한다.

→ '하인은' '색시를' '데리고 왔어요'를 강조해 내림 올림 조로 말을 하면 불만스러운 분위기가 나타나면서 의미전달이 잘 된다.

- 각시를 보고 사또는 / 입이 헤벌어져서 / 가마에 태워 / 관가로 데리고 갔어요 .

→ '사또는' '헤벌어져서' '태워' '데리고 갔어요.'를 강조하며 분위기를 이어간다.

- 해가 다 기울어서야 / 집에 돌아온 남편은 / 아내가 없는 걸 / 알게 되었어요

→ ~남편은 까지는 어조를 낮춰 말하다가 어조를 세워 긴장감을 준다.

- 이리 뛰고 저리 뛰면서 / 아내를 찾아봤지만 / 찾을 길이 없었어요.

→ '~ 찾아보았지만' / 앞부분부터 어조를 점차 상승시키면서 긴장감이 느껴지도록 한다.

- 이리저리 수소문 끝에 / 아내가 고을 사또에게 / 잡혀갔다는 걸 / 알게 되었어요.

→ 어조를 천천히 낮추고 느리게 이야기하여 절망적인 분위기를 만들어 준다.

→ 앞의 사건을 떠올리며 반성할 여지를 준다.

- 그때,/ 색시가 한 말이 생각났어요.
  → 그때, 짧은 띄기를 하여 청자가 자기의 생각을 떠올릴 수 있도록 한다.
  → 순간 떠오르는 생각을 한 호흡으로 이야기한다.
- "맞아, / 때가 차지 않고 같이 살면 / 슬픈 헤어짐이 있다고 했었어. 내가 참았어야 했어"
  → 완전 내림조로 느리게 고개를 떨구며 후회스러움을 느끼게 한다.
- 가슴을 치며 뉘우쳤지만, 아무 소용이 없었어요.
  → '~ 뉘우쳤지만' / 강조하여 말한 후에 뒷부분은 천천히 마무리한다.
- 관아의 / 높은 담을 서성이며 / 아내를 그리워하다가 / 쓰러져 / 일어나지 않았어요.
  → 아주 슬픈 표정으로 어조를 완전히 눕혀서 조사 끝에 감정을 실어가며 아주 느리게
- 우렁이 색시도 / 남편을 잃은 슬픔에 / 시름시름 앓다 / 죽게 되었지요
  → 앞에 감정을 그대로 이어가며 더욱 느린 속도로 여운을 준다.
- 그 후로 사람들은 / 파랑새 두 마리가 꼭 붙어서/ 마을을 날아다니는 것을 / 보게 되었어요
  → 깊은 슬픔에서 벗어나 아쉬운 감정을 느낄 수 있게 한다.

✎ 〈새 이름을 얻은 풀꽃〉

원작 : 박금희

따뜻한 봄날, 들판에 핀 꽃들이 작은 풀꽃을 내려다보며 말을 했어요.

"너도 꽃이니?"

"씨앗처럼 작은걸."

어쩔 줄 모르고 있는데 또 물었어요

" 그런데, 이름이 뭐니?"

'.......'

이름을 말하면 웃음거리가 될까 싶어 입만 벙긋거렸어요.

"이름이 뭐냐고?"

"큰개불알꽃이야."

"뭐? 큰개불알꽃?"
그 소리에 '와-아' 하는 웃음소리가 한꺼번에 터져 나왔어요.
어디론가 숨고 싶어 몸을 잔뜩 웅크리고 있었어요.
그때였어요.
"여기에 있었구나! 얼마나 찾았는데!"
"저를 찾아다녔다고요?"
작은 풀꽃은 커다란 눈을 동그랗게 뜨고 여왕님을 바라보았어요.
"제일 먼저 나를 맞이하느라 많이 추웠지? 내가 선물로 새 이름을 주고 싶은데?"
들판에 있던 다른 꽃들이 부러운 듯 바라보았어요.
작은 풀꽃은 새 이름을 주신다는 말에 왈칵하고 울음이 나올 것 같았어요.
이름 때문에 친구들에게 늘 놀림을 받았거든요.
"소식을 알려주는 까치처럼 너도 가장 먼저 봄을 알려주니 봄까치꽃은 어떨까?"
나무 위에 까치도 깍깍 축하해 주었어요.
작은 풀꽃은 어깨를 쭈욱 펴고 크게 소리쳤어요.
"내 이름은 봄까치꽃이야."
작은 풀꽃의 소리가 들판에 울려 퍼졌어요.

〈새 이름을 얻은 풀꽃〉 실연실기 강의록

- 구연지도: 박금희
- 동화의 장르: 창작동화
- 목적: 학습용
- 구연 예상 시간: 3분 이내
- 등장인물: 풀꽃, 다른 꽃, 봄나라 여왕님
- 등장인물의 성격 및 목소리 설정
  - 해설: 자신의 목소리로 자연스럽게 내는 것이 가장 좋다.
  - 다른 꽃: 자신감 있는 목소리로 설정한다.
  - 작은 풀꽃: 착하고 부끄러워하는 성격으로 설정한다.
  - 여왕님: 마음이 따뜻한 여성으로 부드러운 목소리로 설정한다.

- 따뜻한 봄날, / 들판에 핀 꽃들이 / 작은 풀을 내려다보며 말을 했어요.
  → '따뜻한 봄날' / 짧은 띄기를 한다. 부드러운 목소리로 시작한다.
- "너도 꽃이니?
- "씨앗처럼 작은걸."
  → 무시하는 표정과 음성으로 내려다보면서 말을 한다.
  → 음색을 바꾸고 방향을 바꾸어 구연을 하여, 두 인물을 나타내 준다.
- 어쩔 줄 모르고 있는데 / 또 물었어요.
  → '어쩔 줄 모르고 있는데' / 순간 띄기를 한 후 '또' 물었어요.'를 강조하면서 이야기를 상승시켜 간다.
- "그런데, 이름이 뭐니?."
  → '그런데, 이름이 뭐니?' / '그런데'에서 호흡을 머금고 '이름이 뭐니'를 강조한다.
- '.......'
  → 움츠린 자세로 목소리는 내지 않고 입만 벙긋댄다.
- 이름을 말하면 / 웃음거리가 될까 싶어 / 입만 벙긋거렸어요.
  → 느린 속도로 말을 하되 앞부분을 뭉쳐서 강조하면서 운율감 있게 구연한다.
- "이름이 뭐냐고?"
  → 높고 강한 소리로 약간 짜증스러운 듯한 표정을 지으며 말한다.
- "큰개불알풀꽃이야."
  → 아주 작은 소리로 움츠려들며 말한다.
- " 뭐? 개불알풀꽃?"
  → 모두가 들으라는 듯 큰 소리로 또박또박 강조해서 말을 하며 비웃는 표정을 짓는다.
- 그 소리에/ '와-아' 하는 웃음소리가 /한꺼번에 터져 나왔어요.
  → '소리에' '웃음소리가' '터져나왔어요' 앞 소리는 머금고 뒷소리는 강조해서 말을 하여 여 분수처럼 뿜어나가듯 한다. ('음~파' 에 실어 본다.)
- 어디론가 숨고 싶어 /몸을 잔뜩 / 웅크리고 있었어요.
  → 소리를 줄이고 속도를 늦추면서 표정을 실어주어 공감을 끌어낸다.
  → ◎○ ● / ◎○ ● /◎○ ● / 라듬을 주면서 구연을 하면 즐거움을 느낀다.

- 그때였어요.

  → 갑자기 음정을 높이면 소리가 튀게 된다. 힘을 주어 말하면서 표정을 실어준다.

- “여기에 있었구나! 얼마나 찾았는데!”

  → 내려다보면서 밝고 환한 표정과 다정한 음성으로 말한다.

- 낭랑한 소리와 함께/ 상큼한 향기가 / 코로 들어왔어요,

  → 뒷부분을 강조하면서 부드러운 소리로 리듬감 있게 구연 한다.

- 고개를 들어보니 /바람 옷을 입은 봄 나라 여왕님이/ 서 계시는 거예요

  → ‘바람 옷을 입은 봄 나라 여왕님’을 강조해서 말한다

- 옷에서 나오는 바람이/ 풀꽃을 따뜻하게/ 감싸 주었어요.

  → ‘바람이’ ‘따뜻하게’ ‘감싸주었어’ 를 강조하면서 다정하게 구연한다.

- “저를 찾아다녔다고요?”

  → 놀란 표정으로 음정을 올려서 말한다.

- 작은 풀꽃은 / 커다란 눈을 동그랗게 뜨고 / 여왕님을 바라보았어요.

  → 궁금함을 자아내면서 예사 리듬으로 이야기 한다.

- “제일 먼저 나를 맞이하느라 많이 추웠지? 내가 선물로 새 이름을 주고 싶은데?”

  → 앞부분에 호흡을 머금어서 뒷부분을 강조하면서 말을 해야 운율감이 생기고 미감이 있다.

- 들판에 있던 다른 꽃들이 부러운 듯 바라보았어요.

  → 보통리듬으로 말을 하나 ‘부러운 듯’을 느리게 하여 강조를 한다.

- 작은 풀꽃은 /새 이름을 주신다는 말에/ 왈칵하고/ 울음이 나올 것 같았어요.

  → 작은 풀꽃에 호흡을 머금어서 점차 상승을 시키며 감정을 고조시킨다.

- 이름 때문에 /친구들에게 /늘 놀림을 받았거든요.

  → 구연의 속도를 천천히 하여 놀림을 받은 자신의 경험을 떠올릴 수 있게 한다.

- “소식을 알려주는 까치처럼/ 너도 가장 먼저 봄을 알려주니 /봄까치꽃은 어떨까?”

  → 앞부분을 강조하면서 다정하고 운율감 있게 구연한다.

- 나무 위에 까치도 깍깍 축하해주었어요,

  → 표정에 웃음을 머금고 행복한 표정으로 밝은 소리로 표현한다.

- 작은 풀꽃은 어깨를 쭈욱 펴고 크게 소리쳤어요.

→ 어깨를 쭈욱 펴고 당당한 못습을 나타내 보이며 천천히 이야기한다.

- "내 이름은 봄까치꽃이야."

  → 높고 길게 크기는 낮추어 멀리멀리 터트리듯 표현한다.

- 작은 풀꽃의 소리가 들판에 울려 퍼졌어요.

  → 천천히 마무리 짓는다.

✎ 〈주먹밥이 열리는 나무〉

각색 : 문수정

옛날 어느 마을에 수다쟁이 아내를 둔 농부가 살았어요.

아내는 하루 종일 쉴 새 없이 종알종알, 주절주절 수다를 떨었지요.

"글쎄 제 얘기 좀 들어 보세요. 저는 요새 남편 때문에 밤마다 잠을 설치고 있어요. 코를 한 번 "드르렁 드르렁" 골기 시작하면 금세 잠에 빠져 버리거든요. 그래서 요즘 저는 참다못해 귀에 솜을 끼고 잔다니까요."

잠시라도 수다를 늘어놓지 않으면 입이 간질간질, 근질근질, 옴질옴질해서 비밀이라곤 없었지요.

어느 날, 농부가 산에 나무를 하러 갔다가 금덩어리를 발견했어요.

'어! 금덩어리네! 하! 그런데 금덩이를 주웠다고 말하면, 아내는 큰 횡재를 했다고 또 동네방네 떠들고 다닐 테고 이 일을 어쩐다? 옳지 그러면 되겠구나.'

농부는 생각 끝에 나무에 주먹밥을 주렁주렁 매달아 놓고 왔지요.

집에 돌아온 농부는 아내를 불렀어요.

"여보! 산에 나무를 하러 갔다가 희한한 나무를 봤는데, 글쎄 나무에 주먹밥이 열렸더라고."

"에이! 그럴 리가 있겠어요. 당신이 잘 못 본 거겠죠."

"내 말을 못 믿겠으면, 지금 당장 산에 같이 가봅시다."

농부는 아내를 데리고 가서 주먹밥이 열려있는 나무를 보여주었어요.

그러자 아내는 쏜살같이 마을로 뛰어 내려가지 뭐예요.

"끝순 네야, 말순 네야! 내 말 좀 들어봐. 우리 동네 산에 주먹밥이 열리는 나무가 있어. 어서 와봐 "

"무슨 소리야! 그런 게 어디 있어?"

"그러게 어디 한번 가보자고."

동네 사람들은 설마, 설마 하면서도 수다쟁이 부인의 말을 듣고 모두 산으로 올라갔어요.

그런데 이게 웬일이에요? 조금 전까지 나무에 주렁주렁 열려있던 주먹밥이 온데간데 없는 거예요.

아내가 동네 사람한테 말하러 간 사이에 농부가 주먹밥을 다 떼어냈거든요.

"그럼, 그렇지! 어쩐지 이상하다고 생각했어."

"내가 그럴 리 없다고 했잖아."

동네 사람들은 투덜대며 모두 돌아갔지요.

수다쟁이 아내는 어리둥절했어요.

"이상하다. 아까 분명히 봤는데."

그때였어요.

"여보, 내가 오늘 산에서 금덩어리를 발견했는데..."

남편의 말에 수다쟁이부인은 쏜살같이 또 동네 부인들에게 달려가는 거예요.

"여보세요! 동네 사람들 오늘 남편이 산에서 금덩어리를 봤대요. 어서 와보세요."

이번엔 동네 사람들이 수다쟁이 말을 들은 척도 하지 않았어요.

그때부터 수다쟁이 아내는 말을 조심하게 되었지요.

농부의 지혜로 아내의 수다스런 습관도 고치고, 금덩어리로 부자가 되었지요.

〈주먹밥이 열리는 나무〉 실연실기 강의록

- 구연지도: 문수정
- 동화의 장르: 전래동화
- 구연 예상 시간: 5분 이내
- 등장인물: 농부, 아내, 동네 여인(끝순 네, 말순 네)
- 등장인물의 성격 및 목소리 설정
  - 해설: 편안하고 자연스런 자신의 안정적인 목소리
  - 농부: 점잖은 아저씨
  - 아내: 수다스럽고 가벼운 아주머니

- 옛: 날 어느 마을에/
  → 짧은 띄기로 시작한다.
- 수다쟁이 아내를 둔 농부가/ 살았어요.
  → 자신의 자연스럽고 목소리로 안정적으로 편안하게 걸어가는 느낌으로 시작한다.
- 아내는 하루 종일 쉴 새 없이/ 종알종알, 주절주절 수다를 떨었지요.
  → '아내는' 부분이 주어 술어 사이 띄어 말하기가 원칙이나 잦은 띄기가 되므로 생략하고, 리듬감을 살려서 수다쟁이가 말하듯 빠른 속도감으로, 종알종알(귀엽게 수다 떠는 의성어 느낌 살려서) 주절주절(이야기를 장황하게 늘어놓는 의태어 느낌 살려서)수다를 떨었지요.
- 글쎄 제 얘기 좀 들어 보세요.
  → 글쎄(순간 띄기)한 음정 높여(남편 흉보는 삐죽거린 표정으로)한다.
- 저는 요새 남편 때문에 / 밤마다 잠을 설치고 있어요.
  → 보통의 빠르기로 이웃들에게 흉보는 말투로 하며 앞 다발은 빠르게 뒤 다발은 느낌을 살려 천천히 한다.
- 남편이 코를 한 번 "드르렁 드르렁"골기 시작하면 / 금세 잠에 빠져 버리거든요.
  → 코를 한 번 "드르렁 드르렁"골기 시작하면 / 의성어 표현을 실감나고 입체감 있게 코의 평수를 넓히면서 재미있게 표현한다.
- 금세 잠에 빠져 버리거든요.
  → 빠른 속도로 잠들어버리는 남편 얘기를 속도감 있게 하면서 바로 코고는 소리를 낸다.
- 그래서 요즘 저는 참다못해/
  → 짧은 띄기로 한다.
- 귀에 솜을 끼우고 잔다니까요.
  → 하소연하듯이 (손가락으로 솜을 끼우는 동작을 하면서) 빠르게 수다스럽게 구연한다.
- 잠시라도 수다를 늘어놓지 않으면/
  → 이야기가 한층 더 무르익은 느낌으로 한다.
- 입이 ① 간질간질, ② 근질근질, ③ 옴질옴질해서/ 비밀이라곤 없었지요.

→ 의태어 실감나게 표현하고,(앞 다발 작게) ① 작은 느낌의 보통음도 ② 큰 느낌으로 낮은 음도 ③ 입모양을 앞으로 내밀어 참지 못하는 표정으로 한다./비밀이라곤 없었지요. → (뒤 다발 상대적으로 크게) 아쉬운 표정과 느낌으로 한다.

- 어느 날, 농부가 산에 나무를 하러 갔다가 금덩어리를 발견했어요.
  → 눈앞에 금덩어리를 본 것처럼 눈을 크게 뜨고 순간 멈춘다.
- '어! 금덩어리네!
  → 금덩어리를 올려놓은 듯 두 손바닥을 보고 잠시 멈춘 후 앞을 보며 눈을 크게 뜨고 한다.
- 하! /그런데 금덩이를 주웠다고 말하면,/ 아내는 큰 횡재를 했다고 /또 동네방네 떠들고 다닐 테고/ 이일을 어쩐다?
  → 하!/ 고민하고 생각하는 표정으로 포즈를 둔 후 혼잣말로 한다.
- 내가 금덩이를 주웠다고 말하면,/
  → 팔짱을 끼고 말하다가 보통 띄기로 한다.
- 아내는 큰 횡재를 했다고 또 동네방네 떠들고 다닐 테고/
  → 고개 방향을 바꾸며 구연한다.
- 이 일을 어쩐다?
  → 생각하듯이 구연한다.
- 옳지/ 그러면 되겠구나."
  → 포즈를 둔 후 / 짧은 띄기 후 좋은 생각이 났다는 듯 손뼉을 치며 고민이 해결된 후 밝은 표정으로 구연한다.
- 농부는 생각 끝에 / 나무에 주먹밥을 주렁주렁 매달아놓고 왔지요.
  → 두 다발로 나누어 앞 다발 부분 생각하듯 천천히 하고, 뒤 다발 부분은 의태어'주렁주렁'어감을 살리면서 미소를 지으며 구연한다.
- 집에 돌아온 농부는/ 아내를 불렀어요.
  → 앞 다발과 뒤 다발 사이 짧은 띄기로 구연한다.
- "여보!
  → 관심을 끌게 하는 어투로 긴한 말을 할 때 하는 작은 소리로 아내를 부른다.(순간 띄기)

- 내가 산에 나무를 하러갔다가 /희한한 나무를 봤는데,
  → 천연덕스러운 목소리와 표정으로 '희한한 나무'를 강조하기 위하여 순간 띄기를 한다.
- 글쎄 / 나무에 주먹밥이 열렸더라고."
  → 글쎄 후 도둑 숨을 머금는다. 시치미를 떼고 영문을 모르겠다는 듯이 큰 소리로 구연한다.
- "에이! / 그럴 리가 있겠어요.
  → 감탄사 뒤에 순간 띄기를 한 후 전혀 믿지 못하는 표정으로 구연한다.
- 당신이 잘 못 본 거겠죠."
  → 별일 아닌 것으로 지나가 듯 구연한다.
- "내 말을 못 믿겠으면,
  → 기가 막힌 표정으로 억울하다는 듯 짧은 띄기로 한다.
- 지금 당장/ 산에 같이 가봅시다."
  → 자신 있게/ 아내의 팔을 잡아끄는 동작을 하며 자신감 있는 말투로 구연한다.
- 농부는 아내를 데리고 가서/ 주먹밥이 열려있는 나무를 보여주었어요.
  → 앞 다발은 빠르게 하고, 뒤 다발은 천천히 구연한다.
- 그러자 아내는/ 쏜살같이 마을로 뛰어 내려가지 뭐예요.
  → 짧은 띄기 후 빠르게 구연
- "끝순 네야, 말순 네야!
  → 급하게 뛰어내려와 큰소리로 부른다.
- "내 말 좀 들어봐.
  → 눈을 동그랗게 뜨고 앞 이야기 구절 해설부분의 어미'요'의 음을 받아서'내'의 음을 같은 음으로 연결되게 한다.
- 우리 동네 산에/ 주먹밥이 열리는 나무가 있어.
  → 순간 띄기 후/주먹밥이 열리는 나무를 강조말하기로 한다.
- 어서 와봐 "
  → 한 음 올려서 채근하는 말투와 손짓 동작하면서 구연한다.
- "무슨 소리야! /

→ 고개를 돌려 생뚱하다는 느낌으로 구연

- 그런 게 어디 있어?

→ 동네 사람들 여럿이므로 다른 목소리로 고개를 돌리며 서로 쳐다보듯 말한다.

- "그러게 어디 한번 가보자고."

→ 팔짱을 끼는 동작으로 믿지는 못하고 못이기는 척 하면서 가는 느낌으로 한다.

- 동네사람들은 설마, 설마 하면서도/

→ 순간 띄기를 한다.

- 수다쟁이 부인의 말을 듣고/ 모두 산으로 올라갔어요.

→ 짧은 띄기를 한다.

- 그런데 이게 웬일이에요?

→ 청자를 보면서 순간 멈춘다.

- 조금 전까지 나무에 주렁주렁 열려있던 주먹밥이 온 데 간 데 없는 거예요.

→ 시선으로 이리 저리 찾는 표정을 하며 구연한다.

- 아내가 동네 사람한테 말하러 간 사이에/

→ 천천히 한다.

- 농부가 주먹밥을 다 떼어냈거든요.

→ 빠르게 구연자와 청자만 알고 있는 사실로 공유하며 미소를 머금고 한다.

- "그럼, 그렇지!/

→ 동네 사람들의 '역시나'하는 표정으로 입을 삐쭉거리며 큰소리로 구연한다.

- "어쩐지 이상하다고 생각했어."

→ 고개를 갸우뚱하며 입을 삐죽이고 맞장구를 치듯 한다.

- " 내가 그럴 리 없다고 했잖아."

→ 큰소리로 그럴 줄 알았다는 듯 말한다.

- 동네 사람들은 투덜대며/ 모두 돌아갔지요.

→ 짧은 띄기로 실망하듯 한다.

- 수다쟁이 아내는 어리둥절했어요.

→ 영문을 몰라 어리둥절한 표정으로 구연한다.

- "이상하다./아까 분명히 봤는데."

→ 고개를 갸우뚱 하며 생각하는 표정으로 보통 띄기로 한다.

- 그 때였어요.

  → 빠르게 구연한다.

- “여보, 내가 오늘 산에서 금덩어리를 발견했는데…”

  → 바로 쉬지 않고 속도감 있게 구연한다.

- 남편의 말에 수다쟁이 부인은 쏜살같이 /

  → 보통의 빠르기로 하며 순간 띄기로 한다.

- 또 동네 부인들에게 달려가는 거예요.

  → 속도감 있게 두 손을 달리는 동작으로 앞뒤로 움직이며 구연한다.

- “여보세요! 동네사람들 오늘 남편이 산에서 금덩어리를 봤대요./

  → 계속 두 손을 입가에 대고 스피커 모양을 만들어 앞 구절의 어미 ‘요’의 음을 받아 큰소리로 한다.

- 어서 와보세요.”

  → 한 단계 음을 높여 더 빠르게, 채근하듯 더 큰소리로 구연한다.

- 이번엔 동네사람들이∨수다쟁이 말을 들은 척도 하지 않았어요.

  → 짧은 띄기 후 고개를 저으며 한다.

- 그 때부터 수다쟁이 아내는/ 말을 조심하게 되었지요.

  → 점점 이야기가 끝나가는 느낌으로 보통 빠르기로 하며 ‘조심하게’를 강조하기 위하여 ‘머금숨’으로 한다.

- 농부의 지혜로 아내의 수다스런 습관도 고치고/ 금덩어리로 부자가 되었대요.

  → 미소 띤 얼굴로 조금 천천히 하강조로 마무리한다.(하강조)

〈날아라 색종이〉

글: 문수정

이야기 선생님의 가방 안에는 색종이 친구들이 살고 있었어요.
빨강색, 주황색, 노란색, 초록색…저마다 자기 색깔을 뽐냈지요.
"우리 중에서 누가 제일 먼저 뽑혀갈까?"
주황이가 말했어요.
"그야 물론 나지. 내 몸은 병아리처럼 귀엽고 예쁘잖아."
노랑이가 말하자 초록이도 지지 않고 얘기했어요.
"난 말이야. 시원한 나무로 태어날 거야."
선생님이 색종이를 꺼내자 아이들이 노랑이를 가져갔지요.
"얘들아 봤지? 내 말대로 아이들이 나를 제일 좋아하는 거 말이야."
노랑이가 으스댔어요.
"치! 쟤는 아마 시끄러운 앵무새가 될 거야."
색종이 친구들은 시샘이 났지요.
다른 색종이들은 모두 뽑혀가고 이제 까망이와 회돌이 둘만 남았어요.
"우리를 아무도 뽑아주지 않았어. 훌쩍훌쩍"
그 때였어요.
아이들이 선생님께 와서 까망이와 회돌이도 필요하다고 한 장씩 달라고 했어요.
"히히 난 제비가 되어 흥부네 집에 박씨를 물어다 줄 거야."
"그럼 난 비둘기가 되어 평화를 꿈꾸는 사람들에게 좋은 소식을 전해다 주고 싶어."
까망이와 회돌이는 하늘을 날아다닐 생각에 기뻐했지요.

〈날아라 색종이〉 실연실기 강의록

- 구연지도: 문수정
- 동화의 장르: 창작동화
- 구연 예상 시간: 3분 이내
- 등장인물: 노랑이, 주황이, 초록이, 까망이, 회돌이
- 등장인물의 성격 및 목소리 설정

- 해설: 편안하고 자연스런 자신의 안정적인 목소리
- 노랑이: 잘난 척하는 여자아이
- 주황이: 호기심 많은 여자아이
- 초록이: 씩씩한 남자아이
- 까망이: 몹시 슬퍼하는 여자아이
- 회돌이: 속상하지만 희망을 잃지 않는 남자아이

- 이야기 선생님의 가방 안에는 / 색종이 친구들이 살고 있었어요.
  → 이야기의 도입 부분이므로 천천히 편안하게 걸어가는 느낌으로 이야기한다.
- 빨강색, 주황색, 노란색, 초록색…/ 저마다 자기 색깔을 뽐냈지요.
  → 리듬감 있게 각 색깔의 느낌을 살려 변화를 주어 구연한다.
- " 우리 중에서 / 누가 제일 먼저 뽑혀갈까?"
  → 짧은 띄기로 궁금하다는 듯 구연한다.
- 주황이가 / 말했어요.
  → 짧은 띄기로 한다.
- "그야 물론 나지. / 내 몸은 병아리처럼 귀엽고 예쁘잖아."
  → 눈을 아래로 향하여 당연하다는 듯 말한다.
- 노랑이가 말하자 / 초록이도 지지 않고 얘기했어요.
  → 리듬감 있게 짧은 띄기로 한다.
- "난 말이야. / 시원한 나무로 태어날 거야."
  → 씩씩하고 희망차게 한다.
- 선생님이 색종이를 꺼내자 / 아이들이 노랑이를 가져갔지요.
  → 짧은 띄기로 여유 있게 한다.
- "얘들아 봤지? / 내 말대로 /아이들이 나를 제일 좋아하는 거 말이야."
  → 당연하다는 듯 웃으며 한다.
- 노랑이가 / 으스댔어요.
  → 고개를 치켜들며 한다.
- "치! / 쟤는 아마 / 시끄러운 앵무새가 될 거야."
  → 입을 삐죽 거리며 한다.

- 색종이 친구들은 / 시샘이 났지요.
  → '시샘이 났지요' 어미를 올려준다.
- 다른 색종이들은 모두 뽑혀가고 / 이제 까망이와 회돌이 둘만 남았어요.
  → 까망이와 회돌이가 가엾다는 듯 안타깝게 한다.
- "우리를 아무도 뽑아주지 않았어. / 훌쩍훌쩍"
  → 속상한 투로 서럽게 구연한다.
- 그때였어요.
  → 빠르고 희망차게 한다.
- 아이들이 선생님께 와서 / 까망이와 회돌이도 필요하다고 / 한 장씩 달라고 했어요.
  → 점점 어조를 높여가며 한다.
- "히히 난 제비가 되어 흥부네 집에 / 박씨를 물어다 줄 거야."
  → 웃음 띤 얼굴로 싱글벙글 신나게 한다.
- "그럼 난 비둘기가 되어 / 평화를 꿈꾸는 사람들에게 / 좋은 소식을 전해다 주고 싶어."
  → 희망찬 어조로 자신 있게 상기되어 한다.
- 까망이와 회돌이는 / 하늘을 날아다닐 생각에 / 기뻐했지요.
  → 밝은 어조로 차분하게 마무리한다.

2. 연습 동화

기본 연습 동화

✎〈새끼 양과 늑대〉

어느 날, 새끼 양이 커다란 늑대를 만났어요.

"흐흐흐, 맛있게 생겼군!"

늑대는 군침을 흘리며 새끼 양에게 다가왔어요.

"늑대 아저씨, 죽기 전에 제 소원 한 가지만 들어주세요."

"소원? 그게 뭐냐?"

"저는 춤추는 것을 좋아하거든요. 그러니 마지막으로 춤을 출 수 있게 피리를 좀 불어 주세요."

새끼 양은 목동의 피리를 늑대에게 건네주며 애원했어요.

"알았다. 내가 피리를 불어 주마."

늑대는 열심히 피리를 불었어요.

새끼 양은 그 소리에 맞춰 춤을 추었고요.

"누가 내 피리를 불고 있지?"

피리 소리를 들은 목동은 사냥개를 데리고 달려왔어요.

늑대는 개들에게 잡히고 말았지요.

영리한 양은 목동의 품에 안겨 집으로 돌아왔어요.

✎〈나의 희망〉

글 : 권효순 – 종결어미 고치기

"대~한 민국! 짝짝 짝 짝짝!"

민이는 손뼉을 치며 월드컵 축구 경기를 보았어요.

"아, 난 멋진 축구 선수가 될 거야."

텔레비전에서 신나게 노래하는 가수를 보았어요.

"와! 가수가 되고 싶다."

어딘가에 불이 났나 봐요. 불자동차가 '웨애앵~' 달려갔어요.

"119 아저씨가 되고 싶은걸."

민이가 감기에 걸려 병원에 갔어요.

"의사 선생님이 되어야겠어."

옆에서 지켜보던 엄마가 말씀하셨어요.

"민아, 무슨 일이든 다 소중한 거란다. 민이가 건강해야 뭐든 할 수 있겠지?"
엄마의 말씀에 민이는 벌떡 일어나 운동을 시작했어요.
"하나 둘! 하나 둘!"

✎ 〈용기 있는 맴돌이〉

무더운 여름날이었어요.
"아이 더워."
맴돌이는 고목나무 할머니네 아이스크림 가게로 갔어요.
"할머니, 아이스크림 주세요."
"뭐라고? 안 들려."
"할머니, 아이스크림 주세요."
"뭐라고? 안 들려."
맴돌이는 용기를 내서 큰 소리로 말했어요.
"할머니, 아이스크림 주세요."
"그래, 그렇게 자신 있게 말해야지."
맴돌이는 아이스크림을 맛있게 먹을 수 있었답니다.

✎ 〈방귀만 뽕〉

꼬꼬와 꼬봉이는 귀엽고 예쁜 병아리예요.
둘이는 점점 자라면서 조금씩 달라졌어요.
"이야! 꼬봉아, 너는 머리에 빨간 왕관을 쓴 것 같아."
"어어, 꼬꼬는 엉덩이에 살만 쪘잖아."
"꼬끼오~."
왕자처럼 멋있는 꼬봉이는 노래도 멋지게 잘 불렀지요.
"나도 꼬봉이처럼 노래를 잘 불렀으면…."
그러던 어느 날, 꼬꼬의 몸속에서 떼구르르~ 하얀 알이 굴러 나왔지 뭐예요.
"꼬봉아, 이것 좀 봐! 내 배 속에서 나왔어."
"칫, 그까짓 것 나도 할 수 있어."
심술이 난 꼬봉이가 배에 힘껏 힘을 주자,

"뽀~ 옹."
냄새 나는 방귀만 나왔대요.

✎ 〈무궁화〉

글 : 권효순

민이는 아파트 화단에서 예쁜 꽃을 보았어요.
"엄마, 꽃이 참 예쁘죠?"
"그래, 이 꽃은 우리나라 꽃 '무궁화'란다."
"그럼 태극기나 애국가처럼 우리나라를 나타내는 꽃이네요."
엄마는 민이를 쳐다보며 무궁화꽃에 대한 설명을 해 주셨어요.
"무궁화는 날마다 새롭게 핀단다. 새벽 일찍 피어나는 부지런한 꽃이야."
"아, 엄마랑 민이처럼요?"
엄마는 민이를 보며 환하게 웃으셨어요.
"무궁화는 오래도록 피어 있어서 끈기 있는 꽃이라고도 하지."
민이는 무궁화처럼 부지런하고 끈기 있는 어린이가 되어야겠다고 생각했어요.

✎ 〈나무 심는 노인〉

머리가 하얗고 허리가 굽은 할아버지가 있었어요.
할아버지는 자기 집 정원에 사과 묘목을 심고 있었지요.
마침 그곳을 지나던 젊은이가 할아버지에게 물었어요.
"아이구, 어르신, 지금 사과 묘목을 심어서 언제 사과를 따 드시려고요?"
"허허, 내가 먹으려는 것이 아니라네."
"그럼, 사과 묘목을 왜 심으시나요?"
젊은이의 질문에 할아버지는 미소를 지으며 답해 주었어요.
"내가 태어났을 때 우리 집 과일나무엔 많은 과일이 열려 있었다네. 그건 내 할아버지가 심어 놓은 것이었지. 난 지금 내 할아버지가 한 것과 똑같은 일을 하는 것뿐이라네."
할아버지의 말을 들은 젊은이는 웃으며 고개를 끄덕였어요.

✎ 〈멧돼지와 말과 사냥꾼〉

멧돼지와 말이 풀밭에서 풀을 뜯고 있었어요.
그런데 멧돼지는 이리저리 뛰어다니며 풀밭을 짓밟고 있는 거예요.
거기다 냇물까지 온통 흙탕물로 만들어 놓았지요.
"야, 멧돼지야. 좀 얌전하게 먹을 수 없니?"
"내 맘이지, 네가 웬 참견이야!"
말이 화를 내도 멧돼지는 들은 척도 않고 계속 뛰어다니는 게 아니겠어요.
'저 멧돼지 녀석을 혼내줄 좋은 수가 없을까?'
말은 사냥꾼을 찾아가 멧돼지를 혼내달라고 부탁했어요.
"그래, 나를 숲까지 태워다 주면 내가 도와주지."
말은 사냥꾼을 태우고 숲으로 갔어요.
사냥꾼은 멧돼지를 찾아서 총을 쏘았어요.
"고맙습니다. 이젠 됐으니 제 등에서 내려주세요."
그러자 사냥꾼은 비웃으며 이렇게 말하는 거예요.
"네 등에 타보니 무척 편하구나. 그러니 계속해서 타고 다녀야겠다."
그 후, 말은 사냥꾼을 등에 태우고 힘들게 살게 되었지요.

✎ 〈가짜 북소리〉

중국의 궁궐 문 앞에는 커다란 북이 하나 있었어요.
그 북은 적이 쳐들어오거나 불이 났을 때 백성들에게 알리는 북이었지요.
그런데 왕이 심심할 때마다 장난삼아 북을 치는 게 아니겠어요.
"둥! 둥! 둥!"
처음 북소리가 울렸을 때 백성들은 모두 놀라서 허겁지겁 달려 나왔어요.
왕은 그런 백성들의 모습을 보며 아주 재미있어했지요.
"하하하! 무슨 큰일이 났다고 이리들 놀라서 나왔느냐. 내가 장난한 것이니 다들 물러가거라."
그렇게 왕의 장난은 계속되었어요.
그러던 어느 추운 겨울밤, 북쪽에서 정말 적이 쳐들어온 거예요.
"어서 북을 울려라. 어서!"

다급해진 왕은 적의 침략을 알리기 위해 서둘러 북을 울리도록 했지요.
"둥둥둥둥!"
"왕이 또 심심하신가 보구먼…."
백성들은 왕이 또 장난치는 것으로 생각하고 아무도 집 밖으로 나오지 않았어요.

✎〈엉금이의 딱딱한 등〉

글 : 백미애

햇볕이 쨍쨍 내리쬐는 무더운 여름날이었어요.
동물 친구들이 커다란 나무 그늘에서 더위를 식히고 있었지요.
그때, 모기 한 마리가 나타났어요.
"왱콕이가 나타났다."
"뭐? 왱콕이라고!"
왱콕이라는 소리에 모두들 바빠졌어요.
나비는 팔랑팔랑 날아갔고요, 토끼는 깡충깡충 뛰어갔고요, 오리는 뒤뚱뒤뚱 달려갔어요.
그 뒤를 모기 왱콕이가 왜앵~ 따라갔지요.
동물들이 우르르 몰려가다가 거북 엉금이를 만났어요.
"너희들 어디를 그렇게 바쁘게 가니?"
"왱콕이에게 물릴까 봐 도망을 가는 중이야."
강아지는 멍멍, 고양이는 야옹, 돼지는 꿀꿀대며 투덜거렸어요.
"그래? 그렇다면 나에게 맡겨."
엉금이가 왱왱거리며 날아오는 왱콕이 앞을 딱 가로막았어요.
"엉금엉금 엉금아, 넌 너무 느려서 날 보고 도망도 못 가는구나."
"아니야. 왱콕이 너, 이제 친구들 그만 물고 다녀. 안 그러면 나한테 혼난다."
"에구에구! 느림보 네가 날 혼낸다고? 내가 널 혼내 줄 테다."
왱콕이가 왜앵 하더니 엉금이 등을 콕 찌르다가, 그만 탁 기절하고 말았어요.

✎ 〈멧돼지와 여우〉

멧돼지 한 마리가 나무 기둥에 어금니를 갈고 있었어요.
나무 뒤에서 멧돼지를 지켜보던 여우가 중얼거렸어요.
'저 멍청한 멧돼지 좀 봐. 사냥꾼도 없는데 어금니는 왜 가는 거야?'
멧돼지가 한심하게 느껴진 여우는 잘난 척하며 물었어요.
"참 딱하시네요. 잡으려는 사람이 없는데 왜 쓸데없이 어금니를 갈고 있나요?"
"그것도 몰라서 묻는 거야? 영리한 줄 알았는데 아니구나."
여우는 자기를 무시하는 멧돼지의 말에 발끈 화를 냈어요.
"아니, 내가 영리하지 못하다니 그게 무슨 말이에요!"
"사냥꾼이 오게 되면 어금니를 갈 틈이 있겠느냐?"
멧돼지의 말에 여우는 작은 소리로 말했어요.
"아! 그래서 미리 갈아 날카롭게 해놓는 거군요."
잘난 척하고 다녔던 여우는 얼굴이 빨개졌어요.

✎ 〈콧물 빠진 팥죽〉

옛날에 자기밖에 모르는 욕심 많은 양반이 살았어요.
어느 겨울날, 양반이 하인 꾀돌이를 불렀지요.
"꾀돌아, 장에 가서 따끈따끈한 팥죽 한 그릇만 사 오너라."
양반은 자기가 먹을 팥죽 한 그릇만 사 오라고 하지 않겠어요.
"아구~, 저 욕심쟁이! 아니, 이 추운 날 팥죽을 넉넉히 사서 나눠 먹으면 좀 좋아!"
꾀돌이는 구시렁 구시렁거리며 팥죽 한 그릇을 사 왔어요.
그러고는 훌쩍훌쩍 울기부터 하는 거예요.
"아니, 이 녀석아, 왜 훌쩍거리느냐?"
"나리, 사실은요…. 제 콧물을 팥죽에 빠뜨렸지 뭡니까요?"
꾀돌이의 말을 들은 양반은 얼굴을 찡그렸어요.
"나리께서 이 콧물 빠진 팥죽을 어떻게 잡수시나 걱정이 돼서 이렇게 우는 겁니다."
이 말을 들은 양반은 입맛이 싹 없어졌지요.
"에이, 지저분한 녀석! 그 콧물 빠진 팥죽은 너나 먹어라!"
"아이고, 죄송합니다."
꾀돌이는 싱글벙글 웃으며 팥죽을 맛있게 먹었어요.

✎ 〈봉이 김 선달〉

옛날 평양 땅에 김 선달이란 선비가 살았어요.
어느 날, 장터에 간 김 선달은 닭을 비싸게 팔고 있는 닭 장수를 보았지요.
'아니, 닭 한 마리 값이 저렇게 비싸다니.'
김 선달은 닭 장수를 혼내 주기로 마음먹었어요.
"이 새는 이름이 뭡니까? 아무래도 비싸겠지요?"
"이 새는 봉이랍니다. 값도 닷 냥이나 하지요."
닭 장수는 시침을 뚝 떼고 닭을 봉이라고 말하는 거예요.
"뭐라? 이 새가 봉이란 말이지요?"
김 선달은 닭을 닷 냥에 사서는 사또한테 헐레벌떡 달려갔어요.
"사또, 귀한 봉을 사또님께 바칩니다요."
"아니, 이건 수탉이 아니오? 어찌 나에게 거짓말을 하는 거요!"
그러자 김 선달이 털썩 주저앉아 엉엉 울기 시작하는 거예요.
"아이고, 이게 수탉이라니! 봉이라고 해서 쉰 냥이나 주고 샀는데…. 이를 어쩌나."
"무엇이라! 정녕 봉이라 하고 팔았느냐?"
김선달의 말을 들은 사또는 닭 장수를 당장 잡아 오라고 했지요.
"이놈! 네가 수탉을 봉으로 속이고 쉰 냥에 팔았느냐?"
"팔긴 팔았습니다만….쉰 냥이라니요? 저는 닷 냥에 팔았는뎁쇼."
"사또, 봉이 닷 냥이라면 누가 믿겠습니까?"
"여봐라! 저 닭 장수에게 곤장 스무 대를 치렸다!"
닭 장수는 곤장 스무 대를 맞고 쉰 냥을 내주었어요.
그 후로 사람들은 김 선달을 '봉이 김 선달'이라고 불렀지요.

✎ 〈늑대를 물리친 당나귀〉

당나귀가 넓은 풀밭에서 풀을 뜯고 있었어요.
그때 배고픈 늑대가 당나귀에게 슬금슬금 다가오는 게 아니겠어요?
'아이고, 큰일 났다. 이걸 어쩌지? 옳지!'
당나귀는 갑자기 아픈 표정을 지으며 다리를 절뚝거렸어요.
"너, 왜 다리를 절뚝거리고 있는 거야?"

"발바닥에 가시가 박혀서요. 늑대님이 저를 드실 때 목에 가시가 걸리면 어쩌지요?"
"뭐라고? 그럼 가시를 빼고 잡아먹어야지. 자! 어디 발을 들어 봐라."
늑대가 가시를 찾느라 당나귀의 발바닥을 살피고 있었어요.
바로 그때 당나귀는 얼른 발을 들어 늑대를 힘껏 걷어찼지요.
"아이구! 내 이빨이! 내 이빨이…."
늑대는 이빨이 몽땅 부러지고 당나귀는 재빨리 도망갔어요.

✎〈꾀 많은 토끼-1 호랑이와 돌떡〉

따뜻한 봄날, 토끼가 산속을 가다가 무서운 호랑이를 만났어요.
"어흥! 토끼야, 배가 몹시 고픈데 잘 만났다."
토끼는 깜짝 놀랐지만 얼른 정신을 차리고 꾀를 내었지요.
"호~ 랑이님, 배가 많이 고프실 텐데…, 먼저 떡을 드시는 게 어떠세요?"
"뭐? 떡? 그래, 어서 내놔 봐라."
토끼는 얼른 돌멩이를 모아 호랑이 앞에 놓는 게 아니겠어요?
그리고는 근처에 있는 마른 가지에 불을 지피고 그 돌멩이들을 굽기 시작했어요.
"아니, 이게 떡이란 말이냐? 돌멩이 같은데?"
"돌멩이 비슷하죠? 그러니까 이 떡이 돌떡이에요."
"그래, 이걸 어떻게 먹는다는 거냐?"
"불에 빨갛게 구워졌을 때 한입에 꿀꺽 삼키면 돼요. 아이, 참 간장이 있어야지."
토끼는 좋은 생각이 난 듯 말했어요.
"호랑이님, 이 돌떡은 간장을 찍어 먹어야 맛이 좋아요."
"간장? 그런 것도 있냐?"
"제가 얼른 저 외딴집에 가서 구해 올 테니 기다리고 계세요. 호랑이님, 떡이 열 개예요. 열 개! 혼자 다 잡수시면 안 돼요."
토끼는 재빨리 산 아래로 도망가 버렸지요.
호랑이는 돌떡이 열 개라는 말을 듣고 가만히 세어 보았어요.
그런데 이게 웬일이에요. 몇 번을 세어 보아도 열한 개가 아니겠어요?
"토끼가 숫자를 못 세나 보다. 열한 개를 놓고 열 개라고 하네. 흐흐, 토끼가 오기 전에 한 개는 먼저 먹어 버려야지."

호랑이는 제일 큰 돌떡을 골라 홀딱 삼켜 버렸지요.
"앗! 뜨거! 아이고 목구멍이야! 아이구 배야."
호랑이는 펄쩍펄쩍 뛰며 냇가로 달려갔어요.

✎ 〈꾀 많은 토끼-2 호랑이와 참새고기〉

어느 가을날, 호랑이가 억새밭을 어슬렁어슬렁 지나가고 있었어요.
그때 마침, 지난봄에 호랑이를 속이고 달아났던 토끼가 깡충깡충 뛰어오는 게 아니겠어요?
"어흥! 토끼 너, 잘 만났다! 네가 감히 날 속여?"
하지만 토끼는 방글방글 웃으며 호랑이에게 다가오는 거예요.
"호랑이님, 용서해 주세요. 이번엔 진짜로 맛있는 참새를 맘껏 먹게 해드릴게요."
"그래, 어떻게 참새를 잡는다는 거냐?"
호랑이는 토끼에게 속지 않으려고 마음을 단단히 먹었지만, 참새고기 생각에 침이 꼴깍 넘어갔어요.
"호랑이님은 여기서 입만 벌리고 있으면 참새 떼가 날아 들어갈 거예요."
"이번에도 날 속이면 가만 안 둔다."
"저를 믿으세요."
토끼는 억새밭 한 가운데로 가서 '후여후여' 소리쳤어요.
"호랑이님, 저는 저편에 가서 참새 떼를 이쪽으로 몰아올게요. 호랑이님, 참새들이 날아가요. 입을 딱 벌리고 계세요."
"그래, 그래."
조금 후, 사방에서 부적부적 소리가 나지 뭐예요.
"으흐, 이제 참새 떼가 몰려오는구나."
그런데 갑자기 엉덩이가 후끈후끈 뜨거워지는 게 아니겠어요?
호랑이가 휙 뒤돌아보니 억새밭이 온통 불바다가 되어 있었어요.
부적부적하던 소리는 바로 마른 억새가 불에 타는 소리였던 거예요.
"아, 뜨거! 아, 뜨거! 호랑이 살려!"
호랑이는 또 며칠 동안을 굴속에서 끙끙 앓아야 했어요.

✎〈꾀 많은 토끼-3 얼어붙은 호랑이 꼬리〉

강물이 꽁꽁 얼어붙은 어느 겨울날이었어요.

토끼가 얼음 치기를 하고 있는데 지난번 골려 준 호랑이가 또 나타났지 뭐예요.

"토끼야, 오늘은 가만두지 않겠다."

토끼는 호랑이를 보자 얼른 꾀를 냈어요.

"아유, 깜짝이야. 호랑이님 때문에 잡았던 물고기 다 놓쳤잖아요. 아이, 아까워라."

호랑이는 물고기라는 말에 또 침이 꼴깍 넘어가지 뭐예요.

"그래. 어떻게 하면 물고기를 잡을 수 있다는 거냐?"

"물고기를 잡으려면 호랑이님의 꼬리를 이렇게 물속 깊이 넣고 조금만 기다리면 돼요.

"그래, 그게 정말이냐?"

토끼는 신이 나서 말했어요.

"그럼요, 호랑이님 꼬리는 길어서 물고기가 다닥다닥 많이 붙을 거예요. 제가 호랑이님 꼬리를 강물 깊숙이 넣어드릴게요."

토끼는 꽁꽁 언 얼음을 깨고 거기에 호랑이 꼬리를 넣었어요.

"제가 물고기를 몰아드릴 테니, 절대로 움직이지 마세요. 알았죠?"

"알았다. 알았어."

토끼는 깡충깡충 뛰어서 재빨리 도망가 버렸어요.

한참이 지나자 호랑이의 꼬리가 무거워지는 거예요.

호랑이는 물고기가 다닥다닥 붙어서 그렇다고 생각했지요.

"토끼는 왜 안 보이는 거야? 이만하면 더 잡을 필요도 없을 것 같은데…."

호랑이가 일어나려고 하자 꼬리가 강물에 꽁꽁 얼어 버렸지 뭐예요.

결국 호랑이는 강물에 꼬리를 담근 채 얼음이 되고 말았어요.

✎〈고기 장수 박 서방〉

옛날 시골 장터에 박상길이란 사람이 고기 장사를 했어요.

어느 날, 갓을 쓴 양반이 고깃간에 들어오면서 말했지요.

"상길아, 고기 한 근 다오."

고기 장수는 매우 화가 났어요.

'흥, 내가 아무리 고기 장사를 한다고 해도 그렇지. 어린아이 부르듯이 남의 이름을 함

부로 부르다니…….'
이렇게 생각한 박상길은 돼지고기 한 근을 잘라 주었어요.
바로 그때, 갓을 쓰지는 않았지만 점잖게 보이는 선비가 들어왔지요.
"여보게 박 서방, 고기 한 근 주게나."
박상길은 기분이 좋아 고기 한 근을 크게 잘라 공손하게 드리는 게 아니겠어요?
"예, 여기 있습니다. 선비님."
그러자 갓을 쓴 양반이 화가 나서 말했어요.
"아니, 이봐. 돼지고기 한 근을 똑같이 달라고 했는데, 내 고깃덩어리가 더 작잖아?"
"상길이가 자른 고기와 박 서방이 자른 고기는 당연히 다르지요."
양반은 아무 말도 하지 못했어요.

✎ 〈민들레의 여행〉

글 : 이영희

봄이 되자 여기저기서 새싹들의 기지개 켜는 소리가 들렸어요.
제일 먼저 겨울잠에서 깨어난 민들이는 해님을 닮은 듯 동그랗고 노란 꽃을 활짝 피웠지요.
어디선가 노랑나비 한 마리가 팔랑팔랑 날아와 민들레꽃 위에 앉았어요.
"반가워요, 나비 아가씨!"
어느새 해님이 서산으로 잠자러 들어간 밤이 되었어요.
그때 어디선가 '끙 끙!' 안간힘을 쓰는 소리가 들려오는 것이 아니겠어요
마악 잠이 들려던 민들이는 휘둥그레 눈을 뜨고 이리저리 고개를 기웃거렸어요.
바로 땅속에서 들려오는 소리였어요.
"누가 아파요?"
민들이가 물었어요.
"저 좀 구해 주세요. 숨이 막혀 죽을 것 같아요!"
그 소리에 달님이 얼굴을 '쑥' 내밀었어요.
환한 달빛에 꽃들의 걱정스런 얼굴이 보였어요.
"밖에 나가려는데 무엇인가가 날 꽉 막고 놓아주지를 않아요. 그래서 숨을 쉴 수가 없어요."

땅속의 작은 싹이 숨을 몰아쉬며 소리치는 거예요.
가만히 살펴보니 바로 커다란 비닐봉지가 땅을 덮고 있지 뭐예요.
"우리들이 제일 싫어하는 비닐봉지를 어떻게 해서든지 날려 보내야 돼요."
"맞아요, 맞아. 우린 저 비닐이 있으면 숨을 쉴 수가 없어. 어떡하지?"
민들이와 다른 꽃들은 발을 동동 구르며 어쩔 줄 몰랐어요.
그 모습을 안타깝게 보던 달님에게 좋은 생각이 떠올랐어요.
"얘들아, 조금만 기다려. 내가 비구름을 데려올게"
달님이 구름 속으로 얼굴을 숨기자 곧 검은 구름이 모여드는 게 아니겠어요.
바람이 세차게 입김을 불어대자 주룩주룩 비가 내리기 시작했어요.
새싹과 꽃들은 비와 바람과 힘을 합하여 비닐봉지를 몰아냈지요.
"어휴, 시원해라. 고마워요."
땅속에서 겨우 얼굴을 내민 작은 싹이 인사를 했어요.
다음 날 아침 해님은 다시 따스한 햇볕을 내리쬐었지요.
활짝 피었던 노오란 민들이는 어느새 할머니가 되어 하얀 머리카락을 날리며 살기 좋은 곳을 찾아 머언 여행을 떠났어요.

〈이야기 토끼 홍이〉

글 : 이민옥

얼굴이 잘 빨개지는 홍(紅)이라는 아기 토끼가 있었어요.
홍이네 반에서는 매일 한 명씩 나와서 재미있는 이야기를 들려주기로 했지요.
"난 어떻게 하지. 벌써 가슴이 쿵쾅쿵쾅 뛰는 게 숨이 멎어 버릴 것 같아. 얼굴은 또 왜 이렇게 빨간 거야…."
드디어 홍이 차례가 되었어요.
홍이가 앞으로 나가자 새빨개진 홍이 얼굴을 보고 친구들이 마구 웃어댔지요.
"와, 홍이 얼굴 좀 봐. 홍당무가 됐네."
"하하하. 홍이 얼굴에 불이 났는데."
결국 홍이는 아무 말도 못 하고 자리로 돌아오고 말았어요.
학교가 끝나고 힘없이 걸어가는데 어느새 선생님이 다가와 말씀하셨어요.
"홍이야. 선생님을 보면서 엄마에게 말하듯 편히 말해 보렴. 그러면 아마 이야기를 잘

할 수 있을 거야."
"선생님을요? 제가 잘할 수 있을까요?"
"그럼~! 내일 다시 한번 해 보는 거야. 알겠지."
다음 날, 이야기 시간에 홍이는 용기를 내서 큰 소리로 말했어요.
홍이는 또 얼굴이 빨개졌지만 선생님을 바라보며 슬픈 표정을 짓기도 하고 웃는 표정이 되기도 하면서 아주 신나게 이야기를 들려주었지요.
"우와! 그 이야기 정말 재미있는걸."
"그래. 우리에게 매일 이야기를 들려주면 안 되겠니?"
"정말? 내 이야기가 정말 재미있었어?"
다음 날부터 홍이는 친구들에게 매일 흥미진진한 이야기들을 재미있게 들려주었어요.

✎ 〈날아다니는 새들의 것〉

글 : 백미애

주말을 맞아서 하은이는 시골 할아버지 댁에 갔어요.
할아버지 동네엔 집집마다 감나무가 참 많았어요.
'아이참, 좋겠다!'
"하은아, 뭘 그렇게 혼자 중얼거리고 있어?"
"할아버지, 이 마을 사람들은 참 좋겠어요. 감이 먹고 싶을 땐 나무에서 직접 따서 먹고요."
"그럼 좋지, 좋아! 우리 하은이가 좀 더 일찍 왔더라면 감도 따 볼 수 있었는데…."
그 말이 끝나자마자 하은이는 감나무에 달려가 마구 흔들었어요.
제일 높은 곳에 남아 있는 감을 따려고요.
"아이구 아이구 하은아, 그건 따는 게 아니야. 그건 날아다니는 새들이 배고플 때 먹으라고 일부러 따지 않은 거란다."
바로 그때였어요.
논에 놀러 나갔던 지은이가 손에 하나 가득 이삭을 들고 들어왔어요.
"오빠, 이거 쌀이다. 아빠가 그러셨는데 이 안에 쌀이 들었대."
"에그 에그, 그건 줍는 게 아니야. 그건 날아다니는 새들이 배고플 때 먹으라고 일부러 줍지 않은 거란다."
하은이는 인심 좋은 시골이 참 좋았어요.

✎ 〈노래 부르는 청년〉

노래 부르기를 좋아하는 한 청년이 있었어요.
청년은 매일 방에 틀어박혀 노래만 불렀어요.
"아무리 생각해도 난 노래 솜씨가 정말 좋아."
청년은 자신이 무척 노래를 잘 부른다고 생각했어요.
하지만 청년은 노래 솜씨가 형편없었지요.
노랫소리가 벽에 울려서 아주 멋있게 들려 착각을 했던 거예요.
"나 혼자만 듣기엔 너무 아까워. 사람들을 불러서 노래를 불러야지."
그래서 청년은 많은 사람을 초대했어요.
"저는 노래를 무척 잘하지요. 여러분들도 들어 보시면 놀라실 거예요."
"그래? 그럼 어디 한번 불러 보게나."
사람들은 청년의 노래에 귀를 기울였어요.
청년은 잘난 척하며 큰 소리로 노래를 불렀어요.
그런데 잠시 후, 사람들이 소리를 지르며 화를 내는 거예요.
"아니, 그것도 노래라고 부르는 거야? 내가 불러도 그보다 낫겠다!"
사람들의 소리에 청년은 고개를 푹 숙였어요.

✎ 〈폴짝꿈틀 자벌레〉

글 : 권효순

세상에 처음 나온 자벌레가 폴짝꿈틀 폴짝꿈틀 기어가고 있었어요.
가슴과 꼬리에만 다리가 있는 자벌레는 배를 위로 올려야만 기어갈 수 있었거든요.
떡갈나무 우듬지에 앉아 있던 개똥지빠귀가 그 모습을 보았어요.
"와! 저건 신기한 벌레인데, 맛이 어떨까?"
포르르 내려온 개똥지빠귀는 한입에 자벌레를 잡아먹으려 하지 뭐예요.
"잠깐만! 나는 뭐든 한 뼘 한 뼘 재며 기어가는 자벌레야. 네가 나를 잡아먹지 않는다면 나는 너의 멋진 깃털을 재 줄 수 있어."
"그래? 넌 아주 특별하구나. 어디 한번 재 봐."
자벌레는 개똥지빠귀의 깃털을 재 주고 겨우 목숨을 구했지만 너무 속상했어요.
"어휴, 이게 뭐야! 세상에 나오자마자 잡아먹힐 뻔했잖아."

자벌레는 자기도 큰 힘을 가지고 싶었어요.
'안 되겠어. 하느님께 부탁을 해야지.'
숲속으로 들어온 자벌레는 하느님을 불렀어요.
"하느님, 하느님!"
자벌레의 소리에 하느님이 대답하셨지요.
"왜 그러느냐? 자벌레야."
"전 너무 힘이 없어요. 저에게 새의 부리처럼 날카로운 이빨을 주세요."
하느님은 자벌레의 소원을 들어주셨어요.
하지만 자벌레는 커다란 이빨 때문에 입을 벌린 채 아무것도 먹을 수 없었지 뭐예요.
자벌레는 다시 하느님을 불렀어요.
"하느님, 큰 이빨 대신 단단하고 멋진 뿔을 주세요."
이번에도 하느님은 자벌레의 소원을 들어주셨지요.
멋진 뿔을 자랑하려던 자벌레는 고개를 들 수 없었어요. 뿔이 너무 무거웠던 거예요.
자벌레는 울면서 다시 하느님을 불렀어요.
그러자 하느님은 자벌레에게 신기한 색깔의 힘을 주시는 게 아니겠어요?
"색깔의 힘이 뭐예요?"
"네 마음대로 색깔을 바꿀 수가 있는 힘이지."
"정말이요? 그럼 아무도 나를 못 찾을 거야."
그 후부터 자벌레는 나뭇가지에 있을 때는 갈색, 풀잎에 있을 때는 연두색, 마음대로 색깔을 바꿀 수 있었어요.
지금도 자벌레는 숲속에서 폴짝꿈틀 폴짝꿈틀 마음대로 색깔을 바꿔 가며 즐겁게 살고 있지요.

✎ 〈꽃이 된 할머니〉

옛날 어느 마을에, 손녀 셋을 데리고 어렵게 살아가는 할머니가 있었어요.
"불쌍한 것들. 이 핼미가 너희들은 절대 굶기지 않으마. 그저 아무 탈 없이 잘 자라다오."
할머니는 손녀들을 위해 힘든 줄도 모르고 남의 집 일을 했지요.
세월이 흘러 해순이, 달순이, 별순이는 시집을 가게 되었어요.
"할머니, 저는 부잣집으로 시집을 가게 되어 정말 좋아요."

"그래, 잘 살아야 한다."

해순이가 시집을 간 뒤, 달순이는 어물전 집으로, 별순이는 가난한 선비의 집으로 시집을 갔지요.

그리고 몇 년이 흘렀지만, 외로운 할머니에겐 아무도 찾아오지 않았어요.

"내 죽기 전에 손녀들을 만나 봐야겠다."

할머니는 제일 먼저 해순이네 집을 찾아갔어요.

"아니, 할머니! 날이 따뜻해지면 오시지 않고요. 어서 안으로 들어가세요."

할머니는 오랜만에 흰쌀밥과 고깃국을 먹으며 며칠을 따뜻하게 지냈지요. 그러던 어느 날 밤, 해순이 방에서 큰 소리가 들리는 거예요.

"저 노인네가 왜 가지 않고 눌러 있는 거야. 아무래도 여기서 살려는 눈치야."

"그러게 말이에요. 내일부터는 보리밥에 무김치만 드려야겠어요."

해순이 부부 얘기를 들은 할머니는 밤새 길을 걸어 달순이네 집에 도착했어요.

"여보시오. 여기가…."

"아침부터 재수 없게 웬 거지 할머니람. 저리 가요!"

"아~ 여보시오, 난 달순이 할미라오."

"아니, 그래도 이 할머니가. 아, 물벼락을 맞아야 정신을 차리려나!"

할머니는 그리운 달순이 얼굴도 보지 못하고 물벼락을 맞으며 쫓겨났지요.

'달순아, 할미가 네 얼굴도 못 보고 간다. 잘 있거라….'

하늘에선 할머니의 눈물과 함께 하얀 눈이 펑펑 쏟아지고 있었어요.

배고픔에 지친 할머니는 넘어지기도 하고, 언덕길에 데굴데굴 구르기도 했지요.

"다 왔다, 조금만 더 가자. 한 고개만 넘으면 별순이네 집이야."

마지막 고개를 겨우 넘은 할머니는 그만 별순이네 대문 앞에서 쓰러지고 말았어요.

"별순아, 할미가 왔다. 별순아…."

희미한 할머니의 목소리를 듣고 달려 나온 별순이가 할머니를 끌어안았어요.

"할머니, 할머니! 이 추운 겨울에 오시다가 이렇게 돌아가시나니…. 불쌍한 우리 할머니…."

따뜻한 봄이 되자, 할머니의 무덤가에는 꽃술이 하얗고 허리를 잔뜩 구부린 꽃 한 송이가 피어났어요. 사람들은 이 꽃을 할미꽃이라 부르게 되었대요.

✎ 〈노아의 방주〉

하느님은 이 세상 모든 것을 아름답게 만드셨어요.
"참 보기에 좋구나."
그런데 얼마 지나지 않아 사람들이 욕심으로 가득차서 서로를 미워하며 죄를 지었어요.
"내가 창조한 사람과 짐승과 하늘의 새들까지 모두 없앨 것이다."
하지만 단 한 사람, 하느님의 사랑을 받는 노아에게는 커다란 방주를 지으라고 하셨어요.
노아는 하느님 말씀대로 산꼭대기에 아주 커다란 방주를 지었지요.
이 모습을 본 마을 사람들은 모두 한 마디씩 했어요.
"아니, 산 위에 배를 만들다니."
"배를 대체 어떻게 띄우려고 그러나!"
그러자 노아는 사람들에게 간곡하게 부탁했어요.
"큰 비가 올 거예요. 얼른 잘못을 뉘우치고 하느님께 용서를 구하세요."
"이렇게 해가 쨍쨍한데 비가 온다고요?"
"비가 오면 그때 생각해 보지."
아무도 노아의 말을 믿지 않았어요.
얼마 후, 거대한 노아의 방주가 우뚝 솟았어요.
"노아야, 방주에 너의 가족과 땅 위의 모든 동물 암수 한 쌍씩을 태우도록 해라. 이제 곧 큰 비가 내릴 것이다."
하느님 말씀에 모든 동물들과 노아 가족이 배에 오르기 시작했어요.
문이 잠기자, 하늘이 열리고 비가 쏟아지기 시작했어요. 세상은 온통 물바다가 되어 버렸지요.
수많은 날 동안 쉬지 않고 비가 내렸어요.
"아, 언제쯤 비가 그치려나."
"벌써 40일은 된 것 같은데요?"
노아와 가족들은 그 많은 동물들을 돌보며 바쁘게 하루를 보냈어요. 덕분에 방주 안은 따뜻하고 평화로웠지요.
마침내, 비가 그치고 밝은 햇살이 비췄어요.
"땅이 다 말랐는지 까마귀를 날려 보내 봐야겠다."
방주 밖으로 날아갔던 까마귀가 땅이 마르지 않아 다시 돌아왔어요.

며칠 뒤 비둘기를 날려 보냈지만 마찬가지였지요.

또 얼마 후 다시 날려 보낸 비둘기가 어린 올리브 잎사귀를 몰고 왔지 뭐예요.

"아, 생명이 피어나기 시작했어!"

"방주에서 모두 내리자."

방주의 문이 열리고 동물들이 밖으로 나와 각자 쉴 곳을 찾아 떠나갔어요.

노아 가족은 하느님께 감사를 드렸지요.

"노아야, 이제 다시는 홍수로 땅 위의 생명을 벌하지 않을 것이다."

하느님은 약속의 표시로 무지개를 보내주셨어요.

〈지혜로운 사또〉

충청도 어느 고을에 사또가 새로 부임해 왔어요.

그런데 이방이 나랏돈을 함부로 쓰며 백성들을 힘들게 하고 있지 뭐예요. 사또는 이방의 나쁜 버릇을 고치기 위해 꾀를 냈어요.

"사또, 이번에 거둔 세금은 이천 냥이옵니다. 이것을 어디에 쓸까요?"

"난 잘 모르겠으니, 알아서 처리하시오."

사또는 일부러 바보인 척했어요.

이방은 바보 같은 사또를 무시하며 제멋대로 일을 처리했지요.

이러한 사실이 소문나자 마을 사람들은 밤낮으로 걱정을 했어요.

"에구, 큰일 났네, 큰일 났어. 어디서 저런 사또가 온 게야."

그러던 어느 그믐날 저녁, 마당에 나온 사또가 이방을 황급히 찾았어요.

"이방! 아, 이방"

"예, 사또. 무슨 일이 있으십니까?"

"이 고을에는 왜 달이 없느냐?"

'쯧쯧…. 바보는 정말 바보로군. 아, 그믐이니 달이 없을 수밖에.'

순간, 이방은 좋은 생각이 떠올랐어요.

"사또, 우리 고을에 있던 달은 예전에 있던 사또가 다른 고을에 팔아 버렸지 뭡니까요. 아 그러니 달이 없을 수밖에요."

'옳지, 네 이놈! 어디 한 번 혼 좀 나 봐라.'

사또는 시치미를 뚝 떼고는 다시 이방에게 물었어요.

"달이 없으면 백성들이 캄캄한 밤에 다니기가 어려울 텐데…. 무슨 좋은 수가 없겠느냐?"

"음, 그렇다면…, 달을 사 오면 될 것 같습니다. 저 이웃 고을에서 달을 만들어 팔고 있는데, 한 개에 아홉 날쯤 걸린다고 합니다요. 달 값은 오백 냥이고요."

"그래? 내 당장 오백 냥을 줄 테니 얼른 가서 달을 사 오너라."

이방은 사또에게 받은 오백 냥으로 신나게 먹고 마시고 놀다가 아홉 밤쯤이 지나 돌아왔지요.

"사또, 달을 사 왔습니다요. 저 하늘을 좀 보시지요."

이방의 말에 고개를 들어 하늘을 보니 정말 기역자 모양의 상현달이 떠 있었어요.

"허허, 수고했다. 아니 그런데 이방? 왜 달을 반쪽만 사 왔느냐?"

"예, 그, 그건 달 값이 올라서 그렇습니다요."

"그렇다면 돈을 더 줄 테니 동그란 것으로 바꾸어 오너라. 반쪽으로는 어두워서 어디 쓰겠느냐?"

이방은 또 여러 날을 흥청망청 돈을 쓰고 돌아다니다가 보름달이 뜰 때 돌아왔어요.

"사또! 둥그런 보름달을 두둥실 띄워 놓았습니다요."

"어디 보자. 음, 이제야 대낮같이 환하군. 거참 잘했다."

사또는 이방이 괘씸했지만 하현달이 떠오르기만을 기다렸지요.

드디어 아홉 밤이 지나자, 니은자 모양의 하현달이 떠올랐어요.

'내 오늘을 기다렸느니라.'

"이방, 달 반쪽이 어디로 갔느냐. 어서 찾아오너라!"

'아이쿠, 바보로만 여겼더니 이 일을 어쩐담?'

이방이 어물어물하자, 사또는 더 큰소리로 호통을 쳤어요.

"네 이놈! 감히 거짓말을 해서 나랏돈을 없애다니. 여봐라! 이방을 당장 옥에 가두도록 하라!"

이것을 본 고을 사람들은 기뻐하며 고개를 끄덕였어요.

지혜로운 사또는 고을 사람들에게 존경받으며 고을을 잘 다스렸대요.

〈민주의 키 크기 작전〉

글 : 권효순

수업종이 울리자마자 민주는 허둥지둥 가방을 챙기고 집으로 향했어요.

집으로 오는 길에 영훈이가 투덜거렸어요.

"야! 강낭콩, 왜 이렇게 빨리 걷는 거야?"

"오늘, 미국서 공부하던 우리 삼촌이 오는 날이거든."

강낭콩은 민주의 별명이지요.

평소 같으면 강낭콩 소리에 기분이 나빴겠지만 오늘은 삼촌을 만날 생각에 아무렇지도 않았어요.

영훈이와 큰길에서 헤어진 민주는 한걸음에 집으로 달려갔지요.

삼촌은 민주를 보자마자 두 팔을 벌려 안았어요.

"헤이! 민주, 우리 민주는 지난번 봤을 때하고 하나도 안 변했네."

삼촌의 말에 부엌에 계시던 할머니가 큰 소리로 말씀하시는 거예요.

"아이구, 그 녀석 키 크기는 틀렸다!"

"에이, 아빠도 늦게 자랐다면서요?"

할머니 말씀에 민주가 볼멘 목소리로 말했어요.

"애비는 너처럼 편식을 안 했어. 이것저것 가리지 않고 얼마나 잘 먹었는데…."

맛있는 식사를 기대하며 거실로 나온 민주는 식탁 한가운데 자리 잡은 된장 뚝배기를 보는 순간 실망을 했어요.

"엄마, 삼촌 왔는데, 겨우 된장찌개가 뭐예요? 맛있는 것 좀 하지."

"모르는 소리 마. 이건 삼촌이 특별히 주문해서 할머니가 손수 끓이신 거야. 특히 우리 집 된장찌개는 우리 콩으로 만든 할머니표 명품 된장 아니냐."

아버지가 된장찌개를 떠 가며 말씀하셨어요.

"옛날에는 쇠고기가 귀했어. 쇠고기는 명절 때나 겨우 먹을 수 있었지. 니 아빠와 삼촌은 쇠고기 대신 콩을 잘 먹었단다. 콩을 밭에서 나는 쇠고기라고 한다잖냐. 민주, 너도 아빠나 삼촌처럼 키가 크고 싶으면 콩을 잘 먹도록 혀. 알았지?"

할머니의 말씀에 삼촌이 갑자기 손뼉을 치며 외쳤어요.

"김민주 키 크기 프로젝트 1탄! 콩을 접수하라!"

"삼촌, 그게 무슨 말이야? 어떻게 하는 건데?"

민주는 키를 크게 할 수 있다는 말에 귀가 번쩍했지요.

하지만 듣고 보니 민주가 밥 먹을 때 요리조리 골라놓는 콩을 먹으라는 얘기였어요.

"난, 콩밥 싫은데…."

민주가 할머니의 눈치를 보며 말했어요.

"걱정 마라. 콩으로 만든 두부, 콩자반 좋아하지? 또 할미가 보내 준 미숫가루에도 쥐눈이 콩이랑 서리태가 들어갔어. 또 이렇게 된장찌개에 콩나물까지 먹으면 강낭콩 줄기 자라듯 쑥쑥 자랄 테니까."

"어! 할머니, 제 별명이 강낭콩이에요."

"그래? 별명을 미리 잘 지어놨구먼."

민주는 벌써 삼촌만큼 키가 커진 것 같았어요.

✎ 〈호랑이의 효성〉

옛날 어느 나무꾼이 나무를 하러 산에 갔다가 호랑이를 만났어요.

'큰일 났다! 호랑이한테 잡아먹히면 어떻게 하지.'

나무꾼은 좋은 생각이 떠올랐어요.

"아이쿠 형님! 안녕하십니까? 절 받으십시오."

"뭐야? 나보고 형님이라니."

나무꾼이 넙죽 절을 하자, 호랑이는 영문을 몰라 눈을 동그랗게 뜨고 어리둥절했어요.

그러자 나무꾼은 능청스럽게 말했지요.

"제게는 형님이 한 분 계셨는데 어렸을 때 산에 가서 호랑이가 됐대요. 그래서 어머니는 내가 산에 가서 형님을 만나면 집에 모셔 오라고 하셨어요."

나무꾼이 슬픈 표정을 지으며 눈물까지 흘리자 호랑이도 눈물을 글썽거리며 옛날 기억을 더듬는 듯했어요.

"글쎄, 나도 옛날이 잘 생각나지 않는구나. 그래 집에는 몇 식구가 살고 있느냐?"

"예, 늙은 어머니를 모시고 살고 있어요. 형님, 저의 집으로 함께 가셔요."

나무꾼이 호랑이의 앞발을 덥석 잡으며 말하자 호랑이도 어머니가 그리운 듯 보였어요.

"아니다. 내가 호랑이인데 어찌 따라가겠느냐. 내 너를 돌려보낼 테니 어머니께 효를 다 하거라."

"알겠어요. 형님! 안녕히 계세요."

호랑이는 동생이라는 나무꾼을 보내고 난 뒤 어머니가 보고 싶어 견딜 수가 없었어요.

"어머니, 산중에서 호랑이로 살다 보니 어머니를 잊고 살았어요."

호랑이는 어머니 생각을 하면서 멧돼지를 나무꾼 집 앞에 던져 놓고는 멀리서 어머니 모습을 바라보곤 했지요.

그러던 어느 날이었어요.

가끔씩 보내 준 멧돼지가 아무 소식이 없자 나무꾼은 이상한 예감이 들었어요. 호랑이를 만났던 산골짜기를 찾아가 보았지요. 그랬더니 그곳에는 새끼호랑이 세 마리가 꼬리에 흰 삼베 띠를 두르고 앉아 있는 게 아니겠어요.

"새끼 호랑이야, 너희들 꼬리에 묶고 있는 게 뭐니?"

"저희 아빠가 돌아가셨어요. 아빠는 저희에게 사람 할머니가 있다고 자랑했어요. 그런데 그 할머니가 보고 싶다고 우시더니 며칠 전에 갑자기 돌아가셨어요."

"그래서 꼬리에 베 헝겊을 묶었구나."

"아빠는 우리에게 사람을 해치지 말라고 하셨어요."

새끼 호랑이는 눈물을 글썽이며 말했어요.

나무꾼은 호랑이의 효성에 가슴이 뭉클했어요.

✎ 〈종달새의 눈물〉

푸른 하늘에 호기심 많은 종달새 한 마리가 날고 있었어요.

"야, 신난다! 엄마 몰래 나왔는데, 하늘이 정말 넓고 깨끗하네. "

기분이 좋은 종달새는 하늘을 마음껏 날아다녔어요.

"벌레 사세요! 맛있는 벌레요!"

바로 그때 고목나무 옆에서 늑대 아저씨의 목소리가 들려왔어요.

가까이 가보니 커다란 바구니 안에 꿈틀꿈틀 맛있게 생긴 벌레가 가득 들어 있는 거예요.

"늑대 아저씨! 안녕하세요? 이거 맛있게 보이는 벌레네요."

"그래. 네가 좋아하는 싱싱한 벌레지."

"그 벌레 얼마에요?"

"네 깃털 하나에 벌레 한 개를 줄 수 있지."

"깃털 하나에 벌레 한 개! 난 깃털 많은데."

종달이는 재빨리 집으로 날아가 엄마에게 물었어요.

"엄마! 엄마! 맛있게 생긴 벌레가 있는데 꼭 한 번만 사 먹을게요."

"종달아! 벌레는 엄마가 구해 줄게. 함부로 사 먹으면 안 돼!"

"아이~ 엄마! 한 번만 사 먹을게요."

"종달아, 안 된다니까. 한 번만, 한 번만 하다가는 습관이 된단다."

종달이는 힘없이 밖으로 나와 늑대 아저씨가 있는 곳으로 날아갔지요.

"늑대 아저씨, 그 벌레 진짜 맛있어요? 새콤달콤해요?"

"종달아, 너도 한번 먹어 볼래? 다른 친구들도 벌써 여러 번 사 가지고 갔다."

종달이는 침을 꼴깍꼴깍 삼키며 벌레를 쳐다보고 생각했어요.

"그래! 꼭 한 번만 사 먹어 봐야지. 아저씨 벌레 하나 주세요."

종달이는 늑대 아저씨에게 깃털을 하나 빼 주고 벌레를 사 먹었어요.

"와! 정말 맛있다! 새콤달콤 최고의 맛이야!"

다음 날도, 그다음 날도, 또 그다음 날도 종달이는 깃털 하나 빼 주고 벌레를 사 먹었지요.

그러던 어느 날 하늘을 힘껏 날아 보려고 했지만 날개에 힘이 없는 거예요.

"안 되겠다. 이젠 깃털을 그만 뽑아야겠어. 하지만 자꾸 벌레 생각이 나는걸. 이번 한 번만 마지막으로 사 먹자."

종달이는 늑대에게 벌레를 사 먹으러 갔지요.

"늑대 아저씨! 마지막으로 한 번만 더 사 먹을게요."

그 순간 늑대의 눈이 번쩍 빛나는 게 아니겠어요.

"으흐흐흐, 종달아, 오늘을 내가 얼마나 기다렸는지 아니? 드디어 제대로 날지도 못하는구나."

늑대가 무섭게 종달이의 날개를 콱 움켜잡으려고 하는 순간이었어요.

"살려 주세요. 늑대 아저씨, 제발 살려 주세요. 엄마! 엄마!"

그때 어디선가 종달이 엄마가 재빨리 날아와 늑대의 머리를 쪼아댔지요.

"이 못된 늑대 같으니, 내 부리 맛 좀 봐라. 종달아, 어서 피해."

"윽! 이, 이, 이게 뭐야? 으악~! 늑대 살려!"

늑대는 멀리멀리 달아났어요.

"종달아, 괜찮니?"
"네, 엄마. 죄송해요. 이젠 엄마 말씀 잘 들을게요."
엄마 종달새는 눈물 흘리는 종달이를 꼭 안아 주었어요.

✎ 〈꿀참외와 학동〉

햇볕이 쨍쨍 내리쬐는 어느 여름날, 서당에서 공부하는 학동들이 꾸벅꾸벅 졸자 훈장님은 생각했어요.
'어떻게 하면 학동들의 잠을 쫓아낼 수 있을까?'
그러다가 좋은 생각이 번쩍 떠올랐지요.
"자자, 그만들 졸고 여기 좀 보거라."
훈장님은 회초리로 방바닥을 탁탁 치며 소리쳤어요.
하지만 학동들은 또다시 꾸벅꾸벅 졸기 시작했지요. 혀를 찬 훈장님은 크게 소리쳤어요.
"참외, 참외, 꿀참외!"
"차 차 참외라구요?"
"그래, 꿀참외라고 했다. 지금부터 문제를 낼 테니 답을 맞히는 학동한테 꿀참외를 주겠다."
"훈장님, 어서 문제를 내주세요."
"너희 가운데 누구든 이 방 안에 있는 나를 밖으로 나가게 해 봐라. 날 밖으로 나가게 하면 내가 꿀참외를 주지."
학동들은 군침을 삼키면서 생각하고 또 생각했지요.
"훈장님, 밖에 누가 오셨어요."
개구쟁이 만득이가 먼저 말했어요. 고개를 쭉 뺀 훈장님은 밖을 내다보고는 말했지요.
"이 녀석아 오긴 누가 왔느냐? 바람이 왔더냐?"
나이가 가장 어린 덕수가 벌떡 일어나 말했지요.
"훈장님, 저는요 방 안에 계신 훈장님을 밖으로 나가게 할 수는 없어요. 하지만 바깥에 계신 훈장님을 방 안으로 들어오시게 할 수는 있어요."
"좋다. 그럼 네 생각대로 해 보거라."
"아이참, 훈장님께서 바깥에 계셔야 제가 방 안으로 들어오시게 하죠."
훈장님은 얼른 일어나 밖으로 나갔어요.

"와아, 훈장님께서 바깥으로 나가셨다."

"아이쿠, 이런! 덕수 말대로 내가 밖으로 나왔구나."

훈장님은 덕수를 칭찬하고 모든 학동에게 꿀참외를 나누어 주었지요.

✎〈나처럼 해 봐〉

병아리가 연못가에서 울고 있었어요.

"왜 울고 있니?"

"엄마가 있는 곳으로 건너가고 싶어서 그래."

"나처럼 '동동' 헤엄쳐서 건너봐."

"오리야, 나는 '동동' 헤엄을 못 치는걸."

"나처럼 '폴짝 폴짝' 뛰어서 건너봐."

"개구리야, 나는 '폴짝폴짝' 뛸 수가 없는걸."

"그럼 나처럼 '붕붕' 날아봐."

"꿀벌아, 나는 '붕붕' 날 수가 없어."

"아가야 연못을 돌아서 건너오너라."

"아하, 그거라면 나도 할 수 있어요."

병아리는 '쫑쫑쫑쫑' 연못을 돌아서 걸어갔어요.

✎〈호박꽃 이야기〉

꽃밭에 꿀벌이 날아 왔어요.

"나팔꽃 아가씨, 꿀 좀 주세요."

"싫어요. 저리 가요."

꿀벌은 호박꽃을 찾아갔어요.

"호박꽃 아줌마, 꿀 좀 주세요."

"그래요. 얼마든지 가져가세요."

꿀벌은 달콤한 꿀을 얻어 갔어요.

하루가 지나가고 또 하루가 지나갔어요.

호박꽃도 시들고 나팔꽃도 시들었어요.

그런데 호박꽃 품속에 귀여운 아가 호박이 생겨났지 뭐예요.

글쎄, 꿀벌이 꿀을 모으면서 아무도 몰래 아기 호박을 선물로 주고 갔대요.

✎〈이상한 청진기〉

글 : 엄기원

행복 마을에 세상에서 처음 보는 이상한 병원이 생겼어요.

바로 '양심병원'이지요.

이 병원 의사 선생님은 머리카락, 가운과 바지, 양말, 구두까지 흰색이에요.

그리고 간호사도 머리카락, 간호 모자, 가운, 구두까지 노란색이었지요.

"선생님, 오늘도 환자가 한 분도 없는데요."

"응, 그거야 좋은 일이지, 암, 좋구 말구…."

"그렇지만 선생님이 너무 심심하잖아요."

"허허, 우리가 심심하더라도 환자가 적은 것은 좋은 일이야."

의사 선생님은 돋보기안경을 코에 걸고 무슨 이상한 책을 읽으며 말했어요.

어느 날, 오랜만에 병원 문이 열리며 아주 예쁜 소녀가 엄마와 함께 들어섰어요.

병원에 들어선 소녀와 엄마는 의사 선생님과 간호사를 보고는 고개를 갸우뚱했지요.

"어서 오십시오. 어디가 아파서…? 아이 이름이 뭐죠?"

"아, 네. 서은주예요. 얘가 이상하게 얼굴이 핼쑥해지면서 밥도 먹지 않고, 밤이면 자면서 헛소리를 하거든요."

의사 선생님은 은주 엄마의 이야기를 자세히 듣고 난 뒤 간호사를 불렀어요.

"간호사, 청진기를 가지고 와요."

"네, 선생님."

간호사가 가져온 청진기에는 두 개의 꼭지가 있었어요.

의사 선생님은 먼저 한쪽 꼭지로 은주의 가슴에 대고 소리를 들었지요.

"너 며칠 전 학교에서 한 친구를 몹시 미워했지?"

"그런 일이 없어요."

"그럼, 할 수 없지. 간호사, 이 아이에게 엘투씨원 피에이치액을 먹여요."

의사가 시키는 대로 간호사는 은주에게 이상한 약을 먹였어요. 그러더니 조금 지나서 이상한 사진기로 가슴 부분을 찍는 게 아니겠어요.

그 결과 필름에는 다음과 같은 글이 현상되어 나타났어요.

〈지난 4월 26일, 넷째 시간 학급 반장 선거에서 2표 차로 친구 지현이에게 졌다. 나는 그 순간부터 가장 친하던 지현이가 미워졌다. 지현이가 우리 반에 없었으면 내가 반장이 되었을 텐데, 정말 지현이가 밉다. 오늘도 공부 시간에 지현이가 일어서서 부르는, 차렷, 경례 소리가 몹시 얄밉게 들렸다.〉

"자, 이게 네 병이야, 이젠 더 속일 수 없겠지?"

그런데 그 글씨는 본인에게만 보일 뿐, 다른 사람에게는 보이지 않았어요.

"아니, 선생님. 이 필름엔 아무것도 나타나 있지 않잖아요?"

"아니야, 엄마 내가 잘못했어. 선생님의 진찰이 맞아. 선생님 잘못했어요. 어떻게 하면 이 병을 고칠 수 있어요?"

"아니, 얘가 뭐가 잘못했다는 거냐? 세상에 우리 은주보다 더 착한 애가 어디 있다구…. 그럼 네가 무얼 훔치기라도 했단 말이니?"

"그게 아니야…."

"그게 아니면 뭐냐? 누구하고 싸우기라도 했니?"

"글쎄, 그게 아니래두…."

은주의 눈에서 눈물이 뚝뚝 떨어졌어요.

"자, 이번에는 이쪽 청진기로 네 고쳐진 마음을 진찰해야겠다."

의사 선생님은 다른 꼭지로 은주의 가슴을 진찰했어요.

〈선생님, 이제부터는 절대로 남을 미워하지 않겠다고 약속하겠어요. 그리고 내일 학교에 가면 반장이 된 지현이에게도 잘못했다고 사과하고, 친하게 지내겠어요.〉

은주의 마음에서 뉘우침의 말소리가 청진기의 줄을 타고 또렷이 들려 왔지요.

의사 선생님은 고개를 끄덕이며 말했어요.

"이제 병은 깨끗이 고쳐졌습니다. 이 어린이는 오늘부터 밥도 잘 먹고, 잠도 잘 잘 것입니다. 그리고 학교생활도 아주 즐거워질 것입니다."

"아니, 선생님. 우리 애가 어디가 아팠는지, 왜 그런 병에 걸렸는지 좀 속 시원히 설명해 주세요."

의사 선생님은 그저 빙그레 웃기만 할 뿐 아무런 대답을 하지 않았어요.

은주는 밝은 마음으로 병원을 나섰지요.

"엄마, 나 이제 병 나았어요. 와! 정말 기분이 좋아졌어요."

그 후, 이 양심병원엔 아무도 찾아오지 않았대요.

✎〈마량의 신기한 붓〉

중국 전래동화

옛날, 옛날에 마량이라는 아이가 있었어요.

마량은 어릴 때부터 그림 그리는 것을 좋아했지만 너무 가난해서 붓 하나조차 살 돈이 없었어요.

어느 날 마을에 있는 서당 앞을 지나가는데 훈장님이 붓으로 그림을 그리고 계셨어요.

"훈장님, 저는 그림 그리기를 아주 좋아하지만 붓이 없어요. 훈장님께서 저에게 붓 좀 빌려주실 수 없나요?"

"어디 감히 말도 안 되는 소리를 하나? 돈도 없으면서 그림을 배우겠다고? 꿈도 꾸지 마라."

훈장님은 눈을 부릅뜨고 마량을 노려봤어요.

'왜 가난하다고 그림도 배우지 못해? 난 반드시 배우고 말겠어.'

마량은 하루도 빠짐없이 그림을 연습했어요.

어느 날, 꿈속에서 하얀 수염의 할아버지가 마량에게 붓을 하나 선물로 줬어요.

"이 붓은 신기한 붓이야. 꼭 잘 써야만 한다."

마량은 깜짝 놀라 꿈에서 깼어요. 그런데 마량의 손에는 진짜 붓이 쥐여 있는 게 아니겠어요.

마량이 그 붓으로 새 한 마리를 그렸더니, 새가 갑자기 날개를 펼치고 마량에게 노래를 불러 주는 거예요.

마량은 그 붓으로 가난한 사람들에게 그림을 그려 줬어요. 쟁기가 없으면 쟁기를 그려 주고, 소가 없으면 소를 그려 주고, 맷돌이 없으면 맷돌을 그려 주었지요.

그 후 마량은 그림을 그려서 사람들에게 팔았어요. 하지만 신기한 붓으로 그림을 그리면 사람들에게 들킬까 봐 그릴 때 꼭 한 가지씩 빼놓고 그렸어요.

어느 날 마량이 두루미 한 마리를 그렸는데 실수로 두루미 얼굴에 먹물 한 방울이 튀었어요. 그러자 순식간에 진짜 두루미가 되어 날개를 펼치고 훨훨 날아갔지 뭐예요.

이 모습을 본 사람들이 모두 놀라서 그 사실을 바로 황제에게 알렸지요.

"마량아, 네가 그림을 그려 주면 공주를 너에게 시집보내 주마. 나를 위해 흔들면 돈이 떨어지는 나무 한 그루를 그려 보거라."

마량은 바다 한 가운데 섬을 그리고 아주 큰 돈나무 한 그루를 그렸어요.
“마량아, 빨리 배를 그리도록 해라. 어서 배를 타고 저 섬에 가고 싶구나.”
황제는 마량이 그린 배에 황후와 공주, 신하들을 데리고 배를 탔어요.그 순간 마량은 붓으로 바람을 그렸어요. 바람과 거센 파도로 배는 뒤집힐 것 같았지요.
황제가 겁이 나서 마량에게 큰 소리로 외쳤어요.
“마량아, 어서 바람을 멈추게 해라! 어서!”
하지만 파도는 더욱 거세져서 결국 배가 뒤집히고 말았어요.
마량은 그 후 고향으로 돌아가 가난한 사람들에게 좋은 그림을 그려 주며 살았답니다.

✎〈원숭이 엉덩이는 빨개〉

베트남 전래동화

옛날, 어느 마을에 큰 부자가 살았어요.
부자는 날마다 좋은 옷을 입고 맛있는 음식을 먹으며 살았지요.
“음, 여보, 정말 맛있네요. 어서 잡수세요.”
“이제~ 배가 불러서 더는 못 먹겠소. 이 남긴 음식을 어쩐다. 그냥 두면 다른 사람이 먹을지도 모르니까 개나 던져 줍시다.”
그때, 다 떨어진 옷을 입은 거지 할머니가 찾아왔어요.
“아이고, 배고파…. 여보시오, 이 늙은이에게 밥 한 그릇만 주시오.”
“아니, 어디서 거지가 들어온 거야. 당장 나가지 못해”
“얘, 못난아! 못난아! 뭐 하고 있는 게냐? 저 할머니를 당장 쫓아 버려라.”
못난이는 거지 할머니를 데리고 대문 밖으로 나갔어요. 그리곤 주인 몰래 따뜻한 밥과 국을 대접했지요.
“할머니, 배고프시죠? 어서 드세요.”
“아가씨는 마음씨가 정말 곱구려. 아가씨, 며칠 후에 주인이 숲에 가서 나무를 해 오라고 할 거예요. 동쪽에 작은 냇물에서 얼굴을 씻고, 목욕을 하구려.”
말을 마치자 할머니는 어디론가 사라져 버렸어요.
며칠 뒤, 부자는 못난이에게 나무를 해 오라고 시켰어요. 못난이는 부지런히 숲으로 갔지요.
“음, 곧장 동쪽으로 가라고 했지? 아~ 저기, 정말 냇물이 있네.”

못난이는 냇물에서 세수도 하고 머리도 감고, 목욕도 했지요. 못난이는 냇물에 비친 자기 모습을 보고 깜짝 놀랐어요.
"어? 이게 정말 나란 말야! 눈은 샛별처럼 반짝이고, 살결은 비단결 같고, 머리카락은 윤기가 흐르네…."
공주처럼 예뻐진 못난이를 보고 부자와 아내는 샘이 났어요.
"얘, 못난아! 아니, 예쁜아! 너 어떻게 갑자기 그렇게 예뻐진 거니?"
마음씨 고운 못난이는 사실대로 알려 주었지요. 이야기를 듣자마자, 부자와 아내는 숲으로 갔어요.
"여보, 여보! 저기 진짜 냇물이 있네요. 우리 어서 들어가자구요."
부자와 아내는 물속으로 첨벙첨벙 들어가 목욕을 했지요. 그런데 이게 웬일이에요. 갑자기, 온몸이 간질간질하더니 삐죽삐죽 털이 나오는 게 아니겠어요.
"끼익 끽끽끼, 끽익 끼끼끼끼."
둘은 소리를 지르며 물속을 보았더니 거기에 원숭이 두 마리가 보이는 거예요.
원숭이가 된 부자와 아내는 못난이를 혼내 주려고 집으로 달려갔어요.
그때, 집에 있던 못난이 앞에 갑자기 거지 할머니가 나타났어요.
"아가씨, 지금 당장 대문 앞에 활활 타는 숯덩이를 쌓아 놓아요. 어서!"
못난이는 할머니가 시키는 대로 얼른 숯덩이를 쌓아 놓았지요.
그런 줄도 모르고 달려오던 부자와 아내는 대문 앞에 닿자, 너무 힘들어서 숯덩이 위에 털퍼덕 주저앉고 말았어요.
"앗 뜨거워!"
"악~ 끼익 끽끽기, 내 엉덩이."
둘은 빨갛게 된 엉덩이를 감싸 쥐고 숲으로 도망갔어요.
원숭이 엉덩이가 빨개진 건, 바로 이때부터래요.

✎ 〈팥죽할머니와 호랑이〉

옛날, 깊은 산골에 팥죽할머니가 살고 있었어요.
하루는 땀을 뻘뻘 흘리며 밭을 매고 있는데 커다란 호랑이가 성큼성큼 다가오는 게 아니겠어요.
"할멈! 배가 몹시 고픈데 잘 만났다!"

"호랑아, 내가 죽는 건 상관없다만, 눈 내린 겨울날 맛난 팥죽을 실컷 먹고 나서, 나를 잡아먹으면 더 좋지 않겠냐?"

"그래? 그것도 좋겠군. 내 그때 다시 오지."

호랑이는 어슬렁어슬렁 산속으로 사라졌어요.

어느덧 가을이 지나고 산도 들도 하얀 동짓날이 되었어요.

할머니는 훌쩍훌쩍 울면서 커다란 가마솥에 팥죽을 끓이고 있었지요.

그때 알밤 하나가 떼굴떼굴 굴러왔어요.

"할머니, 뭐 땜에 우는 거예요?"

"이제 곧 호랑이가 나를 잡아먹으러 올 테니 이 일을 어찌한단 말이냐…."

"할머니, 맛난 팥죽 한 그릇 주면 못 잡아먹게 해 줄게요."

알밤이 고개를 끄덕이더니 친구들을 모두 불렀어요.

할머니가 끓여 준 팥죽을 다 먹은 알밤은 아궁이 속에 쏘옥, 개똥은 부엌문 앞에 철퍼덕, 맷돌은 부엌 천장에 달랑, 멍석은 앞마당에 벌러덩, 지게는 대문 옆에 성큼성큼 가서 숨었지요.

잠시 후, 호랑이가 으르렁거리며 할멈 앞에 나타났지 뭐예요.

"어흥! 팥죽도 먹고 할멈도 잡아먹어야겠다."

"호랑아, 방 안에 등불이 꺼져 팥죽을 뜰 수가 없구나. 아궁이에서 불씨 좀 갖다다오."

호랑이가 불씨를 꺼내려고 아궁이를 들여다보는 순간, 알밤이 호랑이의 눈을 탁 쳤어요.

"아이쿠 아야! 내 눈, 내 눈!"

호랑이가 펄쩍펄쩍 뛰며 부엌문을 나오자, 맷돌이 호랑이 머리에 쿵 떨어졌지 뭐예요.

호랑이가 비틀비틀 거리다 개똥을 밟고 쭈르르르 멍석 위에 미끄러지자 멍석이 둘둘 말았어요. 그러자 기다렸다는 듯 지게가 번쩍 지고 재빨리 강물에 풍덩 던져 버렸지요.

"와, 만세! 우리가 호랑이를 잡았다."

"얘들아, 고맙다. 너희들 덕분에 안심하고 살게 되었구나."

그 후 팥죽할머니는 맛난 팥죽을 두루두루 나눠 주며 오래오래 잘 살았어요.

✎〈참나무와 파랑새〉

깊은 산 속에서 파랑새 한 마리가 둥지를 지으려고 날아다녔어요.
"저 나무는 집짓기에 딱 알맞겠다."
파랑새는 밤나무 가지에 앉았어요.
"저리가지 못해! 누구 마음대로 집을 짓겠다는 거야?"
"밤나무 아저씨, 귀찮게 하지 않을게요."
"안 돼! 새집을 지으면 난 못난이 나무가 된단 말이야."
밤나무의 쌀쌀한 대답에 파랑새는 눈물이 났어요.
그때 옆에서 지켜보던 참나무 할머니가 말씀하셨어요.
"파랑새야, 이리 오렴. 여기에다 집을 짓도록 해라."
"정말이요? 할머니 고맙습니다."
파랑새는 참나무에게 절을 했어요.
"칫, 새똥 때문에 더러운 냄새가 날걸?"
"삐죽삐죽한 새집을 지으면 도깨비 같을 거야."
다른 나무들은 수군거렸어요.
하지만 파랑새와 참나무는 행복했어요.
그러던 어느 날, 송충이 떼가 나타나 나뭇잎을 마구 갉아 먹었어요.
나뭇잎들은 흉측하게 변해갔어요.
그러나 참나무는 아무 걱정이 없었지요.
"참나무 할머니, 벌레를 몽땅 잡아 드릴 테니 걱정 마세요."
"고맙구나, 파랑새야. 정말 고마워."
"고맙긴요."
파랑새는 송충이를 '꼭꼭' 쪼아 잡아먹었답니다.

✎〈겁 많은 토끼〉

"하늘이 무너지면 어떡하지?"
겁 많은 토끼는 늘 걱정이었어요.
어느 날, 숲속에서 낮잠을 자고 있는데 어디선가 '쿵' 하는 소리가 들렸어요.
"어이쿠, 드디어 하늘이 무너졌나 보다. 큰일 났다. 빨리 피하자!"

토끼는 정신없이 달리기 시작했어요.
토끼를 본 사슴도 정신없이 달리기 시작했어요.
"하늘이 무너졌대."
코끼리도 얼룩말도 모두 뛰기 시작했지요.
"아이쿠, 하늘이 무너졌대요. 큰일 났어요. 큰일!!"
원숭이는 이 나무 저 나무로 왔다 갔다 하며 숲속 동물들에게 알리느라 정신이 없었어요.
"도망가요. 하늘이 무너졌대요. 빨리요 빨리!"
동물들이 앞다투어 달려가고 있을 때 숲속의 왕인 호랑이가 나타났어요.
"왜들 이러는 거냐?"
그러자 토끼가 숨을 헐떡이며 말했어요.
"호랑이님, 빨리 피하세요. 하늘이 무너졌단 말이에요."
이 말을 들은 호랑이도 깜짝 놀랐어요.
"뭐야? 네가 하늘이 무너지는 걸 봤느냐?"
"아니요, 보지는 못했지만 분명히 무너지는 소리를 들었어요."
"뭐라구? 소리만 듣고 하늘이 무너졌다고 생각할 순 없지. 우리 모두 그곳으로 가 보자."
호랑이는 토끼를 앞세우고 "쿵!"하고 하늘이 무너지는 소리가 났던 곳으로 갔어요.
가보니 글쎄, 거기에는 커다란 야자수 열매만 덩그러니 떨어져 있는 게 아니겠어요?
토끼는 부끄러워 얼굴을 가렸어요.
토끼말만 들었던 동물들도 모두 부끄러워 얼굴을 들지 못했대요.

✎ 〈나무 그늘을 산 총각〉

옛날 어느 마을에 욕심 많은 부자영감님이 살았어요.
그런데 그 집 앞에는 커다란 느티나무 한 그루가 서 있었지요.
어느 여름날, 그 마을에 사는 총각이 일을 하다가 느티나무 그늘 아래서 잠깐 쉬고 있었어요.
이때 부자영감님은 그늘에서 쉬고 있는 총각을 보자 소리를 꽥 질렀어요.
"네 이놈! 여기가 어디라고 함부로 들어왔느냐!"

"영감님, 너무 더워서 땀을 좀 식히려고 들어왔습니다요."
"아니, 이 나무가 누구 것인데 함부로 들어오느냐?"
"영감님, 이 나무는 온 동네 사람들의 나무가 아닙니까요?"
"예끼 고얀 놈! 이 나무는 우리 고조할아버지께서 심으셨다. 그리고 이 나무 둘레에 있는 논은 다 우리 것이야. 그러니 우리 논두렁에 있는 나무가 우리 나무가 아니라 누구네 나무란 말이냐."
"예? 아무리 그래도 그렇죠. 그럼 영감님, 이 나무 그늘을 제게 팔지 않겠습니까요?"
"뭐? 사겠다고? 그거 좋지. 하지만 다섯 냥은 내야 하네."
부자영감님은 돈이 생긴다는 말에 귀가 솔깃해졌어요.총각은 그 길로 다섯 냥을 구해와서 그 그늘을 사지 않았겠어요? 그리고 날마다 일을 하다가 더우면 그 그늘에서 쉬었지요.
그러던 어느 날이었어요.
해가 점점 기울자 나무 그늘이 영감님 집 담장을 넘고 마당을 지나 안방까지 옮겨갔어요. 그러자 총각은 그늘을 따라 영감님 집 안방에 드러누웠지요.
"아 아니, 왜 남의 집 안방에 들어왔느냐? 어서 썩 나가지 못하겠느냐!"
"영감님, 잊으셨습니까요? 며칠 전, 제게 나무 그늘을 다섯 냥에 파셨죠?"
"팔긴 팔았다만 누가 내 집에까지 들어오라고 했냐?"
"영감님, 나무 그늘을 샀으니, 그늘이 어디로 가서 생기든 그 그늘은 제 것이 아닙니까요?"
부자영감님은 그제서야 자신이 지나쳤음을 깨달았지요.
그 뒤부터 느티나무 그늘은 동네 사람들의 편안한 쉼터가 되었답니다.

✎ 〈눈 어두운 포수〉(입체동화)

글 : 방정환

해설 : 나무가 무성한 숲 옆에 큰 연못이 있고, 그 연못 옆에 큰 절이 있었어요. 숲속에 사는 사슴과 연못 속에 사는 자라와 절 지붕에 사는 올빼미. 이 셋은 함께 모여 재밌는 일을 서로 이야기하고, 모든 일을 서로 의논하며 지냈지요. 그러던 어느 날, 이 근처에 사는 포수는 눈이 어두워서 사냥을 잘하지 못하는데, 사슴을 잡으려고 덫을 쳐 놓았지요. 그런 줄도 모르는 사슴이 겅중겅중 지나가다가 보니까, 길옆에 훌륭한 먹

을 것이 놓여 있는 거예요. 사슴은 그걸 보고, 얼른 집어먹으려다가 그만 덫에 걸리고 말았지요.

사슴:아차차, 큰일 났다. 나 좀 살려 줘, 나 좀 살려 줘.

자라:이 깊은 밤중에 이게 웬 소리일까?

해설:자라가 소리 나는 곳에 와 보니, 친한 친구 사슴이 덫에 걸려 있는 게 아니겠어요. 자라는 너무 놀랐어요.

자라:이거 큰일 났군!

해설:자라가 사슴을 구하려고 애를 써보았지만 구할 수가 없었어요. 사슴이 쩔쩔매고 있을 때, 이곳을 지나가던 올빼미가 자라를 보았어요.

올빼미:여보게 이러고만 있다가 날이 밝으면 포수가 올 것이니 어릿어릿하기만 하다가는 큰일 나겠네. 자아, 내가 가서 어떻게든 포수가 얼른 오지 못하도록만 해 놓을 테니 자네는 그동안에 날카로운 이빨로 그 밧줄을 끊어 보게.

자라:응 그러게. 그럼 내가 내 힘껏 끊어 볼 테니 포수가 얼른 오지 않도록만 해 주게.

해설:자라는 있는 힘을 다해 그 끈을 물어 끊으려고 달려들었어요. 올빼미는 즉시 포수의 집으로 갔지요. 가서는 날개로 그 집 문을 푸득푸득 두드렸어요. 그때 마침, 포수는 등불까지 켜 가지고 마악 사슴이 잡혔나 덫을 보러 가려고 하는 참이었어요. 그러자 문밖에서 푸득푸득 문 두드리는 소리를 들었지요.

포수:누가 왔나?

해설:포수가 문밖으로 고개를 내어 밀고 휘휘 둘러보았지만, 바깥은 캄캄한 밤중인데다가 눈이 어두워서 더 캄캄할 뿐이었지요. 하지만, 올빼미는 밤중일수록 더 잘 보이므로 포수가 나오는 것을 보고 후다닥 뛰어 달려들어서 날개로 얼굴을 탁 쳤어요.

포수:이크! 이게 뭐야?

해설:포수는 문을 얼른 닫고 돌아섰지요.

포수:무언지 이상한 놈이 있는 모양이니 뒷문으로 나가야겠군.

해설:포수가 이번엔 뒷문으로 돌아 나갔어요. 올빼미도 벌써 뒷문 밖으로 돌아가 있었지요. 그런 줄도 모르고 포수가 뒷문으로 나서니까 이번에도 또 화닥닥 달려들어 얼굴을 탁 치는 거예요. 날개가 눈에 스쳤던지 포수는 그냥 쓰러지고 말았지요. 포수의 눈에서 눈물이 줄줄 흘렀어요.

올빼미:포수가 눈이 아파 집에서 쉬겠구나. 빨리 사슴한테 가 봐야겠다.

해설 : 올빼미가 급히 날아서 숲으로 돌아와 보니까 자라가 낑낑대면서 끈을 끊고 있는 중인 거예요.

올빼미 : 여보게, 이때껏 못 끊었나?

자라 : 끈이 어떻게나 굵은지…. 그래도 간신히 하나는 끊었는데 이제 나머지 하나를 마저 끊는 중일세. 포수는 어찌 됐나? 아직은 오지 않겠지?

올빼미 : 포수는 염려 없네. 그렇지만 이제 곧 날이 밝으면 얼마 안 있어 올라 올 걸세. 날이 밝으면 내 눈은 영 보질 못하네. 그러니 그 끈을 얼른 마저 끊어야 할 텐데….

자라 : 염려 말게. 내 이빨이 부러지더라도 끊고야 말 테니.

해설 : 이렇게 친구를 위하여 자라는 힘과 재주를 다 써 가며 애를 썼지요. 드디어 날이 밝아 왔어요. 큰일 났어요. 끈은 채 끊지도 못하고, 자라는 달아날 재주도 없고, 올빼미는 눈이 보이질 않고 있는데 포수가 손에 몽둥이를 들고 올라오고 있는 게 아니겠어요.

사슴 : 이제는 큰일이구나.

해설 : 사슴은 마지막 기운을 다하여 몸부림을 쳤어요. 그러자 자라가 끈을 거의 다 끊어 놓은 것이라 끈이 탁 끊어졌어요. 옳다구나 하고 사슴은 후다닥 뛰어 달아났지요.

포수 : 에그, 아까워서 어쩌나! 덫에 걸려 있던 사슴을 놓쳐 버리다니! 어? 근데 이게 뭐야? 올빼미와 자라잖아. 에이, 사슴을 놓친 대신 이놈들을 잡아서 그나마 덜 섭섭하네.

해설 : 포수는 올빼미와 자라를 양손에 들고 집으로 돌아갔어요. 사슴은 다행히 살아오기는 왔으나, 자기를 살리려고 애를 쓰던 올빼미와 자라가 포수에게 잡혀가서 큰 변을 당할 생각을 하니까 잠시도 마음이 놓이지 않았어요. 사슴은 위험한 것도 생각하지 않고 다시 포수의 집으로 갔지요. 들창 밖에서 가만히 들여다보니까 포수가 올빼미와 자라를 새끼줄로 친친 감아서 들고 있는 거예요.

포수 : 이렇게 매 두었다가 내일 잡아먹어야지. 가만있자, 어디 걸어 놓은 못이 없나?

해설 : 포수가 눈이 어두워서 손으로 벽을 더듬거리며 못을 찾았어요.

사슴 : 옳지!

해설 : 사슴은 자기의 두 뿔을 들창 안으로 쑥 들이밀었지요.

포수 : 허, 여기 훌륭한 게 있구먼.

해설 : 눈 어두운 포수는 그것이 사슴의 뿔인 줄도 모르고 한쪽 뿔에는 올빼미를 걸고, 또 다른 쪽 뿔에는 자라를 걸어 놓았지요.

사슴 : 이제 됐다.

해설 : 사슴은 두 뿔에 두 친구를 건 채로 그냥 뛰어 달아났어요. 포수가 깜짝 놀라 문 밖으로 뛰어나왔을 땐 사슴은 벌써 멀리 달아난 뒤였지요. 숲속에 와서 사슴은 친구들의 묶인 것을 풀어 주었어요. 그리고 이후부터는 더욱 친절히 지내고, 서로서로 도와 갈 일을 약속하고 사슴은 숲속으로, 자라는 연못으로, 올빼미는 절 지붕 위로 제각각 쉬러 들어갔어요.

✎ 〈며느리 복 방귀〉(역할극)

해설 : 구연자.

복이 : 마음씨 곱고 재주 많고, 방귀를 잘 뀌는 며느리이다.

남편 : 정도 많고 좋은 사람인데 성미가 좀 급하다.

친정어머니 : 복이를 무척 사랑하는 복이의 엄마이다.

시아버지 : 인정 많고 며느리를 사랑하지만, 며느리를 잘못 이해했다가 오해가 풀린다.

시어머니 : 쌀쌀 맞지만 며느리를 이해하고 받아들인다.

왕서방 : 익살스럽고 돈 많은 부자인데 남을 얕잡아본다.

(해설이 시작되면 친정어머니와 복이가 등장)

해설 : 옛날 어느 마을에 복이라는 아가씨가 살고 있었어요. 복이는 마음씨도 착하고 얼굴도 아주 예뻤지요. 그런 복이에게 비밀이 하나 있었대요. 그건 바로 '뿡~ 뿡~' 방귀를 아주 잘 뀌는 것이었지요. 어느 날, 복이는 산 넘고, 물 건너 먼 마을로 시집을 가게 되었어요.

친정어머니 : (딸을 시집보내는 엄마의 마음을 담아서) 복아, 시집가서 부모님께 효도하고, 남편과 행복하게 잘 살아야 한다.

복이 : 예, 엄마!

친정어머니 : (딸을 멀리 보내는 엄마의 마음을 담아서 흐느끼듯이) 예쁜 우리 딸! 이제 멀리 시집을 가면 또 언제 너를 본단 말이냐?

복이 : (울먹이며) 엄마! 엄마가 보고 싶으면 어떻게 해?

친정어머니 : 복아! 이 엄마가 보고 싶을 땐 저 하늘에 떠 있는 달을 보거라. 나도 저 달을

보며 너를 생각하마. 알았지?

복이 : (새끼손가락을 내밀며) 예, 엄마. 약속.

친정어머니 : 그래, 약속. 그런데 복아! (근심 어린 목소리) 너의 그 방귀 때문에 큰 걱정이구나.

복이 : 그건 꾹꾹 참아 볼게요.

친정어머니 : 그게 참는다고 참아지는 게 아닌데…. 자 이제 안으로 들어가자.

(친정어머니와 복이 퇴장하고 시아버지와 시어머니 등장)

시아버지 : 허허허. 우리 며느리가 최고야 최고! 예쁘지! 상냥하지! 일 잘하지! 허허허.

시어머니 : 영감, 그리도 좋으시우?

시아버지 : 암, 좋지! 우리 며느리 같은 사람 있으면 나와 보라고 해요. 으흠…. 흠.

시어머니 : 그나저나 결혼한 지도 삼 년이나 됐으니 손주 녀석 볼 때가 된 것 같은데…. 요즘, 며늘아기 얼굴이 누리둥둥 하고 좀 야윈 것 같지 않아요?

시아버지 : 글쎄…. 그런 것도 같구먼. 떡두꺼비 같은 우리 손주 좀 안아 보고 싶네 그려. 허허허.

시어머니 : 얘들을 찾아서 물어봐야겠어요. 얘! 아가! 아가!

시아버지 : 아, 부인~. 같이 갑시다.

(시아버지와 시어머니 퇴장. 복이와 남편 등장)

남편 : 부인~ 요즘 당신 얼굴이 좋지 않은데 어디 몸이라도 아픈 게요?

복이 : 서방님, 몸이 아픈 건 아니에요.

남편 : 그럼 대체 왜 그러시오. 통 먹지도 못하고 무슨 걱정거리라도 있는 게요?

복이 : 아니에요. 다만…….

남편 : 그럼, 무엇 때문에 그러시오?

복이 : 저…. 아이 부끄러워요.

남편 : 우린 부부데 뭐가 부끄럽단 말이오. 어서 속 시원히 말 좀 해 보오.

복이 : 배 속에…….

남편 : 배 속? …… 혹시, 음식이 먹기 싫으시오?

복이 : 예!

남편 : 자꾸 (토하는 시늉) 속이 울렁울렁거리고?

복이 : 예!

남편 : 하하하. 아, 알았소. 알았소! 아기를 가졌구려. 어서 가서 부모님께 이 기쁜 소식을 알려야겠소. 하하하….

(남편 신이 나서 복이 말도 채 안 듣고 부모님을 찾아서 퇴장)

복이 : 아! 서방님 그, 그게 아닌……데.

(남편 퇴장했다가 시아버지 시어머니와 함께 환한 웃음을 지으며 등장)

시어머니 : 얘, 아가. 내 소식 들었다. 그런 일은 진작 말을 했어야지.

시아버지 : 그래, 아가. 아들, 딸 묻지도 따지지도 않을 테니. 건강하게만 낳아다오. 허허허.

남편 : 아버님도 참, 축구팀은 만들어야지요. 흐흐흐.

복이 : 아이참, 아기가 아니라니까요.

시어머니 : 아기가 아니면 배 속에 뭐가 들었단 말이냐?

복이 : 부끄러워서……. 말 못 하겠어요.

시아버지 : 부모 자식 사이에 부끄러운 게 다 뭐냐. 어서 말해 보거라.

남편 : 부모님께서 걱정하시잖소. 어서 얘기해 보오.

복이 : 저……. 실은 시집오고서 한 번도 바, 방귀를 뀌지 못해서…….

시어머니 : (몹시 못마땅하다는 듯이) 뭐라구, 방귀? 에잉… 쯧쯧쯧.

시아버지 : (몹시 실망한 눈치) 방귀? 난, 또…….(며느리를 이해하려는 너그러운 마음) 허허허, 얘! 아가! 그까짓 방귀, 뀌면 되지 않느냐.

복이 : 방귀가 삼 년을 묵었습니다. 함부로 뀌면 큰일 날 거예요.

시아버지 : 아가, 방귀가 세면 얼마나 세겠느냐? 어서 뀌어라, 뀌어.

시어머니 : (못마땅하지만 할 수 없다는 듯이) 그, 그래, 괜찮으니 어서 뀌어라.

남편 : 부인, 걱정하지 말고 방귀를 뀌시오.

복이 : 그럼, 아버님은 대문 고리를 꼭 잡으시고, 어머니는 솥뚜껑을 꼭 잡으세요. 당신은 기둥을 꽉 잡고 계시구요. 다들 잘 잡으세요. 자, 방귀를 뀝니다.

뿌웅, 뿌우우웅, 뿌아앙~ 콰아쾅~~~

(시아버지는 잡고 있던 대문 고리를 힘차게 열었다 닫았다를 수차례 반복, 시어머니는 솥

뚜껑을 들었다 놓았다를 수차례 반복, 남편은 기둥을 잡고 수차례 뱅글뱅글 돈다. 모두들 정신이 없다)

시아버지 : (기운이 다 빠진 목소리로) 아구구……. 아가, 이게 방귀 맞느냐? 세, 세상에 이런 방귀는 내 평생 처음이다! 한 번 더 뀌었다가는 우리 집이 다 날아가겠구나.
시어머니 : (기운이 다 빠진 목소리로) 에고 에고, 무슨 이런 방귀가 다 있단 말이냐. (몹시 화가 나서) 너의 방귀에 우리 집이 통째로 날아가기 전에 네가 나가거라!
복이 : 아버님, 어머님, 마음껏 방귀를 뀌라고 하시더니…. 흑흑흑….
시어머니 : 시끄럽다! 어서 나가거라! 어서 나가!
(복이는 울고, 남편은 시무룩하고, 시아버지는 말이 없고, 시어머니는 화가 많이 난 채로 모두 퇴장한다)

(왕서방 노래(♬비단이 장수 왕서방~ 비단이 팔러 왔다 해~♬)를 부르며 비단을 짊어지고 등장하면서 배나무 아래에 앉아서 배나무를 쳐다보며 말한다)

왕서방 : 햐! 저 배 맛있겠다해, 츱츱. 먹고 싶다해.

(복이가 터덜터덜 힘없이 걸어서 배나무 앞까지 나온다. 남편도 따라 나온다)

왕서방 : 배 따 주면 내 비단 모두 주겠다해, 쩝쩝쩝!
복이 : 배를 따 주면 정말 비단 모두 주실 거예요?
왕서방 : 그렇다해. 나무 너무 높아 남자도 못 딴다해.
복이 : 제가 저 배를 따 드릴 테니 약속은 꼭 지키세요.
왕서방 : 알았다해. 대신 배를 못 따면 당신은 우리집 종으로 살라해. (손가락을 흔들며 의기양양해서) 어림없다해, 못 딴다해.
복이 : 자, 그럼 배를 땁니다.

(며느리는 엉덩이를 배나무 밑에다 대고 힘껏 방귀를 뀌자 배가 우수수 떨어진다.)

뿌뿡! 뿌뿡! 뿡뿡뿡!!!

왕서방 : 어이쿠 아야, 머리, 아프다해. (떨어진 배를 보며 믿지 못하는 표정으로) 정말로 배가 떨어졌다해~. (억울하다는 듯이) 내 비단, 몽땅 날아갔다해.

(아내가 걱정되어 뒤를 뒤따라오던 남편이 이 모습을 지켜보고는 아내에게 다가간다)

남편 : 여보, 당신 방귀는 쓸모가 있구려. 우리가 잘못 알았으니 집으로 돌아갑시다. 내가 아버지 어머니께 잘 말씀드리겠소.

복이 : (수줍어하며) 고마워요, 서방님.

왕서방 : (속상해서 놀리듯이) 와, 저 며느리, 방귀대장이다해.

(왕서방 퇴장)

(복이와 남편은 비단을 짊어지고 다정하게 무대를 한 바퀴 돌아서 집으로 간다.
시아버지와 시어머니 호들갑스럽게 등장)

시어머니 : (아주 못마땅하다는 듯이) 그 아이는 왜 또 데리고 왔느냐?

남편 : 아버님, 어머님, 실은 이러쿵저러쿵, 어쩌구저쩌구 …… 했습니다.

(아들에게 이야기를 전해 듣고 신이 나서)

시아버지와 시어머니 : 우리 며느리가 이러쿵저러쿵, 어쩌구저쩌구 …… 했다구! 하하하. 호호호.

시아버지 : 아가야~ 네 방귀가 복 방귀구나! 이제부턴 눈치 보지 말고 실컷 뀌어라! 실컷 뀌어! 허허허.

시어머니 : (미안해하며) 아가 좀 전엔 내가 미안했다. 네가 미워서 그런 건 아니니 오해는 말아라.

복이 : (기쁜 목소리로) 예. 아버님, 어머님, 고맙습니다.

해설 : 그 후로 재주 많은 방귀쟁이 며느리는 방귀를 참지 않아도 되었어요. 자기를 이해해 주는 부모님을 모시고 행복한 가정을 꾸리며 아주 잘 살았대요.

(다 같이 손을 흔들며) 안녕.

PART 3

동화구연 전문가 되기

Chapter 1
동화구연 전문가의 준비

1. 동화구연 전문가의 자질

동화구연가는 목소리 연기로 실감 나는 재미만 주는 것이 아니라 동화 내용을 통해 듣는 이에게 꿈과 희망, 용기를 주고 나아가 학습적 성취감까지 주는 전문가의 역할을 하게 된다. 입으로 구연만 잘하는 것은 가슴을 울릴 수 없다. 동화를 사랑하고 어린이를 사랑하며 사람을 사랑하는 따뜻한 가슴을 가지는 것이 동화구연을 시작하기 전에 가져야 할 마음가짐이다.

1) 애정과 열정을 가진다

어린이를 사랑하는 마음으로 신뢰감을 형성하고 정성껏 이야기를 구연하도록 한다. 구연의 실력보다는 정성을 들여 이야기를 구연할 때 이야기를 듣는 청자와 공감대를 형성하게 되는 것이다. 또한 교사 자신이 구연하는 행위를 즐거워해야 하며 이야기에 동화되어 이야기의 감정과 상황에 동일시되어야 한다.

2) 개성이 있어야 한다

동화구연이라고 하면 어떤 일정한 틀에 맞추어 공식화하여 연기하는 것으로 생각하는 경우가 많은데, 그것은 진정한 동화구연에 대해 크게 잘못 생각하는 것이다. 사람마다 얼굴과 성격이 다 다르듯 동화구연을 할 때도 각양각색의 연기로 표현되어야 하는 것이다. 동화구연을 그저 모방으로 잘못 생각하는 사람들은 가르치는 사람을 그대로 따라 하면서 잘못된 부분까지 따라 하고 심지어 가르치는 사람과 배우는 사람의 연기 형식이 같게 되어 누구에게 배웠는지를 알 수 있을 정도이다. 기초적인 기법은 배우되 동화를 연기하는 맛과 색에 있어서 자신만의 독특함을 펼칠 수 있는 연기를 구사할 수 있어야 한다.

3) 철저한 준비를 한다

동화를 들려주기 위해서는 동화를 듣는 대상에 대해 잘 파악하고 있어야 한다. 듣는 이의 연령은 어떻게 되는지, 수준은 어떠한지, 구연할 장소에 대한 정보까지 철저히 파악하고 그에 따른 필요한 것들을 준비해야 하며 동화 내용에 맞는 교구나 준비물까지 꼼꼼히 준비해야 한다.

4) 안정감을 가진다

구연자의 마음가짐이 평온하고 안정적이어야 한다. 구연자 내면의 감정이 고스란히 실려서 전달되는 것이 구연이므로 구연자가 행복한 마음으로 구연할 때 진정한 감동을 전달할 수 있다.

2. 동화구연 전문가의 자세

동화구연은 연습을 통해 구연력의 향상이 얼마든지 가능하다. 실제로 발성, 발음, 호흡에 문제가 있거나 사투리와 같은 고치기 힘든 경우도 끊임없는 연습을 통해 실감 나는 연기를 잘하게 되는 사람을 많이 볼 수 있다. 구연을 더욱 생생하게 살리기 위해서는 다음의 자세가 요구된다.

1) 목적의식이 뚜렷해야 한다

동화구연을 할 때는 목적의식을 가지고 일을 수행해야 한다. 뚜렷한 목적의식을 가지고 구연을 할 때 청자도 쉽게 동화될 수가 있다. 뚜렷한 목적의식은 자신감으로 이어지고, 자신감은 안정된 태도로 이어져 청중을 집중시키며 나아가 감동을 줄 수 있는 힘이 된다. 구연자가 동화구연의 뚜렷한 목적의식 속에서 확신에 찬 태도를 보일 때 청중은 신뢰를 보인다.

2) 자신감을 가져야 한다

남 앞에서 이야기를 한다는 것은 누구에게나 어려운 일이다. 특히 구연을 하는 일은 부담스럽다. 동화의 내용을 잊어버리지 않을까, 등장인물들의 목소리 변화가 제대로 되지 않을까 등의 걱정이 앞서기 때문에 아무리 자신이 있고 대담한 사람이라 할지라도 막상 구연을 시작하려고 하면 긴장을 하게 된다. 이런 긴장감이 작은 실수에도 당황하게 만든다. 이렇게 되면 구연자는 앞이 캄캄해지고 내용을 잊어버리는 큰 실수를 하게 되고 결국은 구연을 마치지 못하고 무대를 내려오는 경우가 발생하게 되는 것이다.

그러므로 구연자는 자신감을 갖고 구연에 임해야 한다. 할 수 있다는 자신감은 감정을 평온하게 만든다. 구연자가 불안하고 초조한 상태에서 벗어나 안정감 있는 상태에서 동화를 들려줄 때 청중은 동화에 마음 놓고 몰입할 수가 있다. 불안한 상태에서는 생동감 있는 표현은 불가능하며, 목소리 변화조차도 마음대로 되어 주지 않는다.

3) 구연에 방해되는 습관을 버린다

인간은 누구나 자신도 알지 못하는 버릇을 가지고 있다. 특히 긴장한 상태에서는 전혀 예측하지 못한 이상한 습관이 나오게 된다. "에~, 저~, 어~." 하는 군말을 한다거나 지방 사투리의 어조가 나온다거나 특이한 어조로 이야기를 한다거나 하는 습관, 또는 말할 때마다 손가락을 꼼지락거린다든지 옷을 배배 꼰다든지 하는 불필요한 행동이나 말이 나올 수가 있다. 이런 습관과 버릇은 동화를 듣는 사람으로 하여금 동화에 몰입하지 못하게 하므로 내용 전달이나 감동을 줄 수 없는 장애요소가 된다. 또한 불필요한 제스처도 내용 전달을 방해하는 요인이 된다. 내용 전달에 도움이 되도록 꼭 필요한 몸짓을 자연스럽게 구사하는 것이 필요하다.

4) 동화 내용을 완벽하게 숙지해야 한다

자신감을 가지는 첫 번째 방법은 내용을 완벽하게 소화하는 것이다. 이야기를 하면서 말이 빨라진다든지, 더듬는다든지 하는 것은 구연자가 충분히 소화하지 못한 데서 나오는 현상이다. 완벽하게 할 수 있도록 끊임없이 연습해야 한다. 각색을 통해 구연자의 입말에 맞도록 구연 원고를 만든 후, 편하게 발음되는 단어로 바꾸거나 말투로 바꾸어 주면 구연하기가 쉽다. 작품을 외워서 여러 번 반복해 연습하고 작품 내용이 영화를 보듯 눈앞에 펼쳐지듯이 하며, 구연자와 등장인물이 동화되어 구연자의 경험과 이입되도록 한다.

또한 자신의 구연을 녹음해서 들어 보고 어색한 부분은 수정하며 거울 앞에서 표정, 동작 등을 연습한다. 되도록 이야기를 들어주는 사람 앞에서 구연 연습을 해 보는 것이 좋다. 그러한 경험은 긴장하지 않고 구연하는 데 익숙해지게 하고 청자의 반응에 따라 더 재미있게 구연할 수 있게 해 준다.

5) 구연 내용에 맞는 단정한 옷차림을 해야 한다

구연자는 옷차림에도 신경을 써야 한다. 너무 요란스러운 의상과 지나친 장신구, 화장 등은 동화구연에 방해요소가 된다. 청자가 구연을 듣기보다 구연자의 의상과 외적인 것에 신경을 쓰다 보면 구연 내용에 집중할 수가 없다. 구연자의 맑고 밝은 표정, 목소리와 의상이 일치할 때 동화의 내용을 의미 있게 받아들이고 감동을 느낀다. 또한 동화를 들어주는 사람에 대한 최소한의 예의이기도 하다.

3. 동화구연의 평가

1958년, 소년한국일보와 새싹회 공동으로 건국 최초의 공인 어른 동화구연대회가 열렸으며, 그 후 1964년, 동아일보 주최 '어린이에게 어른들이 들려주는 동화구연대회'가 열렸다. 그 대회에 참가하여 입상한 동화구연가들이 최초의 동화구연 단체인 '이야기 동산회'를 창립하고 동화구연의 선구자인 소파 방정환 선생의 뒤를 이어 동화 들려주기 운동을 전개해 왔다.

1976년 색동회가 전국 '어머니 동화구연대회'를 개최하고, 1993년 '전국 선생님 동화구연대회', 1998년 5월 '어린이에게 어른들이 들려주는 동화구연대회' 등, 현재까지 이어지며 전국적으로 수많은 동화구연가가 배출되었다.

동화구연대회 심사 규정 예시

성인 동화구연대회 심사 규정	
내용	관점
원고내용 30점	• 어린이들이 좋아하는 내용으로 상상의 날개를 넓혀 주고 무한한 기쁨을 경험하게 해 주어야 한다. • 전달하고자 하는 목적이 뚜렷하고 교훈적이어야 한다. • 구연하기 적합하게 각색되어 있어야 한다. – 해설 부분과 대화체의 비율 – 종결어미의 다양화 – 긍정적 내용으로 여운을 남기는 마무리 등 • 도입, 전개, 절정, 결말의 구성을 지녀야 한다. • 신선한 내용으로 창작성이 있어야 한다. • 주제와 내용이 발달수준 및 언어순화와 정서에 맞는 작품이어야 한다.
구연표현력 50점	• 원고 숙지가 잘 되어 있어야 한다. • 듣는 이에게 내용 및 감정을 잘 전달해야 한다. • 등장인물의 특성과 성격을 잘 나타내야 한다. • 상황에 맞는 목소리 설정을 해야 한다. • 목소리의 크기나 말의 속도감이 적절해야 한다. • 이야기의 흐름이 자연스러워야 한다. • 구연기법(띄어 말하기, 음색, 감정, 표현)에 맞게 구연해야 한다. • 표준어 사용과 발음의 정확성을 기해야 한다. • 구연술(어조, 어감, 억양 및 강세 고저장단, 속도–완급)에 따른 말맛을 살려야 한다.
태도 · 동작 10점	• 동작의 횟수가 적절해야 한다. • 안정된 태도와 밝은 인상으로 듣는 이에게 신뢰감을 주어야 한다. • 내용의 흐름에 따라 동작과 표정이 자연스러워야 한다. • 어린이를 사랑하는 마음이 태도와 표정에 나타나야 한다. • 내용 전개에 따른 시선 처리와 표정의 변화, 절제성이 있어야 한다.
반응 5점	• 이야기를 듣는 사람이 감동받을 수 있도록 이야기 주도력이 있어야 한다.
시간 5점	• 대회에 규정된 시간을 준수해야 한다.

성인 동화구연대회 심사 규정	
내용	관점
원고내용 20점	• 구연자가 자신의 음성에 맞는 원고를 선택해야 한다. • 이야기 내용이 대회의 취지에 맞아야 한다(예:인터넷 및 스마트미디어 중독 예방, 성경동화 등). • 이야기 전개와 대화체 연결이 자연스럽게 기 · 승 · 전 · 결의 구성으로 되어 있어야 한다. • 주제와 내용이 발달수준 및 언어순화와 정서에 맞는 작품이어야 한다. • 원고의 내용을 잘 숙지하여 표현해야 한다(원고 암기).
구연표현력 60점	• 자신감 있고 탄력 있게 시작하며 구연내용을 잘 이해하고 표현해야 한다. • 말하기의 기본 구연술이 확실해야 한다(호흡, 발성, 발음, 띄어 말하기, 억양, 음조, 어조, 리듬감 등). • 이야기 전개에 따라 등장인물의 표정이나 감정의 변화를 잘 표현해야 한다. • 어휘를 늘이거나 조사 또는 종결 어미를 끌거나 올리는 등의 나쁜 언어 습관이 없어야 한다. • 이야기를 끌고 가는 전개력을 가지고 흉내 내는 말을 적절히 사용하여 감동적이고 입체감 있게 구연해야 한다.
태도 · 동작 15점	• 구연자(어린이)의 구연 자세가 자연스러워야 한다. • 이야기를 듣는 사람이 감동받을 수 있도록 집중력을 가지고 구연해야 한다. • 내용의 의미에 따라 자연스러운 동작을 표현해야 한다.–내용과 일치되며 자연스러운가?–이야기를 입체화시키는 동작인가?–주의집중과 흥미를 돋우고 있는가?–언어의 의미를 강조하며 실감 나는 동작인가?–동작의 횟수는 적절한가?
시간 5점	• 대회에 규정된 시간을 준수해야 한다.
※점수–총점은 100점이나 가장 높은 점수 95점, 가장 낮은 점수 60점(실어일 경우)으로 한다.–실수 한 번에 2점씩 감점한다.	

각 대회의 성격에 따라 심사 기준이 조금씩 달라질 수 있으나 위의 표에서 살펴본 것과 같이 동화구연대회라는 성격상, 어느 대회를 막론하고 가장 중요하게 생각하는 부분은 원고 내용과 구연표현력이다.

Chapter 2
동화구연의 응용

순수 동화구연이라 함은 구연자가 목소리, 표정, 몸짓으로 이야기를 들려주는 것을 말한다. 하지만 동화를 듣는 대상이 어린이이므로 듣는 것뿐만 아니라 시각적인 방법을 통해 동화를 들려주면 교육적인 효과와 집중력을 높일 수 있다. 단, 시청각 자료는 적절하게 사용해야 하며, 그렇지 못한 경우에는 오히려 어린이들의 상상력을 제한시킬 수도 있다.

전달 매체의 종류를 살펴보면 다음과 같다.

- 손유희 동화: 어린이들이 좋아하는 신체표현을 활용해서 이야기를 들려주는 방법이다. 따라서 동화 내용에 대한 이해와 공감을 준다. 몸짓이 주로 활용되면서 이야기 내용에 따른 상징적인 표현으로 영유아들이 쉽게 이해하고 재미있게 들을 수 있다. 그러나 동작이 너무 작위적이거나 어절마다 동작을 표현하면 이야기 내용이 산만하게 전달될 것이다. 너무 많은 동작은 삼간다.
- 동화시: 동화적 줄거리를 지니고 있으며 외형율이나 내재율을 갖춘 운문체 형식의 동화를 말한다. 운율이 있어서 언어의 즐거움을 느끼게 된다. 예를 들어, 「메투리와 나막신」, 「개구리네 한 솥밥」 등을 들 수 있다.
- 음률 동화: 동화의 내용을 노래와 율동으로 표현하는 동화로서, 어린이들은 노래와 율동을 통해 예술적 감각을 느끼게 된다. 기승전결의 구성으로 음률을 통해 하나의 이야기를 표현하는 방법이다.
- 앞치마 동화: 배경판을 앞치마로 활용하는 방법이다. 앞치마에 융을 붙여 벨크로 테이프가 잘 붙고 떼어져야 한다. 등장인물을 부직포나 그림을 코팅한 뒷부분에 벨크로 테이프를 붙여 사용한다. 이야기를 구연할 때 떼었다 붙였

다 하며 구연해 주는 방법이다. 그러나 떼는 장면에서 잘 떼어지지 않아 이야기가 끊어진다면 어린이들은 몹시 실망할 것이다. 구연자는 이를 잘 살펴 활용하도록 한다.

- 역할극 동화: 동화 내용을 극본으로 각색하여 어린이들이 직접 동화 속 등장인물이 되어 보고 장면을 연출할 수 있는 방법이다. 역할극 동화는 어린이들이 참여하기 때문에 표정, 감정, 동작 등 적극적인 활동을 이끌어 낸다.
- 마술 동화: 마술도구를 활용하여 동화를 들려주는 방법이다. 예를 들면, 꽃에 불이 들어오는 도구를 활용할 때, 세상에서 제일 아름다운 마음을 가진 사람에게만 불이 들어오는 설정을 한다면 어린이들은 이를 신기하게 생각하고 집중할 수 있다.
- 원판 동화: 동그란 원판을 두 장 만든다. 한 장은 그림의 장면을 4컷 그려 활용하는 것이 그림의 크기로 볼 때 적당하다. 겉장은 1/4 자른다. 두 장을 겹쳐 할핀을 사용해서 중심에 고정을 한다. 장면이 넘겨질 때마다 새로운 장면이 펼쳐지는 동화의 형태이다.
- 입체 동화: 동화구연은 한 사람이 동화 전체 내용을 구연하는 것이 원칙이다. 하지만 입체 동화는 동화를 혼자 구연하지 않고 극적인 분위기를 느낄 수 있도록 등장인물 수에 따라 여러 사람이 등장하여 입체적으로 구연하는 활용 방법이다. 입체 동화는 등장인물의 역할이 각각이므로 내용 전개에 있어서 서로 앞뒤 장면 연결이 매끄럽고 자연스러워야 한 편의 동화를 감동적으로 들려줄 수 있다. 그러나 누군가 실수를 한다면 전체의 흐름이 깨지고 만다.
- 반 입체 동화: 평면의 고정화된 내용을 보완하여 일부분 움직일 수 있도록 만들어 활용하는 형태이다. 배경판에 칼집을 넣거나 낚시줄을 사용하여 등장인물을 움직이게 할 수 있으며 골판지, 주름지, 얇은 합판을 사용하여 제작할 수 있다. 자석을 활용하는 경우 배경판을 함석판이나 얇은 아크릴판을 사용하여 앞면에 등장인물을 뒷면에서 자석을 사용하여 움직이면서 구연한다.
- 그림 동화(낱장동화): 그림의 장면을 넘겨 가며 들려주는 동화의 방법이다. 그림책을 확대 · 복사하여 스케치북이나 하드보드지 등에 그리거나 붙여 활

용하는 것이다. 뒷면에 동화의 내용을 붙여 이야기해 줄 수 있다. 낱장동화도 이에 속한다.

- 상자 동화: 얇은 합판이나 두꺼운 상자를 사용하여 텔레비전 화면의 크기만큼 오려 낸다. 상자의 윗부분 양옆에 구멍을 뚫어 랩 심이나 벽지 심을 상자 높이보다 여유 있게 잘라 둔다. 그림은 화면보다 약간 크게 그린 후, 양쪽 심지에 붙여 고정한다. 그리고 그림이 화면에 나올 수 있도록 돌려 가며 구연한다.
- 융판 동화: 동화의 중심이 되는 그림을 선정하여 그림 자료를 코팅하거나 부직포, 색지 등을 사용하여 직접 그리거나 오려서 자료 뒤에 벨크로 테이프를 붙인 뒤, 이 자료를 융판 등에 붙여서 구연을 전개하는 방법의 형태이다. 일반적으로 많이 쓰이는 방법이다.
- 막대 동화: 등장인물이나 사물 등을 종이 자료를 오려 코팅하거나 부직포로 만든 자료 뒤에 나무젓가락이나 빨대 등을 붙여 만드는 형태이다. 막대를 잡고 구연해야 하므로 등장인물이 여럿이 등장하는 동화에는 적합하지 않다.
- 테이블인형 동화: 등장인물을 테이블 위에 등장시켜 동화를 들려주는 방법이다. 부직포로 제작한 등장인물이나 그림자료를 코팅해서 뒷부분에 벨크로 테이프를 붙여 둔다. 요구르트병이나 또는 음료수병, 캔 등 세울 수 있는 원형기둥이나 사각기둥에 등장인물을 붙여 활용한다. 보관할 때는 분리하면 부피가 줄어서 좋다.
- 손 인형 동화: 손을 인형 속에 넣어 움직이면서 구연하는 형태이다. 인형은 목장갑, 양말, 봉투, 천 등 다양한 소재를 사용하여 만들 수 있다. 손 인형은 주의집중이나 도입 시에 많이 사용하며, 등장인물이 많은 동화를 구연하기에는 적합하지 않다. 또한 손가락 인형 동화는 면장갑을 활용하여 각 손가락에 솜이나 스티로폼 볼을 넣어 등장인물을 꾸민다. 부직포를 긴 골무 형태로 만들어 손가락에 끼우는 형태로도 활용 가능하다.
- 그림자인형 동화: 가장 일반적인 방법은 빛을 광목판 뒤에 비추어 그림자가 움직이면서 이야기를 들려주는 방법이다. 또는 쉽게 캔버스에 지지대를 만들

고, 빛의 조명은 탁상용 스탠드를 활용하면 그림자인형극을 할 수 있다. 등장인물은 검정색 두꺼운 도화지에 등장인물이나 사물의 모양을 오려 내어 색깔이 있는 셀로판지를 딱풀로 붙여 형태에 맞게 도려낸다. 청자는 검은 그림자로 비치므로 형체로써 누구인지를 구분할 수 있다. 등장인물을 아랫부분에 빨대나 아크릴 스틱 등을 이용하여 조작할 수 있도록 한다.

- 파워포인트 동화: 컴퓨터의 보급이 확대되고 사양이 발달하면서 파워포인트를 이용한 동화를 많이 활용하고 있다. 그림책의 각 장면의 색상이 선명하며 글이 적은 내용이어야 한다. 그림 장면을 스캔한 뒤 바로 파워포인트에 활용할 수 있지만 포토샵, 애니메이션 기능 등을 작업하여 움직임을 실감 나게 할 수 있다. 컴퓨터의 기술이 발달함에 따라 전문가가 제작한다면 보다 다이나믹한 장면을 연출할 수 있다. 가장 일반적인 활용은 그림을 스캔하여 파워포인트에 간단하게 활용하는 방법이 일반적이다.
- 패널시어터(Panel Theater): 고운 보풀이 있는 부직포 원단(패널시어터 전용 융판)에 P－페이퍼(페널종이)를 이용한 그림인형을 붙였다 떼었다 하며 활용하는 매체이다. 벨크로 테이프를 뒷면에 붙이지 않아도 융판에 그림인형을 붙여 가며 노래극이나 이야기 등 자연스럽게 연속적으로 활용할 수 있는 장점이 있다.
- 병풍동화: 두 폭으로부터 짝수로 열두 폭까지 한데 잇따라 접었다 폈다 할 수 있다. 병풍식으로 펼치며 들려주는 방법이다. 각 폭에 그림을 순서대로 그려 활용할 수 있다. 제작이 쉽고 연속적으로 펼쳐지므로 조작과 이야기 흐름이 자연스럽게 이어질 수 있는 장점이 있다.
- 샌드아트(Sand Art)동화: 네모난 라이트 박스위에 뿌려진 모래위에 손과 다양한 도구를 이용하여 그림을 표현하면서 동화를 들려주는 방법이다. 정지된 그림이 아닌 움직임을 표현할 수 있어서 생동감을 표현할 수 있을 뿐 아니라 어두운 공간에 스크린을 이용하여 보여주기 때문에 집중력을 높여주는 장점이 있다.

Chapter 3

연습 동화

1. 시간대별 연습 동화

1) 3분 연습 동화

✎ 〈구두쇠 영감 길들이기〉

백성을 무척 사랑하는 임금님이 있었어요.

더운 여름날, 임금님은 백성들의 사는 모습을 보기 위해 대궐을 나섰어요.

임금님은 어느 부잣집 대문을 두드렸지요.

"여보시오, 지나가는 나그네인데 찬물 한 그릇만 주십시오."

"거 밖에 누가 왔느냐?"

"네! 영감마님, 나그네인데 찬물 한 사발만 달라고 합니다요."

"그래, 그렇다면 거기 있는 구정물 한 바가지만 퍼 오너라!"

구두쇠 영감의 말을 들은 하인은 정말로 구정물 한 바가지를 갖다주었지요.

그러자 구두쇠 영감은 구정물을 나그네에게 퍼붓는 게 아니겠어요.
"옜다. 물맛이 어떠냐! 하하하!"
"으악, 퉤퉤! 인심 한번 고약하군!"
구정물을 둘러쓴 임금님은 대궐로 돌아와 옷을 갈아입었어요.
그리고는 신하들을 거느리고 다시 그 집을 찾아갔지요.
"영감마님! 영감마님! 임금님 행차시옵니다."
"뭐! 임금님께서 오셨다고?"
구두쇠 영감은 신발도 신지 않고 맨발로 뛰어나가 임금님을 맞이했어요.
"아이고! 임금님! 이렇게 누추한 곳까지 어인 행차시옵니까?"
"어험 지나가던 길에 목이 말라 찬물 한 바가지 얻어먹으려고 들렸소!"
"찬물뿐이옵니까? 자! 자! 어서 안으로 드시지요!"
구두쇠 영감은 떡과 고기를 한 상 가득 차려 내놓았어요.
"어허! 나는 구정물 한 바가지면 되느니, 이걸 치우도록 하라!"
"에? 아이쿠! 임금님 죽을죄를 지었습니다."
그제야 임금님을 알아본 구두쇠 영감은 그 후로 새사람이 되었지요.

✎ 〈보들 이야기〉

세상에서 제일 예쁘다고 잘난 척하는 보들이가 있었어요.
'하느님께서는 나만 사랑하셔서 나를 아름답게 만드신 거야.'
동물 친구들은 보들이의 아름다운 모습을 모두 부러워했지요.
어느 날, 돼지가 보들이에게 다가왔어요.
"꿀꿀꿀. 보들아, 안녕? 오늘따라 더 예쁘구나."
"나야 항상 예쁘잖아? 그런데 네 코는 정말 우습구나. 꼬리는 호박넝쿨처럼 꼬불꼬불? 하하."
놀림을 받은 돼지는 엉엉 울며 집으로 가 버렸지요.
조금 후 나무 위에 있던 다람쥐도 보들이를 보고 쪼르르 내려왔어요.
"보들아, 우리 같이 놀자."
"창피하게 너 같은 꼬맹이와 어떻게 노니?"
속이 상한 다람쥐도 나무 위로 올라가 버렸지요.

콧노래를 부르며 길을 가던 보들이는 염소 할아버지를 만나 또 놀려대는 거예요.
"할아버지, 할아버지 뿔은 꼭 나뭇가지 같네요? 히히."
"예끼! 고얀 녀석! 예의 없이 어른을 놀리다니…. 쯧쯧."
보들이의 모습을 지켜보시던 하느님이 보들이를 불렀지요.
"너는 생김새만 아름다울 뿐이지 마음씨는 조금도 그렇지 않구나. 앞으로 다른 동물들을 놀릴 때마다 너의 아름다운 털이 조금씩 빠질 것이다."
하느님의 꾸중을 듣고도 보들이는 계속 친구들을 놀려댔지요. 그러다 보니 보들이의 아름다운 털이 점점 없어져 버리고 말았지 뭐예요.
"하느님, 잘못했어요. 다시는 친구들을 놀리지 않을게요."
"좋다. 네가 친구를 사귀면 털이 다시 나도록 해 주겠다. 하지만 친구들이 싫다고 할 때마다 네 몸은 조금씩 늘어날 것이다."
그날부터 보들이는 친구들을 찾아 열심히 숲속을 돌아다녔어요.
"돼지야, 우리 친구 하자. 응?"
"꿀꿀, 이렇게 못생긴 내가 어떻게 너와 친구가 될 수 있겠니?"
돼지의 말이 끝나자, 보들이의 몸이 쭈욱 늘어나는 게 아니겠어요? 깜짝 놀란 보들이는 다람쥐에게도 달려가서 간절히 부탁했어요.
"나 같은 꼬맹이는 창피하다면서? 그리고 나는 벌써 버섯하고 친구가 되었어."
보들이의 몸은 점점 더 길게 늘어났지 뭐예요. 숲속을 다 돌아다녔지만 보들이와 친구가 되려는 동물은 아무도 없었지요.
"아앙! 내가 이렇게 징그럽게 변하다니! 아, 어쩌면 좋아. 하느님, 하느님!"
보들이는 애타게 소리치다 풀숲으로 조용히 숨어 버렸지요.
그 후 보들이는 뱀이라는 이름으로 불리게 되었대요.

〈요건 내 떡〉

옛날, 어느 마을에 할머니와 할아버지가 행복하게 살고 있었어요.
어느 날, 옆집에서 떡을 가져왔어요.
"할머니, 떡 좀 잡숴 보세요."
"아이구, 잘 먹겠어요."
할머니는 떡 그릇을 받아 들고 할아버지가 계신 방으로 들어갔지요.

"영감, 옆집에서 떡을 세 개 가져왔어요. 당신 드세요."
"괜찮아요. 할멈이 먹구려."
"저도 괜찮아요. 당신이 드세요."
할머니와 할아버지는 서로서로 양보했어요.
그러자 할머니가 재미있는 내기를 하자고 하는 거예요.
"그럼, 우리 이렇게 해요. 한 개는 당신이 먹고, 한 개는 제가 먹고, 나머지 한 개는 말을 끝까지 안 하는 사람이 먹기로 해요."
"허허, 그거참 재미있겠군. 그럼 그럽시다."
할머니와 할아버지는 각각 떡을 한 개씩 먹고 나머지 한 개를 사이에 두고 앉았어요.
1분, 2분, 한 시간, 두 시간….
시간은 자꾸 흘러 드디어 깜깜한 밤이 되었지요.
하지만 할머니와 할아버지는 입을 꾹 다물고 앉아 떡만 쳐다보고 있었어요.
그때 도둑이 살금살금 들어왔지 뭐예요?
"와, 웬 떡이냐? 마침 배가 고픈데 얼른 먹어야겠다."
도둑이 떡을 냉큼 먹어 버렸지요.
"도, 도, 도둑이야, 도둑!"
할머니가 소리치자 할아버지는 벌떡 일어나 만세를 불렀어요.
"만세! 내가 이겼다. 떡은 내 거야."
하지만 떡은 이미 도둑이 삼켜 버렸기 때문에 할아버지가 먹을 떡은 없었지요.

〈정직한 홍기섭〉

옛날 조선시대에 참봉 벼슬을 하는 홍기섭이라는 사람이 살았어요.
어느 날, 그 집에 도둑이 들어왔지요. 그런데 아무리 둘러보아도 값나가는 물건이 아무 것도 없지 뭐예요?
"세상에! 훔칠 만한 물건이라고는 솥 하나밖에 없으니…."
도둑이 솥 안을 들여다보니 언제 밥을 지어 먹었는지 솥 안은 차가운 기운만 감돌았어요.
'아니, 이렇게 가난한 집이 있단 말인가?'
도둑은 불쌍한 마음이 들어 물건 훔칠 생각은 잊은 채 솥 안에 돈 닷 냥을 두고 나왔어요.

이튿날 아침 참봉 부인이 솥 안에 든 돈을 보았지요.

"여보, 이게 웬 돈일까요? 하늘에서 내려준 돈이 틀림없어요. 우리 이 돈으로 쌀과 나무를 삽시다."

"그게 무슨 말씀이오? 남의 돈을 가질 수는 없소."

그리고는 울타리에 이렇게 써 붙였지요.

《누구든지 돈을 잃어버린 사람은 찾아가시오》

도둑은 전날 밤의 일이 궁금해서 홍 참봉의 집을 기웃거렸어요. 그러다 울타리에 써 붙인 글을 보고는 한참을 망설이다 홍 참봉을 찾아갔지요.

"말씀드리기 송구하오나 솥 안의 돈은 제가 두고 간 것입니다."

도둑이 전날 밤 있었던 일을 이야기하며 돈을 받아달라고 했지요.

"나는 남의 돈을 까닭 없이 받을 수 없소. 이 돈을 가지고 가시오."

홍 참봉의 말에 감동한 도둑은 그날부터 마음을 고쳐먹고 새사람이 되었어요.

그 뒤, 홍기섭은 높은 벼슬에 올랐고, 홍기섭의 가르침을 받은 도둑도 벼슬길에 올랐대요.

〈사또와 산딸기〉

옛날 어느 고을에 심술궂은 사또가 살았어요.

'에휴, 오늘은 사또가 또 무슨 일을 시키시려나?'

이방은 사또가 매일 엉뚱한 일을 시켜, 늘 걱정이 되었지요.

찬 바람이 쌩쌩 부는 겨울날, 사또가 이방을 불렀어요.

"여봐라, 이방. 지금 당장 산딸기를 따오너라."

"예? 사또, 지금은 겨울이라서 산딸기를 구할 수가 없습니다."

"무엇이라고? 당장 산딸기를 가져오지 않으면 큰 벌을 내리겠다."

사또가 버럭 화를 내자, 이방은 더 이상 아무 소리도 하지 못했어요.

'허, 이 일을 어찌할꼬?'

집에 돌아온 이방은 걱정을 하다가 그만 병이 나고 말았어요.

이 모습을 본 이방의 아들이 걱정스럽게 물었지요.

"아버지, 약을 지어 올까요?"

"아니다. 사또께서 산딸기를 따오라고 하시는구나."

"이 추운 겨울에 산딸기를요?"

"산딸기를 가져오지 않으면 큰 벌을 내리시겠다는구나."

그러자 아들이 아버지의 손을 잡고 말했어요.

"아버지, 걱정하지 마세요. 제가 다녀오겠습니다."

이튿날, 이방의 아들은 사또를 찾아갔어요.

"아버지께서 편찮으셔서 제가 대신 왔습니다."

"뭐? 이방이 아프다고? 흥, 꾀병을 부리는 게로구나."

"아닙니다. 아버지는 산딸기를 따러 가셨다가 독사한테 물리셨습니다."

"뭐라고? 아니, 한겨울에 독사가 어디 있단 말이냐?"

"사또님 말씀이 옳습니다. 겨울에는 독사가 없지요. 마찬가지로 산딸기도 없습니다."

사또는 얼굴을 붉히며 아무 말도 하지 못 했어요.

✎〈아기 봄바람의 나들이〉

글 : 권효순

아기 봄바람이 기지개를 켰어요.

"아함~. 이제 들판을 나가 새싹들을 깨워야지."

아기 봄바람은 서둘러 산골짝으로 내려갔어요.

겨울 동안 너무나 답답했거든요.

"어머, 해님 오랜만이에요. 추운 겨울 잘 보내셨죠? 많이 보고 싶었어요."

아기 봄바람의 눈웃음에 기분이 좋아진 해님도 더 따뜻하게 봄볕을 내려보냈어요.

아직은 곳곳에 차가운 겨울바람이 남아 있었지만 아기 봄바람은 여기저기 들판을 돌아다니기에 바빴지요.

아기 봄바람은 먼저 산그늘에 남아 있는 눈을 녹였어요.

"빨리 일어나. 이제 곧 친구들이 숲속에 놀러 올 거야."

아지랑이도 깨우고 버들강아지도 깨우며 골짜기를 막 돌아설 때였어요.

"아기 봄바람아, 아기 봄바람아."

어디선가 가느다란 목소리가 들리는 거예요.

"어? 어디서 나를 부르지?"

아기 봄바람은 어디서 나는 소리인지 귀를 기울였지요.
하지만 너무 작아서 어디인지 알 수가 없었어요.
그때 바위의 큰 목소리가 들리는 거예요.
"칫, 그렇게 힘없이 불러서 누가 듣기나 하겠어? 내가 하는 거 잘 보라고. 어이~ 아기 봄바람아, 여기 좀 와 봐!"
그제야 아기 봄바람은 소리가 나는 곳을 향해 달려갔지요.
저 멀리 바위 그늘 밑에 한 포기 민들레가 꿋꿋이 풀대를 세우고 있는 것이 보였어요.
"아기 바람아, 그늘 밑에만 있어서 너무 추워. 나에게도 따뜻한 바람을 보내 주렴."
"그럼 그럼. 몸을 한번 녹여 봐."
아기 봄바람은 따사한 봄기운을 민들레에게 보내 주었어요.
"아~ 따뜻해. 고마워 바위야, 고마워 아기 봄바람아."
"사실 나도 도와주고 싶었는데 도와줄 방법이 없어서 미안했거든. 내가 비켜 주면 좋을 텐데, 너도 알다시피 움직이지 못하니까 얼마나 답답하고 미안했는데…."
바위는 민들레를 도와준 것 같아 기분이 좋아졌어요.
"좋아, 내가 더욱더 따뜻하게 해 볼게. 이얍~~."
앙상히 풀대만 있던 민들레가 활짝 꽃망울을 터뜨리며 해맑게 웃었답니다.

〈박석고개〉

옛날, 서울에 박 씨 성을 가진 젊은이가 홀어머니를 모시고 살았어요.
"어머니, 오늘은 무엇이 잡숫고 싶으세요?"
"얘야, 오늘은 생선이 먹고 싶구나. 하지만 이 겨울에 물고기를 무슨 재주로 구한단 말이냐?"
"어머니, 염려 마세요."
젊은이는 찬바람이 쌩쌩 불었지만 낚싯대를 가지고 강으로 갔어요.
마침 그때, 임금님은 백성들의 사는 모습이 궁금해서 대궐 밖으로 나오셨지요.
그런데 추위에 떨며 낚시를 하는 젊은이를 보게 된 거예요.
"허허, 젊은이 이 추운 겨울에 무슨 낚시인고?"
"예, 저희 늙으신 어머니께서 생선을 잡수고 싶다기에 나왔습니다."
임금님은 젊은이 곁에 쭈그리고 앉았어요.

"오호, 물고기 한 마리가 제법 크군."

"예, 한 마리라도 잡았으니 어머니께 드릴 수 있어 다행입니다."

젊은이가 자리를 뜨자, 임금님은 젊은이 몰래 뒤따라갔어요.

밥상을 차린 젊은이는 생선 살을 발라 어머니 밥 위에 놓아 드렸어요.

"어머니, 천천히 꼭꼭 씹어 드세요."

"얘야, 너도 먹어야지."

"오늘은 물고기를 두 마리나 잡았어요. 저는 벌써 한 마리 먹었어요. 걱정 마시고 다 드세요."

문틈으로 지켜보던 임금님은 고개를 끄덕였어요.

'음, 대단한 효자로군.'

대궐로 돌아온 임금님은 며칠 후, 효성이 지극한 박 씨 젊은이를 불러들였어요.

"그대의 효성이 지극하니, 농사지을 땅을 상으로 내리겠다. 앞으로도 변함없이 어머니를 잘 모시도록 해라."

"예, 임금님!"

하지만 젊은이가 임금님으로부터 받은 땅은 돌과 바위가 많은 고개였어요.

젊은이는 그 땅을 잘 일구어 좋은 밭으로 만들었지요.

그 후 '박 씨 젊은이의 돌 많은 언덕'이란 뜻으로 '박석고개'란 이름이 붙여졌대요.

✎〈호랑이의 감기〉

숲속의 왕 호랑이가 감기에 걸렸어요.

"에취! 끄응, 아이고, 머리야."

다람쥐랑 여우랑 토끼가 호랑이의 병문안을 왔지요.

"호랑이 대왕님, 저희 왔어요."

"고맙구나. 내가 며칠 동안 이빨을 닦지 못했는데, 다람쥐야, 내 입에서 무슨 냄새가 나지 않느냐? 하~!"

"아이구, 고약한 냄새."

다람쥐는 겁도 없이 냉큼 대답한 거예요. 그러자 호랑이의 얼굴이 일그러졌지요.

"이런 버릇없는 녀석을 봤나. 감히 왕한테서 고약한 냄새가 난다고 말하다니, 어흥!"

호랑이는 다람쥐에게 버럭 화를 내고 다람쥐를 내쫓아버렸어요.

'히히히, 고소하다.'

여우는 싱글벙글 웃었지요. 멋진 꼬리를 뽐내던 다람쥐가 싫었거든요.

호랑이가 이번에는 여우에게 물었어요.

"여우야, 나한테서 무슨 냄새가 나느냐? 하~!"

"킁킁! 대왕님, 향기가 솔솔 납니다요."

여우는 호랑이의 지독한 입 냄새를 꾹 참으며 아무렇지 않게 말했어요.

"사흘이나 안 닦은 내 입에서 향기가 난다고?"

호랑이는 아까보다 더 크게 소리치며 얼굴을 찌푸렸어요.

"어흥! 이런 꾀보 같으니, 당장 나가라!"

호랑이는 여우도 못마땅했어요.

다람쥐와 여우가 당하는 것을 본 토끼는 간이 콩알만 해졌어요.

호랑이가 벌벌 떨고 있는 토끼에게 물었지요.

"토끼야, 내 입에서 무슨 냄새가 나느냐? 하~!"

"예, 호랑이 대왕님. 저, 저…."

토끼는 무서워서 말을 잇지 못했어요.

'바른대로 말해도 화를 내고 꾀를 부려도 화를 내니, 이를 어쩌지?'

토끼는 갑자기 재채기를 하며 기운 없이 말했어요.

"에취~~! 호랑이 대왕님, 사실은 저도 심한 감기를 앓고 있습니다. 그래서 냄새도 못 맡고, 에, 에취!"

"쯧쯧, 저런, 너는 나보다 더 심한 모양이구나. 나까지 재채기가 나오려고 한다. 어서 돌아가 쉬거라."

토끼는 호랑이 굴에서 나와 숲속으로 깡충깡충 뛰어갔지요.

✎〈꿀을 바쳐라! 꿀 좀 주세요〉

글 : 백미애

숲속에 곰과 호랑이, 여우가 살고 있었어요.

곰은 열심히 일하며 아주 부지런했지요.

하지만 호랑이와 여우는 시원한 그늘에서 얘기만 하고 있는 거예요.

"야, 여우야! 저 곰은 미련하게 일만 하는데 우리가 좀 골려 줄까?"

"호랑이님! 그럼, 누가 곰한테 꿀을 얻어먹는지 한번 볼까요?"
"허, 그거 좋지. 난 곰보다 힘이 세니까 문제없어."
호랑이가 자신 있게 말하곤 먼저 곰의 집으로 갔어요.
"야! 미련한 곰아, 호랑이님이 오셨으니 빨리 문을 열고 나와서 꿀을 나한테 바쳐라!"
호랑이가 큰소리치며 꿀을 달라고 하는 게 아니겠어요?
곰은 기가 막혔어요.
"아니, 꿀을 얻으러 와선 큰소리를 치다니? 호랑인지 고양인지 너 빨리 가지 못해!"
호랑이는 더 이상 아무 말도 못 하고 돌아갔지요.
이번엔 여우가 곰의 집으로 갔어요.
여우는 아주 공손하고 예의 바르게 말했지요.
"아이구! 부지런한 곰님, 안녕하세요? 제가 꿀이 필요한데, 저에게 꿀을 좀 주세요."
그러자, 이게 웬일이에요.
곰이 활짝 웃으며 말하는 거예요.
"그래, 여기 꿀이 있으니 필요한 만큼 가져가."
호랑이가 나무 뒤에 숨어서 이 모습을 보고는 고개를 끄덕였어요.

✎ 〈마두금 이야기〉

몽골 전래동화

옛날, 몽골의 넓은 초원에 '수호'라는 가난한 양치기가 할머니와 단둘이 살고 있었어요.
어느 날, 수호가 갓 태어난 하얀 망아지를 안고 밤늦게야 돌아왔지요.
"할머니, 주인 없는 망아지가 땅바닥에 쓰러져 발버둥 치고 있어서 늑대의 밥이 될까 봐 데리고 왔어요."
"오, 그래. 불쌍하구나. 정성껏 돌봐 주렴."
그날부터 수호는 하얀 망아지와 장난도 치고 잠도 자며 밤낮으로 함께했어요.
수호는 사랑과 정성으로 돌봐 주었지요.
세월이 흘러 망아지는 야무지고 훌륭한 하얀 말로 자랐어요.
그러던 어느 날, 고을 원님이 말타기 대회를 한다는 거예요.
이 대회에서 일등한 사람은 원님의 딸과 결혼시킨다고 했지요.
수호는 말 타기 대회에 나가 일등을 했어요.

"일 등 한 사람이 가난한 양치기란 말이냐? 은화 세 닢을 주어 쫓아 버려라."
원님이 약속을 어기자 수호는 펄쩍 뛰며 말했어요.
"안 됩니다. 저는 제 하얀 말을 두고 갈 수 없습니다."
그러자 원님의 명을 거역한 죄목으로 몹시 두들겨 맞고 정신을 잃고 말았지요.
수호는 간신히 친구에게 업혀 집으로 돌아왔어요.
며칠 후, 수호의 몸은 점차 회복되었지만 하얀 말이 곁에 없자 몹시 슬펐어요.
'흐흐흑. 하얀 말아, 어떻게 지내고 있니? 보고 싶구나.'
한편, 원님은 큰 잔치를 열었어요. 멋진 하얀 말을 자랑하고 싶었거든요.
손님들이 보는 앞에서 원님은 하얀 말에 올라탔어요.
그 순간, 하얀 말이 고삐를 뿌리치고 몸부림을 치며 원님을 떨어뜨린 거예요.
화가 잔뜩 난 원님은 달아나는 하얀 말에게 화살을 쏘아댔어요.
하얀 말은 등에 화살이 푹! 푹! 박혔지만 '따그닥 따그닥' 달리고 또 달렸어요.
수호의 집 앞까지 온 하얀 말은 그만 숨을 거두고 말았어요.
수호가 슬픔에 젖어 잠이 들었을 때 하얀 말이 나타났어요.
"제 뼈와 가죽과 심줄과 털로 악기를 만들어 주세요. 그렇게 하면 난 언제까지나 당신 곁에 있을 수 있어요. 언제나 당신을 위로해 드릴게요."
수호는 꿈속에서 하얀 말이 가르쳐 준 대로 악기를 만들었지요.
수호가 이 악기를 연주할 때마다 하얀 말이 옆에 있는 것처럼 느껴졌어요.
수호는 이 악기의 이름을 '마두금'이라 지었답니다.

2) 4분 연습 동화

✎〈해와 달을 무는 불개〉

멀고 먼 하늘 위에는 까막나라가 있었어요.

까막나라에는 빛이 하나도 없어서 온통 깜깜했지요.

사람들은 앞을 볼 수가 없어서 여기에 쿵, 저기에 쾅 부딪히곤 했지요.

'도저히 안 되겠구나. 백성들을 위해서 해를 가져와야겠다.'

까막나라 임금님은 당장 불개를 불렀어요.

까막나라 불개는 아주 용감하고 씩씩해서 무슨 일이든 척척 해냈거든요.

"불개야, 너는 어서 가서 해를 가져오너라!"

임금님의 말이 떨어지자마자 불개는 펄쩍펄쩍 뛰어가서 금세 해가 있는 곳에 다다랐어요.

그리고는 훨훨 타는 해를 입으로 덥석 물자 얼마나 뜨거웠겠어요?

"아이고, 내 입에서 불난다. 불나!"

불개는 너무나 뜨거워서 해를 얼른 뱉어내고 말았지 뭐예요.

그냥 돌아온 불개를 보고 까막나라 임금님은 마구 화를 냈어요.

"이런 답답한 녀석 같으니! 그렇다면 달이라도 가져와야 될 것 아니냐!"

불개는 다시 펄쩍펄쩍 뛰어서 달이 있는 곳으로 갔지요.

그리고는 커다란 달을 입으로 덥석 물었어요.

그런데 달은 또 너무나 차가운 거예요.

"아이고, 얼음장 같구나! 내 이빨이 몽땅 빠져 버리겠어!"

불개는 너무나 이가 시려서 달도 뱉어 버리고 말았어요.

하지만 이대로 까막나라에 되돌아갔다간 임금님에게 혼날 게 뻔했지요.

"안 되겠다. 다시 해를 물어 가야겠다."

하지만 해를 물었다가는 너무 뜨거워서 다시 뱉어 버렸지요.

"안 되겠다. 다시 달을 물어 가야지."

이번에도 불개는 너무 차가워서 달을 뱉어 버리고 말았어요.

불개는 임금님에게 혼이 날까 봐 까막나라로 돌아가지 못했어요. 그리곤 이리저리 뛰어다니면서 해를 물었다 달을 물었다 하고 있지요.

지금도 가끔 대낮에 세상이 어두워지거나 한밤중에 달이 가려질 때가 있는데 그건 바로 불개 때문에 일어나는 일이랍니다.

✎〈슬기로운 소금집 딸〉

옛날 어느 고을에 소문난 부잣집이 있었어요.

"아유, 저 부잣집은 뭐가 부러울까? 게다가 예쁘고 얌전한 며느리까지 봤으니 말야."

그런데 부잣집 속사정은 그렇지 못했어요.

시어머니는 얌전하고 착한 며느리가 가난한 소금 집에서 왔다고 며느리를 힘들게 했어요.

"아휴, 가난한 소금 집 딸을 며느리로 삼다니 아이고 속상해라. 얘, 며늘아! 며늘아!"

"네, 어머님."

"아휴~! 부르면 좀 빨리빨리 못 오니?"

며느리는 매일 구박을 받았지만, 시부모님을 정성껏 모셨지요.

"여보, 어떻게 하면 어머님과 잘 지낼 수 있을까요?"

"부인, 미안하오. 어머님 때문에 고생이 많더라고 잘 참아주시오."

남편은 아내의 손을 잡으며 위로했어요.

'어떻게 하면 어머님과 잘 지낼 수 있을까? 옳지, 마침 사흘 후가 친정아버지의 생신날이지.'

"여보, 여보, '여차여차 도란도란' 알았지요?"

"알았소."

"먼저 가 있을 테니 부모님을 꼭 모시고 오셔야 해요."

"염려 마시오."

드디어 친정아버지의 생신날이 되었어요.

"여보 마누라, 아들이 저렇게 가자고 하니 잠깐이라도 다녀옵시다."

"영감, 그렇게 가난한 집에서 뭘 차렸겠어요. 보나 마나 먹을 만한 것도 없을 거예요."

아들의 간곡한 부탁으로 드디어 사돈댁에 도착했어요.

"아휴, 아버님 어머님 어서 오세요. 먼 길 오시느라 고생 많으셨어요. 어서 안으로 드세요."

집안으로 들어선 시부모님은 그만 입이 딱 벌어지고 말았어요.

생각과는 달리 아주아주 맛있게 보이는 음식이 잔뜩 차려져 있었거든요.

"자 사돈어른 어서 드시지요."

그런데 이게 웬일이에요?

보기와는 달리 이상하게도 음식 맛이 하나도 없는 거예요.

"에이, 이런!"

"아니, 이것도! 에이"

시어머님이 수저를 놓으려는 순간 며느리는 재빨리 말했어요.

"아버님 어머님 잠깐만 기다려주세요."

며느리는 음식마다 소금을 넣고 조물조물해서 시부모님 앞에 놓았어요.

소금간이 맞춰진 음식은 순식간에 맛있는 음식으로 바뀐 거예요.

"아버님 어머님 천천히 많이 잡수세요."

"며늘 아가, 아주 맛있게 잘 먹었구나."

"영감, 우리가 얼마나 귀한 집 딸을 며느리로 삼았는지 이제야 알게 됐군요."

"자, 며늘 아가, 어서 집으로 돌아가자꾸나."

시부모님은 며느리의 손을 꼭 잡고 집으로 돌아갔어요.

〈겨울을 이겨 낸 보리들〉

글 : 권효순

눈 덮인 산마을에 찬바람이 지나갔어요.

그때 어디선가 한숨 소리가 들렸지요.

"어? 누구지? 어디서 나는 소릴까?"

겨울바람이 돌아보니 아랫마을 보리밭에서 들려오는 거예요.

"보리들아, 무슨 걱정이 있니?"

지나가던 겨울바람이 물었어요.

"우린 왜 이 추운 겨울에 자라면서 고생을 할까? 어휴, 너무 추워."

"그건 사람들을 위해서야. 너희가 추위를 참는 만큼 너희 몸에 영양소가 쌓이거든."

"음, 그렇구나. 하지만 몹시 추운걸."

어느새 겨울바람은 고개를 넘어갔어요.

며칠이 지났어요.

함박눈을 몰고 온 겨울바람이 지나가다 보리들의 투덜대는 소리를 또 들었지요.

"난 시원한 콜라가 되어 아이들과 햇살 가득한 여름을 보고 싶어."

"어, 난 오렌지나 망고처럼 사람들에게 사랑받고 싶어."

보리들의 얘기를 듣던 겨울바람이 웃으며 대답해 주었지요.
"그 대신 너흰 보리 음료가 될 수 있잖아. 콜라는 어린이들의 이를 상하게 하는걸."
"정말? 우리가 그럴 수 있을까?"
흰 눈을 머리에 인 채 언덕 위 동백나무도 보리밭을 내려다보며 말했어요.
"그럼~ 소화도 잘되고 날씬하게 해 주는 보리 음료가 최고지, 난 모두에게 사랑받는 너희가 부러워."
"그렇구나. 우린 겨울을 이겨 낼 수 있어!"
보리들은 기분이 좋아져 더 많은 영양분과 땅의 힘을 몸에 담으려고 발을 쭉 뻗었어요.
"너희들에겐 강한 생명력이 있어. 누구에게도 지지 않는 보리 형제들, 파이팅!"
동백나무가 손을 불끈 쥐어 보이며 보리를 응원했어요.
"그래! 우린 할 수 있어!"
보리들은 사람들이 기뻐할 것을 생각하니 행복했어요.

✎〈요술 항아리〉

어느 마을에 가난하지만 마음 착한 농부가 있었어요.
농부는 부지런히 일해서 황부자 영감에게 땅을 조금 샀지요.
어느 날 농부는 땅을 파다가 커다란 항아리를 발견했어요.
"어? 웬 항아리지? 물 항아리로 쓰면 딱 좋겠는걸."
농부는 곡괭이를 항아리 속에 넣어서 집으로 가지고 왔어요.
항아리 속에서 곡괭이를 꺼내고 물로 항아리를 씻으려는데 그 안에 똑같은 곡괭이가 또 들어 있지 뭐예요?
'이거 혹시~ 요술 항아리가 아닐까? 어디 엽전을 한번 넣어 봐야지.'
농부가 항아리 속에 엽전을 넣었다 꺼내자 이번에도 엽전이 또 들어 있는 거예요.
농부는 금방 부자가 되었지요.
농부가 발견한 신기한 항아리의 소문은 온 동네에 쫙 퍼졌어요.
욕심 많은 황부자 영감도 이 소문을 들었지요.
"에잉~~ 어찌해야 그 항아리를 빼앗을까."
그러던 어느 날, 황부자 영감은 농부를 찾아왔어요.
"여보게, 그 항아리를 내놓게."

"무슨 말씀이십니까? 제 땅에서 제가 캔 것입니다."

"난 자네에게 땅을 팔았지 항아리는 팔지 않았네. 아 그러니 그 항아리는 내 것일세."

"아닙니다. 제가 산 땅에서 나왔으니 제 것입니다."

두 사람이 다투자 동네 사람들은 사또에게 가 보라고 했지요.

"너희들이 항아리 때문에 다투니. 음, 항아리는 마을 창고 안에 보관할 것이다. 그런 줄 알고 돌아들 가거라."

하지만 사또는 요술 항아리가 탐이 나서 집으로 가지고 왔어요.

그날 저녁, 사또의 늙은 아버지는 대청마루에 놓여 있는 커다란 항아리를 보았지요.

"거참, 커다란 항아리일세. 안에 뭐가 들었나 궁금하구먼."

할아버지는 항아리 속이 궁금해서 허리를 숙이다 그만 항아리 속에 빠져 버리고 말았어요.

"아이구! 사람 살려! 거기 아무도 없느냐? 나 좀 꺼내 주어라."

"아니, 이게 무슨 소리지? 아버님! 아버님! 어디 계십니까?"

"애비야! 나 여기 항아리 속에 있다!"

"예? 어이쿠 아버님, 얼른 나오세요."

사또의 가족들은 할아버지를 꺼냈어요.

그런데 항아리 속에서 또 다른 할아버지가 소리쳤지요.

"아~~ 나 좀 꺼내 달래두."

또 다른 할아버지를 꺼내자 항아리 속에서 다른 할아버지가 꺼내 달라며 소리쳤어요.

어느새 마당에는 열한 명의 할아버지가 계셨어요.

"아이쿠! 누가 대체 진짜 아버님이십니까? 아버님, 아버님."

"내가 진짜 아버지다."

"아니다. 내가 진짜 아버지야."

열한 명의 할아버지는 자기가 진짜 사또의 아버지라고 우기며 싸웠어요.

이 모습을 바라보던 사또는 항아리를 깨어 버렸지요.

"어휴~~, 내가 너무 욕심을 부렸구나."

그 후, 사또는 열한 명의 아버지를 모두 모시고 살았답니다.

✎〈지혜로운 재판〉

옛날 옛날에 비단 장수가 살았어요.

어느 날 비단 장수는 비단을 한 짐 지고 이 마을 저 마을 돌아다니다가 지쳐서, 쉴 자리를 찾고 있었지요.

'아이구, 다리 아파. 이 비단을 다 팔면 그동안 진 빚을 갚을 수 있겠지.'

비단 장수는 망두석 옆에다 비단을 내려놓고 잠시 쉬다가 깜빡 잠이 들고 말았어요.

얼마 뒤 비단 장수가 기지개를 켜며 눈을 떠 보니 망두석 옆에 놓아둔 비단 짐이 모두 없어져 버렸지 뭐예요.

"아이구, 이를 어쩌나! 분명히 망두석 옆에다 비단 짐을 놓고 쉬었는데, 어디로 갔을까?"

비단 장수는 허둥지둥 오던 길로 내려가 지나가는 사람들에게 물어보았어요. 하지만 잃어버린 비단은 도무지 찾을 길이 없었어요.

"어허! 그것참 안됐군요. 그런데 우리 고을 원님이 어려운 일을 척척 풀어 준다 하니, 어서 가서 비단을 훔쳐 간 사람을 찾아 달라고 해 보시오."

비단 장수는 그 길로 원님을 찾아가서 비단을 잃어버리게 된 사정을 자세히 아뢰었어요.

"그거참, 딱하구나. 무슨 좋은 방법이 없을까?"

원님은 잠깐 생각에 잠겨 있다가 입을 열었어요.

"음, 그곳에 망두석이 있었다니 망두석이 틀림없이 도둑을 보았을 것이야."

원님은 나졸들에게 곧장 가서 망두석을 잡아 오라고 호통을 쳤어요.

얼마 뒤, 원님이 망두석을 잡아다가 재판을 한다는 소문이 온 마을로 퍼졌어요. 그러자 이 마을 저 마을에서 이 재판을 보려고, 구경꾼들이 몰려들었어요.

"망두석아! 듣거라. 넌 비단 장수가 비단을 놓고 졸고 있을 때, 비단을 누가 훔쳐 갔는지 보았을 터이니 당장 본 대로 말을 하여라."

정말 어이없는 노릇이었어요. 돌로 만든 망두석이 무슨 말을 할 수 있겠어요. 하지만 원님은 아주 점잖은 목소리로 망두석에게 호통을 치는 거예요.

"저 망두석이 대답을 하지 않으니 사실을 말할 때까지 매우 쳐라!"

나졸들은 망두석을 엎어 놓고, 매질을 시작했어요. 그러나 아무리 때려도 망두석은 꼼짝하지 않았지요.

"하하하! 저것 좀 봐, 돌덩이가 무슨 말을 하겠어?"

원님은 구경꾼들을 훑어보았어요.

여기저기서 그 모습을 구경하던 사람들이 웃음을 터뜨리고 있었지요.
"어허, 엄숙한 재판을 하고 있는데, 재판을 비웃는 저 사람들을 감옥에 가두어라."
"아이구 원님, 잘못했습니다. 제발 용서해 주세요."
구경꾼들은 원님의 호통에 모두 벌벌 떨었어요.
"성스러운 재판을 보면서 웃었으니 용서할 수 없다. 그렇지만 잘못을 뉘우치고 오늘 안으로 비단을 한 필씩 벌금으로 바치는 사람은 용서해 주겠노라."
얼마 뒤, 옥에서 풀린 사람들은 약속대로 비단을 한 필씩 들고 원님 앞으로 왔어요.
"비단 장수, 여기에 있는 비단 가운데 네가 잃어버린 비단과 같은 것이 있는지 살펴보아라."
비단 장수는 한 필 한 필 살펴보았어요.
"원님! 이것들은 모두 제가 잃어버린 비단과 꼭 같습니다."
원님은 비단을 가져온 사람들에게 물었어요.
"여봐라, 이 비단을 어디서 구해왔느냐? 바른대로 말하여라."
"네, 이것은 건넛마을에 사는 비단 장수에게서 사 왔습니다.
"그래? 이제야 진짜 도둑을 잡았군."
원님은 건넛마을에 사는 비단 장수를 당장 잡아 오라고 명령했어요.
"이놈, 남의 물건을 훔쳐서 팔다니! 비단을 판 돈과 남은 물건을 당장 내어놓아라!"
사람들은 지혜로운 재판으로 진짜 도둑을 잡아낸 원님의 슬기에 모두 감탄을 했어요.
그 후 이 고을은 정직한 사람들로 언제나 행복한 마을이 되었지요.

✎ 〈맴돌이의 노래〉

글 : 권효순

장맛비가 주룩주룩 오는 어느 날이었어요.
마른 나무구멍 속에서 1년간 잠자던 매미의 알들이 깨어났어요.
"아함~ 잘 잤다. 이제 슬슬 나무 밑으로 내려가 볼까?"
살금살금 기어 내려오던 맴돌이가 '쿵' 하고 떨어졌어요.
맴돌이는 더듬이와 다리로 부드러운 흙을 파고 땅속으로 들어갔지요.
캄캄한 땅속에서 겨우 신갈나무의 뿌리를 찾아냈어요.
"할아버지, 제가 할아버지의 뿌리에서 나무즙을 빨아 먹어도 될까요?"

"그래라. 네가 먹으면 얼마나 먹겠니?"
드디어 긴 땅속 생활이 시작되었어요.
두 살이 되자 몸과 다리에 털이 나더니 그 털로 캄캄한 땅속에서 잘도 돌아다녔지요.
어느 날이었어요. 무서운 두더지가 나타났지 뭐예요.
"두, 두더지다! 사, 사, 살려 주세요!"
"야, 이 땅속 나라는 내 차지야!"
두더지가 맴돌이를 잡아먹으려는 순간 신갈나무 할아버지가 소리쳤어요.
"네 이놈, 너야말로 나무뿌리를 상하게 하지 말고 어서 네 집으로 돌아가지 못하겠느냐!"
간신히 살아남은 맴돌이는 무럭무럭 자라 어느새 일곱 살이 되었어요.
유난히 햇살이 따가운 여름날이었어요.
맴돌이가 신갈나무 할아버지 옆에서 낮잠을 자려고 할 때였어요.
할아버지가 맴돌이를 부르는 게 아니겠어요?
"얘야, 이제 다 컸으니 세상에 나가 해야 할 일이 무엇인지 찾아보렴."
"제가 무슨 일을 할 수 있을까요?"
"세상에 나가면 네가 할 일이 많이 있을 게야."
해님이 서산으로 넘어갈 무렵 맴돌이는 용기를 내어 나무 위로 기어 올라왔지요.
"야, 넌 참 희한한 애벌레구나. 굼벵이처럼 그렇게 느려서야 어디 먹이라도 잡을 수 있겠니?"
신갈나무 근처를 맴돌던 고추잠자리가 맴돌이를 보며 비웃었어요.
맴돌이는 나무줄기에 간신히 매달려 땅속에서 입고 있었던 옷을 벗었어요.
그러자 촉촉해진 몸에서 날개가 펼쳐지며 아주 멋진 매미가 되었지 뭐예요.
"맴 맴 맴…."
맴돌이는 큰 소리로 친구들을 불렀어요.

……………………………………………………………(1부 끝)

하지만 공원의 사람들 소리와 지나가는 자동차 소리 때문에 맴돌이의 목소리가 잘 들리지 않는 거예요.
맴돌이는 더 큰 소리로 친구를 불렀어요.
"매앰 매앰 매앰…."

그러자 여기저기서 맴돌이 친구들이 노래를 부르기 시작했어요.
"와~ 정말 멋진 노래 소리야."
고추잠자리가 부러운 듯 쳐다보았어요.
신갈나무 할아버지도 가지를 흔들거리며 행복해했지요.

✎ 〈어머니를 살린 장생초〉

아주 오랜 옛날, 어느 마을에 병든 어머니와 아들이 살고 있었어요.
날이 갈수록 어머니의 병환이 심해지자 아들은 마을에서 가장 지혜로운 어르신을 찾아갔지요.
"백두산에 가면 '장생초'라는 약초가 있다고 하던데…. 그것을 드시면 어머니의 병이 나을지도 모르겠구나."
"장생초라구요? 제가 무슨 일이 있더라도 꼭 구해오겠습니다."
"네 효심은 지극하다만, 그 험한 백두산을 혼자서 어떻게 가려고?"
어르신이 걱정을 하며 말렸지만 아들은 장생초를 구하기 위해 곧장 백두산으로 떠났지요.
백두산을 오르고 또 오르며 장생초를 찾아보았지만 도저히 찾을 수가 없었어요. 손과 발은 부르트고, 곧 쓰러질 것만 같았지요.
"아, 어머니를 위한 장생초는 어디에 있단 말인가…."
그때, 어디에서 나타났는지 수염이 긴 할아버지가 다가오는 게 아니겠어요.
"젊은이, 이 험한 곳까지 무슨 일로 왔나?"
"저는 장생초를 찾는 중입니다. 저희 어머니가 많이 편찮으신데 그 약초를 드시면 낫는다고 해서요."
"장생초라…. 내가 여기 산 지가 오래되었지만 장생초라는 약초는 본 적이 없다네."
"이를 어쩌지? 장생초를 구해야 되는데…."
아들의 실망한 모습을 본 할아버지는 가던 길을 멈추며 말했어요.
"젊은이, 부탁이 하나 있네. 이 씨앗을 산꼭대기에 가져가서 뿌려 줄 수 있겠나. 내 도저히 산꼭대기까지 오를 수가 없어 그런다네."
아들은 지치고 힘들었지만, 할아버지의 부탁을 거절할 수가 없었어요.
미끄러지고 넘어지면서 겨우 산꼭대기까지 올라가 씨앗을 뿌렸지요.

그러자 신기한 일이 일어났어요.
방금 떨어진 씨앗에서 싹이 돋아나더니 가지를 뻗고 열매가 한가득 열리는 게 아니겠어요.
잠시 후, 씨앗을 준 할아버지가 다시 나타났지 뭐예요?
"젊은이, 이게 바로 장생초라네. 어서 가서 어머니의 병을 낫게 해 드리게."
"네? 고맙습니다. 이 은혜는 절대 잊지 않겠습니다!"
아들은 장생초를 가지고 집으로 돌아와 어머니께 드시게 했어요.
그 후, 어머니의 병이 씻은 듯이 나아 아들과 함께 오래오래 살았어요.

〈거인을 물리친 잭〉

옛날, 어느 산골마을에 가난하지만 어려운 일도 혼자서 척척 해내는 잭이라는 용감한 소년이 살았어요.
어느 날, 산에서 늦게까지 일을 하다가 그만 길을 잃고 말았지 뭐예요.
이리저리 헤매던 잭은 외딴집 한 채를 발견하고는 문을 두드렸어요.
"저, 길을 잃고 헤매고 있는데 하룻밤만 재워 주실 수 있을까요?"
그런데 문을 열고 나온 주인은 머리가 둘 달린 거인이었어요.
거인이 방을 하나 내주었지만 무서워서 잠을 잘 수가 없었어요.
그래서 잭은 이불 속에 통나무를 넣어놓고 잠을 자고 있는 것처럼 해놓았어요.
그리고는 옷장 뒤에 숨어 있는데, 거인이 몽둥이를 들고 들어오는 게 아니겠어요.
"흠흠. 이불을 뒤집어쓰고 잘도 자는군."
그러더니 이불 위를 몽둥이로 힘껏 내리치고는 밖으로 나가는 거예요.
이 모습을 본 잭은 너무 놀라 그만 소리를 지를 뻔했지요.
다음 날 아침, 잭은 용기를 내어 거인에게 다가가 인사를 했어요.
"감사합니다. 어젯밤 아주 편하게 잘 잤어요."
거인은 휘둥그레진 눈으로 잭을 바라보았어요.
"간밤에 아무 일도 없었지?"
"그럼요. 누가 건드렸는지 몸이 조금 간지러웠지만… 괜찮아요."
이번에는 큰 물통에다 죽을 가득 담아서 갖다주었어요.
"아침이다. 어서 많이 먹거라."

잭은 가죽 자루를 옷 속에 몰래 집어넣었어요.

"감사합니다. 야, 죽이 정말 맛있겠다. 남기지 말고 다 먹어야지."

잭은 죽을 마시는 척하다가 자루 속에 슬쩍슬쩍 부었어요.

'와, 몸집은 작은 녀석이 웬 배가 저리 크지!'

잭을 보고 거인은 또 깜짝 놀랐어요.

"맛있는 죽을 먹었으니까 제가 그 보답으로 멋진 요술을 보여 드릴게요."

잭은 칼로 배를 찌르는 척하면서 자루를 푹 찔렀지요.

그랬더니 죽이 주르륵 쏟아졌어요.

"어때요? 먹었던 죽을 배로 나오게 하는 요술이거든요."

그러자 거인은 자기도 배를 찌르면 죽이 나온다고 생각하고 큰소리를 치는 거예요.

"그까짓 것, 나도 할 수 있어."

잭을 그대로 따라 한 거인은 비틀거리다 쿵 하고 쓰러졌어요.

그때, 어디선가 하얀 사슴이 잭에게 다가오는 거예요.

잭이 하얀 사슴을 쓰다듬자 사슴이 아름다운 공주로 변했어요.

용감한 잭은 마술에 걸린 공주님을 구해 집으로 돌아왔어요.

〈무엇이 잘못되었습니까〉

옛날에 아주 지독한 구두쇠 영감이 살았어요.

어느 해 겨울, 구두쇠 영감은 따뜻한 아랫목에 누워 하인들을 골탕 먹일 생각만 하고 있었지요.

"새경을 꼬박꼬박 주면서 하인 녀석들에게 쉴 틈을 주다니."

구두쇠 영감은 벌떡 일어났어요.

"이놈, 마당쇠야!"

"부르셨습니까? 대감님."

"오늘은 사냥을 갈 터이니 어서 준비해라."

구두쇠 영감의 호통에 마당쇠는 활과 화살 통을 메고 따라나섰어요.

눈이 하얗게 덮인 산으로 사냥감을 찾아 헤매고 있을 때, 꿩 한 마리가 살짝 내려앉는 거예요.

구두쇠 영감은 재빨리 활을 쏘아 꿩을 맞혔어요.

"마님, 활솜씨가 대단하십니다."

"어흠흠, 그까짓 꿩 한 마릴 가지고…. 사냥을 왔으면 멧돼지 한 마리쯤은 잡아가야지."

마당쇠의 말에 구두쇠 영감은 으스대며 말했어요.

그때, 마당쇠 뱃속에서 꼬르륵 소리가 났어요.

"주인마님, 배가 몹시 고픈데요."

"나도 그렇구나, 우리 그 꿩이라도 우선 구워 먹고 사냥을 계속하자꾸나."

꿩고기를 굽는 구수한 냄새에 마당쇠는 군침을 꿀꺽 삼켰어요.

입에 군침이 도는 건 구두쇠 영감도 마찬가지였지요.

고기가 익자 구두쇠 영감은 슬그머니 욕심이 생겼어요.

'흠, 마당쇠 녀석은 한 것도 없는데 꿩고기를 둘이 나누어 먹어야 하다니, 나 혼자서 먹을 좋은 수가 없을까? 옳거니!'

구두쇠 영감은 무릎을 탁 쳤어요.

"이놈, 마당쇠야. 이 좋은 경치를 두고 먹을 궁리만 해서야 쓰겠느냐. 우리 시나 한 수 짓기로 하자."

구두쇠 영감의 말에 마당쇠는 어리둥절해졌어요.

"배가 몹시 고프니 시는 먹고 나서 지으시죠."

"이런 무식한 녀석. 그저 먹는 타령밖에 모르는구나. 먼저 시를 짓는 사람이 이 꿩고기를 먹도록 하면 될 게 아니겠느냐."

마당쇠가 울상이 되자 구두쇠 영감은 더욱 기분이 좋아졌지요.

"네 녀석이 무식하니 쉬운 걸로 하마. 맨 끝에 '까'자를 붙여서 석 줄만 지어 보아라. 시는 원래 넉 줄을 짓는 것이지만 특별히 봐주는 거야."

구두쇠 영감은 마당쇠에게 이렇게 말했지만 속으로는 기분이 좋았어요.

'하인 주제에 시를 지을 수는 없을 테니 이제 꿩고기는 내 것이야!'

그런데 갑자기 마당쇠가 환한 얼굴로 꿩 다리 한쪽을 뚝 떼어내며 말하는 게 아니겠어요?

"다 구워졌을까? 맛이 있을까? 어디 한번 먹어 볼까?"

그리고는 마당쇠는 고기를 덥석 베어 물었어요.

"아니, 이 녀석아! 시도 짓지 않고 무슨 짓이냐?"

구두쇠 영감은 버럭 화를 냈어요.

"주인마님, 저는 분명히 시를 다 지었는걸요. 자, 들어보십시오."
마당쇠는 남은 다리 한쪽을 마저 떼어 들고 말했어요.
"다 구워졌을까? 분명히 끝에 '까' 자가 들어 있지요? 맛이 있을까? '까' 자가 맞지요? 이제 마지막 줄입니다. 어디 한번 먹어 볼까? 이번에도 '까' 자가 들어있지요? 무엇이 잘못되었습니까?"
할 말을 잃은 구두쇠 영감은 꿩고기를 맛있게 먹고 있는 마당쇠의 얼굴만 바라보고 있었지요.

✎ 〈하얀 송어〉

옛날, 왕자님과 결혼하기로 굳게 약속한 공주님이 있었어요.
그런데 왕자님이 배를 타고 오는 길에 풍랑을 만나 그만 바다에 빠지고 말았어요.
그 소식을 들은 공주님은 어디론가 사라지고 궁궐 옆 강가에 하얀 송어 한 마리가 나타났어요.
"저 물고기는 참 이상해. 언제나 저 자리에서만 맴돌고 있어."
"그러게 말이야. 사람들이 그러는데 저 물고기가 요정이래."
그때, 한 청년이 비웃으며 말했어요.
"쳇! 저 송어가 요정이라고? 흥! 요정이 아니란 걸 내가 보여주지."
청년은 송어를 잡겠다고 으스대면서 강물로 들어가지 뭐예요.
"여보게 젊은이, 어서 나오게. 그 송어를 잡으면 큰일 날 걸세."
동네 어른들이 아무리 말려도 들은 척도 않은 채 송어를 잡아갔어요.
그리고는 송어를 프라이팬에 넣은 후 불 위에 올려놓았어요.
그러자 송어가 눈물을 뚝뚝 흘리면서 우는 거예요.
"물고기가 눈물을 흘리며 울어? 그래 봤자 안 통해."
청년은 덜컥 겁이 났지만 고집을 부리며 송어가 익기를 기다렸어요.
그런데 아무리 시간이 지나도 전혀 익지 않고 그대로지 뭐예요.
점점 더 겁이 난 청년은 포크를 들어 송어를 내리치자 '아야'하며 송어가 바닥으로 튀어나왔어요.
그 자리에는 아름다운 공주님이 서 있는 것이었어요
흰옷을 입고 금 리본을 한 공주님의 팔에서는 피가 흐르고 있었지요.

"왜 나를 괴롭히고 내 일을 방해하느냐?"
청년은 벌벌 떨면서 바닥에 바짝 엎드렸어요.
"공주님 일을 방해하는 줄 정말 몰랐어요, 제발 살려주세요."
"나는 왕자님의 약속을 믿고 기다리고 있다. 내가 없는 사이에 왕자님이 오셔서 만나지 못한다면 나는 너를 청어로 만들 것이다."
청년은 엉엉 울며 빌었어요.
"잘못했어요. 옛날부터 전해온 이야기라 믿을 수가 없었어요."
"이제 잘못을 깨달았으니 어서 나를 물속으로 되돌려 놓거라."
청년은 송어로 바뀐 공주님을 깨끗한 접시에 담아 강으로 달려갔어요.
"엉엉, 죄송해요, 공주님!"
울면서 뛰어가는 청년을 보고 사람들은 놀라서 말했어요.
"아무리 말을 해도 듣지 않고 자기 맘대로만 하더니 쯧쯧."
"그러게요. 어쩜 좋아요."
청년은 송어를 조심스럽게 강물에 넣어주었지요.
송어는 예전처럼 그 자리를 맴돌았어요.
지금도 그때의 상처 자국이 송어의 배에 붉게 남아 있답니다.

✎ 〈도토리는 어디로 갔을까〉

글 : 문수정

참나무가 우거진 숲속에 다람쥐 가족이 살고 있었어요.
가을이 되자 참나무에서 도토리가 "후 두둑" "후 두둑" 떨어졌지요.
"와 맛있는 도토리다."
다람쥐들은 "쪼르르" "쪼르르" 뛰어다니며 도토리를 줍느라 바빴어요.
"얘들아 이리 와 봐, 우와! 도토리들이 여기도 저기도 엄청 많이 떨어지는구나!"
엄마 다람쥐의 말에 아빠 다람쥐도 말했지요.
"이럴 때는 이렇게 입을 크게 벌려서 입안에 도토리를 한가득 넣어 맛있게 씹어서 먹으면 돼."
아기 다람쥐들도 아빠 다람쥐를 모두 따라 했어요.
다람쥐 가족은 하루에 몇 개씩 도토리를 입 안에 가득 넣고 "오도독" "오도독" 맛있게 씹어 먹었지요.

"여보, 이제 점점 추워질 테니 우리 아이들을 위해서 도토리를 땅속에 숨겨놓읍시다."

엄마, 아빠 다람쥐는 부지런히 땅을 파고, 아기 다람쥐들 몰래 여러 곳에 군데군데 도토리를 묻어 두었어요.

어느덧 가을이 지나가고 추운 겨울이 다가왔지요. 하늘에서 흰 눈이 '펑펑' 내렸어요.

"여보, 우리 그 때 아이들과 먹으려고 묻어둔 도토리를 지금 찾아봅시다."

엄마, 아빠 다람쥐는 지난가을에 묻어두었던 도토리를 찾았지요.

하지만 아무리 찾아봐도 숨겨놓은 도토리는 보이지 않지 뭐에요?

"이상하다. 아껴서 저축을 해둔 것 중에서 우리가 찾아 먹은 거 빼고 남은 도토리는 어디로 갔을까요?"

엄마 다람쥐의 말에 아빠 다람쥐가 말했어요.

"그러게 나머지 도토리는 참나무가 삼켜 버렸나 봐요."

겨울이 지나고 따뜻한 봄이 되자 다람쥐가 뛰노는 숲속에 나무들이 울창하게 가지를 쭉쭉 뻗어갔어요.

"엄마, 아빠! 이리 좀 와보세요."

엄마 다람쥐와 아빠 다람쥐도 달려가 보았지요.

"이것 보세요! 도토리에서 싹이 났어요."

지난겨울 엄마, 아빠 다람쥐가 숨겨놓은 도토리가 봄이 되자 새싹이 된 거예요.

이제 어린 참나무도 쑥쑥 자라서 큰 나무가 되면 더 많은 도토리를 선물해 주겠지요.

✎ 〈포도밭의 보물〉

옛날 어느 마을에 세 아들을 둔 농부가 있었어요.

그 농부에게는 아주 넓은 포도밭이 있었지요.

농부는 날마다 땀을 흘리며 부지런히 일했지만 세 아들은 무척 게을렀어요.

'내가 죽으면 누가 이 포도밭을 가꿀까? 아마 잡초만 가득하겠지?'

게으른 세 아들을 생각하며 농부는 큰 한숨을 내쉬었어요.

온 정성을 다해 포도밭을 가꾸던 농부는 그만 병에 걸려 눕게 되었어요.

농부가 병으로 누워 있어도 세 아들의 게으름은 점점 심해져 갔어요.

세 아들 걱정으로 농부의 병세는 더욱 깊어만 갔지요.

"죽기 전에 아들들에게 일해야 한다는 것을 가르쳐야 하는데."
한참 생각을 하던 농부는 세 아들을 불렀어요.
"내가 오래 살지 못할 것 같다. 그러니 내 말을 잘 들어야 한다."
아버지의 말에 세 아들은 귀 기울여 들었어요.
"내가 죽거든 포도밭을 파보도록 해라. 너희를 위해 밭에 많은 보물을 숨겨놓았다."
마지막 말을 남기고 농부는 곧 숨을 거두었어요.
세 아들은 눈물을 흘리면서도 아버지가 숨겨놓았다는 보물 생각뿐이었어요.
아버지의 장례가 끝나자 세 아들은 곡괭이와 삽을 들고 서둘러 포도밭으로 나갔어요.
'내가 제일 먼저 찾아야지.'
'내가 가장 많이 찾을 거야.'
서로 욕심을 부리며 지지 않으려는 듯 포도밭을 파헤치기 시작했어요.
그런데 여기저기 아무리 열심히 땅을 파헤쳐도 아무것도 나오지 않는 거예요.
잡초며 돌멩이를 모두 골라내며 땅을 일궈 보아도 동전 한 푼 나오지 않았고요.
"대체 보물이 어디에 있다는 거야."
"아버지가 우리에게 거짓말을 하신 건 아닐까?"
세 아들은 무척 실망하여 털썩 주저앉았어요.
"이제 더 파헤칠 곳도 없어."
세 아들은 보물을 찾을 필요가 없다고 생각하고 그만두기로 했지요.
그런데 깜짝 놀랄 일이 포도밭에 생기기 시작한 거예요.
하루가 다르게 포도나무의 잎이 푸르러지더니 가지마다 포도가 달리는 것이었어요.
그뿐 아니에요. 다른 해보다 유난히 큰 포도가 주렁주렁 영글어 매달려 있지 뭐예요?
"바로 이거였구나!"
보물을 찾느라 열심히 땅을 파면서 돌도 고르고 잡초도 뽑았기 때문에 어느 해보다 포도가 더 크게 열린 거였어요.
부지런히 일하는 것이야말로 가장 큰 보물이라는 것을 세 아들을 비로소 깨달았어요.
"귀중한 보물을 찾아 땅을 파헤치듯 열심히 밭을 일구어 농사를 지으라는 말씀이셨어."
세 아들은 기뻐하며 포도를 거두었어요.
아버지가 땀을 흘리시며 흐뭇하게 바라보고 있는 것 같아 더욱 기뻤지요.

3) 5분 연습 동화

〈아버지를 팝니다〉

옛날 어느 마을에 마음씨 착한 젊은 부부가 살았어요.
부모님이 일찍 돌아가신 젊은 부부는 부모님을 모시고 사는 사람이 제일 부러웠지요.
"여보, 우리도 모시고 살 부모님이 계시면 얼마나 좋을까?"
"그러게 말이에요. 부모님은 그저 살아만 계셔도 자식한텐 마음의 울타리라잖아요."
그러던 어느 날, 농부는 장터가 갔다가 사람들이 수군대는 소리를 듣게 됐어요.
"원, 세상에. 팔 게 없어서 아버지를 팔아? 그러다 천벌을 받지."
농부는 아버지를 판다는 말에 깜짝 놀라 물었지요.
"어, 어딥니까? 아버지를 판다는 데가?"
"장터에 방이 붙어 있던데 못 보셨수?"
농부는 서둘러 방을 붙인 곳으로 가 보았어요.
'아버지를 팝니다. 값은 천 냥? 아버지를 살 사람은 바.윗.골...버드나무 집으로 오시오'
농부는 집으로 돌아와 아내에게 말했어요.
"누가 천 냥에 아버지를 판다고 방을 붙였더군. 아버지를 살 수 있는 좋은 기횐데, 돈이 있어야지."
"아, 그럼 돈을 빌려서라도 사야죠."
농부는 아내의 말을 듣고, 돈을 빌리러 나섰지만, 선뜻 돈을 빌려주는 사람은 없었지요.
헛걸음만 하고 돌아오는데, 외딴집 한 채가 보이지 않겠어요?
'보나 마나 헛수고겠지만, 그래도 사정을 한번 해 볼까?'
농부가 발길을 돌려 주인을 부르자, 웬 할머니 한 분이 나오시는 거예요. 농부는 할머니를 보자 머뭇거리며 말했지요.

“저 할머니, 저한테 천 냥만 빌려주십시오. 이 돈은 제가 꼭 갚겠습니다.”
할머니는 말없이 농부를 살펴보다가 물었어요.
“허헛 참… 아, 그래, 천 냥은 빌려서 뭘 하려는 겐가?”
“누가 천 냥에 아버지를 판다는데, 제가 그 아버지를 사려구요.”
“아, 아버지는 사서 어쩌려구?”
“저희 부부가 어릴 때부터 부모님 없이 자랐거든요. 가난하지만 정성을 다해 잘 모시려구요.”
할머니는 농부의 말을 듣고 장롱 안에서 천 냥을 꺼내 농부에게 주며 말했어요.
“이보게 젊은 양반, 아버지를 사거든 잘 모시게나.”
농부는 할머니에게 몇 번이나 절을 하고, 바윗골 버드나무 집을 찾아갔지요.
‘어! 가난한 집인 줄 알았는데, 잘 사는 집이잖아? 그런데 왜 아버지를 팔려는 거지?’
농부가 대문을 두드리자, 머리가 하얀 노인이 나왔어요.
“저, 아버지를 판다는 방을 보고 왔는데요.”
“그래? 아 그럼, 천 냥은 준비해 왔는가?”
“예, 어르신! 여기 있습니다요.”
농부가 돈을 내놓자 노인이 말했지요.
“젊은이는 왜 아버지를 사려는 겐가?”
“저희 부부는 부모님 없이 자라서 남의 아버지라도 꼭 모시고 싶어서요.”
노인은 농부의 말을 듣자마자, 손을 덥석 잡으며 말하는 게 아니겠어요.
“만나서 반갑네. 내가 바로 그 방을 붙인 아버질세. 아들을 구한다고 소문을 내면 내 재산만 보고 찾아올 게 아닌가, 그래서 거짓 방을 붙였지.”
노인은 원하던 자식을 얻어 기뻐했고, 젊은 부부는 바라던 아버지를 잘 모시게 되었대요.

✎ 〈소녀와 부엉이〉

자기가 아주 못생겼다고 생각하는 부엉이가 살고 있었어요.
어느 날 저녁, 부엉이는 한 소녀를 만나 이야기를 나누게 되었어요.
소녀는 부엉이를 무척 좋아하는 것 같았지요.
‘환한 낮에 못생긴 내 얼굴을 보았다면 결코 나를 좋아할 리가 없어.’

부엉이는 밤마다 소녀의 집을 찾아가 즐겁게 이야기를 나누었어요.
소녀는 점점 더 부엉이를 사랑하게 되었지요.
어느 날, 소녀의 어머니가 말했어요.
"얘야, 네가 좋아하는 그 청년은 왜 밤에만 찾아오는 거니?"
"낮에는 일을 해서 깜깜해지기 전에는 여기에 올 수가 없대요."
"얼굴을 꼭 한번 보고 싶구나. 이번 일요일 낮에 초대하렴."
부엉이는 소녀의 집에 초대받게 되어 무척 기뻤어요.
하지만 못생긴 자기 얼굴을 보고 소녀가 자기를 싫어하게 될까 봐 걱정이 되었지요.
어떻게 할까 생각하던 부엉이는 잘생긴 수탉에게 부탁했어요.
"네가 먼저 가서 내가 사고를 당해 조금 늦을 거라고 말해 줘."
드디어 약속한 일요일이 되자, 수탉은 멋진 옷을 차려입고 소녀의 집으로 갔어요.
부엉이는 해가 저문 뒤에야 소녀의 집으로 달려갔지요.
소녀는 부엉이를 보자 고개를 갸웃거리며 물었어요.
"아니, 어째서 모자를 얼굴에 쓰고 있는 거예요?"
부엉이는 정중한 목소리로 대답했어요.
"미안해요. 나뭇가지에 양쪽 눈을 다쳤는데 빛을 보면 안 된다고 해서요."
"아, 그랬군요."
소녀는 부엉이와 함께 손을 잡고 멋지게 춤을 추었지요.
부엉이는 부드러운 목소리에 춤 솜씨도 아주 훌륭했어요.
하지만 부엉이는 옆에서 신나게 춤추고 있는 수탉이 너무나 부러웠어요.
'내가 저 수탉처럼 잘 생겼다면 얼마나 좋을까? 그럼 이렇게 모자를 쓰지 않아도 될 텐데.'
날이 밝기 전에 떠나야 하는 부엉이는 마음이 조마조마했어요.
"잠깐만 기다려 주시오. 내가 좀 볼 일이 있어서."
부엉이는 소녀에게 말한 후 해가 언제 떠오를지 알아보려고 동쪽 들판으로 달려갔어요. 하지만 한밤중이었어요.
부엉이가 다시 돌아와서 춤을 추다가 또 동쪽 들판으로 달려가 보고, 한참 후에 또 달려가 보았지만 여전히 한밤중이었지요.
그러다 보니 어느새 날이 훤하게 밝아 있었어요.

깜짝 놀란 부엉이가 허둥지둥 무도회장을 떠나려고 할 때, 소녀의 어머니가 달려왔어요.
"자, 이제 우리 사위 얼굴 좀 볼까?"
소녀의 어머니가 부엉이의 모자를 벗기자 부엉이는 얼굴을 가린 채 바깥으로 뛰쳐나갔어요.
"기다려요. 부엉이님."
소녀가 소리쳤지만 부엉이는 허겁지겁 말을 타고 달려 갔어요.
바로 그때 소녀는 부엉이의 얼굴을 볼 수 있었지요.
소녀는 깜짝 놀랐어요. 지금까지 이렇게 잘생긴 부엉이를 본 적이 없었거든요.
"부엉이님, 부엉이님."
소녀가 소리쳐도 부엉이는 뒤도 돌아보지 않고 달아나 영영 돌아오지 않았어요.
지금도 소녀는 해가 지면 들판 너머를 쳐다보며 만날 수 없는 부엉이를 그리워하고 있대요.

✎〈신농님과 세 열매〉

글 : 권효순

지금으로부터 몇천 년 전, 세상이 막 생기기 시작할 때였어요.
그때는 나무들이 농사를 다스리는 신농님께 자신이 되고 싶은 모습을 말하면 그대로 만들어 주었지요.
어느 날, 은행나무와 대추나무, 밤나무는 신농님께 부탁을 드렸어요.
먼저 은행나무가 말했어요.
"전 예쁘고 향기 좋은 열매를 맺을래요."
대추나무도 큰 소리로 말했어요.
"저는요, 항상 탱탱한 모습을 유지하는 열매를 갖고 싶어요."
신농님은 은행나무와 대추나무가 말한 대로 만들어 주었어요.
"저는…. 사람들이 제 열매를 쉽게 먹을 수 있게 해 주세요."
마음씨 착한 밤나무의 소원도 그대로 이루어졌지요.
몇 년이 지난 어느 가을날, 신농님이 나무들을 불러 모았어요.
"그래 어떠냐? 너희들이 원하는 모습대로 살아가는 게?"
"사람들은 예쁘고 향기 좋은 제 나무를 서로 꺾어 가 집을 꾸미는 데 씁니다.

그래서 나뭇가지가 남아나지를 않습니다."
은행나무가 투덜거리며 말했어요.
"제 열매의 탱탱한 모습에 사람들은 먹지 않고 목걸이와 반지로 만들어 버립니다."
대추나무도 불만스럽게 말했어요.
"밤나무, 넌 어떠냐?"
"저는 제 열매의 풍부한 영양소를 사람들에게 아낌없이 주려고 했지만, 지나가는 동물들과 새들에게 다 먹혀 버렸습니다."
잠시 생각을 골똘히 하시던 신농님이 팔을 번쩍 들며 말했어요.
"우선 은행! 너에게는 냄새가 나게 하겠다. 그 대신 감기와 기침을 고치는 능력을 주겠다! 괜찮겠느냐?"
"감사합니다. 신농님."
그러자 은행의 겉껍질이 냄새나는 열매로 변하는 게 아니겠어요?
"대추, 너는 따고 나서 얼마 지나지 않아 주름이 생기게 하겠다. 하지만 사람들이 너를 먹었을 때 건강하고 몸이 따뜻해지도록 하겠다."
대추도 모양이 쭈글쭈글하게 변했지요.
"밤나무야, 너의 열매를 다른 동물들이 쉽게 가져갈 수 없게 가시 돋친 외투를 입히면 어떻겠느냐?"
"예, 좋습니다."
그래서 밤에게는 가시가 촘촘히 돋친 외투가 입혀졌어요.
그 후 맛과 건강을 주는 은행과 대추와 밤은 사람들에게 사랑을 받게 되었대요.

〈어부와 황금물고기〉

옛날, 어느 바닷가에 마음씨 착한 할아버지가 살고 있었어요.
하루는 할아버지가 바다에 나가 그물을 던지면서 말했어요.
"물고기야, 물고기야! 많이도 말고 하루 먹을 만큼만 오너라."
그러자 작고 예쁜 황금물고기 한 마리가 올라오는 게 아니겠어요?
"할아버지! 제발 살려주세요! 원하는 건 무엇이든 들어 드릴게요."
할아버지는 황금물고기를 바다에 놓아주었지요.
"황금물고기야, 아무 걱정하지 말고 잘 가거라."

"고맙습니다. 필요한 게 있으면 언제든 저를 불러주세요."

집으로 돌아온 할아버지가 할머니에게 이야기하자 할머니가 버럭 화를 내는 거예요.

"이런 멍텅구리 같으니라고, 그걸 그냥 놓아줘? 물동이라도 달라고 했어야지!"

할아버지는 할 수 없이 바다로 나가 황금물고기를 불렀어요.

잠시 뒤에 황금물고기가 물 밖으로 얼굴을 내밀었지요.

"우리 집 물동이가 박살이 났다는데 새 물동이를 줄 수 있겠니?"

"그럼요. 집에 돌아가면 새 물동이가 있을 거예요."

할아버지가 집으로 돌아와 보니 새 물동이가 놓여있지 뭐예요.

"여보, 할멈. 물고기가 새 물동이를 주었구려. 고맙기도 하지."

"물동이 하나가 뭐가 고마워. 집이나 한 채 새로 지어달라고 했어야지."

할아버지는 할 수 없이 바다로 나가 황금물고기를 불렀어요.

"미안한 부탁이다만, 집 한 채 지어줄 수 있겠니?"

"예. 걱정하지 마시고 집에 돌아가 보세요."

할아버지가 돌아와 보니 낡은 오두막은 온데간데없고 근사한 새집이 서 있지 뭐예요.

"고맙기도 하지. 할멈, 황금물고기가 새집을 지어주었구려!"

"평생 고생한 마누라가 불쌍하지도 않아? 커다란 저택에 사는 귀부인이 되고 싶단 말이야."

할아버지가 다시 높은 파도가 일렁이는 바다로 나가 물고기를 불렀어요.

"글쎄, 할멈이 커다란 저택에 사는 귀부인이 되고 싶다는구나."

"예. 알겠어요. 집에 돌아가 보세요."

돌아와 보니 커다란 저택에 귀부인이 된 할머니가 서 있었어요.

"난 이제 여왕이 되어 세상을 다스리고 싶으니, 물고기한테 가서 여왕으로 만들어 달라고 해!"

할아버지는 짙푸르게 변한 바다로 나가 내키지 않았지만 황금물고기를 불렀어요.

"자꾸 불러서 미안하다만, 욕심쟁이 할멈이 여왕이 되고 싶다는구나."

"예, 집에 돌아가 보세요."

돌아와 보니 으리으리한 궁궐에 할멈은 여왕이 되어 있었어요, 할아버지가 나타나자 할머니는 병사들에게 명령했어요,

"저 늙은이를 당장 내쫓아라. 어디서 더러운 옷을 입고 나타나 내 궁궐을 더럽히는고"

그러자 병사들이 달려와 할아버지를 궁궐 밖으로 내보냈어요.
며칠이 지난 뒤 여왕이 된 할머니가 할아버지를 다시 불렀어요.
"내가 바다를 다스릴 테니 물고기는 내 시중을 들라고 전해라! 꾸물대지 말고 어서!"
할아버지는 성난 파도가 몰아치는 바다로 나가 물고기를 불렀어요.
이번에도 황금물고기가 나오자 할아버지는 눈물을 흘리며 말했어요.
"못된 할멈이 바다의 주인이 되고 싶다는구나. 이를 어쩌면 좋으니?"
황금물고기는 할아버지의 말을 듣더니 아무런 대꾸도 하지 않고 바닷속으로 사라졌어요.
집에 돌아와 보니 궁궐은 온데간데없고 낡은 오두막이 있었어요.
오두막에는 초라해진 할머니가 깨진 물동이를 붙잡고 앉아있었지요.
할아버지는 이제야 집에 돌아온 것 같아 빙긋 웃었어요.

✎ 〈내 탓이오〉

옛날 어느 마을에 박 서방네와 이 서방네가 살았어요.
두 집은 비슷한 것이 많았지만, 한 가지 다른 점이 있었지요.
동네에서 싸우는 소리가 나면 사람들은,
"허허 또 박 서방네 싸움이 났구먼."
웃음소리가 퍼지면 모두들,
"이 서방네 집에 재미난 일이 생겼나 봐요."
한 마디씩 주고받곤 했지요.
하루는 박 서방네 소가 온 동네를 휘젓고 다니며 곡식을 다 망쳐 놓았지 뭐예요.
식구들은 억지로 소를 붙잡아 놓고 나서 모두 자기가 옳다고 싸우는 게 아니겠어요?
"아, 부인, 아침에 소여물을 얼마나 주었기에 소가 배가 고파 날뛰게 만들었소."
"얘, 며늘아, 너는 빨래를 하면서 고삐 끊는 것도 못 봤단 말이냐?"
"당신은 뭐 하는 사람이에요. 소고삐를 단단히 매어 놓아야지요."
박 서방네는 계속 서로에게 잘못을 떠넘기는 거예요.
박 서방이 곰곰이 생각하다, 이 서방네가 항상 화목하게 지내는 것이 궁금해서 찾아갔지요.
"이 서방, 자네 집 식구들은 무슨 재주로 그렇게 화목하게 잘 사는가? 우리 집에서는 오늘도 싸움판이 벌어졌었다네."

"아, 그래? 무슨 일로 그리 싸웠는가?"

박 서방은 소가 고삐를 끊고 달아난 이야기를 이 서방에게 해 주었지요.

"박 서방, 우리 집 식구들이 어떻게 하는지 잘 보게."

이 서방은 마당에 매어 놓은 소를 일부러 엉덩이를 툭! 때려 내쫓지 뭐예요.

'이 서방네라고 별수 없을 게야. 조금 후면 싸움이 나겠지.'

조금 후 온 식구가 여기저기서 달려 나와 소를 마당에 매어 놓고 한 자리에 모였어요.

아, 그런데 싸움은커녕 서로 자기 탓이라고 말하는 게 아니겠어요?

"부인, 내가 소고삐를 단단히 매어 두지 않는 것이 잘못이오."

"웬걸요. 제가 아침에 여물을 든든히 먹였더라면 소도 얌전했을 텐데, 다 제 잘못이에요."

"어머님, 그런 소리 마세요. 제가 우물에 있으면서 빨리 소를 잡지 못해서 정말 죄송해요."

"아니오. 여보, 내가 그만……. 소를 단단히 매어 놓는 일을 깜박했소."

서로 자기 탓이라고 하는 이 서방네는 그만 와르르르 웃어 버리고 말았어요.

이것을 본 박 서방은 무릎을 탁! 치며 돌아갔답니다.

〈돌멩이 부자〉

옛날 어느 집에 아버지, 어머니 그리고 일곱 아이들이 살고 있었어요.

모두 열심히 일했지만 항상 가난했지요.

"아버지, 우리는 부지런히 일을 하는데 왜 이렇게 가난하기만 할까요?"

"글쎄다. 열심히 살다 보면 꼭 잘 살 때가 오겠지."

하지만 여러 날이 지나도 가난과 배고픔은 계속되기만 했어요.

그러던 어느 날 막내아들이 갑자기 또랑또랑한 목소리로 말을 하는 거예요.

"이제부터 밖에 나갔다 올 때는 무엇이든 주워 오도록 해요. 주울 것이 없으면 돌멩이라도 모아서 쌓아 놓자고요."

"막내야, 돌멩이를 주워다가 무엇에 쓰려구? 집안 어질러지고, 그렇다고 쌀을 살 수 있는 것도 아니고……."

"아니야 누나. 지금은 쓸모없어 보이지만, 언젠가는 꼭 쓸 일이 있을 거라구!"

막내의 자신 있는 말에 아버지가 고개를 끄덕이며 말씀하셨어요.

"그래? 그렇다면 우리 막내 말대로 한번 해보자."

어느새 여러 날이 지났어요.

"우와! 돌멩이가 산더미처럼 쌓였네. 우리 집은 돌멩이 부자야. 하하하"

막내는 높이 쌓아진 돌무더기를 보며 좋아했어요.

해가 뉘엿뉘엿 지는 어느 날 머리가 하얗고 허름한 차림의 할아버지가 찾아왔어요.

"여보시오, 배가 고프니 이 늙은이에게 먹을 것 좀 주지 않겠소?"

"저희 집은 먹을 거라고는 보리밥뿐입니다. 그거라도 괜찮다면 드릴까요?"

"괜찮고 말구요."

허기진 할아버지는 보리밥을 맛있게 드셨지요.

"내게 맛있는 밥을 주었으니 나도 자네들에게 보답을 하고 싶네."

할아버지는 마당 한 구석에 돌멩이가 쌓여 있는 것을 보았어요.

"자네들이 돌을 모으는 모양인데 이 돌은 어떤가?"

할아버지는 주머니에서 누런 돌 하나를 꺼내셨어요.

"어? 그 돌은 빛깔도 색깔도 다르잖습니까?"

"그러니까 이 돌도 저 돌무더기 위에 같이 올려놔 보라는 게야."

식구들은 누런 돌멩이를 돌무더기 꼭대기에 올려놓았지요.

어느 날 욕심쟁이 영감님이 가난한 집을 지나가다 마당 안에 돌이 산더미처럼 쌓인 걸 보고 물었어요.

"아니, 웬 돌멩이를 이렇게 많이 모았는가?"

"네, 우리 집은 모을 재산이 없어서 돌멩이라도 모으는 것입니다."

욕심쟁이 영감님이 자세히 보니 꼭대기에 있는 것은 반짝반짝 빛이 나는 금덩이지 뭐예요.

"이 돌멩이들은 내게 꼭 필요하니 쌀 백 가마하고 바꾸는 게 어떻겠는가?"

"정말입니까요? 그거 좋습니다."

드디어 가난한 집에서 욕심쟁이 영감님 집으로 쌀을 가지러 가게 되었어요.

"맨 위에 있는 쌀은 조상님께 차례 지낼 때 쓸 것이니 내려놓고 가게."

그래서 맨 위에 있는 쌀 한 가마니만 내려놓고 모두 싣고 오게 되었지요.

조금 후 욕심쟁이 영감님도 가난한 집으로 돌멩이를 가지러 왔어요.

"할아버지, 할아버지도 맨 위에 있는 쌀 한 가마니는 내려놓았으니 우리도 맨 위에 있는 돌멩이 하나는 내려놓겠어요. 괜찮죠?

막내의 말에 욕심쟁이 영감님은 아무 말도 못 하고 쓸모없는 돌멩이만 가득 싣고 갔대요.

✎ 〈바보 이반〉

옛날 어느 작은 시골 마을에 농부와 세 아들이 살았어요.

첫째 아들은 씩씩한 군인이었고, 둘째 아들은 욕심 많은 장사꾼이었어요.

셋째 아들은 착하기만 한 바보 이반이었지요.

하루는 아버지가 말했어요.

"이반, 이제 너도 네가 하고 싶은 게 무엇인지 생각해 보렴."

"아버지, 저는 이렇게 땀 흘려서 일하는 게 제일 좋아요."

어느 날 첫째 아들이 아버지를 찾아왔어요.

"아버지, 사치가 심한 아내 때문에 돈이 남아나지 않아요. 저에게 줄 땅을 지금 미리 주세요."

옆에서 듣고 있던 이반이 아버지께 말씀드렸지요.

"그래요. 아버지, 여기 있는 이 땅을 형님에게 주세요."

이 소식을 듣고 둘째 형도 아버지를 찾아왔어요.

"아버지, 저도 나귀 한 마리와 땅을 미리 주세요."

그러자 이번에도 이반은 아버지께 그렇게 하자고 했지요.

어느 날, 대장 도깨비는 사이좋게 지내는 세 아들이 샘이 나서 부하들을 불러 모았어요.

"얘들아, 지금 당장 내려가서 이반을 괴롭히고 오너라."

도깨비는 이반이 정성껏 일군 밭을 돌처럼 단단하게 만들어버렸어요.

"어, 이상하다? 왜 이렇게 땅이 단단해졌지? 하는 수 없다. 땅이 부드러워질 때까지 쟁기질을 더 할 수밖에."

도깨비들이 아무리 방해를 해도 소용이 없어지자 이번에는 독이 든 풀을 이반에게 먹게 했지 뭐예요.

"아이고 배야, 아이고 배야!"

이반은 배가 아팠지만 꾹 참고 일을 했어요.

"뭐야? 이렇게 못 살게 괴롭히는데도 끄떡도 하지 않네."

도깨비는 화가 나서 괭이를 힘껏 밟다가 그만 뒤로 훌렁 넘어지고 말았어요.
그 바람에 이반이 도깨비를 발견했지요.
"지금까지 날 괴롭힌 게 바로 너였구나. 어디 혼 좀 나봐라."
"잠깐만요. 이번 한 번만 살려주신다면 소원을 들어드릴게요."
"그래? 그럼 지금 내 배가 많이 아픈데 낫게 해 줄 수 있겠어?"
"그럼요. 이 풀뿌리를 먹으면 어떤 병이든 다 낫게 해주지요."
이반은 도깨비가 준 풀뿌리를 먹었어요. 그러자 이반의 배가 언제 그랬냐는 듯 싹 나았지 뭐예요.
"오. 내 병을 낫게 해줘서 고마워. 너에게도 큰 축복이 있기를 바란다."
이반의 말이 끝나자마자 도깨비는 순식간에 사라져 버렸어요.
며칠이 지난 어느 날, 이반이 길을 가고 있는데 사람들이 웅성거리고 있었어요.
"자네 그 얘기 들었는가? 누구든 공주를 낫게 해준 총각에게는 공주와 결혼을 하게 해준다는 소식 말이야."
이 얘기를 들은 이반은 지난번에 도깨비가 준 풀뿌리 약을 가지고 임금님을 찾아갔지요.
"임금님 제가 공주님의 병을 고쳐보겠습니다."
공주는 이반이 달여 준 풀뿌리 약을 먹고 씻은 듯이 병이 나았어요.
"내 딸을 살려주어 고맙네. 약속대로 공주와 결혼을 허락하겠네."
이반과 공주가 결혼을 한 지 얼마 후 임금님이 돌아가시고 이반이 그 나라의 왕이 되었어요.
이 소식을 듣게 된 형들은 돈과 군병을 달라며 이반을 찾아왔어요.
이반에게서 군병과 금화를 나눠 받게 된 형들도 각각의 나라를 세워 왕이 되었지요.
이를 지켜본 대장도깨비가 또 화가 났어요.
"내 계획이 실패하다니. 안되겠다. 이젠 내가 직접 가야 되겠어."
대장도깨비가 큰형에게는 자만심을, 둘째 형에게는 욕심을, 셋째 이반에게는 게으름을 불어넣었어요.
자만심만 있고 전술이 없던 큰형은 싸움에 져서 감옥에 갇히게 되었고, 욕심이 가득 생긴 둘째 형은 이것저것 모든 것을 사다 보니 큰 빚더미에 앉게 되었어요.
하지만 이반은 왕이 된 후에도 작업복을 입고 열심히 일했어요.
"쉬엄쉬엄 놀면서 일하라고 했는데 왜 이반에게는 안 통하지?"

대장도깨비는 이반을 찾아가 따져 물었어요.
“그건 말도 안 되는 말이에요. 일은 머리로 하는 게 아니라 땀 흘리며 몸으로 하는 거예요.”
형들은 도깨비들의 속임수에 넘어갔지만 이반과 욕심 없는 백성들은 도깨비들의 꼬임에 빠지지 않았던 거예요.

✎〈두부를 먹고 싶은 선비〉

옛날, 어느 마을에 가난한 선비가 살고 있었어요.
어느 날, 시장을 지나던 선비는 배가 너무 고파 무작정 가까운 국밥집으로 들어갔어요. 하지만 돈이 한 푼도 없었지요.
“그 두부 참 맛있어 보이는구려.”
“금방 만들어서 보들보들하고 따끈따끈한 게 맛이 그만이에요. 이것 좀 드릴까요?”
국밥집 주인이 두부를 담으려고 주걱을 들자 선비가 황급히 말했어요.
“지금 가진 돈이 없는데, 외상으로는 안 되겠소?”
“뭐라고요? 외상으로는 안 팔아요. 딴 데 가서 알아보슈!”
“그러지 말고 배가 너무 고파 그러니 두부 한 모만 주시오. 돈은 꼭 갚으리다.”
이 모습을 지켜보던 동네 노인도 한심하다는 듯 선비에게 말했어요.
“쯧쯧, 이 국밥집 주인은 절대로 외상으로는 안 판다오. 그건 이 동네 사람들이라면 다 아는 사실이라오.”
“아, 동네 사람들뿐인가요. 우리 집 뒷마당에 있는 저 돼지들도 다 아는 사실인데, 그러니 그만 가 보슈!”
그 말을 듣자 선비는 슬그머니 화가 나기 시작했어요.
“인심 한번 고약하구먼. 그깟 두부 한 모 가지고!”
“뭐요? 그깟 두부라고요? 두부 한 모를 만들려면 땀을 열 동이나 흘려야 하는데 그깟 두부라니요.”
할 말을 잃은 선비가 배를 움켜쥐고 처마 밑에 쪼그리고 앉았는데 고소한 두부 냄새가 솔솔 풍겨 오는 거예요.
“아이고, 배고파라.”
바로 그때, 뒷마당 쪽에서 돼지들이 코를 실룩거리며 몰려오더니, 두부를 우적우적

먹어 치우는 게 아니겠어요.

'아니, 저 맛있는 두부를 다 먹어 치우다니, 차라리 내가 저 돼지였으면 얼마나 좋을까?'

그때, 물을 길어 오던 국밥집 주인이 돼지들을 보고 소리를 질렀지요.

"아니, 이놈들아! 지금 뭘 먹고 있는 게야? 어서 비키지 못해! 이 못된 돼지들…. 아이고! 내 두부, 아이고! 아까워라."

놀란 돼지들은 쏜살같이 뒷마당으로 달아나 버리고 국밥집 주인은 처마 밑에 앉아 있는 선비에게 화풀이를 해댔지요.

"어쩌자고 돼지들이 두부를 다 먹어 치우도록 그냥 보고만 계셨소?"

"아니, 아까 아주머니가 그러지 않았소? 외상을 안 하는 건 이 집 돼지들도 다 아는 사실이라고. 나는 돼지들도 미리 돈 내고 먹는 줄 알았지 뭐요."

선비의 말을 들은 국밥집 주인은 아무 말도 하지 못하고 부엌으로 들어갔대요.

✎ 〈달과 공주〉

옛날 어느 나라에 공주님은 왕과 왕비의 사랑을 듬뿍 받으며 정말 아름답고 건강하게 자랐지요. 그러던 어느 날 공주는 하늘 높이 금빛을 내며 떠 있는 달을 보았어요.

'아, 저 황금빛 달을 가지고 싶어. 어떻게 하면 저 달을 가질 수 있을까?'

공주는 부모님께 달려갔지요.

"아빠, 엄마 저 황금 달을 갖고 싶으니 따주세요. 네?"

왕과 왕비는 공주를 달래어 봤어요.

"공주야 저 달은 따올 수 없는 것이란다."

하지만 공주는 엄마 아빠 말은 들은 체 만 체 막무가내로 달을 따다 달라고 졸랐지요.

"임금님 우리 공주가 쉽게 물러서지 않을 것 같습니다."

왕은 유명하다는 학자들을 불러들이고, 의원도 불러들이는 등 온갖 노력을 다하였어요.

학자와 의원도 공주에게 말했지요.

"공주님, 저도 따드리고 싶지만 달은 너무나 멀리 있어서 가까이 다가갈 수도 없습니다."

"공주님, 달은 너무 커서 가까이 간다고 하더라도 따올 수는 없습니다. 제발 더 이상 달 생각을 하지 마십시오."

"싫어. 싫어 저 달을 따 주지 않으면 따다 줄 때까지 아무것도 안 먹고 굶을 테야."

왕과 왕비는 좋은 방법이 생각나지 않아 걱정이었어요.

"공주야 그러지 말고 좋은 방법이 떠오르면 나중에라도 따다 주마."

"공주야 네가 그러면 말라 쓰러질 수도 있단다. 어서 밥을 먹어야지."

왕과 왕비가 무슨 말을 해도 먹지 않던 공주는 서서히 말라가기 시작했지요.

그때 공주와 친하게 지내던 광대가 나타났어요. 광대는 공주에게 가서 몇 가지 질문을 했지요.

"공주님, 달은 어떻게 생겼나요?"

그러자 공주가 대답했어요.

"달? 달은 동그랗게 생겼지 뭐." "그러면 달은 얼마나 큰가요?"

광대의 계획에 공주가 점점 끌려오듯 말했지요.

"바보, 그것도 몰라? 달은 내 손톱만 하지. 이것 봐 이렇게 하면 손톱으로 가려지잖아."

그러자 광대도 속으로 웃으며 계속 물어보았어요.

"그럼 달은 어떤 색인가요?"

"달이야 황금빛이 나지."

"알겠어요, 공주님. 제가 가서 달을 따 올 테니 조금만 기다리세요."

공주의 방을 나온 광대는 왕에게 말하고 손톱 크기만 한 동그란 황금 구슬을 만들어 공주에게 가져다주었지요.

그러자 공주는 뛸 듯이 기뻐했어요.

"와 정말 달을 따 왔네. 엄마, 아빠 이것 좀 보세요. 정말 달을 따왔어요."

굶어가면서까지 원하던 '달'을 손에 넣은 것을 기뻐하는 공주를 보며 광대는 슬그머니 걱정이 되었지요.

'달을 따왔는데 마침 보름날인 오늘 밤 달이 또 뜨면 공주가 뭐라고 할까?'

"저 공주님, 달을 따 왔는데 오늘 밤 또 달이 뜨면 어떻게 하지요?"

그러자 공주가 이렇게 말했어요.

"이런 바보, 그걸 왜 걱정해. 이를 빼면 새 이가 또 나오지? 그것과 같은 거야. 달은 하나를 빼 오면 또 나오게 되어 있어. 그리고 달이 어디 하나만 있니? 달은 호수에도 떠 있지, 물컵에도 떠 있지. 세상천지에 가득 차 있어. 하나쯤 떼어 온다고 문제 될 게 없지."

광대는 공주의 말에 고개를 끄덕이며 안심을 했지요.

✎ 〈내 이름은 티키〉

중국의 작은 마을에 귀여운 남자아이가 태어났어요.

옛날 중국에서는 이름을 길게 지어야 건강하고 오래 산다고 믿는 사람들이 많았어요.

그래서 엄마 아빠는 아이의 이름을 아주 길게 지었지요.

바로 '티키티키 템보 노사템보 체리바리 루치피 페리펨보'였어요.

이름이 너무 길어서 밥 먹으라고 부를 때도,

"얘! 티키티키 템보 노사템보 체리바리 루치피 페리펨보야, 밥 먹어라."

친구가 놀자고 부를 때도,

"티키티키 템보 노사템보 체리바리 루치피 페리펨보야 놀자." 이렇게 불렀어요.

어느 날, 티키티키 템보 노사템보 체리바리 루치피 페리펨보는 옆집 친구 챙하고 놀러 가게 되었어요.

"얘, 티키티키 템보 노사템보 체리바리 루치피 페리펨보야, 위험한 곳에는 가지 말고 해가 지기 전에 돌아와야 한다."

"네, 엄마. 걱정 마세요."

두 아이가 신나게 썰매를 타면서 재미있게 놀고 있는데 갑자기 얼음이 깨지면서 티키티키 템보 노사템보 체리바리 루치피 페리펨보가 물에 빠진 거예요.

"챙, 살려 줘. 빨리!"

"그래, 잠깐 기다려. 내가 너희 엄마를 불러올게."

챙은 있는 힘을 다해 달려갔어요.

"아줌마, 아줌마!"

"아니, 챙, 우리 티키티키 템보 노사템보 체리바리 루치피 페리펨보는 어디 있고 왜 너만 오니?"

"아줌마, 큰일 났어요. '티키티키 템보가 노사템보, 아니, 그다음이 뭐더라?"

챙은 너무 급히 달려오느라 그 긴 이름이 다 생각나지 않는 거예요.

그래서 천천히 생각해 내며 말했어요.

"아줌마, 티 키 티 키 템 보 노 사 템 보 체 리 바 리 루 치 피 페 리 펨 보가 지금 시냇물에 빠져 있어요. 빨리 가서 구해 주세요."

"뭐, 뭐라고?"

티키티키 템보 노사템보 체리바리 루치피 페리펨보 엄마는 깜짝 놀라 소리치며 아빠

한테 달려갔어요.
아빠는 낮잠을 주무시고 계셨어요.
"여보, 큰일 났어요! 어서 일어나세요. 우리 티키티키 템보 노사템보 체리바리 루치피 페리펨보가 시냇물에 빠졌대요."
"으음, 뭐? 토끼가 어떻게 되었다고?"
"아니? 우리 아들, 티키티키 템보 노사템보 체리바리 루치피 페리펨보가 시냇물에 빠졌대요."
엄마, 아빠는 그제서야 시냇물로 달려가 차가운 물 속에서 덜덜덜 떨고 있는 아들을 구해 왔어요.
"여보, 우리 그 길고 어려운 이름 대신 귀여운 이름을 지으면 어떨까요?"
"그래, 오늘도 긴 이름 때문에 하마터면 큰일 날 뻔했지?"
엄마, 아빠는 아들의 이름을 그 긴 이름 대신 아주 귀엽고 짧은 '티키'라는 이름으로 지어 주었대요.

2. 갈래별 연습 동화

1) 전래동화

✎ 〈냄새 맡은 값〉

옛날 옹진골 마을에 갑돌이라는 지혜로운 소년이 살고 있었어요.
하루는 갑돌이가 구두쇠 영감의 밥집 앞을 지나다가 맛있는 국밥 냄새를 맡게 되었지요.
"여보게, 지금 남의 밥집 앞에서 뭐 하고 있는가?"
"지나가다가 고깃국 냄새가 나길래 잠시 서 있었습니다요."

구두쇠 영감은 옳거니 하며 갑돌이에게 다가갔어요.

"아, 그렇다면 냄새 맡은 값을 치르고 가야지."

"뭐라구요? 냄새 값이라니요?"

"아니, 그럼 고깃국에서 나온 냄새가 공짜인 줄 알았는가?"

구두쇠 영감은 버럭 소리를 질렀어요.

"그렇다면 냄새 맡은 값을 드릴 테니 이리 가까이 오세요."

갑돌이는 돈주머니를 꺼내 슬그머니 구두쇠 영감 앞에 내놓았지요.

구두쇠 영감은 돈을 준다는 말에 기분이 좋았어요.

'얼마를 받을까? 고깃국 냄새니 두 냥은 받아야지.'

돈 받을 궁리를 하고 있는 구두쇠 영감 앞에서 갑돌이는 돈주머니를 흔들었어요.

"이 소리가 들리지요?"

"무…. 무슨 소리?"

갑돌이는 다시 한번 돈주머니를 흔들었어요.

"자, 잘 들어 보시오. 이 소리 들리지요?"

"여보게, 거 좀 세게 흔들어 보게."

갑돌이는 더 세게 흔들었어요.

"이 소리가 들리지요?"

"아니 이건, 돈소리 아닌가?"

구두쇠 영감은 싱글벙글 입이 벌어졌어요.

"분명히 돈소리 들었지요?"

"아이, 이 사람아, 내가 귀머거리인 줄 아는가? 분명히 들었네."

"그럼 됐어요."

순간 구두쇠 영감의 눈이 휘둥그레졌어요.

"뭐가 됐다는 게야? 어서 고깃국 냄새 값이나 내놔."

"무슨 소리예요? 돈소리는 공짜인 줄 아세요?

구두쇠 영감은 기가 막혔지요.

"돈소리를 그리 오래 들었으니 냄새 값은 치르고도 남았지요?"

그 모습을 지켜보던 마을 사람들은 우하하하 웃음을 터트렸어요.

구두쇠 영감은 너무도 부끄러워 얼굴을 들 수가 없었답니다.

✎ 〈도깨비와 산삼〉

아이들과 놀고 싶은 장난꾸러기 꼬마 도깨비가 있었어요.

꼬마 도깨비는 오늘도 아이들을 찾아 산마을로 내려왔지요.

그때, 가쁜 숨을 헉헉 몰아쉬며 산길을 올라오는 키 작은 소년을 보았어요.

"옳지, 쟤는 순돌이잖아."

꼬마 도깨비는 신이 나서 도토리나무를 흔들었어요.

그 바람에 순돌이는 와르르 쏟아지는 도토리를 밟고 쭈욱 미끄러져 넘어지고 말았지 뭐예요.

"아휴, 아파! 바람도 안 부는데 웬 도토리가 이렇게 많이 떨어질까?"

순돌이는 벌떡 일어나 옷을 툭툭 털더니 다시 걸음을 옮겼어요.

"어, 뭐야? 나랑 친구 하자고 도토리를 떨어뜨린 건데."

놀지 못하게 된 꼬마 도깨비는 순돌이 앞으로 나와 길을 막았어요.

"어, 도, 도깨비다!"

"야, 순돌아, 무서워하지 마. 나는 너랑 지금 신나게 놀고 싶거든."

"안 돼! 난 지금 아버지를 위해 해야 할 일이 있단 말야."

순돌이는 꼬마 도깨비가 무서웠지만 용기를 내어 큰 소리로 말하고 마을로 내려갔어요.

"에이, 재미없어."

순돌이와 놀지 못하게 된 꼬마 도깨비는 무심히 벌집을 휙 던졌어요. 그러자 벌들이 순돌이에게 날아드는 게 아니겠어요.

"으악~ 벌, 벌이잖아! 엄마!"

깜짝 놀란 순돌이는 얼른 연못 속으로 풍덩 들어갔어요.

꼬마도깨비는 어떻게 하면 순돌이와 놀 수 있을까 생각하며 순돌이를 따라갔지요.

순돌이가 다 쓰러져 가는 오두막집에 다다르자, 어머니가 달려 나왔어요.

"아이구 얘야, 이러다가 너까지 병나면 어쩌니?"

"아버지 병을 낫게 하는 약은 산삼밖에 없다는데, 그냥 앉아 있을 수는 없잖아요. 내일은 좀 더 깊은 산으로 들어가 산삼을 찾아봐야겠어요."

순돌이의 집 뜰에 숨어 살짝 엿듣던 꼬마 도깨비는 코끝이 시큰했어요. 방 안에는 병든 아버지가 끙끙 앓는 소리를 내고 있었거든요.

그때, 아빠 도깨비가 꼬마 도깨비를 찾아다녔어요.

"꼬깹아, 꼬깹아, 어딨냐."
"아빠, 저, 여기 있어요."
"아빠가 사람 근처에는 가지 말랬잖아. 어서 동굴로 가자."
"안 돼요, 저 애한테 산삼을 캐다 주고 장난친 죄를 용서받고 싶어요."
"산삼 있는 데는 아빠가 아는데, 무엇에 쓰려고 그러냐?"
꼬마 도깨비는 지금까지 있었던 일들을 모두 이야기했어요.
"알았다. 아빠가 도와주마. 자, 가자."
다음 날 아침, 방문을 열고 나오던 순돌이가 깜짝 놀랐어요.
"아니, 산삼이…. 어머니! 산삼이에요, 산삼."
툇마루에 산삼이 두 뿌리나 놓여 있었거든요.
누가 보냈는지 알 수 없었지만, 순돌이는 어머니와 함께 산마루를 향해 여러 번 절을 했지요.
하지만 집 뒤에 숨어서 웃고 있는 아빠 도깨비와 꼬마 도깨비는 못 보았지요.

✎ 〈메추라기의 지혜〉
어느 여름날이었어요.
메추라기 한 마리가 배고픈 여우에게 그만 붙잡히고 말았지요.
"여우야, 살려 줘! 살려 주면 내가 맛있는 거 실컷 먹게 해 줄게. 응?"
"쳇, 네가 무슨 재주로 날 실컷 먹게 해 준단 말이냐?"
"여우야, 난 너무 작아서 먹어 봤자 한 입도 안 돼. 내가 약속을 못 지키면 그때 잡아 먹어도 되잖아?"
여우가 생각해 보니 메추라기 말이 그럴듯했어요.
그때 저쪽에서 한 할머니가 밥 광주리를 이고 비탈길을 내려오고 있었어요.
메추라기는 포르르 날아올라 할머니가 가는 길 앞에 사뿐히 내려앉는 것이 아니겠어요.
그리고는 금방이라도 죽을 듯이 발발발발 떠는 것이었어요.
"아니, 조놈 보게. '나 잡아 가슈' 하고 앉아 있네. 옳거니! 저 녀석을 잡아서 우리 손주 맛나게 먹여야겠다."
할머니가 메추라기를 잡으려고 손을 뻗자 메추라기가 한 발짝 떨어져 앉는 거예요.

손을 뻗으면 폴짝, 손을 뻗으면 폴짝, 할머니는 약이 올라, 밥 광주리를 내려놓고 메추라기를 쫓아갔지 뭐예요.

그 사이 여우는 광주리에 든 밥이며 고기를 몽땅 먹어 치웠지요.

"여우야, 어때? 배부르지?"

"그래, 네 덕분에 배불리 실컷 먹었다."

"이번에는 정신이 번쩍 드는 구경시켜 줄게."

"뭐? 정신이 번쩍 드는 구경이라구? 좋아. 어디 한번 보자."

여우는 구경을 한 후 메추라기를 잡아먹어도 괜찮을 것 같았어요.

"그럼 땅을 파고, 그 안에 들어가서 코만 내놓고 있어."

여우는 얼른 메추라기가 시키는 대로 했어요.

그러자 메추라기는 여우 콧잔등 위에 사뿐히 내려앉아 갑자기 꾸벅꾸벅 조는 척을 하지 않겠어요?

그때 소금 장수 할아버지가 지나가다가 메추라기를 보았어요.

"아니, 이게 뭐야? 메추라기가 아니야? 마침 배고픈데 잘 됐다."

소금장수 할아버지는 침을 꿀꺽 삼키며 살금살금 다가가 지팡이로 있는 힘껏 내리쳤어요.

하지만 메추라기는 포르르 날아가고, 지팡이는 여우 코에 내리꽂혔지요.

"여우야, 어때? 정신이 번쩍 들지?"

매우 화가 난 여우는 껑충 뛰어올라 메추라기를 덥석 물었어요.

다시 여우에게 붙잡힌 메추라기는 눈에 눈물이 그렁그렁 맺힌 채 말했어요.

"여우야, 죽을 땐 죽더라도 우리 엄마 한 번만 보고 죽게 해 줘. 마지막 소원이니까 나 대신 '엄마' 하고 크게 불러 줄래?"

여우는 당장이라도 한입에 꿀꺽 삼켜 버리고 싶었지만, 마지막 소원 하나쯤은 들어줘도 될 것 같았어요.

여우는 메추라기 말대로 큰 소리로 외쳤어요.

"엄마!"

그러자 여우 입이 크게 벌어지고, 그 틈에 메추라기는 포르르 날아가 버렸지요.

✎〈스무 냥의 돈주머니〉

옛날에 짚신을 팔아서 살아가는 마음 착한 청년이 살고 있었어요.

어느 장날 짚신을 팔고 오는 산길에 엽전 스무 냥이 들어 있는 돈주머니를 주웠어요

젊은이는 돈 임자를 찾기 위해 돈주머니를 단골 주막집에 맡기기로 하였지요.

"여보시오, 주인장! 돈 스무 냥이 든 돈주머니를 길에서 주웠는데 잘 좀 맡았다 주시오. 아참, 내가 짚신 판 돈도 함께 맡길 테니 잘 맡았다 주십시오."

젊은이는 땡그랑 땡그랑 두 냥을 함께 맡긴 후 다시 장터로 갔어요.

어느덧 해 질 무렵이 되었어요.

그때 두리번두리번 무엇인가 찾고 있는 사람을 본 거예요.

"여보시오, 혹시 무엇을 잃어버리고 찾는 것이 아닙니까?"

"예! 소 판 돈 스무 냥을 여기 허리에 단단히 찼는데 그만 풀어져 달아났어요. 어이구 내 돈!"

"여보시오, 잃어버린 돈이 스무 냥이라고 했지요?"

"예, 그렇소이다. 스무 냥이요, 스무 냥."

젊은이는 소 장수를 주막집으로 데리고 와 두 냥을 꺼낸 뒤 스무 냥이 든 돈주머니를 소 장수에게 돌려주었어요.

그 모습을 본 소 장수는 갑자기 주머니에 스물두 냥이 들어있었다고 우기는 게 아니겠어요.

"여보시오, 이 돈 두 냥은 오늘 내가 짚신 판 돈이요. 당신은 잃은 돈이 스무 냥이라고 했잖소?"

"아, 아까는 경황이 없어서 그렇게 말했으나 내 돈은 스물두 냥이오. 그 돈도 내놓으시오."

결국 두 사람은 고을 사또께 판결을 내려 달라고 말했어요.

주막집 주인도 증인으로 함께 갔지요.

"네가 잃어버린 돈이 스물두 냥이 틀림없으렷다."

"그렇고 말고요, 사또님 앞에서 제가 감히 거짓말을 아뢸 수 있겠습니까요?"

소 장수는 의기양양하게 말했어요.

"네가 주운 전대 속의 돈이 분명 스무 냥이었단 말이냐. 바른대로 말하거라."

"사또 나리, 사실이에요. 돈이 탐이 났다면 주운 돈을 주인에게 무엇 하러 돌려주겠습

니까?"

이번에는 주막집 주인에게 물었어요.

"예, 사또 나으리, 젊은이가 짚신 판 돈 두 냥을 전대 속에 집어넣는 것을 보았지요."

잠시 후 사또가 판결을 내렸어요.

"돈 임자는 전대 속에 스물두 냥을 넣어 두었다고 했고 젊은이는 스무 냥밖에 들어 있지 않다고 하니 이 전대 임자는 딴 사람임에 틀림없다. 소 장수는 딴 데 가서 돈을 찾아보도록 하여라."

마음씨 나쁜 소 장수는 할 말이 없었어요.

"자, 이 돈 받으시오. 나는 오늘 주운 돈을 임자에게 찾아 준 것이 기쁠 뿐이오."

젊은이가 조용히 말했어요.

소 장수는 돈을 받아 들고 젊은이가 가는 모습이 멀리 사라질 때까지 바라보고 서 있었답니다.

2) 창작동화

✎〈아기 개구리의 모험〉

글 : 권효순

깊고 깊은 우물 속에 개구리 가족이 오순도순 살고 있었어요.

아빠, 엄마는 아기 개구리를 무척 사랑했지요.

하지만 아기 개구리는 언제나 개구쟁이였어요.

"아빠, 난 이런 답답한 우물 속은 정말 싫어요. 바깥세상에 나가 살고 싶어요."

엄마 개구리는 그럴 때마다 걱정을 했어요.

"아니, 얘가 큰일 날 소릴 하네! 바깥세상은 참 무서운 곳이에요."

"칫, 엄마가 어떻게 알아!"

그러던 어느 날, 아빠와 엄마가 두꺼비 할머니 병문안을 가게 되었어요.

"얘, 개굴아, 집 잘 보고 있어. 얼른 다녀올 테니."

우물 속에서 헤엄치고 놀던 아기 개구리는 너무 심심했어요.

그때 우물 속으로 커다란 두레박이 내려온 거예요.

"옳지, 엄마 몰래 저 두레박을 타고 바깥세상으로 나가야지."

바깥으로 나온 아기 개구리는 눈이 휘둥그레졌어요.

"와우~ 세상이 이렇게 넓은 줄 정말 몰랐어. 엄마, 아빠는 괜히 알지도 못하면서 야단만 쳤지 뭐야."

한편 집으로 돌아온 아빠, 엄마는 깜짝 놀랐어요. 아기 개구리가 보이지 않는 거예요.

"얘, 개굴아, 아가야~. 아니, 이 녀석이 어딜 갔나? 개굴아, 개굴아."

엄마 개구리는 너무 슬퍼서 눈물을 흘렸어요.

아무것도 모르는 아기 개구리는 바깥세상을 구경하느라 정신이 하나도 없었어요.

아기 개구리가 푸른 들판을 폴짝폴짝 뛰고 있을 때였어요.

커다란 황새가 아기 개구리를 발견했어요.

"아니 저기 맛있는 먹잇감이 있군. 우리 아기들에게 갖다줘야지."

황새는 쏜살같이 내려와 긴 부리로 아기 개구리를 덥석 물고는 날아오르는 것이 아니겠어요.

그제야 아기 개구리는 자기가 위험하다는 것을 알아차렸지 뭐예요.

아기 개구리는 갑자기 큰 소리로 떠들기 시작했어요.

"와~ 고마워요, 개굴개굴. 나에게 멋진 세상 구경을 시켜 준 당신은 누구세요? 개굴개굴. 당신의 이름은 뭔가요? 개굴개굴."

아기 개구리는 쉴 새 없이 개굴개굴 말을 걸었어요.

"아이구, 시끄러워!"

먹이를 물고 가던 황새는 너무 화가 나 그만 말을 하고 말았어요.

그 바람에 아기 개구리는 풀숲으로 떨어지게 되었지요.

겨우 목숨을 건진 아기 개구리는 아빠, 엄마가 보고 싶어졌어요.

아기 개구리는 다시 두레박을 타고 우물 속으로 들어갔어요.

"아빠, 엄마. 세상 구경을 잘했어요. 그리고 우리 집이 제일 행복한 것도 알았어요."

개구리 가족은 우물 밖으로 보이는 작은 하늘을 보며 행복해했어요.

✎〈세상에서 가장 멋지고 힘센 사람〉

글 : 백미애

이라크의 한 시골 마을이 있어요.

아라샤이라는 소년이 어머니와 함께 행복하게 살고 있었지요.

어느 날,

“아라샤, 엄마는 우물에 가서 물을 길어 와야 하는데 넌 친구들이랑 놀고 있을래?”

“어? 정말요? 그럼 난 마호멧이랑 축구할래요.”

아라샤은 신이 나서 뛰어나갔지요.

아라샤이 친구들과 신나게 공을 차고 있을 때, 아저씨 한 분이 절뚝거리며 아이들 앞을 지나가셨어요.

이때, 마호멧이 으스대며 큰 소리로 말했어요.

“야, 우리 아빤 얼마나 멋있고 힘이 센지 아냐? 아마 이 세상에서 가장 멋지고 힘센 사람이 우리 아빨걸. 저 아저씨하고는 비교도 할 수 없어.”

마호멧이 자기 아빠를 자랑하고 있을 때, 폭탄 떨어지는 소리가 들려왔어요.

퓨웅- 쾅, 콰광! 퓨웅- 쾅!

“마호멧, 어서 와. 전쟁이다, 전쟁!”

마호멧의 아빠가 소리치며 달려오셨지요.

“아저씨, 우리 엄마, 우리 엄마가 우물에 가셨어요.”

“아라샤, 우물은 아까 무너졌어. 어서 피해야 해.”

“아저씨, 우리 엄마, 우리 엄마를 찾아야 돼요.”

아라샤이 마호멧의 아빠를 붙잡았지만, 마호멧과 아저씨는 아라샤을 두고 그냥 달려가는 게 아니겠어요?

아라샤은 겁이 났어요. 주위에 친구들도 모두 보이질 않았어요.

아라샤은 엄마를 부르며 우물로 뛰어갔지요.

“엄마, 엄마! 어디 계세요? 엄마, 엄마!”

그때, 아라샤의 귓가에 가느다란 소리가 들렸어요.

“아-라-샤, 아라샤!”

"어? 엄마, 엄마 왜 이러고 있어. 빨리 일어나, 엄마!"
하지만 엄마는 무너진 돌덩이에 깔려 일어설 수 없었어요. 꼼짝도 할 수 없었어요.
"아-라샬, 가거라! 어서 마을 사람들을 따라가! 어서 가!"
"싫어, 싫어! 엄마! 같이 가, 같이 가요. 엉~엉엉엉!"
아라샬의 작은 손으로 있는 힘을 다해 돌 하나를 빼려는 순간 '와르르!'
세상에! 이번엔 작은 돌들이 굴러 아라샬의 다리가 다치고 말았어요.
"도와주세요. 도와주세요."
목청껏 소리쳐 봤지만 소용없는 일이었지요.
엄마는 너무 마음 아파 울고, 아라샬은 엄마를 구하지 못해서 울고.
그때, 희미한 먼지 더미 속에서 아저씨 한 분이 다가왔어요.
그 아저씨는 돌을 힘껏 들어 올리고 엄마를 업더니 아라샬에게 말했어요.
"얘야, 어서 따라와라."
눈물과 먼지 때문에 아저씨를 알아볼 수 없었지만 아라샬은 그 아저씨가 세상에서 가장 멋지고 힘센 사람일 거라고 생각했어요.
엄마를 업고 걷는 아저씨도 절뚝절뚝!
다리를 다친 아라샬도 절뚝절뚝!
두 사람의 걸음걸이는 절뚝절뚝, 보이지 않을 때까지 계속 걸어가고 있었어요.

✎〈춤추는 체육복〉

글:이민옥

무더운 여름방학이 지나고 즐거운 개학 날이 되었어요.
아이들은 그동안 못한 이야기를 하느라 교실은 온통 와글와글, 들썩들썩했지요.
잠시 후, 선생님이 들어오셨어요.
"아~ 조용히! 오늘 우리 반에 새로 친구 한 사람이 들어왔어요. 이름은 김희철이라고 해요."
"너희들과 친하게 지내고 싶어. 만나서 정말 반가워."
아이들은 모두 새로 온 친구를 깜짝 놀라 쳐다보았어요.
그 친구는 손가락도 다리도 마구 꼬인 채, 휠체어에 앉아 있는 것이 아니겠어요?
"희철이는 어려서 큰 사고로 머리를 다치는 바람에 걸을 수가 없게 되었대요. 우리 반

친구들, 모두 희철이를 잘 도와주기 바라요. 알겠지요?"

그러고는 선생님은 희철이를 송이와 짝을 지어 주시며 도우미까지 시키시지 뭐예요.

'아, 아니 선생님은 왜 하필 나랑 짝을 지어 주실 게 뭐람.'

"송이야, 너 이제 큰일 났다. 아까 보니까 침도 줄줄 흘리던데…."

앞자리의 지현이도 온통 얼굴을 찡그린 채 뒤돌아보며 말했어요.

며칠 후, 체육 시간이었어요.

모두들 신이 나서 운동장으로 뛰어나갔지요.

송이도 아이들과 어울려 운동장에서 놀고 있을 때였어요.

"아니, 송이야. 너는 희철이를 밀고 나와야지. 너 혼자만 나와 있으면 어떡하니."

선생님이 다가오시더니 송이를 나무라시는 거예요.

"치. 괜히 나만 야단맞았잖아."

송이는 투덜거리며 교실로 들어갔어요.

"야, 휠체어에 앉아. 아휴, 빨리빨리 좀 앉으란 말이야."

"송이야, 미안해. 나 때문에 선생님께 혼났지…."

"몰라. 빨리 나가기나 해."

희철이가 몇 번이나 미안하다고 했지만 송이는 화가 풀리질 않았어요.

수업이 끝나자 희철이가 송이에게 말했어요.

"송이야, 같이 가자."

"뭐! 어떻게 같이 가니? 걸어야 같이 가는 거지. 그리고 너하고 같이 가면 사람들이 다 쳐다보잖아. 창피하단 말이야."

송이는 희철이에게 소리를 지르며 마구 달려갔어요.

희철이는 뛰어가는 송이의 뒷모습을 물끄러미 바라보았지요.

다음 날도, 또 그다음 날도 송이는 희철이가 밉기만 했어요.

그렇게 추석이 지나고 가을 운동회 날이 되었지요.

1, 3, 5학년은 청군, 2, 4, 6학년은 백군이에요.

"청군 이겨라."

"백군 이겨라."

응원소리에 학교가 떠나갈 듯 요란했지요.

드디어 3학년이 단체로 소고춤을 추는 시간이 되었어요.

"아니~ 송이야, 너 왜 파란 체육복을 안 입고 왔니? 오늘 소고춤 출 때 모두 파란 체육복을 입기로 했잖니?"

"엄마가 덥다고 여름 체육복 입고 가라고 해서…. 깜빡 잊었어요."

송이가 울먹이며 말했어요.

그때였어요. 구부러진 손가락으로 열심히 휠체어를 밀며 희철이가 앞으로 오는 게 아니겠어요.

"송이야, 내 체육복 입어. 난 뒤에서 구경하고 있으면 돼. 내 체육복은 한 번도 신나게 뛰어 본 적이 없거든. 내 체육복도 신이 나서 춤을 출 거야."

"희철아, 고마워."

송이의 눈엔 어느새 하얀 눈물이 반짝이고 있었어요.

그리고 이제야 조금은 알 것 같았어요.

친구란 같이 걸을 수는 없어도 마음을 나눌 수는 있다는 것을 말이에요.

✎ 〈하늘로 오른 초록이〉

글 : 박금희

문구점 선반 위에 풍선들이 살고 있었어요.

풍선들은 작고 구겨진 비닐집에 모여 살았어요.

선반 아래 멋진 집에 사는 친구들을 보며 풍선들은 무척 부러웠지요.

"궁궐처럼 빛나는 유리집에 사는 사탕들은 얼마나 좋을까?"

"껌들도 반듯한 네모 집에 살고 있는데."

풍선들은 움츠린 몸을 뒤틀면서 한숨을 지었어요.

"아이, 힘들어. 온몸이 쑤시고 아파!"

빨강이 말에 파랑이가 짜증을 냈어요.

"난 너희들이 앞을 가리고 있어서 아무것도 볼 수 없거든."

아침이 되자, 햇살이 비닐집으로 들어왔어요.

잠을 못 잔 풍선들은 끄덕거리며 졸다가 깊은 잠에 빠져들었지요.

밤이 되어서야 풍선들은 잠에서 깨어났어요.

"높은 나무 위에 앉아서 아래를 내려다보는 꿈을 꾸었어."

노랑이가 잠에서 깨어나며 말하자 빨강이가 나서며 말했어요.

"나도 아이들과 맘껏 뛰어노는 꿈을 꾸었어."
서로 꿈 이야기를 하느라 비닐 집 안이 시끄러워졌지요.
창문 밖을 보며 듣기만 하던 초록이는 별님과 눈이 마주쳤어요.
"별님! 저는 별님을 만나고 싶어요."
자기도 모르게 나온 초록이 말에 파랑이가 비웃는 거예요.
"칫, 정말 못 들어 주겠다. 초록이 넌 숨겨놓은 날개라도 있냐?"
눈물이 나올 것 같아 고개를 들었는데, 별님이 초록이를 바라보고 있는 거예요.
별님은 마음속에 간직하고 있으면 꼭 만날 수 있다고 말해주었어요.
추운 겨울이 지나고 따뜻한 봄이 왔어요.
선반 위에 있던 풍선들도 선반 아래로 내려와 자기들을 데려갈 아이들을 기다렸어요.
"빨리 밖으로 나갔으면"
어느 날, 멜빵바지를 입은 아이가 빨강이와 파랑이를 꺼내어 문구점을 나갔어요.
남아 있는 풍선들은 밖으로 나간 친구들이 무척 부러웠어요.
"우리도 나갈 수 있을까?"
"마음에 간직하고 있으면 꼭 이루어질 거야."
초록이의 말에 노랑이가 생긋 웃었어요.
그러던 어느 날이었어요.
주인아저씨가 비닐 집 안에 있는 풍선들을 모두 꺼냈어요.
그리고는 풍선들 몸속에 무엇인가 불어넣는 거예요.
그러자 풍선들의 몸이 점점 부풀어 오르더니 둥둥 떠오르지 뭐예요.
"아, 어지러워. 내 몸이 이상해."풍선들이 정신을 잃었다가 깨어나 보니 학교운동장이었어요.
아이들은 풍선이 매달린 끈을 꼬옥 잡고 하늘을 올려다보고 있었어요.
그때 선생님의 목소리가 들려왔어요.
"마음속으로 소원을 말했나요? 이제 다 함께 소리치면서 풍선을 놓을 거예요."
"하나, 둘, 셋!"
아이들의 외치는 소리와 함께 풍선들이 하늘로 솟아올랐어요.
초록이도 하늘 위로 휭 하고 떠올랐지요.
시간이 지나자 곁에 있던 친구들이 모두 흩어져 보이지 않았어요.

저 아래로 나무 위에 앉아 있는 노랑이가 아주 작게 보였어요,
"별님의 말이 맞았어. 마음에 간직하고 있으면 꼭 이루어진다고."
초록이는 파란 하늘을 올려다보며 별님의 얼굴을 떠올렸어요.

✎ 〈단비야〉

글 : 문수정

따뜻한 봄날 엄마, 아빠와 나 우리 가족 세 명은 강 건너에 있는 노들섬에 가려고 마을버스를 기다리고 있었어요.
그때 컨테이너 박스에서 구두 수선을 하시던 아주머니가 문을 열고 나오더니 급하게 이리저리 뛰어다니며 울었어요.
"단비야 어디 있니? 단비야. 흑흑."
"아주머니! 무슨 일이에요?"
엄마가 놀라 물어보셨어요.
"제가 키우는 강아지가 한 마리가 있는데 이름이 단비에요. 그 강아지가 손님과 얘기하고 있는 동안 글쎄 어디로 갔는지 아무리 찾아봐도 보이지 않네요."
"어디 멀리 가지는 않았겠지요. 잘 찾아보세요."
엄마는 안타깝게 얘기했지요.
"저는 매일 아침 강아지 '단비'를 데리고 출근을 해서 구두 수선 일을 해요.
가족이라곤 강아지와 저 이렇게 단둘이거든요. 혹시 가시다가 갈색 강아지 한 마리를 보면 꼭 좀 연락 주세요."
"네 그럴게요. 너무 걱정 마세요."
엄마는 아주머니를 안심시켰지요.
잠시 후 강을 건너 노들섬행 마을버스가 도착했어요.
우리 가족이 버스에 올라타자마자 버스가 부~웅 출발을 했어요.
버스가 한강대교 중간 쯤 지나가는 데 창문 너머로 글쎄 밤색 강아지 한 마리가 길을 잃고 인도를 허둥지둥 종종거리며 뛰어가고 있는 게 아니겠어요.
"엄마 저 강아지 혹시 단비가 아닐까요?"
내 말에 엄마도 놀란 듯 말씀하셨어요.
"어머, 그래 네 말이 맞는 것 같구나. 어떡하지?"

"그럼 우리 여기서 일단 내립시다."
아빠가 하차 벨을 누르셨어요.
밤색 강아지 뒤에는 자전거를 탄 아저씨가 강아지를 따라가고 있었지요.
'저 아저씨가 강아지를 데려가 버리면 안 되는데.'
나는 은근히 걱정이 되었어요.
버스가 정류소에서 정차하자 엄마아빠와 나는 자전거 타고 가는 아저씨 앞으로 뛰어가면서 큰소리로 강아지 이름을 불렀어요.
"단비야."
그랬더니 글쎄 강아지가 가던 길을 멈추고 반갑게 우리를 쳐다보는 게 아니겠어요?
"아 단비 맞구나! 단비야 우리가 얼마나 너를 찾았는데 혼자 어디 가고 있었어?"
"그러게 어휴! 우리 아니었으면 큰일 날 뻔했다. 얼른 아주머니께 데려다주자."
엄마, 아빠와 나는 노들섬에 가던 길을 포기하고, 강아지를 안고 왔던 길로 되돌아갔어요.
구두 수선 집에 도착하자 아주머니는 기뻐서 어쩔 줄을 몰랐지요.
"단비야 너 어디 갔었어? 엄마가 얼마나 걱정했는데…."
단비는 아주머니 품에 푹 안겼어요.
"우리 단비를 찾아주어 정말 고맙습니다. 이 은혜를 어떻게 갚지요?"
"아우 별 말씀을 다 하시네요. 잃어버린 가족을 찾아주어 우리도 기분이 좋은데요. 하하하."
엄마와 아빠가 말씀하셨어요.
아주머니에게 단비를 찾아 준 우리가족도 기뻐서 싱글벙글 웃으며 집으로 돌아왔지요.

3) 명작동화

✎ 〈벌거벗은 임금님〉

원작 : 안데르센

옛날 어느 나라에, 멋 부리기를 좋아하는 임금님이 살았어요.
"여봐라, 더 신기한 옷이 없느냐?"
임금님은 나랏일은 돌보지 않고 매일 이 옷, 저 옷, 새 옷을 갈아입느라 거울 앞에서 살 정도였지요.
하루는 이 소문을 듣고 꾀 많은 재단사 형제가 궁전으로 찾아왔어요.
"임금님, 제가 이 세상에서 가장 아름다운 옷을 지어 바치겠나이다."
그 말에 임금님은 귀가 번쩍 뜨였어요.
"오? 그래."
"하지만 이 옷은 바보들에게는 보이지 않는 신비한 옷이랍니다."
"거참, 신통한 재주를 가졌구나. 어서어서 옷을 만들도록 하라."
그날부터 재단사는 열심히 옷 만드는 시늉을 했어요.
드디어 옷을 완성한 재단사는 두 손을 높이 들어 임금님께 바쳤지요.
"임금님, 이 옷은 나비의 날개처럼 가벼워서 옷을 입은 느낌조차 없을 것입니다요."
옷을 입으려던 임금님은 깜짝 놀랐어요. 아무리 봐도 임금님 눈엔 옷이 보이질 않았거든요.
'이상하다, 내 눈에 옷이 보이질 않으니…. 안 보인다고 하면 나를 바보라고 할 텐데….'
임금님은 화를 내려다가 얼른 입을 다물었어요. 그리고는 아무렇지 않은 듯 신하들에게 물었지요.
"여봐라, 내가 입은 새 옷이 어떠하냐?"

"임금님, 이렇게 훌륭한 옷은 처음이옵니다."

"임금님, 정말 눈이 부십니다."

신하들도 임금님이 벌거벗고 있는 것처럼 보였지만 모두들 멋진 옷이라고 칭찬했지요.

다음 날, 축제를 알리는 나팔 소리가 울리고 임금님의 행진 순서가 되었어요. 신기한 옷 소문을 들은 백성들이 광장에 몰려들었지요. 그런데 이게 웬일이에요? 임금님이 속옷만 입은 채 당당하게 걸어오는 게 아니겠어요. 하지만 모두들 입에 침이 마르도록 칭찬을 했어요.

"정말 아름다운 옷이에요."

"눈이 부셔서 바라볼 수가 없는걸요."

바로 그때, 한 아이가 소리쳤어요.

"와! 임금님이 벌거벗었다."

그제야 다른 사람들도 큰 소리로 따라 웃었어요. 임금님은 얼굴이 빨개져서는 궁전 안으로 도망쳐 버렸어요.

〈피노키오〉

원작 : 카를로 콜로디

옛날 어느 마을에 나무로 무엇이든 잘 만드는 제페토 할아버지가 살았어요. 혼자 외롭게 살던 제페토 할아버지는 나무 인형을 만들어서 피노키오라는 이름을 지어 주었지요.

"네가 사람이었으면 좋겠구나."

그날 밤, 파란머리 천사가 피노키오를 요술 봉으로 살짝 건드리자, 손가락을 까딱까딱, 두 눈을 깜빡깜빡 거리더니 피노키오가 움직이기 시작하는 게 아니겠어요.

다음 날, 피노키오를 본 제페토 할아버지는 깜짝 놀랐어요.

"세상에, 어떻게 이런 일이…."

할아버지는 피노키오를 정성껏 돌봐 주고 학교도 보냈어요.

어느 날 피노키오가 학교에 가고 있는데, 여우와 고양이가 다가왔지요.

"피노키오, 우리랑 인형극이나 보러 가자."

인형극을 보러 간 피노키오는 신이 나서 흔들흔들 춤을 추자, 구경하던 사람들은 신기해하며 돈을 던져 주었어요. 이 모습을 본 극단 주인은 피노키오를 철장에 가둬 버렸지요.

피노키오가 훌쩍훌쩍 울고 있는데 파란머리 천사가 나타났어요.

"피노키오, 어떻게 된 일이니?"

"제가 학교 가는데 여우와 고양이가 다짜고짜 여기로 잡아 왔지 뭐예요."

피노키오는 천사에게 혼이 날까 봐 거짓말을 했어요. 그러자 코가 쭈욱 쭉 길어지는 게 아니겠어요.

"천사님, 잘못했어요. 다시는 거짓말하지 않을게요."

천사는 피노키오의 코를 원래대로 해 주었어요. 집으로 돌아가던 피노키오는 아이들이 가득 탄 마차를 보게 되었어요.

"하루 종일 놀고먹기만 하는 나라로 가는 거야!"

"정말이요? 저도 갈 수 있을까요?"

피노키오는 얼른 마차에 올라탔어요.

그런데 피노키오가 간 곳은 아이들을 당나귀로 만들어 파는 곳이었어요.

"여기서 이렇게 당나귀로 살 순 없어."

피노키오는 정신없이 도망치다 그만 바다에 빠지고 말았지 뭐예요. 그러자 다시 나무인형으로 돌아왔어요. 하지만 커다란 고래가 나타나더니 피노키오를 꿀꺽 삼켜 버렸어요.

"도대체 여기가 어디야. 아무것도 보이질 않아."

피노키오가 더듬거리고 있는데 캄캄한 고래 배 속에 희미한 불빛 하나가 보였어요. 그런데 이게 웬일이에요? 그건 바로 피노키오를 찾다가 물에 빠진 제페토 할아버지였어요.

"피노키오야, 우리가 이러고 있을 때가 아니다. 여기 있는 나뭇가지들을 모아 불을 피워야겠다."

할아버지와 피노키오는 고래가 매운 연기에 재채기하는 틈을 타서 밖으로 뛰쳐나왔어요.

"할아버지, 이제부터는 할아버지 말씀 잘 듣고 공부도 열심히 할게요."

그날 밤, 파란머리 천사가 잠자는 피노키오 머리에 요술 봉을 갖다 대자 피노키오는 진짜 남자아이가 되었어요. 그 후로 피노키오는 제페토 할아버지와 오래오래 행복하게 살았어요.

✎〈구두장이와 요정〉

원작 : 그림형제

옛날 어느 마을에 가난한 구두장이 부부가 살았어요.

"이제 구두 한 켤레 만들 가죽밖에 남지 않았구먼."

구두장이는 마지막 가죽을 잘라 놓고 잠자리에 들었어요.

다음 날 아침, 작업대 위에는 아주 멋진 구두가 놓여 있는 게 아니겠어요.

"아니? 이게 어떻게 된 일이지. 이렇게 잘 만든 구두는 처음 보는 걸."

그때 마침, 가게에 한 신사가 들어왔어요.

"정말 근사한 구두군요!"

신사는 많은 돈을 주고 구두를 사 갔어요.

"이 돈이면 구두를 두 켤레나 만들 가죽을 살 수 있겠어."

구두장이는 신이 나서 가죽을 사다 잘라 놓고는 잠자리에 들었지요.

그런데 아침에 일어나 보니 멋진 구두 두 켤레가 또 놓여 있는 게 아니겠어요?

"어머나, 이것 좀 봐요! 이렇게 예쁜 구두는 처음 봐요."

"그러게 말이에요. 정말 편하기까지 한걸요."

손님들이 구두를 신어보고는 많은 돈을 주고 사 갔지요.

이런 일이 매일 계속 되고 손님은 점점 많아졌어요.

어느 날, 구두장이가 할머니에게 말했어요.

"오늘 밤에는 누가 구두를 만드는지 지켜봐야겠소."

"그거 좋은 생각이에요. 나도 정말 궁금했어요."

캄캄한 밤이 되자, 구두장이와 할머니가 자는 척 몰래 지켜보니 벌거벗은 요정들이 포르르 날아와 쓱싹쓱싹 가죽을 자르고 뚝딱뚝딱 망치질을 해서 멋진 구두를 만들어 놓고 사라지는 게 아니겠어요?

"세상에, 이렇게 귀여울 수가…."

"오! 내일모레면 크리스마슨데, 우리 꼬마요정들에게 선물을 해 줍시다."

"그거참 좋은 생각이요. 그런데 무얼 선물하면 좋겠소?"

구두장이는 요정들을 생각하며 작은 구두를, 할머니는 요정들이 입을 예쁜 옷을 만들기로 했지요.

다음 날 밤이 되자, 요정들이 다시 포르르 창문으로 날아들었어요.

요정들은 선물을 보고는 신이 나서 폴짝폴짝 뛰며 노래를 불렀어요. 그러고는 새 옷을 입고 구두를 신고 포르르 날아갔어요.
"요정들아, 고맙다."
구두장이 부부는 요정들이 날아간 쪽을 바라보며 미소를 지었어요.

✎ 〈장화 신은 고양이〉

원작 : 샤를 페로

옛날 어느 마을에 아버지를 모시고 삼 형제가 살았어요. 아버지가 돌아가시자 삼 형제는 재산을 나누었지요. 첫째는 방앗간을, 둘째는 당나귀를, 그리고 셋째는 고양이를 가졌어요.
"앞으로 살아갈 일이 걱정이구나."
"주인님, 걱정 마세요. 저에게 장화 한 켤레와 자루 하나만 주세요."
고양이는 막내아들이 구해준 장화를 신고 숲으로 가더니 토끼를 잡아 자루에 넣어 임금님께 바쳤지요.
"폐하, 저의 주인, 카라바 후작이 임금님께 바치나이다."
다음 날부터 고양이는 매일 동물들을 잡아다 임금님께 정중하게 바쳤어요. 토끼, 노루, 꿩…, 그리고 아주 희귀한 새까지도 말이에요.
그러던 어느 날, 고양이가 황급히 달려오더니 막내아들 손을 잡고 강으로 가는 게 아니겠어요.
"주인님, 얼른 옷을 벗고 강물로 들어가세요. 임금님과 공주님이 산책을 나온대요."
"그게 도무지 무슨 소리냐?"
"제게 좋은 생각이 있어요. 빨리요."
고양이는 임금님의 마차가 보이자 있는 힘껏 소리쳤어요.
"살려 주세요! 카라바 후작님이 강물에 빠졌어요!"
왕은 고양이를 알아보고는 병사들을 시켜 얼른 후작을 구하게 했어요. 그러자 고양이는 천연덕스럽게 후작님의 옷을 도둑들이 훔쳐 갔다고 하지 뭐예요?
"여봐라! 카라바 후작에게 가장 좋은 옷을 내어 드려라."
왕이 내어 준 옷을 입은 막내아들은 정말 귀족처럼 멋져 보였어요.
"카라바 후작의 집은 어디에 있느냐? 모셔다드리겠다."

"예, 저기 보이는 저 성이옵니다."

고양이가 멀리 보이는 으리으리한 성을 가리켰어요.고양이는 성에 먼저 가 있겠다며 인사를 하곤 빠른 걸음으로 달려갔어요. 사실 그 성의 주인은 무시무시한 거인이었지요.

"존경하는 성주님, 뵙게 되어 영광입니다."

고양이가 정중하게 인사를 하자 거인은 아주 우쭐했어요.

"성주님은 어떤 동물로도 변할 수 있다는데, 사자처럼 무서운 동물로도 변할 수 있나요?"

그러자 거인은 코웃음 치며 순식간에 사자로 변했지 뭐예요. 고양이가 무서워서 벌벌 떠는 시늉을 하며 또 물었지요.

"그, 그럼, 생쥐처럼 작은 동물로도 변할 수가 있나요?"

우쭐해진 거인이 생쥐로 변하자, 고양이는 잽싸게 생쥐를 잡아먹어 버렸어요.

잠시 후 임금님의 마차가 성에 도착하자, 고양이는 재빨리 뛰어나가 맞이했어요. 임금님은 멋진 성과 막내아들이 마음에 쏙 들었어요. 물론 공주님도 말이에요.

그 후 막내아들과 공주님은 성대한 결혼식을 올렸어요.

4) 방정환 동화

✎ 〈4월 그믐날 밤〉

사람들이 모두 잠든 까만 밤, 어디서인지 속살거리는 소리가 들렸어요.

"이제 곧 새벽이 될 텐데 꿀떡을 여태 못 만들었으니 어쩌지요?"

"꿀떡은 우리가 만들었으니 염려 말아요."

고운 보랏빛 치마를 입은 제비꽃이 걱정하자 진달래꽃이 대답했어요.

"이제 우리는 새 옷만 입으면 돼요. 지금 분홍치마를 다리는 중이에요."

복사나무 가지가 몸을 흔들며 말했지요.

꽃들은 모두 새 옷을 입고 잔치 준비에 바빴어요.

할미꽃은 이슬로 차를 담그고, 개나리는 황금색 휘장을 쳤어요.
꽃들이 날이 밝기를 기다리고 있는데 참새가 빠르게 날아오는 거예요.
"큰일 났어요. 꾀꼬리가 목감기에 걸려 내일 못 올 것 같아요."
"꾀꼬리가 노래를 부를 건데 못 오면 어떻게 하죠?"
꽃들이 걱정을 하고 있는데 할미꽃이 나섰어요.
"그럼 이 꿀을 약으로 먹어보라고 하세요."
참새는 할미꽃이 준 꿀을 받아 들고 황급히 돌아갔어요.
하늘의 별들이 날씨가 좋을 것을 알려 주는 것처럼 반짝반짝 빛나고 있는데 제비가 날아왔지요.
"5월이 오는 줄도 모르고 잠만 자고 있는 꽃과 벌레들을 깨우고 왔어요."
"어이구, 수고 많으셨어요. 얼마나 애를 썼어요."
할미꽃이 제비에게 이슬로 만든 차를 한 잔 내주었어요.
조금 있으려니까 날이 채 밝기도 전에 종달새가 하늘 높이 떠서 은방울을 흔들기 시작하는 거예요. 그 소리에 꽃들이 환하게 웃으며 문을 열고 손님을 맞이했어요.
참새는 큰북을 치고, 제비들은 피리를 들고 음악회장으로 들어섰지요.
"와, 꾀꼬리가 온다."
목감기에 걸렸다던 꾀꼬리가 노란 새 옷을 입고 날아오자, 모두 환호성을 질렀어요.
그때였어요. 햇빛이 환하게 잔치 터를 비추자 온갖 새들이 일제히 5월의 노래를 부르기 시작하고 나비들이 너울너울 춤을 추고, 잔디와 버들잎도 흔들흔들했지요.
"와, 복사꽃이 언제 저렇게 활짝 피었지!"
"어이구, 이게 웬 나비들이야!"
햇빛 좋은 봄날 아침, 사람들이 모여들었어요.
"이제 봄이 무르익었는걸!"
사람들은 모두 환하게 웃으며 즐거워했어요.
5월 첫날은 새 세상이 열리는 기쁜 날이에요.

〈《어린이》 2권 5호, 1924년 5월〉

✎ 〈귀 어두운 집오리〉

넓은 연못에 하얗고 예쁜 집오리 열림이와 감감이가 살았어요.

감감이는 귀가 잘 들리지 않았지만 열림이는 귀가 밝아서 사람들의 소곤거리는 소리까지 잘 알아들었지요.

"히히, 감감이는 잘 못 들으니까 내가 하고 싶은 대로 해야지."

주인집 아들이 먹이를 줄 때면 열림이는 감감이에게 이렇게 말했어요.

"먹이 줄 때 어릿어릿하다가는 잡히기 쉬우니까, 내가 먼저 가서 사람들의 소리를 들어 보고 위험하지 않으면 부를 테니 너는 그때 오면 될 것 같아."

그러고는 자기가 먼저 가서 실컷 먹은 후에야 귀 어두운 감감이를 불러서 나머지를 먹게 했어요.

감감이는 그것도 모르고 날마다 찌꺼기만 먹었던 거예요.

"저 오리는 웬일인지 길이 들지 않네?"

주인집 아들은 먹이를 주는데도 나오지 않는 감감이를 이상하게 생각했어요.

그러던 어느 날, 주인아저씨가 중얼거렸어요.

"이 오리들은 두 마리 다 알을 낳지 않으니까 오늘 한 마리를 잡아야겠다."

이 말을 알아들은 열림이가 깜짝 놀라 감감이에게 달려갔어요.

"감감아, 오늘은 잡힐 염려가 없으니까 같이 나가서 먹자."

"그래? 좋아. 같이 가자."

먹이를 한참 먹고 있는데 갑자기 주인아저씨가 달려들어 오리를 잡으려고 하는 거예요.

미리 알고 있던 열림이는 얼른 연못 속으로 뛰어들고 감감이는 그만 붙잡히고 말았지요.

"큰일 났다. 열림아, 나 좀 도와줘."

감감이는 열림이에게 속은 줄도 모르고 날개를 푸덕거리며 소리쳤어요.

그 소리에 주인집 아들이 달려 나왔지요.

"아버지, 그 오리를 왜 잡으셨어요? 길도 잘 들었는데…."

"그래? 그럼, 길 잘 든 놈은 이렇게 헝겊으로 표시를 해두었다가 밤에 자러 들어가거든 발목에 헝겊 없는 놈을 잡도록 하자."

물속에서 이 말을 알아들은 열림이는 감감이를 보고 말했어요.

"감감아, 너 큰일 났어. 네 발목에 맨 헝겊이 오늘 밤에 잡혀갈 표시야. 지금 얼른 풀어야 해."

"그래? 가르쳐 줘서 정말 고마워."

감감이는 입으로 헝겊을 풀어 버렸어요.

'옳지, 이제 됐다. 얼른 내 발목에 저 헝겊을 매야지.'

하지만 열림이가 아무리 발목에 헝겊을 매려고 애를 써도 매어지지가 않는 거예요.

'어쩌면 좋지…? 옳지, 그러면 되겠구나.'

"감감아, 오늘은 네가 먼저 들어가서 자. 나는 사람들이 무슨 의논을 하는지 듣고 와서 잘게…."

"그럼 나 먼저 들어가서 잘게. 조심해."

감감이가 집으로 들어가자 열림이는 연못가의 으슥한 곳에 숨어 앉아서 감감이가 잡혀가기를 기다리고 있었어요.

날이 어두워져 깜깜한 밤이 되자 갑자기 오리가 괴롭게 우는 소리가 나는 게 아니겠어요?

"어? 무슨 소리지?"

"이 소리는 오리 소리 아니냐. 무슨 일이 있나 어서 가보자."

주인아저씨와 아들이 밖으로 뛰어 나가보니 오리 한 마리가 피투성이가 되어 쓰러져 있지 뭐예요?

"에그, 족제비에게 물렸구나…."

"아버지, 발에 헝겊이 없는 걸 보니 길 안든 오리에요."

귀 밝은 오리 열림이는 자기만 살려고 꾀를 냈다가 그만 족제비에게 물려버리고 말았어요.

〈《어린이》 3권 5호, 1925년 5월호, 소파〉

✎ 〈선생님의 말씀〉

깊은 산 속에 덕이 높은 선생님이 계셨어요. 이 소문을 듣고 곳곳에서 선생님을 찾아왔어요.

"저를 받아 주십시오. 잘 배워서 세상에 도움을 주는 좋은 사람이 되겠습니다."

이렇게 모여든 제자가 아홉 명이나 되었지요.

그런데, 한 제자가 남의 물건을 슬쩍 집어 가는 버릇이 있었어요.

"여보게, 자꾸 이렇게 남의 물건을 가져가면 선생님께 말씀드리겠네."

여덟 명의 다른 제자들은 선생님께 말씀드리지 않으려고 했지만 그 제자의 버릇은 점점 더 심해져만 가는 거예요.

"안 되겠어. 이제 돈까지 훔쳐가니 말이야."

"선생님께 말씀드려야겠어."

제자들은 하는 수 없이 선생님께 말씀을 드렸어요.

"물건을 훔치는 사람과 함께 공부하고 싶지 않습니다. 그런 사람이 제자라는 것은 선생님 명예에도 좋지 않으니 그 사람을 내보내 주십시오."

하지만 선생님은 듣기만 하실 뿐, 아무 대답이 없으셨어요.

그런데 또 돈을 훔쳐간 일이 생긴 거예요.

여덟 제자는 화가 나서 선생님께 더욱 강하게 말씀을 드렸어요.

"선생님! 이번에는 용서하지 마시고, 제발 내보내 주십시오."

이번에도 선생님은 듣기만 할 뿐 아무 대답도 안 하시지 뭐예요.

얼마 지나지 않아 또다시 그런 일이 일어났어요.

여덟 제자는 단단히 마음을 먹고 선생님께 확실하게 말씀을 드리기로 했어요.

"이번에도 내보내지 않으면 우리 모두 나가겠다고 말씀드리자고."

"그래. 그래야 얼른 내보내실 거야."

제자들의 결심을 들은 선생님은 태연한 얼굴로 말씀하셨어요.

"그대들이 정말 나가겠다는 건가?"

"예, 이번에도 그 사람을 내보내지 않으시면, 저희 모두가 나가겠습니다."

"그러면, 잘들 돌아가게! 아무쪼록 몸 성히 잘들 지내게나."

선생님의 작별 인사를 들은 제자들은 놀라서 물었어요.

"선생님, 어찌하여 행실 나쁜 사람은 안 내보내시고, 저희 여덟 사람을 내보내십니까?"

"자네들은 좋은 사람들이니, 아무 곳에 가더라도 훌륭한 대우를 받겠지만, 그 사람은 아직도 행실이 고쳐지지 않으니, 좀 더 배워야 할 것이 아닌가?

여덟 제자는 선생님의 말씀에 감동하며 고개를 숙였어요.

"선생님, 저희가 부족하였습니다. 이제부터 더욱 열심히 배우겠습니다."

나쁜 버릇을 가진 제자는 밖에서 그 말을 듣고 눈물을 주르륵 흘렸어요.

"죄송합니다, 선생님. 나쁜 버릇을 반드시 고치도록 하겠습니다."

선생님의 깊은 사랑을 느낀 제자는 훔치는 버릇을 완전히 고칠 수 있었대요.

〈《어린이》 6권 2호, 1928년 3월호, 방정환 〉

✎ 〈만년셔츠〉

보통학교 1학년에 다니는 창남이는 반에서 인기가 제일 많았어요.
연설도 잘하고 토론도 잘하지만 내기를 할 때는 언제나 끝까지 남아 이겼어요.
몹시 추운 어느 날, 한 번도 늦은 적 없는 창남이가 등교 시간이 지나서야 들어선 거예요.
"창남아, 오늘은 웬일로 늦었느냐?"
"오다가 구두가 너털거려서 새끼를 얻어 겨우 고쳐 신었는데 자꾸 너털거려서 여섯 번이나 고쳐 신고 오느라고 늦었습니다."
다 헤진 구두를 보며 아이들이 모두 깔깔대며 웃어도 창남이는 태연했어요.
체조 시간이 되었어요.
"이렇게 추운 날 어떻게 체조를 한담."
"오늘도 웃옷을 벗으라 하겠지?"
체조 선생님이 웃옷을 벗으라고 하자 아이들은 교복을 벗고 셔츠만 입고 섰어요.
하지만 창남이는 교복을 벗지 않고 그냥 서 있는 거예요.
"한창남! 왜 웃옷을 안 벗나?"
창남이는 얼굴을 폭 수그리고 멈칫멈칫하다가 대답했어요.
"선생님. 만년 셔츠도 괜찮은가요?"
"뭐? 만년 셔츠? 만년 셔츠가 뭐야?"
"맨몸입니다."
화가 난듯한 체조 선생은 창남이 앞으로 뚜벅뚜벅 걸어오면서 소리쳤어요.
"벗어!"
창남이가 웃옷을 벗자 벌거숭이 알몸이었어요.
"한창남! 왜 셔츠를 안 입었나?"
"없어서 못 입었습니다."
선생님의 무섭던 눈에 눈물이 돌고 아이들의 웃음도 갑자기 사라졌어요.

"한창남은 웃옷을 입고 해라. 이 추운 날, 셔츠 없이 맨몸으로 온 것은 큰 용기다. 모두 창남이의 용기를 배워라."

그러던 어느 날. 학교 정문 앞에 아이들이 모여 있는 거예요.

무슨 일인가 싶어 아이들을 헤치고 들여다보던 체조 선생님은 또 깜짝 놀랐지 뭐예요?

"한창남, 교복바지를 왜 안 입고 왔나?"

"없어서 못 입고 왔습니다."

"뭐야? 날마다 한 가지씩 없어진단 말이냐?"

"저희 동네에 불이 나서 저의 집도 반이나 타버렸고, 이웃집은 모두 타버려 먹지도 자지도 못하고 있습니다."

창남이는 자기는 먹고 잘 곳이 있어 다행이지만 동네 사람들은 길거리에서 떨고 있다며 걱정스럽게 말했어요.

"저희 어머니께서 입을 것 한 벌씩만 남기고 나눠 드리라고 하셔서 나누어 드렸습니다."

"그럼 네 교복까지 나눠 드렸느냐?"

"교복바지는 입고 있었는데 옆집에 사는 할아버지가 떨고 있어서 벗어주었습니다."

그러자 갑자기 주변이 조용해졌어요.

선생님은 창남이의 벗은 모습과 맨발을 보며 다시 물으셨어요.

"그럼, 셔츠와 버선까지 다 벗어주었단 말이냐?"

"어머니가 추위에 떨고 계셔서 벗어 드렸습니다."

"아니, 어머니께서는 너의 맨몸과 버선 없는 맨발을 보셨을 것 아니냐?"

창남이는 고개를 푹 숙이며 말했어요.

"어머니는 눈이 멀어 못 보십니다. 셔츠도 입고, 버선도 신었다고 거짓말을 했습니다."

창남이의 소리는 우는 소리 같이 떨렸어요.

수그린 얼굴에서 눈물방울이 뚝뚝 창남이 짚신 코에 떨어졌어요.

체조 선생님의 얼굴에도 굵다란 눈물이 흘러내렸지요.

와글와글하던 교실에서 훌쩍거리며 우는 소리만 여기서 저기서 조용히 들렸어요.

〈《어린이》 1927년 3월호, 방정환〉

5) 다문화동화

✎ 〈나비와 애벌레〉

캄보디아

따뜻한 봄날, 아기 나비가 꽃들이 활짝 핀 꽃밭을 날아다녔어요

아기 나비는 나폴 나폴 빨간 꽃으로 날아가 앉았지요.

"음, 꽃향기가 참 좋네. 여기서 잠깐 쉬었다 갈까?"

아기 나비가 꽃잎에 막 누우려고 할 때 애벌레가 꿈틀꿈틀 기어 왔어요.

"넌 나비도 아니면서 왜 여기에 있는 거야!"

나비는 못생긴 애벌레에게 소리쳤어요.

그러자 애벌레가 다가서면서 말했어요.

"여긴 너만 놀 수 있는 곳이 아니야."

"넌 나처럼 예쁘지도 않고 날지도 못하잖아."

"칫! 너도 예전엔 나처럼 생겼었는데, 넌 벌써 그걸 잊었니?

애벌레의 말에 나비는 어리둥절했어요.

"뭐야? 내가 너처럼 생겼었다니 말도 안 돼!"

그러자 빨간 꽃이 말했어요.

"아기 나비야, 너도 예전엔 애벌레였단다. 번데기 속에서 나비가 되어 나온 거야."

"내가 번데기 속에서 나왔다구요?"

"그래, 저기 보이는 빈집이 네가 있었던 집이란다."

빨간 꽃의 말에 나비는 번데기 빈집으로 날아갔어요.

아기 나비는 구멍을 보며 옛날 생각을 떠올렸어요.

'맞아, 이 집에 있을 때 나도 애벌레였어'

나비는 자기도 애벌레였다는 것을 그제야 깨달았어요.

다시 날아와 보니, 어느새 애벌레는 번데기 속에서 잠을 자고 있는 거예요.
아기 나비는 꽃 위를 맴돌며 애벌레가 예쁜 나비가 되어 나오길 기다렸어요.
번데기 속에서 예쁜 아기 나비가 나오면 잘못했다고 말하려고요.

〈마샤와 곰〉

러시아

옛날 옛날에 할아버지와 할머니가 손녀 마샤와 살았어요.
어느 날 마샤는 친구들과 함께 딸기를 따러 숲에 갔어요.
"마샤, 숲속에서 길을 잃으면 위험하니까 친구들과 잘 다녀오도록 해라."
"네, 할머니 걱정마세요. 잘 다녀올게요."
하지만 마샤는 여기저기 다니다가 그만 친구들과 떨어져 길을 잃고 말았지요.
한참만에 작은 집 한 채를 발견한 마샤는 집 안으로 들어갔어요.
그런데 아무도 없지뭐예요.
"도대체 누구 집일까?"
잠시 후 마샤는 이 집이 곰의 집이라는 것을 알게 되었어요.
저녁에 집에 온 곰은 마샤를 보고 너무 기뻐했어요.
"잘 됐어! 이제 나랑 내 집에서 살고, 매일 난로를 피우고, 음식을 해서 같이 먹자. 너를 아무 데도 안 보낼 거야."
마샤는 슬펐지만 할 수 없이 곰의 집에서 살게 되었어요.
'어떻게 하면 이 집에서 도망칠 수 있을까?'
마샤는 이리저리 생각하다가 좋은 방법을 찾아냈어요.
"빵을 구워 줄 테니 할아버지 할머니 집에 가져다주세요. 그리고 도착할 때까지 바구니를 열어 빵을 먹지 않겠다고 약속해요."
"좋아! 그 약속은 지킬 수 있어."
마샤는 큰 바구니에 들어가 머리 위에 빵을 놓은 접시를 잡고 앉았어요.
곰은 아무것도 모른 채 큰 바구니를 들고 출발했어요.
얼마쯤 가다가 빵도 먹고 잠깐 쉬려고 하는데 먀샤의 목소리가 들리는 게 아니겠어요?
"높은 나무에 올라가서 다 보고 있어요. 곰 아저씨! 빵 먹지 마세요."
"흠! 영리한 아가씨네. 나무 위에서 보고 있다니."

곰은 쉬지 않고 걸어갔어요.
두 번째로 쉬려고 하는데 또 마샤의 목소리가 들렸어요.
"곰 아저씨, 빵 먹지 마세요. 다 보고 있으니까 빨리 가요."
곰은 어쩔 수 없이 마을까지 가서 마샤의 할아버지 할머니 집 앞에 바구니를 두었어요.
이때 곰 냄새를 맡은 마을 개들이 와서 곰을 내쫓았고 마샤는 할머니와 할아버지와 다시 행복하게 살게 되었지요.

✎ 〈달이 우물에 빠졌어요〉

중국

재화. 류리리

원숭이들이 숲속에서 놀고 있었어요.
아기 원숭이 한 마리가 우물 옆에서 놀다가 갑자기 소리를 지르는 거예요.
"큰일 났어요, 큰일 났어. 달이 우물에 빠졌어요."
아빠 원숭이가 우물가로 달려왔어요.
"야단났다, 야단났어. 달이 우물에 빠졌어."
할아버지 원숭이가 모두를 데리고 달려왔어요.
"으악! 망했다, 망했어, 달이 정말 우물에 빠졌어."
원숭이들이 '앙앙 엉엉' 울고 있을 때, 할아버지 원숭이가 말했어요.
"뚝! 뚝! 얘들아, 우리 빨리 달을 건져내자!"
할아버지 원숭이가 먼저 나무에 거꾸로 매달렸어요.
그 아래 아빠 원숭이 또 그 아래 다른 원숭이들이 줄줄이 매달렸지요.
"와! 이번엔 달을 건질 수 있겠다."
끽-끽끽 끽 끽-끽끽 끽 원숭이들은 신이 났어요.
제일 마지막에 매달린 아기 원숭이가 반짝이는 달을 향해 팔을 뻗었어요.
"어~ 닿는다, 닿는다."
확!
"어~ 왜 이래? 달이 부서졌어."
아기 원숭이는 몇 번이나 달을 잡으려고 했으나 달이 잡히지 않는 거예요.
원숭이들은 힘들어서 모두 한마디씩 했지요.

"야~ 힘들어, 나 힘이 다 빠졌어."
"빨리 건져라. 왜 아직 건지지 않는 거니?"
"어~어~, 나 떨어진다. 떨어져~"
할아버지 원숭이도 더 힘을 내기 위해 고개를 들었어요.
그런데 이게 웬일이에요!
"잡지 마, 잡지 마! 달이 하늘에 있다."
모두 하늘을 쳐다보았지요.
달이 환하게 웃고 있는 거예요.
그런데 참 이상하죠?
우물 속에 있는 달과 하늘에 있는 달이 똑같이 생겼네요.

✎〈삿갓보살〉

일본

재화. 요시다 준꼬

옛날 어느 마을에 착한 할아버지와 할머니가 살았어요.
"내일이 새해인데 떡을 살 돈이 없으니~"
할아버지는 만들어 놓았던 삿갓 다섯 개를 들고 집을 나섰어요.
삿갓을 팔아 새해를 준비하려고요.
밖에는 눈이 펑펑 내리고 매우 추웠어요.
가는 길에 나란히 서 있는 지장보살님을 보았지요.
"어이구! 얼마나 추우실까?"
할아버지는 지장보살님들 머리에 쌓인 눈을 털어드렸어요. 그리곤 부지런히 걸어 시장에 도착했어요.
"삿갓이요, 삿갓! 삿갓 사세요~!"
하지만, 아무도 삿갓을 사는 사람이 없는 거예요.
"내일이 설날인데 삿갓이 안 팔리면 어쩌지."
할아버지는 삿갓을 하나도 팔지 못한 채 터벅터벅 걸어 집으로 가다가 다시 지장보살님을 보았지요.
"또 눈이 쌓였구나. 추우실 텐데…. 아, 그래! 이 삿갓을 씌워 드려야겠다."

그런데 지장보살님은 여섯인데 삿갓은 다섯 개밖에 없지 뭐예요.
"아, 하나가 모자라네. 어떻게 하지? 음, 그럼 내가 쓴 보자기라도 씌워드려야겠다."
할아버지는 머리에 썼던 보자기를 풀어 여섯 번째 지장보살님에게 씌워주곤 집으로 왔어요.
"할멈! 나 왔어요."
"어서 오세요. 너무 추웠지요? 에구! 추운데 머리에 보자기는 어쩌구 그렇게 눈을 흠뻑 맞았어요?"
할아버지는 집으로 오는 길에 지장보살님을 만나 삿갓을 씌워 준 이야기를 해주었지요.
"여보, 잘했어요. 지장보살님도 얼마나 추웠겠어요? 정말 잘했어요."
"그런데 집에 먹을 것이 없어서 미안하오."
"지장보살님들이 기뻐하셨을 테니 전 괜찮아요."
그날 밤이었어요.
할아버지와 할머니가 잠자고 있을 때, 갑자기 밖에서 쿵쿵 소리가 나는 거예요.
밖에 나와 보니 먹을 것, 입을 것, 금화와 보석들이 잔뜩 놓여 있는 게 아니겠어요!
지장보살님들 덕분에 할아버지와 할머니는 행복한 설날을 맞이할 수 있었어요.

6) 인터넷 중독 예방동화

✎〈공주님 공주님, 우리 공주님〉

글 : 김태정

궁궐에서 임금님의 큰 소리가 났어요.
식사 시간이 되었는데도 공주가 오지 않았기 때문이지요.
"대체 무얼 하느라 나오지를 않고 있는 게냐?"
화가 난 임금님이 공주의 방문을 열고 들어왔어요.

"아니, 이런! 게임에 빠져 정신을 못 차리는구나. 여봐라. 이를 어쩌면 좋단 말이냐!"
임금님은 공주 때문에 걱정이 되었어요.
그런데 공주가 원래부터 인터넷 게임에 빠져 있던 것은 아니었어요.
어느 봄날 공주님이 나들이를 하고 있을 때 한 꼬마가 공주님의 치맛자락을 잡아당겼어요.
"공주님, 이것 좀 보세요. 정말 신기하지 뭐예요."
사실, 그 꼬마는 공주의 아름다움을 시기하는 나쁜 마녀였어요. 마녀는 한번 시작하면 빠져나오기 힘든 인터넷 게임을 공주에게 보여 준 거지요.
"어머머, 신기하구나. 이 인터넷 게임이란 거 말이야. 이 안에 성들과 마을 사람들 모두 다 들어 있어. 동물들도 모두."
그 후로 공주는 매일 컴퓨터 앞에만 앉아 인터넷 게임을 하며 지냈어요.
"아니, 공주님의 보석처럼 빛나던 눈이 왜 흙탕물처럼 흐려지는 게야?"
"아유, 사슴같이 꼿꼿하던 등이 점점 새우처럼 굽어가고 있어요."
백성들은 모이기만 하면 공주의 얘기를 했어요.
"그게 다 매일 앉아서 게임만 해서 그렇다는군. 쯧쯧…."
이제 이 나라에서 가장 예쁘다던 공주의 모습은 찾아볼 수가 없게 된 거예요.
그 모습을 지켜본 마녀가 캄캄한 구석에서 혼자 웃고 있었어요.
"으흐흐…. 그럼, 그렇지. 이 인터넷 게임을 시작하고 빠져나온 사람은 없어. 이젠 내가 제일 예쁘겠지? 으흐흐."
임금님은 공주를 인터넷 게임에서 구해 주는 사람에게 큰 상을 내린다고 방을 붙였어요.
어느 날 한 소년이 임금님을 찾아와 책 한 권을 내밀었어요.
"그래. 이 책으로 네가 공주의 문제를 해결할 수 있단 말이지?"
임금님과 왕비는 그 책을 공주의 방에 놓아두었어요.
호기심에 한 장 두 장 읽기 시작한 공주는 조금씩 인터넷 게임을 하는 시간보다 책을 읽는 시간이 많아지기 시작했어요.
한편 마녀는 힘이 빠지며 자신의 마법이 약해지고 있다는 사실을 알아차렸지요.
"도대체 공주에게 무슨 일이 있기에 내 마법이 약해지는 거지?"
마녀는 공주의 방을 몰래 들여다보다 깜짝 놀랐어요.
"아니, 저건 동화책! 으…. 내 마법을 깰 수 있는 유일한 방법을 알아냈구나. 분하다."

마녀는 신음소리를 내며 밤하늘로 사라져 버렸어요.

그 후 인터넷 게임에서 벗어나게 된 공주님은 다시 예전처럼 지혜롭고 아름다운 공주님이 되었어요.

✎〈얘들아 나와서 놀자〉

글 : 이상교

푸른 별 아파트 놀이터 위를 지나던 해님이 고개를 갸웃거렸어요.

아이들이 별로 보이지 않았거든요.

'이상하네. 아이들이 모두 무얼 하고 놀까? 집에서 책이라도 보는 걸까?'

그런 어느 날 해님이 서산으로 꼴깍 넘어갈 쯤이었어요.

해님이 가지고 다니는 휴대폰이 따르릉 울렸어요.

참, 예전에는 해님은 휴대폰을 가지고 있지 않았거든요. 하지만 세월이 변해 해님도 휴대폰을 갖게 된 거예요. 해님뿐 아니라 달님도 별님도 모두 갖게 되었지요.

"여보세요! 누구신가요?"

"으응, 난 달인데..."

달님 목소리는 기운이 하나도 없었어요.

"나는 오늘 밤 떠오를 수 없을 것 같아. 어쩌면 내일도. 그래서 부탁인데.. 구름에게 하늘 좀 가려 달라고 말해 줘."

"뭐라고? 오늘은 환한 보름달이 뜰 차례인데, 그건 말도 안 돼!"

해님은 저도 모르게 버럭 소리를 지르고 말았어요.

"네가 밤낮으로 인터넷 게임을 한다더니, 그 말이 정말이었구나!"

해님의 호통에 달님은 겨우 입을 열었어요.

"응, 얼굴은 새하얘지고 두 눈은 새빨개지고 말았어. 꼼짝 않고 게임만 해선지 온몸이 딱딱하게 굳었어. 손가락만 달달 떨리고 말야."

달님은 마침내 흑흑 흐느껴 울었어요.

"알았어. 이번 딱 한 번만 봐줄게. 대신 휴대폰이든 컴퓨터든 게임에서 벗어나도록 해. 하느님한테 이르기 전에 말야."

"으응, 고마워!"

해님은 고개를 쳐든 달님 얼굴을 보는 순간 기절할 듯 놀랐지 뭐예요.

"왜 그러니? 내 얼굴에 뭐라도 묻은 거야?"

달님이 물었어요.

"너, 넌 네, 네 얼굴이 네모가 된 걸 모, 모르니?"

해님은 저도 모르게 말을 더듬었어요.

해님의 말에 달님은 제 얼굴을 손으로 더듬어 보았어요.

해님 말은 정말이었어요. 한쪽으로 조금 긴 네모가 돼버렸고, 두 눈도 귀도 입도 코도 네모 모양이 되어 있는 게 아니겠어요.

"엉엉, 이 일을 어쩌면 좋아! 틈만 나면 네모난 텔레비전을 보는 건 물론, 네모난 컴퓨터, 휴대폰의 네모 화면 인터넷에 빠져 있어서 그런 거야!"

달님은 엉엉 소리 내 울다가 해님을 바라보며 물었어요.

"게임에 빠지는 버릇을 고치면 도로 동그래질까, 전처럼 하늘을 미끄러지는 것처럼 달리게 될까, 손가락은 달달 떨리지 않게 될까?"

"물론이야! 전처럼 구름 속에서 숨바꼭질도 하고 연못물에 풍덩 들어가 헤엄치며 노는 것도 재미있잖아?"

달님은 고개를 끄덕였어요.

다음 날이었어요.

다른 날처럼 해님은 놀이터 위를 지나가게 되었지요.

놀이터는 노는 아이들로 시끌벅적했지요.

"휴우, 다행이야! 난 아이들이 컴퓨터나 제 엄마 휴대폰을 빌려 인터넷 게임에 빠져있는 것 아닐까, 걱정했었는데."

놀이터에서 동그란 얼굴로 해맑게 웃는 아이들 웃음소리가 해님 귀까지 올라왔어요.

✎ 〈게임돌이 구출작전〉

글 : 조희양

훈이가 〈카트라이더〉 게임을 신나게 하는 중이었어요.

"그만 해! 너, 게임 하라고 휴대폰 사 준 거야?"

엄마는 훈이가 들고 있던 휴대폰을 빼앗았어요.

훈이는 깜짝 놀라 엄마를 쳐다보았어요.

"엄마가 뭔데? 내 휴대폰을 빼앗아?"

순간 엄마는 귀를 의심했어요.

“너, 지금 뭐라고 했어? 너, 너! 지금 말 다 했니?”

순간 훈이는 두 주먹을 불끈 쥔 채 바닥에 있던 동생 장난감을 힘껏 찼어요.

훈이는 엄마한테 사과하고 싶었지만 차마 용기가 나지 않았어요

저녁밥을 먹은 뒤, 아빠가 말했어요.

“이 녀석아, 휴대폰은 공부 열심히 하고, 네가 무슨 일이 있을 때 빨리 연락하라고 사준 건데. 1학년 꼬맹이가 게임에 빠져서 엄마한테 대들고.”

아빠가 훈이 머리를 콩, 쥐어박았어요.

“알아요, 아빠. 그런데 게임을 안 하면 막 불안해요. 못하게 하면 화가 나서 폭발할 것 같아요.”

“훈아, 그래서 말인데 엄마와 아빠는 멋진 아들을 그 게임 소굴에서 구출하기로 했다.”

“네?”

훈이는 아빠 말이 무슨 뜻인지 알 수가 없었어요.

“훈아, 좋아하는 게임을 단번에 끊는 건 어려울 거야. 그러니 조금씩 줄이도록 노력해 보자. 응?”

그때 엄마가 방에서 공책 한 권을 가져와서 내밀었어요.

〈인터넷 사용 기록장〉 이렇게 적혀 있었어요.

“이제부터 훈이가 컴퓨터나 휴대폰 게임을 할 때마다 이 공책에 적는 거야. 컴퓨터를 켜서 어떤 일을 했는지, 또 게임을 몇 번이나 했는지.”

“제가 거짓말로 기록하면요?”

“얘, 그럴 리가 있니. 우린 사랑하는 아들 믿어!”

그 말에 훈이는 훅, 코끝이 매웠어요.

“훈이 너, 엄마한테 할 말 없어?”

아빠가 엄마를 가리켰어요.

“엄마, 낮에는 죄송했어요. 용서해 주세요.”

다음날부터 훈이는 〈인터넷 사용 기록장〉을 썼어요. 엄마 아빠는 돌아가면서 맨 밑에 칭찬 말을 적었어요.

‘오, 우리 멋진 훈이 장하다!’

‘훈이는 아빠 아들, 넌 역시 대단해!’

인터넷 사용 기록장에 꼬박꼬박 적는 건 쉽지 않았어요. 그렇지만 엄마 아빠가 훈이를 믿고 응원하고 있어서 쓰지 않을 수 없었지요.
어느 날 훈이는 인터넷 사용 기록장을 쓴 뒤 이렇게 한 줄 더 썼어요.
'엄마 아빠, 저를 게임 소굴에서 구해주셔서 감사합니다.'
훈이는 지금 '게임돌이'에서 '착한돌이'로 변하고 있는 중이에요.

〈나도 친구가 되고 싶어〉

글: 김인숙

모두 다 잠든 조용한 밤, 재원이 방에서 이상한 소리가 들렸어요.
"너 때문이야! 네가 온 이후로 재원이가 나를 거들떠보지도 않잖아."
옷장 위에 있는 변신로봇이 컴퓨터를 바라보며 화난 목소리로 말했어요.
바로 그 순간, 책이 바닥으로 투-둑 떨어진 거예요.
"맞아. 재원이가 나를 더 이상 읽어주지 않는 건 바로 너 때문이야."
"뭐가 나 때문이라는 거야?"
책상 위에 있던 컴퓨터는 어리둥절했어요.
"넌 친구가 아니야. 친구란 서로의 생각을 주고받아야지. 너는 재원이에게 게임중독으로 만들 뿐이야."
변신로봇이 꾸짖듯이 말했어요.
친구가 아니라는 말에 컴퓨터는 시무룩해졌어요.
"그래. 너희들 말이 맞아. 나는 맨날 게임방만 열어주었어. 그래서 재원이 엄마는 나를 싫어해. 그래 좋았어. 내가 재원이를 변하게 할게."
다음 날 아침. 재원이가 눈을 뜨자마자 컴퓨터를 켰어요.
컴퓨터는 쿨쿨 자는 척 켜지지 않았지요.
"어? 이상하네. 컴퓨터가 안 켜지네."
"엄마! 엄마! 컴퓨터가 고장 났나 봐요."
엄마가 달려와 컴퓨터를 켰어요. 그런데 이게 웬일이에요. 컴퓨터가 환하게 켜지며 웃고 있는 거예요.
"재원아, 고장 아닌데?"
그리고 엄마는 다시 주방으로 가셨지요.

재원이가 마우스를 움직이는 순간, 컴퓨터는 툭! 까만 얼굴이 되어버렸지요. 까만 화면에 이렇게 써 있지 뭐예요.

"재원아, 난 너의 컴퓨터야! 앞으로는 컴친 이라고 불러줘. 네가 게임을 할 땐 난 나타나지 않아. 오늘부터는 숙제를 할 때나 모르는 걸 찾아볼 때 나타날 거야. 너의 컴친이."

재원이는 컴퓨터의 마음을 알게 되었어요.

"알았어. 컴친. 고마워."

그러자 컴퓨터가 알았다는 듯이 무지개빛 화면을 보여주었어요.

"엄마, 제가 도와드릴 일 없어요?"

"응? 컴퓨터 안 하고?"

재원이가 엄마에게 윙크하며 고개를 흔들자, 엄마도 알았다는 듯 밝은 목소리로 말했지요.

"재원 왕자님, 식탁에 수저 좀 놓아주실래요?"

"네. 어마마마."

재원이네 아침식탁에선 웃음꽃이 피어났어요.

찾아보기
참고문헌

찾아보기

본 문

동화명

ㅅ

ㅇ

ㅈ

ㅊ

ㅋ

ㅍ

ㅎ

참고 문헌

강문희 · 이혜상(2002). 아동문화교육. 서울: 학지사.
경향신문(2013. 6. 25.).
국립국어원(2015). 표준어 규정.
김미숙 외(2010). 초등국어 개념사전. 경기: (주) 북이십일 아울북.
김숙자 외(2001). 영유아교육프로그램. 서울: 문음사.
김혜영(2002). 동화구연활동이 유아의 정서지능에 미치는 영향. 한국교원대학교 교육대학원 유아교육전공 교육학 석사학위 논문.
박 경(2004). 동화구연의 언어교육. 원광대학교 대학원 석사학위 논문.
박신자(2002). 동화구연경험이 유아의 어휘력 및 언어표현력에 미치는 영향. 계명대학교 교육대학원 석사학위 논문.
박찬화(2010). 그림책읽기 언어중재 프로그램이 저소득 가정 아동의 언어능력에 미치는 영향. 연세대학교 대학원 박사학위 논문.
박혜경 · 김영실 · 김진영 · 김소양(2000). 유아 언어 교육 –이론과 실제–. 경기: 양서원.
브레인미디어(2015. 7. 28.).
석용원(1982). 아동문학원론. 서울: 학연사.
석용원(1986). 유아동화의 구연교육. 서울: 학연사.
석용원(1987). 아동문학원론. 서울: 학지사.
성 연 · 박응임 · 서소정 · 안지영 · 이주연 · 임희수 · 장혜성 · 한세영(2007). 영유아교수법. 서울: 교문사.
소현아(1999). 저소득층 어머니-아동간 책읽기 상호작용. 연세대학교 대학원 석사학위 논문.
신효영(2002). 동화구연 프로그램이 유치원 어린이의 말하기 학습에 미치는 영향. 한서대학교 교육대학원 석사학위 논문.
안소연(2003). 성우 되는 법. 서울: 룩스북.
유한준(2007). 한국 어린이 문화운동 100년. 서울: 도서출판 어깨동무.
유혜령 · 강은희 · 박지영(2003). 유아 교수공학과 교수 학습 방법. 서울: 창지사.
이경우 외(1998). 유아를 위한 멀티미디어 교육의 이론과 실제. 서울: 창지사.
이경화 · 조순옥 · 김정원 · 심은희 · 이연규 · 이문정(2007). 유아 언어 교육. 서울: 창지사.
이경화 외(2003). 유아언어교육. 서울: 창지사.

이규항(2004). 아나운서로 가는 길. 서울: 씨엘에이에스.
이기숙(2000). 유아교육과정. 서울: 교문사.
이동렬(2004). 아동글쓰기 지도의 이해와 실제. 서울: 학연사.
이미숙(2006). 구연활동이 정신지체 아동의 말하기 수행에 미치는 영향. 단국대학교 대학원 특수교육학과 정서 및 자폐성 장애아 교육 전공 석사학위 논문.
이상현(1987). 아동문학강의. 서울: 일지사.
이성은(2005). 아동을 위한 총체적 언어교육. 서울: 이화여자대학교출판부.
이영숙(2005). 어린이를 위한 언어교육. 서울: 창지사.
이영자 · 박미라 · 최경애(2001). 유아교육 교수매체. 서울: 교문사.
이영자 · 이기숙 · 이정욱(2006). 유아교수학습방법. 서울: 창지사.
이재철(1978). 한국현대아동문화사. 서울: 일지사.
이정환 · 김희진(2008). 영유아교육의 교수학습 방법. 서울: 파란마음.
이정환 외(2007). 영·유아교육의 교수학습 방법. 서울: 파란마음.
이희경(2002). 유아 교수 학습 방법. 서울: 동문사.
임상도 · 지미자(2007). 동화구연 및 동시낭송 활동경험이 유아의 말하기 능력에 미치는 영향. 아동교육, 16(3).
임순희(2015). 유아 교육용 스마트폰 애플리케이션의 내용 및 구성 분석. 한국 교원대학교 교육대학원 석사학위 논문.
채종옥 · 이경화 · 김소양(2006). 아동문학. 경기: 공동체.
최병학(1996). 방송화술. 서울: 오늘예감.
한용여(2002). 어머니의 언어유형이 유아의 언어와 사고 능력에 미치는 영향에 관한 연구. 세종대학교 교육대학원 석사학위 논문.
허 용 · 김선정(2006). 외국어로서의 한국어 발음 교육론. 서울: 도서출판 박이정.
홍지은(2010). 영아의 기질 및 어머니 양육행동이 영아의 언어발달에 미치는 영향. 한양대학교 교육대학원 석사학위 논문.
황보영(2000). 국내외 어린이 인터넷 사이트 현황분석. 동국대학교 대학원 석사학위 논문.
황윤한(1995). 제6차 교육과정과 구성주의적 교육. 교육학 연구, 33(1).
Cullinan, B. E.(1989). *Literature and the Chikl*. NY: Harcourt Brace Joran ovich.
NIA 한국정보화 진흥원(2012). 유 · 아동 인터넷 및 스마트미디어 중독예방.

저자소개

권효순

(사)색동회 동화구연가 · 동화구연지도자 · 색동어머니동화구연가회 회장 역임

아동문학가 〈한국문인협회〉

권효순 부모교육연구소(부설 어머니 그림책 교실 소장)

이민옥

(사)색동회 동화구연가 · 동화구연지도자 · 색동회동화구연연구회 회장 역임

그림책 독서교육연구가

이랑교육 대표(부설 그림책 앤 리터러시 연구소 소장)

박금희

(사)색동회 동화구연가 · 동화구연지도자 · 색동어머니동화구연가회 회장 역임

(사) 그림책 운동본부 이사

인천 바다의 별 유치원장

문수정

(사)색동회 동화구연가 · 동화구연지도자 · 색동회동화구연연구회 회장 역임

독서 · 스피치지도사

경인교대 평생교육원 전임강사

백미애

(사)색동회 동화구연가 · 동화구연지도자

한국어 교사

한국 언어놀이교육원 대표

제3판

동화구연론의 이해와 실제

– 동화구연을 활용한 아동문학 –

초 판 1쇄 발행 2014년 5월 30일
초 판 2쇄 발행 2014년 9월 19일
증 보 3쇄 발행 2018년 1월 19일
제3판 1쇄 발행 2023년 9월 15일

지 은 이 | 권효순 · 이민옥 · 박금희 · 문수정 · 백미애
펴 낸 이 | 김기섭
편 집 인 | 오선율
펴 낸 곳 | 창지사 www.changjisa.com
08589 서울시 금천구 가산디지털 1로 83 파트너스타워 1차 9층
전화 (02)719-2211~3
팩스 (02)701-9386
등 록 | 1977년 4월 28일 · 제1-421호

ISBN 978-89-426-1826-2 (93370)

값 22,000원